王陽明佚文輯考編年

增補定本

上册

束景南 ◎ 著

上海古籍出版社

圖書在版編目(CIP)數據

王陽明佚文輯考編年：增補定本 / 束景南著.
上海：上海古籍出版社，2024.11. -- ISBN 978-7-5732-1293-1

Ⅰ. B248.2

中國國家版本館 CIP 數據核字第 2024AH2490 號

王陽明佚文輯考編年(增補定本)

(全二册)

束景南　著

上海古籍出版社出版發行

(上海市閔行區號景路 159 弄 1-5 號 A 座 5F　郵政編碼 201101)

(1) 網址：www.guji.com.cn

(2) E-mail：guji1@guji.com.cn

(3) 易文網網址：www.ewen.co

上海展强印刷有限公司印刷

開本 890×1240　1/32　印張 38.5　插頁 11　字數 684,000

2024 年 11 月第 1 版　2024 年 11 月第 1 次印刷

印數：1—1,100

ISBN 978-7-5732-1293-1

B·1411　定價：169.00 元

王陽明像（清佚名繪）

增補定本出版説明

《王陽明佚文輯考編年（增補定本）》初版名《陽明佚文輯考編年》，二〇一二年由本社出版，獲二〇一二年度「全國優秀古籍圖書獎」二等獎。二〇一五年出版了《王陽明佚文輯考編年（增補版）》，在初版基礎上增補近五萬字。

此次推出的《王陽明佚文輯考編年（增補定本）》，除删去一篇誤輯之佚文外，對録文、標點和考辨文字作了近百處的訂正。

特此説明。

上海古籍出版社

二〇二四年九月

目録

增訂版前言

本書自二〇一二年出版以來，本人又陸續輯得陽明佚詩佚文七十餘篇，發現原輯考編年有失誤失考之處，刻版亦有多處錯字，亟待修訂。遂於二〇一四年春重加增補修訂，剔僞存真，補遺索隱，發覆抉誤，爰成斯增訂新編。是增訂版新編亦屬本人國家社科基金重點項目《陽明年譜長編》之重要階段成果。

噫，古文獻之輯考編年亦難矣！余嘗謂對古人散失之詩文，單純輯佚，不作真僞考辨、史實考證，并無意義，反誤人子弟。今有人搜輯陽明佚文，真僞不辨，史實不考，盲目收羅，附陽明集以行，余從中考出五十餘篇僞篇之多（見本書「王陽明佚文辨僞考録」）。如此胡亂輯佚標點，非唯貽誤後人，亦且貽笑大方，給陽明學研究造成混亂，余亦不勝大懼焉。余無意於與人爭較佚文之誰先發現，蓋余之此書，非單純輯佚之書，亦爲佚詩佚文考證研究之書，讀者巨眼，作如斯觀，當可識此書之得失甘苦也。甲午秋八月，丹陽景南識於西溪校區啓真名苑。

敘

是編爲陽明散佚詩文之輯考編年也。曩余自上世紀八十年代蒐集晦翁佚文，即已注意陽明佚文，隨讀書時有輯録。迨九十年代成《朱熹年譜長編》，即轉而全面收集陽明佚詩佚文，集十餘年之功，窮古籍萬餘種，梳剔爬抉，探賾索隱，成斯巨編。余以爲陽明之文，哲人之文也；陽明之詩，學人之詩也。張爾田評寐叟之學人之詩，謂：「公詩以六籍百氏、叶典洞笈爲之溉，而度材於絶去筆墨畦町者，以意爲輗，而以辭爲軎，如調黄鐘，左《韶》右《濩》；如朝明堂，堯醲舜醺。譎往詭今，蹠瘁攓竄，上薄霄霓，下游無垠，捽拔劖露，聳踔欹立。其繩切物狀，如眇得視，如跛得踐；其蟄扶夐邁，如寒厲膚，煦以温燠，如溽大酷，扇以凉清；其幽咽騷屑，繕性鞫情，韡如孤葩，空壑自媄，土視粉黛；其嚴聽尊瞻，醲化可醇，君都臣俞，父熙子皞……」余謂陽明之詩，洵足當之。蓋陽明早年乃以治詩賦詞章起家，弘治中居京師，與茶陵李東陽，太原喬宇，錫山邵寶，廣信汪俊，河南李夢陽、何景明，姑蘇顧璘、徐禎卿，山東邊貢以才名争馳，追逐唱酬，崛起騷壇，其詩名不在茶陵派與前七子之後，毛礪齋當時已歎其「一代騷壇蚤著聲，時人盡識子安名」。然自弘治十八年陽明識甘泉，兩人共定聖學，以道倡天下，詞章遂爲其餘事，早年詩文不自收拾，爰多亡佚。況乃陽明作詩文向多好隨寫隨贈，不自留底稿保存，其詩文散佚蓋亦夥矣。如游九華，錢德洪稱其「宿化城寺數月，寺僧好事者爭持紙索詩，通夕灑翰不倦。僧蓄墨跡頗富，思師夙範，刻師像於石壁」。居餘姚，弟子親見其「善行書，出自《聖教序》……所至好題壁，今皆勒石。後營宅郡城，每歸姚，嘗寓其從弟某宅。某俟其至，輒具佳紙，磨墨滿硯，置案上。守仁信到，則書之，掛軸、横卷、堂額、門帖無所不有，今皆有力者購盡」。凡所到之處，陽明多即興而吟，或題之寺壁，或刻之洞崖，或即贈士友，多不自存，故其詩文往往不載集中，而卒入於地方志、山志、寺志、宗譜中。若其手定《遊海詩》，却贈弟子孫允輝，不自留手稿，弟子季本嘗見其卷，謂「所至之地，必有題詠；所遇之人，必有唱酬。篇章累積，不可勝紀」。今陽明集中唯載數首，余之所輯，亦僅得一二耳。至若陽明早年耽佛老，習詞章，晚年自悔少作，至欲焚《五經臆説》，廢《上國遊》，棄《遊海詩》，乃若老佛氣之《大伾山賦》、《遊齊山賦》，八股氣之《鄉試卷》、《會試卷》等，終其一生皆諱言之。嘉靖六年，錢德洪欲掇拾陽明所遺文字刊刻，陽明竟云：「此便非孔子删述六經手段……比如孔子删《詩》，若以其辭，豈止三百篇？惟其一以明道爲志，故所取止此，例六經皆然。若以愛惜文辭，便非孔子垂範後世之心矣。」至陽明卒後，錢德洪編陽明文集，或爲師諱，或出避忌，又隱有以己意取去删改之迹，亦有詩文不予編入。陽明詩文亡佚之鉅，蓋有因也；唯其鉅，至後人難窺陽明一生行事面貌，讀陽明文集及錢德洪《陽明先生年譜》，不免如霧裏看花，總隔一層矣。今幸輯得此陽明佚詩佚文一編，遂使陽明生平行事進一步大明，不啻提供一部研究陽明學之新「文本」，斯可以「近距離」觀察陽明其人也歟？（本人即在此輯考基礎上撰成《陽明年譜長編》）惜近代以降，學界方重陽明詩文輯佚，日本學者先行，多有創獲，乃至有《姚江拾遺》、《傳習録欄外書》、《姚江雜纂》之輯編，《陽明先生文録》、《陽明先生文録續編》之發現。大陸吴光先生主編《王陽明全集》，遂有「補録」之編。今人之輯陽明佚詩佚文，日本以永富青地先生成就爲最，大陸先後有徐邦達、顧廷龍、謝稚柳、計文淵、錢明、吴震、葉樹望、王孫榮、任文利諸先生，輯佚取得很大成績。本著對諸家輯佚成果均有吸收，作出新考與編年。余以爲古籍文獻浩如煙海，輯佚事亦難矣，非閲一二種書、查一二本集所能一蹴而就，須有披沙瀝金、海底撈月之手段與恒心。況陽明身負重名，後世多有托名僞作，魚目混雜。故輯佚必當有考辨，輯佚而無考辨，真僞莫明，反貽誤後人，甚或予陽明研究造成混亂。故余此書非單純輯陽明佚文之書，而實爲對陽明佚文予以考證編年之著，輯佚重

在考證,輯考并重,輯考之法,在五方面:

輯佚:全面查閲古籍,窮搜廣羅,輯出佚篇;

考證:考定佚詩佚文真僞,剔除僞篇;

辨史:辨明佚詩佚文所涉人物史實,以明其事;

繫年:考定佚詩佚文作年,按年編排;

證誤:以佚詩佚文與陽明集中詩文互證對勘,證陽明集中之誤闕,證錢德洪《陽明先生年譜》之誤闕。

據此,本書在輯佚上,以凡不見載於《王文成公全書》(隆慶六年謝廷傑刻本)之詩文爲佚文,予以輯入。以本人自上世紀八十年代以來累年搜輯到之陽明佚文爲主,吸收海内外學者之輯佚成果(詳見後「徵引輯佚書目」)。近年新發現之《新刊陽明先生文録續編》、《陽明先生文録》、《陽明先生詩録》、《良知同然録》等,中有《王文成公全書》所無之詩文,亦予輯入。另外,將搜輯得陽明之散佚語録,約爲一集,編爲「陽明散佚語録輯補」。在考證上,對每篇佚文加以真僞考辨,去僞存真,取真篇編爲「陽明佚文輯考編年」;剔除僞篇,編爲「陽明佚文辨僞考録」。在編年上,考明每篇相關人物史實及寫作背景,確定其作年,按年編排;有少數若干篇無法考定其確切作年,亦據本人之考辨判斷，推定大致作年，編入正文（亦有參考價值）。

本著祇爲陽明佚詩佚文之輯考編年，至於陽明佚著之輯考，如《遊海詩》、《新刻世史類編覆詳》、《兵志》、《陽明兵筴》、《歷朝武機捷録》等，則俟諸他著。己丑春正月元日，丹陽景南識於錢塘西湖。

王陽明佚文輯考編年

資聖寺杏花樓

（成化十五年，一四七九年）

東風日日杏花開，春雪多情故换胎。素質翻疑同苦李，淡粧新解學寒梅。心成鐵石還誰賦？凍合青枝亦任猜。迷却晚來沽酒處，午橋真訝灞橋迴。

詩見《天啟海鹽圖經》卷三。資聖寺在海鹽縣，《天啟海鹽圖經》卷三：「資聖寺，《永樂志》云：『在縣治西五十步，東晉右將軍戴威宅。一日，井中發五色光，威異之，遂捨爲寺，名光興寺，威爲伽藍神。事見吴郡陸崧《塔記》。乾祐中，改重光。宋祥符中，改普明院。天禧二年，賜改今名。元末兵燬。國朝定爲教寺。洪武十年，僧法亮重建佛殿、山門、鐘樓。永樂九年，寺僧法亮又建方丈，重修觀音殿。』《弘治志》云：『洪熙元年，僧會法昶重建大雄殿、方丈、觀音殿。宣德十年，僧會、宗玘以寺基爲隣所占，奏復之。正統十七年，燬於隣火。宗玘與汝鉅、元暟、元暐重建鐘樓、輪藏及彌陀殿、山門、廊廡、方丈、僧寮，凡百十餘楹。』」《天啟海鹽圖經》引録陽明此詩，當本自《弘治海鹽縣志》，圖經於此詩特云：「王守仁幼從海日公授徒資聖寺，寺有杏花樓。」并引張寧《資聖古杏樓賞花詩》：「何處招尋泛羽觴，高樓花近淨年芳。荒村暮雨曾沽酒，梵境春風不出墻。老我重思曲江院，是誰今卧午橋莊？相逢盡是憑欄者，莫道□閑過竹房。」陽明此詩似是仿張寧詩而作，可信爲其幼作。陽明幼時嘗在海鹽資聖寺受父王華學，向無人言及，錢德洪《陽明先生年譜》不載，今稽考實有其事，蓋王華成化十七年（一四八一）中狀元之前事也。按王華少時家貧，魏瀚《竹軒先生傳》云：「居貧，躬授徒以養母……而於妻孥之寒餒，弗遑恤焉。」故王華在中狀元出仕之前，爲生計多外出當塾師教子弟學。先是往祁陽任子弟師，楊一清《海日先生墓誌銘》云：「弱冠，提學張公時敏試其文，與少傅木齋謝先生相甲乙，並以狀元及第奇之，名遂起，故家世族争禮聘爲子弟師。浙江方伯祁陽寧君良擇師與張公，張公曰：『必欲學行兼優，無如王某者。』寧親造其館，賓禮之，請爲子師。延至祁陽，湖湘之士聞而來從者踵相接。居寧之梅莊别墅。墅中積書千卷，日夕諷誦其間，學益進。祁俗好妓飲，公峻絶之，三年如一日，祁有化服者。」陸深《海日先生行狀》對此有更具體之叙述。王華在祁陽任子弟師之時間，程時用《風世類編》卷八載有王華《瑞夢堂記》云：

成化甲午秋試，督學張時敏公首以華與謝公遷同薦。其年，謝發解，華見黜。明年，謝公狀元及第。華時以方伯寧公良延課其子竑於梅莊書屋，夜夢歸家，如童稚時逐衆看迎春狀，衆舁白色土牛一，覆以赭蓋，旌纛幡節，鼓吹以導，方伯昌黎杜公肩輿隨，自東門入，至予家而止。既寤，與竑語之，竑曰：「牛，一元大武也；春，歲之首，而試之期也。狀元，亦謂春元也。金，白色，其神爲辛；牛之神，丑也，中之歲，其辛丑乎？鼓吹前導者，謂華蓋儀從送歸第者也。送歸第而以杜公從，意者，是歲京兆尹其杜公乎！」余笑曰：「噫！有是哉？子之言，殆隍中之鹿也。」及歲庚子，始領鄉薦。辛丑，傳臚第一，承制送歸私第者，果杜公，始信夢中不誣。遂易「梅莊書屋」爲「瑞夢堂」，而操觚爲之記。

可見王華乃於成化九年至十一年在祁陽任子弟師。自成化十二年至十七年（中狀元）五年中，王華在何處，《海日先生行狀》祇云：「遂力辭而歸……自是先生連舉不利，至成化庚子，始以第二人發解。明年，辛丑，果狀元及第。」實則其時王華家貧，不能坐家待食，仍受聘外出任子弟師，如《道光婺志粹·寓賢志》：「王華，字德輝……先生微時，爲塾師於東陽家，有《小桃源》詩諸作。後以訪舊至，爲昭仁許氏作《四傅堂記》。」《同治湖州府志》卷二十六：「德清縣錦香亭，在大麻，明王守仁讀書處（《李志》）。又按：父王華未遇時，挈公館於此。」此必是王華嘗受聘往德清任子弟師，其携幼童陽明前往，可同時受教也，時間約在成化十二年至十三年間。德清與海鹽密邇，幼童陽明至海鹽資聖寺受父教，亦必是王華受聘往海鹽任子弟師，遂携幼童陽明前往，可得同時受教也，時間約在成化十四年至十六年間。《光緒海鹽縣志》卷七亦録陽明此《杏花樓》詩，特引《殷水遺聞》云：「資聖寺有杏花樓，王守仁幼從海日公授徒於此。」今按：陽明好佛老自幼時始，嘗多次謂自八歲始，查繼佐《王守仁傳》：「八歲，妄意神仙，嬉戲皆絶人。」《王陽明全集》卷二十一《答人問神仙》云：「詢及神仙有無……僕誠生八歲而即好其説，今已餘三十年矣。」卷七《别湛甘泉序》云：「某幼不問學，陷溺於邪僻者二十年，而始究心於老、釋。」是序作於正德七年（一五一二），上推二十年，即在陽明八歲上下時。卷一《傳習録》上:「吾亦自幼篤志二氏,自謂既有所得,謂儒者爲不足學。其後居夷三載……始自歎悔錯用了三十年氣力。」陽明謫居龍場驛在正德三年至五年,上推三十年,亦在其八歲上下時。卷十九《贈陽伯》:「長生在求仁,金丹非外待。繆矣三十年,於今吾始悔!」亦同此意。陽明八歲,即成化十五年在海鹽資聖寺受學時,其始好佛老,或即受資聖寺影響耶?而此《資聖寺杏花樓》一詩,亦成爲陽明始好佛老之最好象徵矣。後來陽明好往海鹽遊(見下考),其因蓋出於此也。

附:《評釋巧對》一書中,多載陽明幼時巧對聯句事,卷二:「百尺竿頭進步,千層浪裏翻身。——王陽明八歲,父率往遊山,偶見撮戲高竿者,因出此對,公答之。其父出句,是比作工夫當如是也;王之對句,是言得功名將若是矣。不已見其志氣耶?」卷四:「藕花盈池,竹簡蕉書安可寫;苔衣滿地,秧針柳綫不能縫。——王陽明幼時,一日隨父游亭園,父命此對,陽明答之。」卷六:「雪壓孤舟,一葉載六花歸去;雁横遠塞,片箋寫八字出來。——王陽明幼時,隨父狀元公遇雪,父命此對,陽明答之。」卷十五:「一年春長長春發,五月夏半半夏生。——王華携子外出賞花,其子王守仁對之。」按:此對句事容或有後人所造,然王華携八歲陽明外出受教及八歲陽明已會作詩,於此可得一證矣。又按《陳書》卷二十六《徐陵傳》云:「徐陵字孝穆,東海郯人也……母臧氏,嘗夢五色雲化而爲鳳,集左肩上,已而誕陵焉。時寶誌上人者,世稱其有道,陵年數歲,家人携以候之,寶誌手摩其頂,曰:『天上石麒麟也。』光宅惠雲法師每嗟陵早有成就,謂之『顔回』。八歲,能屬文。十二,通《莊》、《老》義。」(《南史》同)按錢德洪《陽明先生年譜》云:「祖母岑夢神人衣緋玉雲中鼓吹,送兒授岑。岑警寤，已聞啼聲。祖竹軒公異之，即以『雲』名。鄉人傳其夢，指所生樓曰『瑞雲樓』……有神僧過之，曰：『好個孩兒，可惜道破。』竹軒公悟，更今名，即能言。」湛若水《陽明先生墓誌銘》則云：「祖妣岑太淑人，有赤子乘雲下界，天樂導之之夢，公乃誕焉。是名曰『雲』，蓋徵之矣。神僧言之，遂改今名。曰：『然則陽明公殆神授歟？其異人矣！』」黄綰《陽明先生行狀》更謂：「誕夕，岑太淑人夢天神抱一赤子乘雲而來，導以鼓樂，與岑。岑寤而公生，名曰『雲』……有僧過之，摩其頂，曰：『有此寧馨兒，却教壞了。』龍山公悟，改今名，遂言。」陽明祖母夢五色雲而陽明生，神僧摩其頂而稱爲「寧馨兒」，八歲好佛老而作詩，蓋皆是仿徐陵，而隱然自以爲是「石麒麟」下凡矣。麒麟者，仁獸也，太平安世方出，陽明後來名王守仁，字伯安，蓋以此也。

寓資聖僧房

（成化十六年，一四八〇年）

落日平堤海氣黄，短亭衰柳艤孤航。魚蝦入市乘潮晚，鼓角收城返棹忙。人世道緣逢郡博，客途歸夢借僧房。一年幾度頻留此，他日重來是故鄉。

詩見《萬曆嘉興府志》卷二十九、《康熙嘉興府志》卷十八、《光緒海鹽縣志》卷三十。錢明《王陽明全集未刊散佚詩文彙編及考釋》著録。按此詩當亦作在陽明幼時寓居海鹽資聖寺受學時。「一年幾度頻留此」，一年數度來留海鹽資聖寺，此唯有陽明幼時因來海鹽資聖寺受教，方能作如是語；若是其後來訪遊海鹽，不可能一年數度寓資聖僧房。「他日重來是故鄉」，顯然是告别資聖寺語，應是成化十六年王華結束海鹽子弟師任，回越參加秋試；陽明童年在此度過，此後若再來海鹽，海鹽自便是其「故鄉」矣。按：陽明十三歲喪母，或其母鄭氏即爲海鹽人（鄭氏爲海鹽大族），故陽明少時常來海鹽，而海鹽亦得謂其「故鄉」耶？姑記疑於是俟考。參見前《資聖寺杏花樓》考。

棋落水詩

（成化十六年，一四八〇年）

象棋終日樂悠悠，苦被嚴親一旦丟。兵卒墮河皆不救，將軍溺水一齊休。馬行千里隨波去，象入三川逐浪遊。砲響一聲天地震，忽然驚起卧龍愁。

詩見褚人穫《堅瓠集》甲集卷一《棋落水》，云：「一人談王陽明幼時好棋，海日規之不止，遂將棋抛於水，陽明因作詩云……」按陽明父海日王華於成化十七年舉進士第一，以後出仕居京師。故此海日將棋抛水事，必在成化十七年以前。陽明小時性格即豪放不羈，徐愛稱其「不事邊幅……其少時豪邁不羈，又嘗泛濫於詞章，出入二氏之學」（《傳習録序》），黄綰稱其「少喜任俠，長好詞章」，「性豪邁不羈，喜任俠」（《陽明先生行狀》），湛若水稱其「初溺於任俠之習，再溺於騎射之習」（《陽明先生墓誌銘》），陽明亦稱自己「昔吾放逸」（《陽明先生年譜》弘治二年下），今皆可從此《棋落水詩》中見矣。鄒守益《王陽明先生圖譜》云：「成化十九年癸卯，龍山公命就塾師，督責過嚴，先生鬱鬱不懽，伺塾師出，率同學曠遊，體甚輕捷，窮崖喬木攀援，如履平地。公知之，鎖一室，令作經書義，一時隨所授輒就，竊啟鑰以嬉。公歸，稽課無所缺。久而察而憂之……」錢德洪《陽明先生年譜》亦於成化十八年下云：「先生豪邁不羈，龍山公常懷憂。」蓋即指陽明此類溺棋作狂詩、啟鑰嬉戲曠遊而言。錢德洪《陽明先生年譜》又於正德十六年下云：「鄉中故老猶執先生往跡爲疑。」此所謂「往跡」，實亦指陽明少時曠達不檢、放逸不羈之行事。此詩與陽明稍後所作《金山寺》、《蔽月山房》詩(見下)風格相類，充滿放逸之氣，如出一口，可信爲陽明少作。

金山寺

（成化十八年，一四八二年）

金山一點大如拳，打破維揚水底天。醉倚妙高臺上月，玉簫吹徹洞龍眠。

考證見下首《蔽月山房》考辨文字。

蔽月山房

（成化十八年，一四八二年）

山近月遠覺月小，便道此山大於月。若人有眼大如天，還見山小月更闊。

二詩見錢德洪《陽明先生年譜》，云：「成化十有八年壬寅，先生十一歲，寓京師。龍山公迎養竹軒翁，因携先生如京師，先生年纔十一。翁過京山寺，與客酒酣，擬賦詩，未成。先生從傍賦曰……客大驚異。復命賦蔽月山房，先生隨應曰……」詩中所言妙高臺，即在金山妙高峰，盧見曾《金山志》卷一：「金山，在鎮江府城西北揚子江中。自城至山五里，脉接長山，迤邐爲五州山，至下鼻浦，入江，突爲此山……妙高峰，山之最高處。妙高臺，一稱曬臺，在（江天寺）伽藍殿後。宋元祐初主僧了元建。」又詩云「玉簫吹徹洞龍眠」，乃指龍洞，《行海金山志略》卷一：「龍洞，在朝陽之左，深不可測，俗呼珠洞。唐時常有毒龍吐氣，近者多病，因靈坦禪師降之即去。」可見陽明所咏皆佛教勝跡，其少時好佛心態之流露也。蔽月山房，無考，應即在金山寺中，所謂「山」者，即指金山。按金山有水月山房，而無蔽月山房，如周義伯《金山志》卷三著録甚多題水月山房詩：

次司馬喬白巖韵，鳳山秦金題（水月山房）；漕竣登金山春望詩，柱下史楊一儁（水月山房）；登金山寺諸詩，白狼王毓科（水月山房）；登金山絶頂詩，嘉善丁鏞、丁鑌（水月山房）；題留玉閣詩，温陵周延鑨（水月山房）；金山吕公閣詩并序，關中李景廉（水月山房）。

疑「蔽月山房」乃「水月山房」之誤。《金山志》卷四有云：「水月山房，額在客堂後院地上。」可見水月山房爲金山寺客堂，接待香客騷人者。陽明此詩直如禪家説禪，又其少時習禪心態之流露也。

夢謁馬伏波廟題辭題詩（二首）

（成化二十二年，一四八六年）

銅柱折，交趾滅，拜表歸來白如雪。

拜表歸來馬伏波，早年兵法鬢毛皤。雲埋銅柱雷轟折，六字銘文永不磨。

二詩見董穀《董漢陽碧里後集·雜存·銅柱夢》，云：「陽明先生既受廣西田州之命，自言曰：『吾少時常夢至馬伏波廟，題之云：「……」又夢題詩云：「……」不意今有此行。』乃嘉靖四年（按：當作六年）秋也。逾年功成，而疾亟矣。屢表乞致，不許，遂促歸。至南雄府（按：當作南安府）青龍鋪水西驛而卒。事聞，上怒，爵廕遂尼至今，夢之驗也如此。」據錢德洪《陽明先生年譜》有云：「成化二十有二年……一日，夢謁伏波將軍廟，賦詩曰：『卷甲歸來馬伏波，早年兵法鬢毛皤。雲埋銅柱雷轟折，六字題文尚不磨。』」《王陽明全集》卷二十亦有《夢中絕句》云：「此予十五歲時夢中所作。今拜伏波祠下，宛如夢中。茲行殆有不偶然者，因識其事於此：『卷甲歸來馬伏波，早年兵法鬢毛皤。雲埋銅柱雷轟折，六字題詩尚不磨。』」均未言陽明作有題辭，題詩亦多有差异。按董穀亦陽明弟子，其於嘉靖四年隨其父董澐來紹興問學受教，陽明與其談論尤多，其《董漢陽碧里後集》中《疑存》與《雜存》記録很多陽明語録與陽明之事，皆得自在紹興親耳所聞，此「銅柱夢」條記在嘉靖六年，早於錢德洪編撰《陽明先生年譜》與編集《陽明先生文録》，當屬可信也。

書懷素自叙帖

（弘治二年，一四八九年）

懷素家長沙，幼而事佛，經禪之暇，頗好筆翰。然恨未能遠睹前人之奇迹，所見甚淺。遂擔笈杖錫，西游上國，謁見當代名公，錯綜其事。遺編絶簡，往往遇之，豁然心胸，略無疑滯。魚箋絹素，多所塵點，士大夫不以爲怪焉。顔刑部書家者流，精極筆法，水鏡之辯，許在末行。又以尚書司勳郎盧象、小宗伯張正言曾爲歌詩，故叙之曰：開士懷素，僧中之英，氣概通疏，性靈豁暢，精心草聖，積有歲時，江嶺之間，其名大著。故吏部侍郎韋公陟，睹其筆力，勖以有成。今禮部侍郎張公謂，賞其不羈，引以游處。兼好事者，同作歌以贊之，動盈卷軸。

弘治二年，伯安王守仁臨僧懷素書於茶鐺書齋。

陽明手迹（草書，長二百四十三釐米，寬二十六點五釐米），在「説寶網」上公布。按此文乃陽明在洪都練書法之作，錢德洪《陽明先生年譜》：「弘治元年七月，親迎夫人諸氏於洪都……官署中蓄紙數篋，先生日取學書，比歸，數篋皆空，書法大進。……二年十二月，夫人諸氏歸餘姚。」陽明十二月方歸餘姚，可見此書當在洪都所寫，而「茶鐺書齋」當是其外舅諸養和之書齋，陽明日日學書寫字之室也。陽明居洪都一年有半載之久，其日日練字，書法大進，即以此書爲標志矣。陽明乃臨蘇本自叙帖，筆勢豪縱，得懷素狂逸之氣，尤可見陽明少時好佛老，不僅學懷素狂逸之書，且學懷素狂逸之人。徐愛謂陽明「不事邊幅，人見其少時豪邁不羈……出入二氏之學」，錢德洪亦謂陽明少時「豪邁不羈，龍山公常懷憂……斥之爲狂」，此狂此逸皆來自學懷素也。錢德洪《陽明先生年譜》：「弘治二年，寓江西……明年，龍山公以外艱歸姚，命從弟冕、階、宫及妹婿牧相，與先生講習經義……先生正色曰：『昔吾放逸，今知過矣。』」陽明之放逸學自懷素，由此書灼然可見矣。尤值得注意者，陽明嘗將己少作詩文結集取名《上國遊》，向不明何意，錢德洪序云：「是卷師作於弘治初年，筮仕之始也。自題其稿曰《上國遊》。洪葺師録，自辛巳以後文字釐爲《正録》；已前文字則兼採《外集》，而不全録者。蓋師學靜入於陽明洞，得悟於龍場，大徹於征寧藩……故一切應酬諸作，多不彙入。是卷已廢閣逸稿中久矣，兹刻《續録》，復檢讀之……乃復取而刻之。」（《王陽明全集》卷二十九）今按：「上國遊」者，正取自懷素《自叙帖》所謂「遂擔笈杖錫，西游上國，謁見當代名公，錯綜其事」。上國者，京師也。陽明自弘治五年舉浙江鄉試入京師，至正德二年謫龍場驛出京師，其在京師遊學任職，正類於懷素所謂「西游上國，謁見當代名公，錯綜其事」。《上國遊》，即收集陽明弘治五年至正德二年在京師所作詩文，其取名「上國遊」，正可見懷素對陽明影響之深也。

萬松窩

(弘治二年,一四八九年)

隱居何所有?云是萬松窩。一徑清影合,三冬翠色多。喜無車馬跡,射兔麂鹿過。千古陶弘景,高風滿浙阿。

詩見《道光東陽縣志》卷二十六。萬松窩爲陶弘景在東陽隱居之地,東陽西峴門外水竹塢有萬松灣,《道光婺志粹》稱王陽明父王華微時在東陽任塾師,有《小桃源》詩諸作。仕顯後復來訪,陽明亦來遊。詩云「三冬翠色多」,作在冬間,按陽明生平冬間經東陽,唯在弘治二年,錢德洪《陽明先生年譜》:「弘治二年十二月,夫人諸氏歸餘姚。是年先生始慕聖學。先生以諸夫人歸,舟至廣信,謁婁一齋諒,語宋儒格物之學……」陽明由南昌歸經東陽在十二月,時陽明方耽神仙之學,故必往萬松窩訪陶弘景遺居也。

題自作山水畫

（弘治三年，一四九〇年）

庚戌夏月廿二日，法王維筆意。王守仁。

陽明此自作山水畫并題在「北京翰海二〇一二年秋季拍賣會」（北京翰海拍賣有限公司）上出現，並在「尊客網」上公布。山水立軸，長一百七十七釐米，寬一百十四釐米。按弘治三年陽明自京師回餘姚，在家課業。錢德洪《陽明先生年譜》：「明年，龍山公以外艱歸姚，命從弟冕、階、宮及妹婿牧相，與先生講習經義。先生日則隨衆課業，夜則搜取諸經子史讀之，多至夜分。」所謂課業，包括學書學畫，此山水畫，即其學畫之作也。

又題自作山水畫

（弘治三年，一四九〇年）

米南宫筆意。王守仁。

陽明此自作山水畫并題在「雍和嘉誠二〇一二年秋季藝術品拍賣會」（北京雍和嘉誠拍賣有限公司）上出現，並在「尊客網」上公布。水墨絹本，長三十釐米，寬九十四釐米。此當亦是陽明弘治三年學書學畫之作。

題温日觀葡萄次韵

（弘治五年，一四九二年）

龍扃失鑰十二重，驪珠迸落鮫人宫。鑌刀剪斷紫瓔珞，累累馬乳垂金風。樹根吹火照殘墨，冷雨松棚秋鬼哭。熊丸嚼碎流沙冰，鴨酒呼來漢江緑。銕削虯藤劍三尺，雷梭怒穴陶家壁。瞿曇卧起面秋巖，一索摩尼掛空宅。

詩見《雍正山西通志》卷二百二十二。按：温日觀即釋子温，字仲言，號日觀，華亭人。善草書，尤以畫葡萄聞名，世號「温葡萄」。汪砢玉《珊瑚網·畫録》卷七著録温日觀葡萄二卷，云：「子温，字仲言，號日觀，又號知非子，華亭人。宋季元初，萍浮四方，止杭之瑪瑙寺。善草書，喜畫葡萄，鬚梗枝葉，皆草書法也。世號『温葡萄』。時貴慕其畫，贄金求之，一筆不與。逢佳士，遽命紙筆。雅好著恢帽短衣，囊錢果，猖翔街陌，探囊投市中兒，問識温相公否。由是進止輒擁小兒，呼『温相公』。時有賓肖羅漢，醉則維筆竿杪，草聖芬媚，時人遂有『長竿醉草賓羅漢，短褐佯狂温相公』之句。温性嗜酒，然楊總統飲之酒，一不霑唇，每見輒曰：『掘墳賊！掘墳賊！』云云。」高士奇《江村消夏録》亦著録温日觀葡萄畫一卷，有陳繼儒題云：「温日觀，華亭人，寓西湖瑪瑙寺。寫蒲萄如破袈裟，趙松雪極重之。書法師楊凝式。晚年專修淨土，道乃高卓，不獨書勝畫也。」瑪瑙寺在西湖葛嶺，《武林梵志》卷五：「瑪瑙寺，舊在孤山，今葛嶺東。一名寶勝院，開運三年吴越王建。宋治平二年，改賜是額。紹興二十二年，徙於此。有瑪瑙崖、瑪瑙山居、紫雲洞、寶雲山、高生閣、僕夫泉、初陽亭、初陽臺、煉丹井、中庸子陶器墓。」陽明此詩當是其游瑪瑙寺見温日觀葡萄畫而作。陽明生平嘗多次來錢塘西湖，住宿湖寺，均有詩咏，唯其早年來錢塘西湖詩咏，集中失載。錢德洪《陽明先生年譜》：「明年（弘治十六年）遂移疾錢塘西湖，復思用世。往來南屏、虎跑諸刹。」《王陽明全集》卷十九中有數首是年來錢塘西湖所作詩，其中《西湖醉中漫書》云：「十年塵海勞魂夢，此日重來眼倍清。……爛醉湖雲宿湖寺，不知山月墮江城。」由弘治十六年上推十年，則爲弘治五年。是年陽明舉浙江鄉試，則當來杭州，時在秋天葡萄成熟之季，正與此詩云「樹根吹火照殘墨，冷雨松棚秋鬼哭」相合。觀此詩，概可見陽明早年出入佛老之情狀矣。

弘治五年鄉試卷《論語》

（弘治五年，一四九二年）

志士仁人一節

聖人於心之有主者，而決其心，德之能全焉。夫志士仁人皆心有定主，而不惑於私者也。以是人而當死生之際，吾惟見其求無愧於心耳，而於吾生何恤乎？此夫子爲天下之無志而不仁者慨也，故此以示之，若曰：天下之事變無常，而死生之所係甚大，固有臨難苟免而求生以害仁者焉，亦有見危授命而殺生以成仁者焉。此正是非之所由決，而恒情之所易惑者也。吾其有取於志士仁人乎？夫所謂志士者，以身負綱常之重，而志慮之高潔，每思有以植天下之大閑；所謂仁人者，以身會天德之全，而心體之光明，必欲有以貞天下之大節。是二人者，固皆事變之所不能驚，而利害之所不能奪，其死與生有不足累者也。是以其禍患之方殷，固有可以避難而求全者矣。然臨難自免，則能安其身，而不能安其心，是偷生者之爲，而彼有所不屑也。變故之偶值，固有可以僥倖而圖存者矣，然存非順事，則吾身以全，吾仁以喪，是悖德者之事，而彼有所不爲也。彼之所爲者，惟以理欲無並立之機，而致命遂志以安天下之貞者，雖至死而靡憾；心迹無兩全之勢，而捐軀赴難以善天下之道者，雖滅身而無悔。當國家傾覆之餘，則致身以馴過涉之患者，其仁也，而彼即趨之而不避，甘之而不辭焉，蓋苟可以存吾心之公，將效死以爲之，而存之由之不計矣；值顛沛流離之餘，則舍身以貽没寧之休者，其仁也，而彼即當之而不懾，視之如歸焉，蓋苟可以全吾心之仁，將委身以從之，而死生由之勿恤矣。是其以吾心爲重，而以吾身爲輕，其慷慨激烈以爲成仁之計者，固志士之勇爲，而亦仁人之優爲也，視諸逡巡畏縮而苟全於一時者，誠何如哉！以存心爲生，而以存身爲累，其從容就義以明分義之公者，固仁人之所安，而亦志士之所決也，視諸回護隱伏而覬覦於不死者，又何如哉！是知觀志士之所爲，而天下之無志者可以愧矣；觀仁人之所爲，而天下之不仁者可以思矣。

文見《欽定四書文·化治四書文》卷三。龔篤清《八股文史》、任文利《王陽明制義三篇》均著録。

按：《欽定四書文》稱「化治四書文」，乃指成化、弘治年間科舉考試之四書文，則此卷必是弘治五年陽明浙江鄉試所作之四書文。弘治十二年陽明參加會試，中進士，然是年會試並無「志士仁人」四書義題，見《弘治十二年會試録》（參後《會試卷》考），故此卷顯非弘治十二年會試四書文可知。

弘治五年鄉試卷（弘治五年，一四九二年）

《中庸》

《詩》云「鳶飛戾天」一節

《中庸》即《詩》而言，一理充於兩間，發費隱之意也。蓋盈天地間皆物也；皆物，則皆道也。即《詩》而觀，其殆善言道者，必以物歟？今夫天地間惟理而已矣，理御乎氣，而氣載於理，固一機之不相離也，奈之何人但見物於物，而不能見道於物；見道於道，而不能見無物不在於道也。嘗觀之《詩》，而得其妙矣，其曰：「鳶飛戾天，魚躍於淵。」言乎鳶魚，而意不止於鳶魚也；即乎天淵，而見不滯於天淵也。爲此《詩》者，其知道乎？蓋萬物顯化醇之迹，吾道溢充周之機，感遇聚散，無非教也，成象效法，莫非命也。際乎上下，皆化育之流行；合乎流行，皆斯理之昭著。自有形而極乎其形，物何多也，含之而愈光者，流動充滿，一太和保合而已矣；自有象而極乎其象，物何賾也，藏之而愈顯者，瀰漫布濩，一性命各正而已矣。物不止於鳶魚也，舉而例之，而物物可知；上下不止於天淵也，擴而觀之，而在在可見。是蓋有無間不可遺之物，則有無間不容息之氣；有無間不容息之氣，則有無間不可乘之理，其天機之察於上下者，固如此乎？

文見《欽定四書文·化治四書文》卷四。按：此亦爲陽明弘治五年浙江鄉試所作之四書文。

弘治五年鄉試卷《孟子》

（弘治五年，一四九二年）

子噲不得與人燕二句

舉燕之君臣而各著其罪，可伐也。夫國必自伐，而人伐之也。燕也私相授，其罪著矣，是動天下之兵也。今夫爲天守名器者，君也；爲君守侯度者，臣也，名義至重，僭差云乎哉！故君雖倦勤，不得移諸其臣，示有專也；臣雖齊聖，不敢奸諸其君，紀臣道也。燕也何如哉？燕非子噲之燕，天子之燕也，召公之燕也。象賢而世守之，以永燕祀，以揚休命，子噲責也。舉燕而授之人，此何理哉？恪恭而終臣之，以竭忠藎，以謹無將，子之分也。利燕而襲其位，罪亦甚矣。堯舜之傳賢，利民之大也，噲非堯舜也，安得而慕其名？舜禹之受禪，天人之從也，之非舜禹也，安得而襲其跡？自其不當與而言，無王命也，墮先業也，子噲是矣；自其不當受而言，僭王章也，奸君分也，子之有焉。夫君子之於天下，苟非吾之所有，雖一毫而莫取也，況授受之大乎？於義或有所乖，雖一介不以與人也，況神器之重乎？夫以燕之君臣，而各負難逭之罪如此，有王者起，當爲伐矣！

文見《欽定四書文·化治四書文》卷五。此亦陽明弘治五年浙江鄉試所作之四書文。按梁章鉅《制義叢話》卷四云：「讀王文成公『子噲不得與人燕』篇，見擒宸濠手段……文成公『子噲不得與人燕』二句，尤如法吏斷獄，愈轉愈嚴……艾東鄉批王文成公『子噲不得與人燕』文後云：『古文須長短句法相間，此文純用短句，非法。』按：此文如此批論，東鄉之拘迂極矣。」可見陽明此三篇制義明清以來甚流傳，蓋爲八股文之範文也。

毒熱有懷用少陵執熱懷李尚書韵寄年兄程守夫吟伯

（弘治六年，一四九三年）

曉來梅雨望沾淩，坐久紅爐天地蒸。幽朔多寒還酷烈，清虛無語漫飛升。此時頭羡千莖雪，何處身倚百丈冰？且欲泠然從禦寇，海桴吾道未須乘。

詩見《光緒淳安縣志》卷十五。程守夫即程文楷，淳安人。其與陽明於弘治壬子同舉於鄉，後又同卒業於北雍（太學），故陽明稱其爲「年兄」。《王陽明全集》卷二十五有《程守夫墓碑》云：「吾友程守夫以弘治丁巳之春卒於京，去今嘉靖甲申二十有八年矣。……君之父味道公與家君爲同年進士，相知甚厚，故吾與君有通家之誼。弘治壬子，又同舉於鄉，已而又同卒業於北雍，密邇居者四年有餘。凡風雪之晨，花月之夕，山水郊園之遊，無不與共。……當是時，予方馳騖於舉業詞章，以相矜高爲事，雖知愛重君，而未嘗知其天資之難得也。……君諱文楷，世居嚴之淳安。」陽明與程文楷在太學習舉業詞章，其在《答儲柴墟》書二中亦嘗述及：「往時僕與王寅之、劉景素同遊太學，每季考，寅之恒居景素前列,然寅之自以爲講貫不及景素,一旦執弟子禮師之。僕每嘆服。」(《王陽明全集》卷二十一)其《祭外舅介庵先生文》,即陽明弘治八年在北雍作。按:《光緒淳安縣志》卷十云:「程文楷,字守夫。穎敏好讀書,督學吴伯通奇其文,擢冠兩浙,領弘治五年鄉薦。與王守仁、林庭棉友善,賡和盈几。著有《方丈集》、《松柏稿》、《春崖雜稿》。」既稱「賡和盈几」,可見陽明與程文楷在北雍唱酬甚多。此詩云「幽朔多寒還酷熱」,顯指其在京師求學太學時,蓋爲陽明與程文楷在北雍唱酬詩之一也。大致陽明在弘治六年會試下第,遂入北雍,與程文楷密邇相處,至弘治九年北雍卒業,會試又下第,乃歸餘姚;而程文楷亦在弘治十年春卒於京師。故可知此詩約作於弘治六年六月中。

祭外舅介庵先生文

（弘治八年，一四九五年）

維弘治八年，歲次乙卯，夏四月甲寅朔，寓金臺甥王守仁帥妻諸氏南向泣拜馳奠於故山東布政使司左參政岳父諸公之靈曰：

嗚呼痛哉！孰謂我公，而止於斯！公與我父，金石相期。公爲吏部，主考京師。來視我父，我方兒嬉。公曰爾子，我女妻之。公不我鄙，識我於兒。服公之德，感公之私。憫我中年，而失其慈。慰書我父，教我以時。弘治己酉，公參江西，書來召我，我父曰咨，爾舅有命，爾則敢遲？甫畢姻好，重艱外罹。公與我父，相繼以歸。公既服闋，朝請於京；我濫鄉舉，尋亦北行。見公旅次，公喜曰甥，爾質則美，勿小自盈。南宮下第，我弗我經，曰利不利，適時之迎，屯蹇屈辱，玉汝於成。拜公之教，夙夜匪寧。從公數月，啟我愚盲。我公是任，語我以情，此職良苦，而我適丁。予謂利器，當難則呈。公才雖屈，亦命所令。公曰戲耳，爾言則誠。臨行懇懇，教我名節，躑躅都門，撫勵而别。孰謂斯行，遽成永訣，嗚呼痛哉！别公半載，政譽日徹，士論歡騰，我心則悦。昨歲書云，有事建業。

五六月餘，音問忽絶。久乃有傳，便道歸越。繼得叔問，云未起轍。竊怪許時，必值冗結。孰知一疾，而已頽折。西江魏公，訃音來忽，倉劇聞之，驚仆崩裂。以公爲人，且素無疾。謂必讒言，公則誰嫉；謂必訛言，訛言易出。魏公之書，二月六日，後我叔問，一旬又七，往返千里，信否叵必。是耶非耶，曷從而悉？醒耶夢耶，萬折或一。韓公南來，匍匐往質，韓曰其然，我吊其室，嗚呼痛哉！向也或虚，今也則實。孰謂我公，而果然也！天於我公，而乃爾耶？公而且然，況其他耶？公今逝矣，我曷望耶？廷臣僉議，方欲加遷，奏疏將上，而訃忽傳。嗚呼痛哉！今也則然，公身且逝，外物奚言？公之諸子，既壯且賢，諒公之逝，復亦何懸？所不瞑者，一庶髫年。有賢四兒，必克安全。公曾謂予：「我兄無嗣，欲遣庶兒，以承其祀。」昔也庶一，今遺其二，並以繼絶，豈非公意？有孝元兒，能繼公志，忍使公心，而有勿遂？令人悲號，蘇而復躓。迢迢萬里，涯天角地，生爲半子，死不能襚，不見其柩，不哭於次，痛絶關山，中心若刺。我實負公，生有餘愧，天長地久，其恨曷既！我父泣曰：「爾爲公婿，宜先馳奠，我未可遽。」哀緒萬千，實弗能備，臨風一號，不知所自。嗚呼哀哉！嗚呼痛哉！尚饗。

文見《姚江諸氏宗譜》卷六，葉樹望《新發現的王陽明佚文六件》著録並有考。外舅介庵即陽明岳父諸讓養和。據《姚江諸氏宗譜》，諸讓字養和，號介庵，成化戊子舉人，乙未進士。歷任南京吏部文選司主事、員外郎、郎中，江西布政使司左參議，山東布政使司左參政，誥授中大夫。陽明作此祭文年方廿四歲，文中所叙，多爲其早年行事，年譜不載，尤足寶貴。如文中題「寓金臺甥王守仁」，「金臺」指北京，蓋其時陽明方在北雍求學，其《程守夫墓碑》云：「弘治壬子，又同舉於鄉，已而又同卒業於北雍，密邇居者四年有餘。」（《王陽明全集》卷二十五）其《答儲柴墟》書二亦云：「往時僕與王寅之、劉景素同遊太學。」（《王陽明全集》卷二十一）是陽明弘治五年至九年在太學讀書，年譜失載，此文乃得一證。又此文云「公爲吏部，主考京師。來視我父，我方兒嬉。公曰爾子，我女妻之。公不我鄙，識我於兒」，此乃指成化十八年事，陽明在京方十一歲，諸養和已指其爲婿，年譜亦無載。又此文云「我濫鄉舉，尋亦北行。見公旅次……南宮下第，我弗我輕……從公數月，啟我愚盲……躑躅都門，撫勵而别」，乃指弘治六年春陽明會試下第而歸，陽明在京從諸養和受教數月，年譜亦缺載。文最後云「魏公之書，二月六日」，知諸養和卒於弘治八年二月，「魏公」指魏瀚，時方爲江西布政使，故稱「西江魏公」。「韓公」指韓邦問，字大經，號宜齋，會稽人。陽明早年與魏瀚、韓邦問相識、交遊唱酬，由此文皆可見矣。

南野公像贊 公諱纁 （約弘治八年，一四九五年）

稟性沖和，存心仁恕。德之不喜，怒之不顰。彼趨者利，我篤於義；彼附者勢，我遇則避。折券於友，代逋於公。玩世則弈，陶情乃吟。樂天雅趣，駕古軼今。

考證見下文《白野公像贊》考辨文字。

白野公像贊 公諱袞（約弘治八年，一四九五年）

冰玉其姿，芝蘭其德。有鳳凰翔乎千仞之志，具鵾鵬摇乎九萬之翼。聲聞夙著，青紫易得。胡泮林之翱翔，竟棘闈之終蹶？噫！不發於其身，必發於其子孫，以奮揚乎先德。

上二贊見《姚江諸氏宗譜》卷六，葉樹望《新發現的王陽明佚文六件》著録並有考。二像贊作年莫考。據《姚江諸氏宗譜》，諸繡字用袞，號南野，諸讓庶出，過於諸讓之兄諸正爲嗣子。繡元配吕氏，生子袞、隅、院。成化丁未二月生，隆慶己巳正月卒。諸袞字世佳，號白野，邑庠生，有子大畏、大槐。陽明《祭外舅介庵先生文》云：「所不瞑者，二庶髫年。有賢四兄，必克安全。公曾謂予：我兄無嗣，欲遣庶兒，以承其祀。昔也庶一，今遺其二，並以繼絶，豈非公意？有孝元兄，能繼公志……」此所言「我兄」，即指諸正，「庶兒」，即指諸繡。像贊云「胡泮林之翱翔，竟棘闈之終蹶」，當作在諸繡、諸袞早年場屋科舉失利之時。兹姑繫此二像贊於弘治八年之下，參見前《祭外舅介庵先生文》考。

次張體仁聯句韵

（弘治九年，一四九六年）

問俗觀山兩劇匆，雨中高興諒誰同？輕雲薄靄千峰曉，老木滄波萬里風。客散野鳧從小艇，詩成巖桂發新叢。清詞寄我真消渴，絶勝金莖吸露筒。

詩見寶晉齋所藏碑帖刻石（參見何福安《寶晉齋碑帖集釋》），原有三首，此爲第三首。此三首詩向以爲是唐寅詩，乃大誤。按《王陽明全集》卷二十九有《次張體仁聯句韵》三首，前二首與寶晉齋所藏碑帖詩同，第三首則與寶晉齋所藏碑帖詩異。此蓋是陽明原作有四首《次張體仁聯句韵》，嘉靖四年陽明曾草書抄録其中三首寄宋孔瞻（見下），後流落到寶晉齋中，被妄加「蘇臺唐寅」之題碑刻，訛傳至今。今觀此碑帖詩，的是陽明標準草書字迹，而斷非唐寅書，一目瞭然。陽明四首《次張體仁聯句韵》原收在陽明所手訂《上國游》中，至嘉靖四十年錢德洪取其逸稿刻入陽明集中（見錢德洪《陽明文集續編序》），已亡佚第四首《次張體仁聯句韵》（即此寶晉齋所藏碑帖第三首詩）。今《王陽明全集》卷二十九前所收十餘首詩（《次張體仁聯句韵》即在其中）即出自《上國游》。按此十餘首詩皆爲弘治九年陽明歸餘姚結詩社所作，錢德洪《陽明先生年譜》：「（弘治九年）歸餘姚，結詩社龍泉山寺。致仕方伯魏瀚平時以雄才自放，與先生登龍山，對弈聯詩，有佳句輒爲先生得之，乃謝曰：『老夫當退數舍。』」此《次張體仁聯句韵》即作在弘治九年中。張體仁，無考，當是餘姚士子，龍泉詩社唱酬詩友。詳考參見下《草書〈次張體仁聯句韵〉寄答宋孔瞻書》所考。

口訣

（弘治九年，一四九六年）

閑觀物態皆生意，静悟天機入窈冥。道在險夷隨地樂，心忘魚鳥自流行。

詩見《性命圭旨》利集《口訣》。《性命圭旨》爲明代論内丹修煉之名著，向不知爲誰作。該書前有余永寧《刻性命圭旨緣起》云：「里有吴思鳴氏，得《性命圭旨》於新安唐太史家，蓋尹真人高第弟子所述也。藏之有年，一日，出示豐干居士，居士見而悦之……因相與公諸同志，欲予一言爲引……遂述緣起，質之有道。萬曆乙卯夏仲，新安震初子余永寧常吉書。」又有鄒元標《題尹真人性命圭旨全書》云：「是書出尹真人高弟手筆，蓋述其師之意，而全演之……書既流通，真人師弟定必加持贊歎。仁丈主人鄒元標書。」今人皆以爲此「尹真人」乃僞託，或指先秦尹喜，或指金末元初全真教道士尹志平，或指南宋道士尹清和，乃至以爲《性命圭旨》爲清人之書，僞託明人作，實皆大誤。按：明末清初黄虞稷《千頃堂書目》中已著録《性命圭旨》四卷（《明史·藝文志》同），《千頃堂書目》是在其父黄居中所撰《千頃齋藏書目録》六卷之基礎上編定而成，故《性命圭旨》爲明人所作毫無疑問。《中國古籍善本書目》即著録國内所藏《性命圭旨》明代版本六種：萬曆四十三年吴之鶴刻本，天啓二年程于廷(滌玄閣主人)重修本，崇禎二年朱在錫刻本，胡虞潢刻本，醒翁誰是我删定本，明抄本。足證《性命圭旨》初刻於萬曆乙卯四十三年，余永寧、鄒元標序、跋二文真實可信，絶非僞作，「尹真人」實有其人。余永寧與鄒元標都明確説此「尹真人」爲明代之尹真人，書爲此明代尹真人之高弟子述師之意而作，如書中《邪正説》云：「幸吾師尹真人出，欲續大道之一絲，以復無名之古教，於是剪除繁蕪，撮其樞要，掃諸譬喻，獨露真詮，標摘正理，按圖立象。」《第一節口訣涵養本原救護命寶》云：「昔尹師指出修行正路一條，叫人打從源頭坐起。」《第九節口訣本體虚空超出三界》亦云：「直到吾師尹公者出，以其夙植靈根，更得教外别傳之旨。」其指明代當時之「尹真人」而非僞託古代之「尹真人」甚明。今按：伍守陽《仙佛合踪語録》卷六《或問十三條》云：「若不明宗旨，唯蹈襲古人幾句糟粕。舊説惑世坑人者，元太虚、陽葆真之作《真議》、《真詮》，尹蓬頭之作《萬神圭丹》等書是也。」此《萬神圭丹》即《性命圭旨》(圭丹即圭旨)，而「尹蓬頭」即尹真人。《仙佛合踪語録》著録伍守陽萬曆末年至天啟初年之間語録，去吴思鳴初刻《性命圭旨》不過數年。此「尹真人」師應即指與陽明同時代之「尹山人」(尹蓬頭)，陽明嘗向其學内丹修煉之法。彭輅《冲谿先生集》卷十八有《尹山人傳》云：

尹山人者，北地産也。元世祖時爲天慶觀道士，懷一牒，綴之羊皮，久而尚存。成化間遊南都，髮累歲忘櫛，而自不團結，南都人呼爲「尹蓬頭」云。得邸寓，輒閉關卧，多者踰月，少選亦五六日，而後起居。常不飯，人饋之食，亦不辭。嘗造一民家，會設餉客，麵近四十餘碇，客有戲尹者曰：「公能盡噉之乎？」曰：「能。」取而噉之盡，無留餘也。孫秀才某曰：「某伯父接山人市中，而責瓜擔停焉，某伯父戲曰：『公能盡此一擔瓜乎？』曰：『能。』即買而饋之，噉瓜立盡，無留餘也。」户曹員外李遣僕上病疏，一日辰刻，尹見其僕於北闕端門前，僕曰：「命已下，主人幸得告矣。」是日午餐，尹報李曰：「今旦端門前見使者已得告，急束裝行耳。」後僕還，核問果合。南北迢遞三千里，驅飯纔一飯頃，人聞而大異之。某御史當中秋耗磨日，命其隸召尹來，隸曰：「昨昔之暮，尹登大中橋觀月，兩鼻孔垂涕尺許，尹殆死矣夫，何召？」御史笑曰：「此爲鼻柱，非老病也。」隸甫行，而尹已扣門入，蓋就其召己也，御史亦異之。魏國館尹於居第，嘗偃大榻晝睡，寤而語魏國曰：「適遊姑蘇洞庭山而返。」魏國愕不信，即出袖中兩橘畀之。其時南都尚未有洞庭橘也。南都一貴人之母敬事尹，數數修供進衣饌甚虔。既而所愛孫少未冠而病，沉綿尫瘵，諸醫擅時名者，皆謝不可治。乃邀尹，力懇之，尹曰：「此非藥物所能爲，我以太夫人遇我厚，不得已，費我十年功，爲爾一救。」令置兩榻相附，昏夜縛少年之足於尹足，連屬數重。尹鼓氣運轉，喉呼呼有聲，氣達湧泉，貫少年足大勢，遍體流汗如雨注，臭穢畢泄。詰朝，解其縛，而少年蘇蘇有生色，别授刀圭藥，徐服而愈。王文成公守仁試禮闈卷落，卒業南廱（按：應爲北廱），走從尹遊，共寢處百餘日。尹喜曰：「爾大聰明，第本貴介公子，筋骨脆，難學我。我所以入道者，危苦堅耐，世人總不堪也。爾無長生分，其竟以勳業顯哉！」文成悵然惋之。洛陽有野毛頭張姓者，售僞誑世，自務飾，而以聞見該洽，論説雄俊，引重薦紳間。客抵南都，士人慕而争趨，軒車滿户外。尹識其僞，敝衣跣而往謁，隨衆稱老爺尊之。張方危弁高坐，側侍者肩摩，張傲岸不爲尹禮，顧罵曰：「乞兒辱吾教！」尹迺據東面坐而謂曰：「爾欲譚道耶？我一任爾問。」張曰：「爾乞兒，吾又奚問？」尹因刺之曰：「爾無我罵，爾注《悟真篇》，恐天下訕刺爾者無窮已。」張曰：「然則爾曉《參同契》與《悟真》耶？」尹張目朗音，爲抽廣成、壺丘延曆度紀樞奥，稍論序柱下五千文暨内典《華嚴》、《楞伽》、《姬易》艮卦彖象三教渾合之旨，翩翩千百言，衆驚異悚聽，皆俗耳所未聞。於是始知山人之辯慧不群，邃於玄學也。尹歸，倚墻立，自掌其頰者數十下，恨猶有勝心，且道非可言，言則與道遠，因鍵扉寢伏久之。終南黄山人過訪，值尹睡正熟，謂弟子曰：「謹貽爾師青衣鞋，我不能待，别矣。」又數日，尹起，問曰：「有友人黄來，渠何言？」弟子獻所贈，尹曰：「是豫料我將遥適也。」無何，逆閹劉瑾潛圖不軌，惡尹私有詆斥，羅而戍之關右。尹至戍所，偶遇鐵鶴觀，騎一鶴凌空飛去。論曰：……彼仙者，豈遂彫三光，閱萬載無終極之期哉？入我明，僅傳張邋遢、冷子敬、尹蓬頭三數公，一何寥寂也？張、冷迹無可稽，而南都人能歷歷道尹遺事，故論著焉。

此傳又載《金陵玄觀志》卷一。彭輅爲嘉靖丁未進士，《冲谿先生集》刻於萬曆三十八年，此《尹山人傳》約作於嘉靖中，由此可見此尹山人乃明代一著名得道真人，廣爲人知，明清史書對其人多有記載，如《所見偶抄》、《苹野纂聞》、《獪園》、《堅瓠集》、《寄園寄所寄》、《皇明世説新語》、《名山藏》、《續吴先賢讚》等，多載尹蓬頭事迹，焦竑《國朝獻徵録》卷一百十八亦收有《尹山人傳》。傳中稱尹山人「三教渾合之旨」，正與《性命圭旨》所述儒佛道三教内丹修煉之學相合，決可知《性命圭旨》所言之「尹真人」即此南都之尹山人，蓋當時民間俗呼其爲「尹蓬頭」，而其弟子則尊稱爲「尹真人」也。尹山人名從龍，實爲南都朝天宫一全真道士。大致尹真人生於永樂中，卒於正德中；其高弟子述其意而作《性命圭旨》在嘉靖中；至萬曆乙卯刊刻《性命圭旨》，正與刊刻彭輅《冲谿先生集》同時。

按：陽明卒業北廱與禮闈落榜在弘治九年，《王陽明全集》卷二十五《程守夫墓碑》云：「弘治壬子，又同舉於鄉，已而又同卒業於北雍，密邇居者四年有餘。」（詳見前《毒熱有懷用少陵執熱懷李尚書韵寄年兄程守夫吟伯》考）錢德洪《陽明先生年譜》：「及丙辰（弘治九年）會試，果爲忌者所抑……歸餘姚，結詩社龍泉山寺。」陽明在弘治九年秋落榜南歸，途經南都，陽明或已認識尹山人，但其時尚不可能向其學道百餘日。當是次年（弘治十年）春陽明由餘姚北上京師，途經南都，得從尹山人遊，學道百餘日，然後北上入京師。陽明此詩本是歸餘姚結詩社唱酬、山中静坐修煉之作，必是陽明曾將此詩面贈尹山人，爲尹山人所有，故後來其高弟子據尹真人遺圖、遺訣、遺文作《性命圭旨》時得以將此詩引入書中。王畿《王畿集》卷二《滁陽會語》詳記陽明早年静坐修煉云：「究心於老佛之學，緣洞天精廬，日夕勤修煉，習伏藏，洞悉機要，其於彼家所謂『見性』、『抱一』之旨，非通其義，蓋已得髓矣。自謂：『嘗於静中，内照形軀如水晶宫，忘己忘物，忘天忘地，與虚空同體，光耀神奇，恍惚變幻，以欲言而忘其所以言，乃真境象也。』……」按《性命圭旨》貞集《煉形》云：「煉形之法，總有六門：其一曰玉液煉形，其二曰金液煉形，其三曰太陰煉形，其四曰太陽煉形，其五曰内觀煉形。若此者總非虚無大道，終不能與太虛同體。惟此一訣乃曰真空煉形，雖曰有作，其實無爲；雖曰煉形，其實煉神，是修外而兼内也。依法煉之百日，則七魄忘形，三尸絶迹，六賊潛藏，而十魔遠遁矣。煉之千日，則四大一身，儼如水晶塔子，表裏玲瓏，内外洞徹，心華燦然，靈光顯現。」陽明所云「水晶宫」，即尹真人所云「水晶塔子」；陽明所云「與虛空同體」，即尹真人所云「與太虛同體」；陽明所云「真境象」，即尹真人所云「靈光顯現」；陽明所云「學道百日」，即尹真人所云「煉之百日」。可見陽明乃向尹真人學真空煉形法，而此《口訣》詩正爲陽明山中静坐修真空煉形法之體驗記録。《性命圭旨》中引古今衆家之詩甚多，均稱「口訣」，實非原詩題名，陽明此「口訣」詩原題名，亦不可知矣。錢德洪《陽明先生年譜》云：「弘治十一年，是年先生談養生……偶聞道士談養生，遂有遺世入山之意。」此所謂談養生「道士」，似即指尹山人。蓋弘治九年至十一年之間，陽明每年往返於餘姚、京師之間，皆經南都，可見尹上人，談道論仙。兹將陽明此詩繫於弘治九年下，並選有關尹山人之資料記載録於下，以瞭解陽明與尹山人之關係。

尹蓬頭，名從龍，華州人。懷有宋理宗時度牒。弘、正間至金陵城，成同朱公供養之甚虔，能出陽種，分身數處。赴齋，朱公問尹曰：「我欲一見洞賓吕祖，可乎？」尹曰：「可。公於朔日出水西門外劉公廟拈香，當約洞賓來一會。」及拈香歸，寂無所見，乃責尹以説謊，尹曰：「公曾見路上一道人醉枕酒瓶而睡者乎？」公曰：「有之。」尹曰：「道人枕瓶，兩口相對，分明吕字也，公自不悟，那敢説謊？」復遣人四路覓之，皆云纔去未遠耳……府廠見尹仙跡太露，恐惑亂人心，押使歸華州。監押軍人云：「每押發，皆有常例安家，今你料無銀錢，妻子何以過活？」尹曰：「汝家所需，不過柴米，有何難辦乎？與你兩符，一貼竈上，一貼米桶，用時自足也。」後果然。及華州歸，要用柴米，俱不能得矣。蓬頭住華州鐵鶴觀中，騎鐵鶴飛昇。（褚人穫《堅瓠集》丙集卷四）

尹蓬頭名繼先，臨洮人……弘治末，復在南京接命。浙江鎮守太監劉璟召之，夜過無錫高橋，巡司詰問，不答，被縛。明日，出度牒示之，得釋。未幾，將還南都，道經蘇州，從而拜禮者，日無算。知府林世遠收繫獄月餘，璟聞，遣使至，釋之。正德初，太監賴義掌東廠，召至入京。劉瑾時方竊權，欲以威劫其術，尹終無言。瑾怒，遂以妖言惑衆，緝送法司議死。時閔公珪爲刑書，止令招年九十，免死，押發原籍鈐束。後居鐵鶴觀中。一日，土民修殿發土，土中得鐵鶴，士女悉觀之，尹笑撫之曰：「自我埋没，忽復二百餘年矣，幸再相見也。」跨鐵鶴背，飛上殿脊，對衆高揖而去。守臣懼，秘其事。初在刑部，問官叩其術合用婦人否，頷之而已。或再三問之，自言每一接命，必得奇禍，是獄也，豈有餘殃乎？對問官惟請死期，略無懼色。一食能盡胡餅數十，酒數斗。或數日不與，亦未嘗告饑。平居惟單衣袍，隆冬不寒。及遣發日，忽向人求纊襖，或給之。甫出門，脱付解人，且曰：「秦地苦寒，特求此贈耳。」前所佩羊皮度牒，劉璟收之。璟死，用以殉葬。（楊儀《高坡異纂》卷下）

考之國初，聖祖膺圖，一時周顛仙、冷協律、張三豐、尹蓬頭，皆以霞綃雲佩之姿，從駕臨陣，浮波立浪，測角占風，徵奇刻應……是堂也，即未稔有繼尹而起者，乃全真之學，近有趙教常其人，實先斯堂三年結茆閑地，四面甃壁，止開隙牖通飲食，客至，稍問答，無多語。藉非心無所持，即飲食亦且爲四體病，其何能枯坐且三年哉？姑無論教常能尹也，謂教常而非清淨之業也耶？今之遊焉息焉，寢處於斯者，能人人爲教常，庶亦可無愧兹堂矣。（葛寅亮《朝天宫重建全真堂記》，《金陵玄觀志》卷一）

按：此「繼尹而起」之趙教常，應即尹真人高弟子，余永寧《刻性命圭旨緣起》云「得《性命圭旨》於新安唐太史之家，蓋尹真人高弟子所述也」，應即指此趙教常，則趙教常爲《性命圭旨》之作者可知矣。陽明或亦認識此趙真人，故其詩入於《性命圭旨》耶？

弘治間，京師多傳尹蓬頭。尹善絶粒，每食輒又數升。不畏寒暑，或雜乞丐，宿閭閻下。人無異者，而士大夫争邀致之，不去。顧時時假館於水厓彭公。公是時爲南京刑部，尹來必索食，食已，相對危坐，間出幻術相調，復試以隱語。後公出守兗州，尹涕泣别去。（《羅洪先集》卷十一《水厓集序》）

蘭亭次秦行人韵

（弘治十年，一四九七年）

十里紅塵踏淺沙，蘭亭何處是吾家？茂林有竹啼殘鳥，曲水無觴見落花。野老逢人談往事，山僧留客薦新茶。臨風無限斯文感，回首天章隔紫霞。

詩見沈復燦《山陰道上集》（天津圖書館藏）。此詩乃沈復燦引自明張元忭《蘭亭遺墨》。按張元忭字蓋，山陰人，隆慶辛未進士，《明史・儒林傳》有傳。其未第時即與鄧以鑽從王畿學，傳良知之學，著有《紹興府志》、《雲門志略》等，對紹興風土文獻十分熟悉，其所引此詩乃出自陽明手迹，當屬可信也。此詩向以爲作在弘治十五年（見吴艷玲《一代心學大師的思想起點和精神歸宿——解讀王陽明全集失收詩二首》，《廣州大學學報》二〇〇四年七期），顯誤。按：此詩云「啼殘鳥」、「見落花」、「山僧留客薦新茶」，當作在暮春三月。又詩云「十里紅塵踏淺沙」、「曲水無觴見落花」，顯是三月上巳踏青來遊蘭亭，見曲水無流觴，有感而作此詩，故可知此詩即作在三月上巳日也。弘治十五年陽明八月纔疏請歸越，築室陽明洞，春三月其猶在京師，可見此詩絶非作在弘治十五年。今按陽明詩所云「秦行人」，應是指南京行人秦文，鄭度《河南左參政秦先生文墓志》：「先生諱文，字從簡，號蘭軒，後號雪峰。其先閩人也，自閩徙台之黄巖，再徙臨海，遂爲臨海人。……弘治壬子，以《毛詩》中浙江鄉試第一，士論服之。明年癸丑，登進士第。觀政二年，授南京行人司行人三年，轉司副，四方從游之士，户外屨恒滿。……正德中，服闋，始選刑部廣西司郎中。時逆瑾之亂……先生以身殉法，不少貸……瑾竟不能害，未幾，遷貴州提學副使……改陝西……在陝二年，遷河南布政使司左參政……武宗巡游，調度日急，慨然告病以歸……於是先生年五十有六矣……後先歷官三十年……嘉靖己丑卒，年六十有七。」（《國朝獻徵録》卷九十二）秦文弘治五年中浙江鄉試第一，陽明亦於弘治五年中浙江鄉試，故二人當在弘治五年已識。弘治六年至七年秦文在京師觀政某部，陽明亦在京師受業北雍，兩人當有交往。至弘治八年至十年秦文在南京任行人，陽明於此數年中每年往返於京師、南都、紹興、餘姚之間，亦可多與秦文相見。錢德洪《陽明先生年譜》：「及丙辰會試，果爲忌者所抑……歸餘姚，結詩社於龍泉山寺。」弘治九年陽明會試不第，約在秋九月歸餘姚，至弘治十年春以後方又回京師（見錢德洪《陽明先生年譜》及《王陽明全集》卷二十九《送紹興佟太守序》）。由此可見陽明此詩應作於弘治十年三月上巳。蓋秦文爲臨海人，由南都回臨海必經紹興。疑弘治十年春秦文歸臨海經紹興，乃得與陽明往游蘭亭唱酬也。

登秦望山用壁間韵(弘治十一年,一四九八年)

秦望獨出萬山雄,縈紆鳥道盤蒼空。飛泉百道瀉碧玉,翠壁千仞削古銅。久雨忽晴真可喜,山靈於我豈無以?初疑步入畫圖中,豈知身在青霄裏。蓬島茫茫幾萬重,此地猶傳望祖龍。仙舟一去竟不返,斷碑千古原無踪。北望稽山懷禹跡,却嘆秦皇爲慚色。落日凄風結晚愁,歸雲半掩春湖碧。便欲峰頭拂石眠,吊古傷今益惘然。未暇長卿哀二世,且續蘇君觀海篇。長嘯歸來景漸促,山鳥山花吟不足。夜深風雨過溪來,小榻寒燈卧僧屋。

詩見張元忭《雲門志略》卷五,《康熙紹興府志》卷四,《古今圖書集成·山川典》第一百零五卷《吴山部》等。錢明《王陽明全集未刊散佚詩文彙編及考釋》著録,析爲六首。按《雲門志略》於陽明此詩前録有宋陸游《醉書秦望山石壁》:

秋雨初霽開長空,夜天無雲吐白虹。擘波浴海出日月,披山卷地驅雷風。崑崙黄流瀉浩浩,太華巨掌摩穹穹。平生所懷政如此，拜賜虛皇稱放翁。放翁七十飲千鍾，耳目不廢頭未童。向來楚漢何足道，真覺萬古無英雄。行窮禹跡亦安在，聊借曠快洗我胸。濤瀾屢犯鮫鰐怒，澗谷或與精靈逢。黄金鑄盡決河塞，俘獻頡利長安宫。不如翠華掃清嶂，一寸毫健驚天公。（又《萬曆會稽志》卷二）

陽明此詩即用陸游此韵。《雲門志略》於陽明此詩下又録有陸相《登秦望次陽明韵》：

會稽山水東南勝，秦望岧嵂摩蒼空。洞府靈光翳丹壑，鑑湖高影懸青銅。山花似見遊人喜，脱略塵機良有以。溪女曾歌菡萏中，仙人只在煙霞裏。絶壁雲開錦繡重，懸巖古樹蟠虬龍。秦碑埋没不可見，自鎸苔石留奇踪。可憐望海成陳迹，今古雲山空黛色。蓬萊何處矗金鰲，一笑茫茫海天碧。松顛白鶴猶未眠，空山無人思悄然。不知凡骨未可住，野翁招我歸來篇。暝雲帶雨如相促，萬壑千巖探未足。殷勤傳語採芝人，豈必求仙向林屋。

又録高臺《登秦望次陽明韵》：

我登秦望氣獨雄，彷彿插翮凌太空。峰巒面面列屏障，日月近近懸青銅。憑高兀立聊自喜，莫嘆明時不吾以。腰間長劍倚天外，幾曾飛步青雲裹。仰天一顧意萬重，直欲隻手攀蛟龍。於今笑與鹿麋伍，特來此地尋仙踪。蓬萊原有天仙跡，玉樹金枝迷日色。始皇望斷舟不還，潮落潮生接天碧。滇南太守醉欲眠，會稽别駕猶飄然。相逢塵慮總脱落，底用莊生《秋水》篇。僕夫頻報暮鐘促，吊古傷今情未足。下來佛子煮新茶，助我燒燈吟竹屋。

蓋陽明此詩刻秦望山石壁，故後人多有和韵。如陸相字良弼，餘姚人，弘治五年進士，實爲陽明早年同鄉詩友，後特作《陽明先生浮海傳》，陸相此詩似即與陽明同遊秦望山所作次韵。今人將陽明此詩析作六首，乃誤。張元忭《雲門志略》成於萬曆二年，其所引陽明此詩及有關次韵詩皆作一首，且陸游題壁詩也非六首。蓋陽明此詩乃一首古風歌行，分之爲六則不倫不類。秦望山在會稽縣東南，《萬曆會稽志》卷二：「秦望山，在縣東南四十里宛委山南，高出群山。秦始皇登之以望東海，故名。」按陽明生平嘗兩遊秦望山，一在嘉靖三年冬，一在弘治十一年春，《王陽明全集》卷二十有詩云：「嘉靖甲申冬二十一日再登秦望，自弘治戊午登後，二十七年矣。」陽明此詩云「歸雲半掩春湖碧」，作在春間，則必是弘治十一年遊秦望山所作。錢德洪《陽明先生年譜》：「弘治十一年戊午，先生二十七歲，寓京師。」未言陽明春間在越，叙事含糊，實則陽明自弘治五年在京師入北雍後，每年都在歲末歸越過年，至次年春間再回京師。弘治十一年亦必嘗歸越過年，其遊秦望山約在二月中。

登峨嵋歸經雲門

（弘治十一年，一四九八年）

一年忙裏過，幾度夢中遊。自覺非元亮，何曾得惠休。亂藤溪屋邃，細草石池幽。回首俱陳迹，無勞説故丘。

詩見明張元忭《雲門志略》卷五。《雲門志略》於陽明此詩下又著録無名氏《次陽明韵》：「溪頭新雨過，印屐入山遊。餘溜依巖落，歸禽到樹休。僧眠松榻淨，花落洞門幽。臺閣通宵夢，何曾到此丘。」按「峨嵋」指會稽峨嵋山，《萬曆紹興府志》卷四：「峨嵋山，在火珠山下百餘步，石隱起土中，狀如峨嵋，有峨嵋庵。」「雲門」指雲門山，《嘉泰會稽志》：「雲門山，在（會稽）縣南三十里。舊經云：『晉義熙二年，中書令王子敬居此，有五色祥雲見，詔建寺，號「雲門」。』」秦望山去雲門數里，陽明遊秦望皆從雲門過，如嘉靖三年遊秦望山，其云：「嘉靖甲申冬二十一日再登秦望，自弘治戊午登後，二十七年矣。將下，適董蘿石與二三子來，復坐久之。暮歸，同宿雲門僧舍。」故陽明此詩應是弘治十一年春遊秦望山宿雲門僧舍作，與前《登秦望山用壁間韵》作在同時。

留題金粟山

（弘治十一年，一四九八年）

獨上高峰縱遠觀，山雲不動萬松寒。飛霞瀉碧雨初歇，古澗流紅春欲闌。佛地移來龍窟小，僧房高借鶴巢寬。飄然便覺離塵世，萬里長空振羽翰。

詩見《嘉興府圖記》卷六、《金粟寺志·歷代金粟詩文》、《天啟海鹽縣圖經》卷三、《康熙嘉興府志》卷十八等。按吴麟徵《金粟寺志序》云：「本朝王陽明、董蘿石、張芳洲、王沂陽題壁隱隱然，亦不過單山秀麗、復水回蕩而已。至萬曆、天啟，名師宿者始涉經之……崇禎癸未七月吉日，武原吴麟徵拜書。」又《金粟寺志續集序》云：「嘉靖壬辰重陽日，王沂陽子南游海上諸山，記節略云：登舟次茶院，游金粟山，登僧樓，觀陽明先生詩，賡之，書左方。……」可見陽明此詩原題於金粟寺壁，壬辰爲嘉靖十一年，去陽明卒僅四年。《嘉興府圖記》撰於嘉靖二十六年，去陽明卒亦僅十九年，其著録陽明此詩句多有異：「金粟峰頭縱遠觀，山峰不動萬峰寒。飛崖瀉碧雨初歇，古澗流紅春欲闌。佛地移來龍窟小，僧房高借鶴巢寬。飄然悮却離塵想，一笑天風振羽翰。」此或即題金粟寺壁原詩耶？金粟寺在海鹽縣金粟山，《金粟寺志》卷上：「金粟山，距嘉興府海鹽城西一舍餘。循角里山左旋而入，即招寶橋。逾橋數百武，再歷小橋進，是爲金粟寺門。……山形象金粟若空洞，足踐其地，音響鏗然；且來脉結局，亦主兑位，兑屬金，此金粟之名所由來也。吴赤烏中，康僧會三臺法師構亭施茶，久而建寺，迄今千百餘載。」金粟寺由名僧康僧會所建，歷史悠久，規模宏麗，素有「東南第一古刹」之名。劉獻廷《廣陽雜記》謂：「金粟寺乃吴大帝赤烏年康居僧會所建。僧會於江南建三刹，一金陵之保寧，一太平之萬壽，一海鹽之金粟也。」陽明少時嘗在海鹽資聖寺受學，以後出仕每往返京師、南都、蘇州、嘉興、會稽、餘姚之間，常順道往遊海鹽。此詩云「古澗流紅春欲闌」，作在春三月，按陽明弘治十一年春在會稽遊秦望山後，即北赴京師，其由會稽北上經嘉興海鹽，正在三月，陽明此詩即作在其時。參見前《登秦望山用壁間韵》考。

會試卷《禮記》（弘治十二年，一四九九年）

樂者敦和，率神而從天；禮者別宜，居鬼而從地。故聖人作樂以應天，制禮以配地。

惟禮樂合造化之妙，故聖人成制作之功。蓋禮樂與造化相爲流通者也，然非聖人爲之制作，抑何以成參贊之功哉！且禮樂之所以合乎造化者，果何以見之？是故絪緼化醇，此造化自然之和，乃氣之伸而爲神，天之所以生物者也；樂之爲用，則主於和，而發達動盪，有以敦厚其和於亭毒之表，豈不循其氣之伸而從天乎？高下散殊，此造化自然之序，乃氣之屈而爲鬼，地之所以成物者也；禮之爲用，則主於序，而裁節限制，有以辨別其宜於磅礴之際，豈不斂其氣之屈而從地乎？禮樂之合乎造化如此，故聖人者出，因其自然之和也，而作爲之樂，凡五聲六律之文，或終始之相生，或清濁之相應者，皆本之，豈徒爲觀聽之美哉，於以應乎造化之和，使陽不至於過亢，而生物之功與天爲一矣；因其自然之序也，而制爲之禮，凡三千三百之儀，或制度之有等，或名物之有數者，皆法之，豈徒爲藻飾之具哉，於以配乎造化之序，使陰不至於過肅，而成物之功與地無間矣。然則聖人制作之功所以參贊乎天地也，一何大哉！抑當究之天地之靈，不外乎陰陽，而鬼神者，陰陽之靈也；聖人之道，不外乎禮樂，而和序者，禮樂之道也。其實則一而二，不知者乃歧而二之。故知陰陽禮樂之所以爲一，則可以識聖人制作之功矣。彼竊天地之靈，瀆幽明之分者，蓋非所謂鬼神，而亦焉用其所謂禮樂哉！

文見《天一閣藏明代科舉録選刊·會試録·弘治十二年會試録》。按陽明弘治十二年舉進士出身，錢德洪《陽明先生年譜》："弘治十二年，是年春會試，舉南宫第二人，賜二甲進士出身第七人。"湛若水《陽明先生墓志銘》云："初舉己未禮闈第一，徐穆争之，落第二。"《弘治十二年會試録》："中式舉人三百名，第二名王守仁，浙江餘姚縣人，監生，《禮記》。"陽明乃由北雍卒業，故稱"監生"。會試第一場考經義，陽明乃選《禮記》，發義精微，遂爲考官取中。陽明是卷下有多名考官批語：

同考試官都給事中林廷玉批："近時經生率以此禮樂爲造化自然，恐但云禮樂，便涉制作上説；不然，則敦和别宜，造化豈自敦且别邪？此作是也。"

同考試官修撰劉春批："作此題者，多體認欠明，徒務敷演，浮冗可厭，蓋時習之弊也。是卷説理措辭精深典雅，而其氣充然，豈拘拘摹倣之士哉！」

考試官學士程敏政批：「究本之論，涉造化處便難。楷筆若辭理溢出類此篇者，鮮矣。」

考試官大學士李東陽批：「剾達無滯，《樂記》義僅得此耳。」

會試卷 論

（弘治十二年，一四九九年）

君子中立而不倚。

獨立乎道之中，而力足以守之，非君子之勇，不能也。蓋中固難於立，尤難乎其守也。中立而有以守之，必其識足以擇理，而不惑於他歧；行足以蹈道，而不陷於僻地；力足以勝私，而不誘於外物。天下之事紛紜轇轕乎吾前，而吾之中固在也，使徒立之，而力不足以守之，則執於此或移於彼，植於前或仆於後，矜持於旦夕無事之時，而顛蹶於倉卒不備之際，向之所謂中者，不旋踵而已失之矣。此中立而不倚者所以見君子之强而爲天下之大勇歟？且君子之所以自立者，何中而已，是道也，原於帝降，著於民彝，其體本不倚也；然一事有一事之中，一時有一時之中，有定理而無定在焉。今夫人之所自立也，譬之地焉，高者或亢，遠者或曠，皆過乎中；卑者或汙，近者或局，皆不及乎中，是蓋擇之不精，而其守也不足言矣。君子則存養之熟，有以立乎中之體；省察之精，有以達乎中之用，故能事事而擇之，時時而處之，履道於至正之區，而特立乎流俗之外；置身於至當之地，而標見乎衆目之表。自卑者視之，以爲太高，而不知其高之爲中也；自高者視之，以爲太卑，而不知其卑之爲中也，以至於近遠亦然。當出而出，當處而處，出處之立乎中也；當辭而辭，當受而受，辭受之立乎中也，以至於動静語默皆然。則君子之立也可謂中矣，又何以見其不倚邪？譬之物焉，有所憑則易以立，無所恃則易以倚，吾之所立者中，則或前或後無可恃之人，或左或右無可憑之物。以外誘言之，則聲色之私有以眩吾中，貨利之私有以撼吾中，苟吾力不足以勝之，其不至於顛仆者寡矣；以己私言之，則辨或倚於私辨而非中，智或倚於私智而非中，苟吾之力不足自勝，其不至於欹側者亦寡矣。故中立固難，立而不倚尤難。君子則以一定之守持一定之見，不必有所憑也，而確乎有不可拔之勢；不必有所恃也，而屹乎有不可動之力。激之而不能使之高，抑之而不能使之卑；前之而不能引，後之而不能掣。聲色自美耳，吾之中終不爲其所眩；貨利自靡耳，吾之中終不爲其所撼。辨有所不當施，則不倚於辨；智有所不當擇，則不倚於智。於所當處也，雖迫之使出，而有所不從；於所當辭也，雖强之使受，而有所不屑。以至於天下之事，莫不皆然。事之在天下者，萬有不齊，而吾之所立者，固未嘗失也。是雖處乎人人之中，而其所守，實有過乎人者，天下之勇，豈復加於此哉！由是觀之，所以擇者，智也；所以行者，仁也；所以守之者，勇也。勇所以成乎智仁而保此中者也。然亦有辨焉，南方之强，不及中者也；北方之强，過乎中者也；惟和而不流，中立而不倚，國有道無道而不變，爲君子之强，蓋所謂中庸之不可能者。孔子因子路問强，而告之所以抑其血氣之剛，而進之以德義之勇也。彼子路者終倚於勇焉，何哉？君子誠因是而求之，所謂中立不倚者，尚當以孔子爲的。

文見《天一閣藏明代科舉録選刊·會試録·弘治十二年會試録》。按弘治十二年會試第二場，陽明選「論」，發「中立而不倚」之説尤精妙，爲考官取中。是卷下有衆多考官批語：

同考試官都給事中林廷玉批：「中立處，學者類能言之，一到不倚上，便茫然不知；所謂間有知者，又拘於筆力，不能盡寫其義，説理之文最難也。此篇議論滔滔自胸中流出，若不經意焉者；且理致精深，言辭深厚，脱去時俗氣息。噫！吾於是有以知子之所養矣。」

同考試官修撰劉春批：「論場佳者固多，但初讀似辨博可喜，徐而點檢，皆時中之義，未有的然着題者也。此亦習尚使然，主司命題，不爲無意。及得是卷，歷論中立不倚之旨，節節俱有源委，而抑揚曲折，無不在題中。蓋深於性理之學者，即是而觀，子豈獨爲文不受變於俗邪？」

考試官學士程敏政批：「論場中文字，豐者多失之弱，簡者又失之晦，未有滿人意者。忽得此卷，其詞氣如水涌山出，而義理從之，有起伏，有歸宿，當豐而健，當約而明，讀之惟恐其竟也。四方傳誦，文體將爲之一變乎！」

考試官大學士李東陽批：「近來士習多厭平易，喜奇恢，論場尤甚，至有泛濫千餘言，而終篇不及本題正義者，其所得意，非雕蟲之字，則聱牙之句也。沿是以往，亦將何所底極乎？此篇見理真切，措辭條暢，亦何嘗無開合起伏於其間，而終不出乎繩準之外，爲論學者可以觀矣。」

墜馬行

（弘治十二年，一四九九年）

我昔北關初使歸，匹馬遠隨邊檄飛。涉危趨險日百里，了無塵土沾人衣。長安城中乃安宅，西涯却倒東山屐。疲騾歷塊誤一蹶，啼鳥笑人行不得。伏枕兼旬不下庭，扶携稚子或能行。勘譜尋方於油皮，同窗藥果羅瓶罌。可憐不才與多福 ，步履已覺今令輕。西涯先生真繆愛，感此慰問勤拳情。入門下馬坐則坐，往往東來須一過。詞林意氣薄雲漢，高義誰云在曹佐？少頃夷險已秦越，幸而今非井中墮。細和丁丁伐木篇，一杯已屬清平賀。拂拭牀頭古太阿，七星寶□金盤陀。血誠許國久無恙，定知神物相撝訶。黃金臺前秋草深，不須感激荆卿歌。嘗聞獻納在文字，我今健如筆揮戈。獨慚著作非門户，明時尚阻康莊步。却尚驊留素惆悵，俛首風塵誰復顧？昆侖瑤池事茫惚，善御未應逢造父。物理從來天如此，濫名且任東曹簿。世事紛紛一芻狗，爲藥及時君莫誤。憶昨城東兩月前，健馬疾驅君亦仆。黃門宅裏赴拯時，殿屎共惜無能助。轉首黃門大顛蹶，倉遑萬里滇南路。幻泡區區何足驚，安得從之黃叔度。佩擷馨香六尺軀，婉娩去隔坐來暮。

余墜馬幾一月，荷菊先生下問，因道馬訟故事，遇出倡和，奉觀間，録此篇求教，萬一走筆以補，甚幸。□在玉河東第。

八月二日書，陽明山人。

詩見蓬累軒編《姚江雜纂》。錢明《王陽明全集未刊散佚詩文彙編及考釋》著録。按：此詩有王陽明手迹長卷，日本陽明學會會員加藤八重磨於大正年間來紹興購得此卷，編入《姚江雜纂》。卷後附有清鄭濂跋：「明季諸人，無一不摹右軍，皆爲蹊徑所拘。獨陽明山人之書，脱盡窠臼，天真瀟洒，掉臂獨行，無意求合而無不宛合。此有明第一妙腕，一代偉人。余垂髫時，見魏氏漪園所藏墨迹行書長卷，愛不忍釋，以爲觀止矣。今於海上忽睹此卷，驚歡欲絶。其筆法有龍飛虎卧之勢，以此爲得意之書，借觀竟日。卷有諸名宗考藏印章，是真迹無疑矣。爰志數言於後，以記眼福云爾。」此詩有以爲作在弘治十年，非是。弘治十年陽明尚未入仕，今按此詩反復云「我昔北闕初使歸」「高義誰云在曹佐」「濫名且任東曹簿」，顯是指王陽明弘治十二年中進士初仕觀政工部時。錢德洪《陽明先生年譜》：「弘治十二年，舉進士出身……觀政工部。疏陳邊務。是秋，欽差督造威寧伯王越墳……先生復命上邊務八事，言極剴切。」觀政工部，即下到工部下屬部門試事，《憲章類編》卷十七《進士觀政》：「洪武十八年三月，上以諸進士未更事，俾觀政諸事，各照出身次第資格，月給俸米。按進士每科大約三百名，分試九卿衙門觀政。每衙門大約三十餘人，堂長司僚與之朝夕而試之事。」陽明觀政工部向不知下到工部何部門試事，按《明史》卷七十三《職官志》：「工部……營繕、虞衡、都水、屯田四清吏司。……屯田，典屯種、抽分、薪炭、夫役、墳塋之事。凡軍馬守鎮之處，其有轉運不給，則設屯以益軍儲。其規辦營造、木植、城磚、軍營、官屋及戰衣、器械、耕牛、農具之屬。……凡墳塋及堂牌、碣獸之制，第宗室、勳戚、文武官之等而定其差。」屯田司下有典簿等職，王陽明觀政工部，當是試屯田司下典簿之職，故有督造王越墳塋、出使邊徼視察軍屯及上《陳言邊務疏》、於中專論邊戍軍屯之事，即此詩所云「濫名且任東曹簿」。據王陽明是年所上《陳言邊務疏》云：「臣以公差在外，甫歸旬日，遥聞出師……今炎暑漸熾，虜性不耐，我得其時……今已蜂屯兩月，邊草殆盡……」可見王陽明確在五六月奉檄出使關外，查視邊戍軍屯，即此詩所云「我昔北關初使歸，匹馬遠隨邊檄飛。涉危趨險日百里……」也，與此詩署「八月一日」在時間上相合。詩中所言「君」，指西涯李東陽，此詩實爲和李東陽墮馬詩韵，按《懷麓堂集》卷八有《墮馬後柬蕭文明給事長句并呈同游諸君子》：「我在黄門夜燕歸，徑驅健馬疾若飛。馬蹄翻空身墮地，豈獨塵土沾人衣。徒行却叩黄門宅，主翁醉睡驚倒屐。東軒大牀許借我，筋骨屈强眠不得。二郎擁臂下中庭，左曳右挈蹣跚行。西鄰乞藥走僮僕，東家貫酒來瓶罌。大郎慰問不停口，以手熨抑重復輕。黄門對牀卧答語，獨夜沉沉何限情。黄門朝回我起坐，南屏潘郎跨驢過。西臺驄馬隨東曹，復有同官兩寮佐。周郎哭子涕未乾，聞疾赴予如拯墮。群嗟衆唁增我憂，獨喜南屏向余賀。憶當墮馬城東阿，前有深渠後坡陀。置身隙地不盈丈，或有鬼神相撝訶。茲行未必不爲福，對酒盡醉且復歌。詩成臂病不能寫，黄門健筆如操戈。庭空客散日在户，夜踏肩輿代徐步。道逢東曹送我歸，舉袂却之猶返顧。入門强作歡笑聲，實恐衰顏驚老父。閉門穩卧病經月，幸是閑官寡書簿。高吟朗諷猶舌存，欹坐仄看書屢誤。故人入坐時起迎，拄杖徐行轉愁仆。黄門父子時過問，愛我情多豈予助。平生骨肉欣戚同，世上悠悠幾行路。宦途夷險似有數，墮馬爲君今兩度。作詩病起謝黄門，各保千金向遲暮。」此處黄門爲蕭顯，字文明，號履齋（子爲蕭鳴鳳）；潘郎爲潘辰，字時用，號南屏；東曹爲邵珪，字文敬，號半江、東曹隱者。李東陽墮馬事在成化十七年，《懷麓堂集》卷八十七有《蕭顯墓銘》云：「公諱顯，字文明，號履齋，更號海釣……（成化）甲午，擢兵科給事中……辛丑，遷鎮寧州同知……」又卷二十五《送履齋詩序》云：「比者擢佐鎮寧，當遠涉荒服萬里外，命下之日，即飭妻子治行。」此即王陽明此詩中所云「轉首黄門大顛蹶，倉遑萬里滇南路」，蓋李東陽墮馬與蕭顯遷鎮寧州先後同時，故李東陽《文敬携叠韵詩見過且督再和去後急就一首》亦云「宦途顛蹶亦有之，不見黄門已州佐」。王陽明十八年後因已墮馬乃作和李東陽墮馬詩韵，仍用李東陽之句也。王陽明詩末云「荷菊先生下問，因道馬訟故事」，此「菊先生」應即李士實。李士實字若虚，號白洲，時爲刑部侍郎（見《國朝獻徵録》卷四十六《刑侍李士實傳》），正爲王陽明上司，李東陽稱其爲「李秋官」，王陽明則稱其爲「菊先生」。蓋李東陽墮馬時，亦有馮蘭（字佩之，號雪湖，餘姚人，與王華、王陽明父子熟識）、邵珪墮馬，三人墮馬同時發生，李士實亦寫來和詩，評論三人墮馬得失，即所謂「馬訟故事」。《懷麓堂集》卷八有《若虛詩來欲平馬訟五疊韵答若虛并柬文敬佩之》：「馮郎墮馬長安歸，身病在牀思奮飛。我時病墮忽兩月，幾度爲渠驚倒衣。邵郎近墮橋頭宅，右足獨拳愁躡屐。三人墮馬渠最傷，畢竟墮同誰失得？西涯書屋東曹庭，詩筒絡繹東西行。不緣詩墮不爲酒，玉山自倒非金罍。馮郎談虎色獨變，閉口不問重與輕。吾宗白洲不墮馬，亦作墮語真多情。喧争浪謔兩當坐，頗覺風流成罪過。向來曲直未分明，旁引諸家爲證佐。訟當坐人不坐馬，勝負在詩寧在墮？馮郎欲作旁觀人，負汝何悲勝何賀？白洲老吏直不阿，手持三尺無坡陀。欲令虞芮成禮讓，不遣秦越相譏訶。不然健訟化勁敵，祇恐吴儂圍楚歌。南山一判不可改，昨夜東壇聞止戈。詩家紛紜各門户，爾我不須分跬步。世間險夷自有途，騄駬駑駘竟誰顧？古來相馬獨孫陽，有子分明不如父。白洲乃欲賣我馬，却付東鄰酒家簿。人雖千慮有一失，我馬雖駑亦應誤。君看三馬二馬良，馮馬最良先我仆。白洲有馬誇健强，縱免墮傷爲盗助。詩成我亦判渠歸，良馬勿與駑争路。佳辰美景亦有數，莫遣閑情嬲襟度。急呼邵李招馮郎，下馬共醉西涯暮。」李士實亦一著名文士，後投靠寧王宸濠，助其叛亂，事敗被殺。王陽明此詩卒未入《王陽明全集》，或因此邪？此詩後署「在玉河東第」，按玉河在順天府西北，此即是陽明觀政工部所居住處。西涯李東陽上朝多經其地，故陽明詩云「往往東來須一過」。李東陽當時墮馬詩有五疊唱韵，兹將其餘三和韵著録於下，以便瞭解王陽明此詩唱和之背景：

文敬墮馬用予韵見遺再和一首

我馬西行東客歸，歸心落日争分飛。長安城中一掌地，顛倒鞭鞚隨裳衣。君時別向中書宅,兩日吾門斷雙屐。寧知此厄忽相遭,怪事驚從武昌得。東曹舊僚尚書庭,當階跛曳止復行。曲身正自憑几杖,伸臂强可持杯斝。拳如崔家獨足鷺,風雨不動垂絲輕。誰其賞此句獨苦,吾荷武昌無限情。四當軒前花下坐,病足蹣跚爲花過。詩才與病應力争,酒與鄉心復相佐。歸來病劇吟愈工,作勢猶疑馬前墮。故將奇事發高懷,衆口慰君君可賀。憶當散髮林中阿,掃石自坐青盤陀。肩行板輿步筇竹,左麾右箠隨麾訶。風檣浪楫見亦慣,倉卒不廢嘯與歌。誰令冠屨執羈策,頓覺平地生鋌戈。安樂窩中長閉户,萬事茫然入推步。如何物理異人情,墮甑有時猶却顧?羊家臂折登三公,塞上髀傷歡老父。定知時運迭乘除,或者神靈可籍簿。南人漫作知章嘲,北客善騎寧免誤。嗟予亦是長安人,二十年來幾顛仆。向來病卧苦岑寂,劇飲豪吟賴君助。言酬德報理則然,況是前車覆同路。世間墮者亦無數,共説郎官好風度。即看走馬向亨衢,莫待驅馳歲云暮。

文敬携叠韵詩見過且督再和去後急就一首

苦欲留君君又歸,翩然上馬力欲飛。與君未罄連夕話,復遣僮僕牽君衣。問君墮卧城東宅,病足幾時能著屐。倉皇不肯戒前車,道上泥深行豈得。君時坐笑當空庭,笑予亦怯泥塗行。有如醉者醉初醒,戒客不遣操樽罍。當時我悔不子戒,我足子肩誰重輕。世間豈獨我與子,慎勿局促傷高情。黄門宴中客滿座,回首光陰如鳥過。宦途顛蹶亦有之,不見黄門巳州佐。人言官重不如身，我身幸全何害墮。自斷吉凶皆付天，不須重問梁丘賀。聞君此語唯復阿，如病得醫逢扁陀。亦知身世等夢幻，實恐名教遭譏訶。孫臏刖膝尚酣戰，幼輿折齒還高歌。何如樂正一傷足，憂心抱痛如創戈。君方大笑復出户，五十漫勞嗤百步。試教鮑老復當場，豈免狐疑更狼顧。昔聞達奚走奔馬，曾説此兒還此父。吾曹豈是馳驅才，自合儒官守文簿。前言戲君君不知，極辯爲予無乃誤。今宵且作風月談，莫更塵途論輿仆。君歸我坐時獨吟，頗覺詩成少神助。知君此興正不淺，却似輕車隨熟路。歌長韵險亦有數，我已三賡君兩度。急須走筆償我逋，莫道詩來天已暮。

得文敬雙塔寺和章招之不至四疊韵奉答

聞君朝回胡不歸，西馳急脚走若飛。云承部檄籍戎伍，歲給纊布頒冬衣。浮圖東望瑜伽宅，尺地西垣懶回屐。祇應官事了痴兒，怪底可人招不得。想當岸幘坐公庭，東曹號令方風行。直窮妙思入權度，豈有暇日消盤罌。棲遲鞅掌自有地，向來笑口未可輕。閑官飽食太倉粟，使我刺促難爲情。埋頭日向書堆坐，歲月都將病中過。久知筋力負驅馳，我已愧子郎官佐。今年墮馬復病目，目病雖輕不如墮。併抛筆硯委塵埃，且免墓諛兼厦賀。兩旬面壁西檐阿，禪心不動如祇陀。門前索文如索債，遜謝不敢加嗔訶。官稽私負兩不辦，爲君重和墮馬歌。興來作字大如掌，眼暗僅辨點與戈。塵多路長不出户，繭足還思墮□

步。淖險真停疋馬迎，情深屢枉高軒顧。卧無小吏驚報衙，行愛嬌兒解隨父。擬借東曹度支手，記取玉堂風月簿。從知身病是閑時，病裏不閑誠大誤。嗟予病起身亦健，又被君詩壓將仆。我兼二病君但一，寧不少留爲我助。知君尚有逸駕才，我馬虺隤當避路。七擒八克古有數，白戰共君今幾度。我歌又竟君不來，欲效魯陽揮日暮。

（《懷麓堂集》卷八）

遊大伾山賦

（弘治十二年，一四九九年）

王子遊於大伾之麓，二三子從焉。秋雨霽野，寒聲在松，經龍居之窈窕，升佛嶺之穹窿，天高而景下，木落而山空，感魯衛之故迹，吊長河之遺踪，倚清秋而遠望，寄遐想於飛鴻。於是開觴雲石，灑酒危峰，高歌振於巖壑，餘響遞於悲風。二三子慨然嘆息曰：「夫子之至於斯也，而僕右之乏，二三子走，偶獲供焉，兹山之長存，固夫子之名無窮也；而若走者襲榮枯於朝菌，與蟪蛄而始終，吁嗟乎！亦何異於牛山、峴首之沾胸？」王子曰：「嘻！二三子尚未喻於向之與爾感嘆而吊悲者乎！當魯衛之會於兹也，車馬玉帛之繁，衣冠文物之盛，其獨百倍於吾儕之聚於斯而已耶？而其囿於麋鹿，宅於狐狸也，既已不待今日而知矣，是故盛衰之必然。爾尚未覩夫長河之決龍門，下砥柱，以放於兹乎！吞山吐壑，奔濤萬里，固千古之經瀆也。而且平爲禾黍之野，築爲邑井之墟，吁嗟乎！流者而有湮，峙者其能無夷？則斯山之不蕩爲沙塵而化爲煙霧者幾稀矣！況吾與子集露草而隨風葉，曾木石之不可期，奈何忘其飄忽之質而欲較久暫於錙銖者哉！吾姑與子達觀於宇宙，可乎？」二三子曰：「何如？」王子曰：「山河之在天地也，不猶毛髪之在吾軀乎？千載之於一元也，不猶一日之於須臾乎？然則久暫奚容於定執，而小大未可以一隅也。而吾與子固將齊千載於喘息，等山河於一芥，遨遊八極之表，而往來造物之外，彼人事之倏然，又烏足爲吾人之芥蔕乎？」二三子喜，乃復飲。已而夕陽入於西壁，童僕候於巖阿。忽有歌聲自谷而出，曰：「高山夷兮，深谷嵯峨。將拼胝是師兮，胡爲乎蹉跎？悔可追兮，遑恤其他。」王子曰：「夫歌爲吾也。」蓋急起而從之，其人已入於煙蘿矣。

大明弘治己未重陽，餘姚王守仁伯安賦併書。

賦見《濬縣金石録》卷下、《正德大名府志》卷二、《古今圖書集成·方輿彙編·山川典》卷十二《大伾山部》等。按陽明此賦刻於山壁，至今猶在，《濬縣金石録》稱「刻於山房之壁，歲久漸剥……宛而摹之，樹石高明之堂」。又禹王廟内亦有此賦石刻。《正德大名府志》刊於正德元年，此賦《正德大名府志》題「刑部主事餘姚王守仁《遊伾山賦》」，陽明任刑部主事在弘治十三年六月至十七年九月間，蓋《正德大名府志》引録大伾山壁《遊大伾山賦》時，正當陽明任刑部主事，可信確爲陽明所作。大伾山在濬縣，此賦是弘治十二年秋陽明往濬縣督造威寧伯王越墳時遊大伾山作。錢德洪《陽明先生年譜》：「弘治十二年，是秋欽差督造威寧伯王越墳。……事竣……時有星變，朝廷下詔求言，及聞達虜猖獗，先生復命上邊務八事。」其説含渾有誤。按陽明同時另作有《遊大伾山詩》（見下《遊大伾山詩》考），知陽明在八月來大伾山。李東陽《王越墓志銘》云：「公生於宣德丙午十一月五日，壽七十有三，己未九月四日窆於大伾之西麓，從先墓也。」九月四日窆於大伾西麓，是所謂「事竣」，故五日後即重陽日陽明登遊大伾山而作此賦。至於陽明疏陳邊務八事，乃在夏五月間，斷非在督造王越墳「事竣」回京師以後，陽明《陳言邊務疏》分明云：「北地多寒，今炎暑漸熾。」（《王陽明全集》卷九）其疏陳邊務在夏五月明矣（詳見前《墜馬行》考）。大伾山爲佛道勝地，陽明時方耽佛老神仙，故必往訪佛寺道觀，多留遊迹，《正德大名府志》卷二載：「大伾山……即此山東南，因崖石鑱佛像，高八丈餘，以鎮河流……西有三穴，深邃陰翳，名陽明洞，龍窟也。」曹學佺《大明一統名勝志·北直隸名勝志》卷十云：「陽明洞，去佛巖北百步，一曰龍洞，大小穴三，天欲雨，穴中雲氣蒸蒸出焉。洞傍建豐澤廟……我明正德間（按：當作弘治間），陽明王公守仁登兹山，有賦，故洞以名之。」觀陽明此賦刻意用莊子語，作老莊齊物之論，尤可見其時陽明出入佛道之情狀。而賦學王勃，得其真髓，無怪時人將陽明比之爲王勃，稱「時人盡識子安名」也。

（弘治十二年，一四九九年）

遊大伾山詩

曉披煙霧入青巒，山寺疏鐘萬木寒。千古河流成沃野，幾年沙勢自平端。水穿石甲龍鱗動，日繞峰頭佛頂寬。宫闕五雲天北極，高秋更上九霄看。

大明弘治己未仲秋朔，餘姚王守仁。

詩見《濬縣金石録》卷下、《正德大名府志》卷二等。此詩亦是陽明弘治十二年秋往濬縣督造王越墳時作，鐫刻於大伾山大石佛右側。「水穿石甲龍鱗動」指龍洞(後名陽明洞)，「日繞峰頭佛頂寬」指石佛。參見前《遊大伾山賦》考。觀此詩後題「仲秋朔」，似有疑問，按八月一日陽明猶在京師(見上《墜馬行》)，其約在八月上旬來大伾，不當八月一日作此《遊大伾山詩》。疑陽明此詩實作在八月到大伾之時，「仲秋朔」云云，乃是陽明書刻此詩所選定之良日，非謂此詩真作在八月一日也。

樂陵司訓吴先生墓碑

（弘治十二年，一四九九年）

墓必有表，所以表其行也；表不以譽，所以操董狐筆也。予恭承上命詣黎陽，再越兩月，而事綜理尚未竣。官署無聊，值澶之士人吴國臣衰絰踽踽，時鄉進士王綖、任書抱鄉進士李一之狀及湖藩方伯王公所撰銘，詣予表其墓。愧予譾材，叨名進士，非立言者，辭之，弗獲。緬惟唐之女奴抱嬰兒請銘於昌黎，猶不拒以與之，矧斯文一脉，詎可默焉？謹按狀之所述，吴君諱冠，字進賢，遠出臨川之裔，兵燹後蔓延。祖有諱欽者，北徙於澶，治地墾田，遂占籍於開之歸仁坊。父諱海，字朝宗，豪俠好義，與物無競。母郭氏，生先生於正統九年三月一日。自幼聰警秀發，有老成態。長從施槃榜進士萊庵王先生遊，勤力不倦，學問淵源。尋補郡庠弟子員，累科弗第，志不少懈。天性純孝，雖囊篋屢空，而菽水之養母，每盡其歡心焉。成化癸巳，父疾革，憂形於色，每夜稽顙北辰，求以身代，左右扶持，不憚終夜，湯藥必親嘗之而進。及卒，哀毁踰禮，幾滅其性。凡送終之具，極其誠信。乙未，母亦繼殁，慎終之誠，一如父儀，寢苫枕塊，不御酒肉者，終三載。至今鄉邦亦見化，而以吳孝子稱之。君材瑰偉，謀慮深遠，負氣凜凜，通於有爲。臨大義，慨然有闊度，雖遇事急，未嘗有窘容。其處己待人，曲盡其意。御家人以嚴，交朋友以義。始家道未裕時，躬率子弟力耕且讀，不屑卑屈。及底殷富，樂善循禮，尤不矜肆，處之澹如也。弘治乙卯，以明經貢，入大廷試中式，除山東樂陵司訓。抵任後，嚴約規度，誨集生徒，以次授業，隨人材器而造之，宛有蘇湖風度，後進悅服。雖貴富習俗悉知矯飭自勵，所造人材濟濟成立，皆將奮科而起，一時同膺郡博者，未能或之先也。樂之尹蘭陽邱君珙器重之，恒委以攝縣治，皆隨事克舉，坐收實效。當道者察知，期以大用。無何，遽染沉疴，載寢兩月，而解組以歸，樂之生徒隨送數十里外，相向而哭，皆失聲。行及南樂，而自度不起，乃囑其子曰：「吾受國恩，而未得報，死亦覺有憾焉。汝輩當勉於爲善，以繼我志。」言訖而卒，聞者惻然，莫不爲之掩泣。時弘治十二年八月二十三日也，距其生正統甲子，享年五十有六。娶馬氏，有淑德，萊陽縣尹致遠公之女。子三人：國臣、國卿、國相，讀書有進，能繼書香。女三人，長適郡庠生張天禄，次適士人王佩，次適鄉進士王綖，皆同郡人。孫男一：賀兒。國臣以是年十一月二十八日葬先生於郡城北府隄口崗。予雖未識荆，即其狀之行，皆鑿鑿可信，是豈溢美也耶？是豈可以不表行也耶？昔黔婁有言：「不戚戚於貧賤，不汲汲於富貴，惟安貧守道以自適。」而君子韙之，人皆惜先生有抱負而未之用；用之又投閑置散，未盡其長也。守仁獨不然，蓋君子輕去就，隨卷舒，富貴不可誘，故其氣浩然，勇過乎賁育，先生何以異於是哉！故書以勒夫珉，樹於墓，且以告夫知先生未稔者。

文見《光緒開州志》卷八。按此文爲陽明弘治十二年秋往濬縣督造威寧伯王越墳時作，文中所言「上命詣黎陽」，黎陽即指濬縣，黎陽爲古縣名，濬縣東北有黎山，濬縣在黎山之南，故謂黎陽也。此文稱「再越兩月」，可見陽明八月來濬縣，至十月以後方回京師。陽明此文應作在十月中。文中所言之人，多可得考。如吴海，《明史》卷二百九十三有傳，稱其「爲文嚴整典雅，一歸諸理，後學咸宗仰之。有《聞過齋集》行世」。萊庵王先生，即王鋭，《明清進士録》：「王鋭，正統四年三甲二十九名進士。河北遷安人。授崇明知縣，擢彰德知府。爲政嚴厲，吏民畏之。巡撫延綏有功，終副都御史。」王綖，《光緒開州志》卷六有傳，《明清進士録》：「王綖，弘治十八年二甲十一名進士。開州人，字邃伯，號龍湫。授户部主事，拜户部郎中。時劉瑾用事，群閹倚勢請托，綖皆不顧。遷湖廣副使，累遷大理卿。」參見前《遊大伾山賦》考。

武經七書評

（弘治十二年，一四九九年）

孫子

始計第一

○兵者，國之大事。

○「經之以五事，校之以計，而索其情。」校之以計而索其情，是兵家秘密藏，即下文所謂權也，詭也。

○道者令民與上同意。

○將者，智信仁勇嚴。

○五者，知諸勝。

○勢者，因利而制權。

○權，正對前經字而言。

○兵家之勝，不可先傳。
○廟算勝者，得算多。
●談兵皆曰：兵，詭道也，全以陰謀取勝。不知陰非我能謀，人不見人，自不能窺見我謀也，蓋有握算於未戰者矣。孫子開口便説「校之以計而索其情」，此中校量計畫，有多少神明妙用在，所謂「因利制權」、「不可先傳」者也。

作戰第二

○兵衆用繁如此，自不得久戰於外。
○兵聞拙速。
○趨利者先遠害。
○善用兵者，役不再籍。
○因糧於敵。
○智將務食於敵。
○勝亂而益强。
○智將，民之司命。
●兵貴「拙速」，要非臨戰而能速勝也，須知有個先着在，「校之以計而索其情」是也。總之,不欲久戰於外以疲民耗國,古善用兵之將類如此。

攻謀第三

○用兵,全國爲上。

○不戰而屈人之兵。

○上兵伐謀。

○善用兵者,以全争勝於天下。

○將者,國之輔。

○輔周,則國必强。

○以虞待不虞者勝。

○將能而君不御者勝。

○五者知勝之。

●兵凶戰危,聖人不得已而用之者也。故孫子作《兵法》,首曰「未戰」,次曰「拙速」,此曰「不戰屈人兵」,直欲以「全國」、「全軍」、「全旅」、「全卒」、「全伍」。「全」之一字,争勝於天下。「上兵伐謀」,第校之以計而制勝之道而已。「輔周則國必强」,其在此將乎?

軍形第四

○善戰者，先爲不可勝。

○勝可知而不可爲。

○善戰者，自保而全勝。

○戰勝而天下曰善。

○善戰者勝於易勝。

○善戰者，無智名，無勇功。

○立於不敗之地。

○勝兵先勝而後戰。

○善兵者，修治而保法。

●「修兵保法」，就是經之以五事。其勝也，「無智名，無勇功」，所謂「不戰而屈人之兵」也。此真能先爲「不可勝」，以「立於不敗之地」者，特形藏而不露耳。

兵勢第五

○分數形名。

○善出奇者，無窮如天地。

○戰勢不過奇正。

○奇正之變，不可勝窮。

○變動不居，周流六虛，此《易》理也。奇兵作用悉本於此。

○善戰者，勢險節短。

○善動敵者，形之，而敵必從。

○善戰者，擇人而任勢。

○動静方圓，奇而不雜於正。

●莫正於天地、江海、日月、四時，然亦莫奇於天地、江海、日月、四時者何？惟無窮，惟不竭，惟「終而復始」，惟「死而復生」故也。由此觀之，不變不化，即不名奇，「奇正相生，如環無端」者，兵之勢也。任勢，即不戰而氣已吞，故曰以「正合」、「奇勝」。

虛實第六

○致人而不致於人。

○善戰者，能使敵自至。

○無形無聲，爲敵之司命。

○形人而我無形。

○形兵之極，至於無形。
○兵形象水。
○因敵變化而取勝，謂神。
●蘇老泉云：「有形勢，便有虛實。」蓋能爲校計索情者，乃能知虛實；能知虛實者，乃能避實擊虛，因敵取勝。「形兵之極，至於無形」，微乎神乎，此乃其所以「致人而不致於人」者乎？

軍事第七

○不知諸侯之謀者，不能豫交。
○不用鄉導者，不能得地利。
○以分合爲變者。
○先知迂直之計者勝。
○金鼓旌旗，所以一人之耳目。
○三軍可奪氣。
○將軍可奪心。
○治氣，治心，治力。

●善戰不戰，故於軍争之中，寓不争之妙。「以迂爲直，以患爲利」、「分合爲變」、「懸權而動」，而必申之以避鋭擊惰。「以治」、「以静」、「無要」、「無擊」、「勿向」、「勿逆」等語，所謂「校之以計而索其情」者，審也。匪直能以不争勝争，抑亦能不即危，故無失利。

九變第八

○通九變之利者，知用法。

○九者，數之極變者，兵之用。

○智者雜於利害。

○恃吾有以待之。

●從古有治人，無治法。國家誠得通於「九變」之將，則於「五利」、「五危」之幾，何不燭照數計，而又何覆軍殺將之足虞乎？「智者之慮，雜於利害」，此正通於「九變」處，常見在我者有可恃，而可以屈服諸侯矣。

行軍第九

○黄帝所以勝四帝。

○相敵情有如燭照，得之幾先，非關揣摩。

○鳥集者虛，夜呼者恐。

○令之以文，齊之以武。

○令素行以教民，則民服。

○令素行者，與衆相得。

●「處軍相敵」，是行軍時事；「行令教民」，是未行軍時事。然先處軍而後相敵，既相敵而又無武進，所謂「立於不敗之地」，而兵出萬全者也。

地形第十

○能就地根趨避，而無蹈六敗，則戰必勝矣。

○六者地之道。

○地形者，兵之助。

○料敵制勝，上將之道。

○知此而用戰者必勝。

○唯民是能而利於主。

○知兵者，舉而不窮。

○知天知地，勝乃可全。

●今之用兵者，只爲求名避罪一個念頭先横胸臆，所以地形在目而不知趨避，敵情我獻而不爲覺察。若果「進不求名，退不避罪」，單留一片報國丹心，將苟利國家，生死以之，又何愁不能「計險阨遠近」而「料敵制勝」乎？

九地第十一

○兵情主速。

○運兵計謀，爲不可測。

○善兵者，譬如率然。

○齊勇若一，政之道也。

○善用兵，携手若使一人。

○將事静以幽，正以治。

○人情之理，不可不察。

○通局開闔，真如常山之蛇，首尾繫應。

○兵事在順詳敵意。

○事不密，則害成，此《易》理也。故夷關折符，無通其使。

○踐墨隨敵以決事。

○處如脱兔。

●以地形論戰，而及「九地」之變。「九地」中獨一「死地則戰」，戰豈易言乎哉？故善用兵者之於三軍，「携手若使一人」，且如出一心，使人人常有「投之無所往」之心，則戰未有不出死力者，有不戰，戰必勝矣。

火攻第十二

○費留。

○明良合形而動。

○安國全軍，便是常勝之家。

●火攻亦兵法中之一端耳，用兵者不可不知，實不可輕發。故曰：「非利不動，非得不用，非危不戰。主不可以怒而興師，將不可以愠而致戰。」是爲「安國全軍之道」。

用間第十三

○不愛爵禄，捐金反間，是一要着。

○明君動而勝人。

○明君成功出衆。

○明君成功，必取於人。

○三軍莫親於間。

●用間與乘間不同，乘間必間自人生，用間則間爲我用，而無不破，横行直撞，直遊刃有餘耳。總之，不出「校之以計而索其情」一語。

吴子

開國第一
料敵第二
治兵第三
論將第四
應變第五
勵士第六

吴子握機揣情，確有成畫，俱實實可見之行事。故始用於魯而破齊，縱（中？）入於魏而破秦，晚入於楚而楚霸。身試之，頗有成效。彼孫子兵法較吴豈不深遠，而實用則難言矣。想孫子特有意於著書成名，而吴子第就行事言之，故其效如此。

司馬法

仁本第一

天子之義第二

先之以教民，至誓師用兵之時，猶必以禮與法相表裏，文與武相左右，即「賞罰且設而不用」，直歸之「克讓克和」，此真天子之義，能取法天地而觀於先聖者也。

定爵第三

嚴位第四

李衛公問答

問答上卷

問答中卷

問答下卷

李靖一書，總之祖孫、吴而未盡其妙，然以當孫、吴注脚亦可。

尉繚子

天官第一

兵談第二

制談第三

戰威第四

攻權第五

守權第六

十二陵第七

武議第八

將理第九

將爲理官，專重審囚之情，使關聯良民，亦得無覆盆之冤，可謂「直進虞廷欽恤」之旨。

原官第十

治本第十一

武禁文賞，要知文武二者不可缺一。

戰權第十二

重刑令第十三

伍制令第十四

分塞令第十五

束伍令第十六

經卒令第十七

勒卒令第十八

將令第十九

踵軍第二十

兵教上第二十一

習伏衆神，巧者不過習者之門。兵之用奇，全自教習中來。若平居教習不素，一旦有急，驅之赴敵，有聞金鼓而色變，睹旌旗而目眩者矣，安望出死力而決勝乎？

兵教下第二十二

兵令上第二十三

兵令下第二十四

《尉繚》通卷論形勢而已。

三略

上略

中略

皇帝王霸四條，總是論君臣相與之道，而化工特帶言之，中間直出「攬英雄之心」一語，末復以「攬英雄」一語結之。《三略》大義，瞭然心目矣。

下略

開口便曰：「澤及於民，賢人歸之。」結尾仍曰：「君子急於進賢。」端的不出「務攬英雄」一語。

六韜

文韜

文師第一

看「嘿嘿昧昧」一語，而「韜」之大義，已自了然。

武韜

發啟第十三

文伐第十五

以此十二節爲「文伐」，毋乃更毒於「武伐」乎？兵莫憯於志，安在其爲文？文王聖人，不必言矣；即尚父鷹揚，何遂陰謀取勝至此？明是後世奸雄附會成書，讀者可盡信乎？

梅林曰：養其亂臣，崇侯虎是也；進美女淫聲，華氏女是也；遺良犬馬，驪戎之文馬是也。即末一節，而太公一一身行者，豈得謂之誣哉？

龍韜

王翼第十八

論將第十九

選將第二十

立將第二十一

將威第二十二

厲軍第二十三

陰符第二十四

陰書第二十五

軍勢第二十六

奇兵第二十七

五音第二十八

上古無有文字，皆由五行以制剛强。今兵家亦知法五行相尅，以定方位日時；然而於審聲知音，則概乎未有聞也。非聰明睿智神武而不殺者，其孰能與於斯？

兵徵第二十九

「望氣」之説，雖是鑿鑿，終屬英雄欺人。如所云「强弱徵兆，精神先見」，則理實有之。

農器第三十

古者寓兵於農，正是此意。無事，則吾兵即吾農；有事，則吾農即吾兵。以佚待勞，以飽待饑，而不令敵人得窺我虚實，此所以百戰而百勝。

虎韜

軍用第三十一

兵中器用之數，正不嫌於詳悉，可備考。

三陣第三十二

疾戰第三十三

必出第三十四

軍略第三十五

臨境第三十六

梅林曰：自此至《壘虚》共七篇，體意相似，皆因事法，而又有法外之謀者。

按：東北圖書館藏有明朱墨印本《武經七書評》，日人佐藤一齋亦藏有一部《武經七書評》，發表於《陽明學報》第一七〇號。《王陽明全集・補録》據此本著録，但將陽明眉批語盡遺漏，遂失原貌。茲據天啟刻本《新鐫武經七書評》著録。此書實爲陽明早年學兵法、讀兵家秘書所作筆記批語，故徐光啟《陽明先生批武經序》謂「陽明先生手批遺澤」。錢德洪《陽明先生年譜》：「弘治十年丁巳，先生二十六歲，寓京師。是年先生學兵法。當時邊報甚急，朝廷推舉將才，莫不遑遽。先生念武舉之設，僅得騎射搏擊之士，而不能收韜略統馭之才，於是留情武事，凡兵家秘書，莫不精究。每遇賓宴，嘗聚果核列陣勢爲嬉。」「弘治十二年，疏陳邊務……是秋欽差督造威寧伯王越墳，馭役夫以什伍法，休食以時，暇即驅演八陣圖……時有星變，朝廷下詔求言，及聞達虜猖獗，先生復命上邊務八事（按：主要論兵戰之事），言極剴切。」陽明學兵法、讀兵書主要在弘治十年至十二年之間，其《兵志》、《陽明兵筴》、《歷朝武機捷録》、《武經七書評》大致皆作在其時。按胡宗憲《陽明先生批武經序》云：

> 通籍來，幸承乏姚邑，邑故先生桑梓地，因得先生之遺像，與其門下士及子若侄輩遊……一日購求先生遺書，猶子二千石龍川公出《武經》一編相示，以爲此先生手澤存焉。啟而視之，丹鉛若新……敬爲什襲，以識不忘……

胡宗憲字汝貞，號梅林，績溪人，此序作在嘉靖二十二年，時王正億、王正憲猶在人世，所云「猶子龍川公」即指王正思。王正思爲王袞次子王守信之長子，王正憲之兄，陽明之侄，號龍川，嘗知建寧府，故稱其「猶子二千石」。馬一浮有《跋陽明與正思諸侄九行帖》云：「不黨既得陽明與其從子正思帖以見示，雖不及百字，而嚴正温厚之旨，昭然若揭，於此可見其家風……」（《馬一浮集》第一册）陽明《寄餘姚諸弟手札》中即云：「正心、正思候提學一過，即宜上來……」（見下考）原來陽明《武經七書評》存之餘姚王正思家，王正思將此書贈胡宗憲，即茅震東《武經評小引》所云「攜一《武經評》歸，又梅林公所得於陽明先生之門者也」，此書遂傳於世。由此可信此《武經七書評》確爲陽明手批之書。茲將《武經七書評》繫於弘治十二年下，將胡宗憲諸人序附後，以見陽明《武經七書評》之出處及流傳之況。參見後《歷朝武機捷録序》考。

陽明先生批武經序

徐光啟

武書之不講也久矣，釋樽俎而談折衝，不已迂乎？然天下有握邊算、佐廟籌者，其人則又如蟋蟀鳴堂除，纔振響，已爲兒童子物色，卒不及一。何者？夏蟲難語堅冰，斥鷃奚知南冥也。明興二百五十餘年，定鼎有青田策勳，中興稱陽明靖亂。二公偉績，竹帛炳然。乃其揣摩夫《正合》、《奇勝》、《阻截》諸書，白日一氈，青宵一炬，人間莫得而窺也。嘉靖中，有梅林胡公筮仕姚邑，而得《武經》一編，故陽明先生手批遺澤也。丹鉛尚新，語多妙悟，輒小加研尋。後胡公總制浙、直，會值倭警，遂出曩時所射覆者爲應變計，往往奇中，小醜遂戢。則先生之於胡公，殆彷佛黄石與子房，而獨惜是書之未見也。時余被命練兵，有門人初陽孫子攜一編來謁，且曰：「此吴興鹿門茅先生參梅林公幕謀，獲此帳中秘，貽諸後昆，茲固其家藏也。緣其世孫生生氏欲授剞厠，屢請序於先生。」余視陽明先生之手澤宛然，而慚碌碌靡所樹奇，分不當先生功臣。第竊喜《正合》、《奇勝》、《險依》、《阻截》諸書，實用固彰彰不誣也。然則今日果有握邊算、佐廟籌，如鹿門先生之於胡公者乎？余又請以新建餘烈，拭目竢之，是書或可借籌邊者之一箸云。是爲序。時天啟元年歲辛酉重陽前一日，賜進士出身、奉議大夫、奉敕訓練新兵詹事府少詹事兼河南道監察御史徐光啟撰。

陽明先生批武經序

孫元化

余非知武者，然能讀武書。少好奇，已而捐却一切嗜好，獨於武事猶時思簡練，以爲揣摩，不以後於舉子業也。頃者將圖北上，辭友人於苕水，偶從通家弟生生氏案頭，見《武經》一編，不覺踴躍神動，輒展而閱之，則王文成公所手批，而胡襄懋公參閱者也。大都以我説書，不以書繩我；借書揣事，亦不就書泥書；提綱絜要，洞玄悉微，真可銜官孫、吴而奴隸司馬諸人者矣。因思文成當年討逆藩，平劇寇，功名蓋天地，智略冠三軍，不過出此編之緒餘而小試之耳。即厥後襄懋公誅徐海、擒汪直，幾與文成争烈者，亦安知不從此編得力哉？余遂欲請而讀之，生生不許，曰：「先大夫鹿門先生與襄懋公同榜，相友善，入其帳中贊謀畫而得此，傳至今四世矣，相誡秘不示人。」予曰：「否！否！方今遼事未息，川禍又遍，當局者恨不能起文成、襄懋兩公於九泉而用之，然兩公不可得，猶幸之兩公秘授在，則廣傳之，未必無讀其書即繼其人者，而文成不死於昔，襄懋再見於今也。」因請以付剞劂。龍飛天啓改元辛酉歲之冬日，古膠孫元化撰並書。

陽明先生批武經序

胡宗憲

余諸生時，輒艷慕陽明先生理學勳名，前無古，後無今，恨不得生先生之鄉，遊先生之門，執鞭弭以相從也。通籍來，幸承乏姚邑，姚邑故先生桑梓地，因得瞻先生之遺像，與其門下士及子若侄輩遊，而宿念少償，可知也。一日購求先生遺書，猶子二千石龍川公出《武經》一編相示，以爲此先生手澤存焉。啓而視之，丹鉛若新，在先生不過一時涉獵以爲游藝之資，在我輩可想見先生矣。退食，丙夜讀之，覺先生之教我者，不啻面命而耳提也。敬爲什襲，以識不忘。時嘉靖二十有二年歲在癸卯暮春之初，新安梅林山人胡宗憲漫識於舜江公署。

武經評小引

茅震東

余不佞，方雍雍俎豆之不遑，奚暇談軍旅事？庖人而尸祝之，聞者掩口耳，顧亦有説焉。竊以丈夫生世，如處子然，十年乃字。以前此身，未知何屬？而要其蘋蘩箕箒，宜家具之，詎待學而後嫁者哉？説者謂江左之亂，肇自清談；梁國之變，由於佞佛，則何以故？課虚無而薄經濟，正坡老所詆賦詩却敵者也。先高祖憲副鹿門以明經起，其於公車舉業之外，上自《典》、《墳》，下逮秘史，靡所不窺，而旁尤究心於韜略等編，謂夫修文事不廢講武，亦聊爲盛世未雨之桑土也。厥後世宗末年，濱海州郡，悉爲倭患，而吾浙特甚。時有梅林胡公統戎討賊，約先高祖爲幕謀，抵掌運籌，如畫地印沙，不崇朝而醜夷殄滅，斥其所出奇運智，往往與孫、吴合轍，而妙解其神。讀書至此，乃真經濟。已而攜一《武經》歸，又梅林公所得於陽明先生之門者也。淵源既遥，什襲已久，方今東隅弗靖，九邊諸臣，旦夕蒿目，即山林草澤間，罔不思效一得，以繫單于頸。爲今日計，莫若多讀武書，可操勝算。昔季子相六國，而《陰符》蚤精；留侯師漢高，而《素書》先受，古未有揣摩無成而能佐霸王不拔之業者也。以藏書具在，不欲秘爲家珍，敢畀梓匠，自付當事者之前箸。嵇叔夜有云：「野人有快炙背而美芹子，欲獻之至尊，雖有區區之意，亦已疏矣。」余大類之，庖人耶？處子耶？亦何暇計當世之掩口也。防風茅震東生生甫書。

送李貽教歸省圖詩

（弘治十三年，一五〇〇年）

九秋旌旆出長安，千里軍容馬上看。到處臨淮驚節制，趨庭萊子得承歡。瞻雲漸喜家山近，夢闕還依禁漏寒。聞説閭門高已久，不妨冠蓋擁歸鞍。

詩見《嘉慶郴縣志》卷三十七。按李貽教即李永敷，號鶴山，永興（今屬湖南）城關石屏村人。生於景泰六年，成化十年進士。李永敷爲李東陽弟子，《懷麓堂集》卷三十八《喻戰送李永敷南歸》云：「永興李生貽教從予遊，見其文奔放不可羈馽，心甚愛之。」弘治中李永敷在京任職，與茶陵派、前七子唱酬，尤爲活躍，與陽明亦多有往來唱酬。李夢陽《朝正倡和詩跋》云：「詩倡和莫甚於弘治……余時承乏郎署，所與倡和，則……郴李貽教……餘姚王伯安……」陽明在《對菊連句序》中亦云：「李貽教爲正郎……署花盛開且衰，而貽教尚未之知也。一日，守仁與黄明甫過貽教語，開軒而望，始見焉……相與感時物之變衰，歎人事之超忽，發爲歌詩，遂成聯句。」（《王陽明全集》卷二十九）此爲弘治十八年唱酬事，陽明聯句詩亡佚。據《嘉慶郴縣志》中《李永敷傳》言，弘治十三年，李永敷任兵部武選司主事，受命出使南直隸州，傳湖廣武臣所受誥命，便道歸省，離京時，大臣文士李東陽、楊一清、王陽明等賦詩爲文贈行。按志於陽明此詩下又著錄翰林修撰鍾文俊《送李貽教歸省圖詩》：

使軺此日向南都，便道高堂學鯉趨。喜溢庭闈看舊采，壽稱山海獻新圖。人間榮樂雙鸞誥，天上騫騰一鳳雛。從此門闌春似海，更於何處覓蓬壺？

又著録御史王恩《送李貽教歸省圖詩》：

嚴君堂上壽筵開，令子天邊奉使回。恩命重沾新雨露，祥光高燭舊亭臺。秋香已足娛元亮，晝錦還應勝老萊。試問遐齡高幾許？南山相對碧崔嵬。

可見當時賦詩爲文贈行者甚多，皆題歸省圖上，故稱「圖詩」。

時雨賦

（弘治十三年，一五〇〇年）

二泉先生以地官正郎擢按察副使、提轄西江。於時京師方旱，民憂禾黍。先生將行，祖帳而雨，士氣蘇息，送者皆喜。樂山子舉觴而言曰：「先生亦知時雨之功乎？群機默動，百花潛融，摧枯僵槁，茀蔚蒙茸，惟草木之日茂，夫焉識其所從？」先生曰：「何如？」樂山子曰：「升降閉塞，品彙是出。厄羸蹇澀，痿痺扞格。地脉焦焉，罔滋土膏，竭而靡澤。勾者矛者，莢者甲者，莖者萌者，頰者鬛者，陳者期新，屈者期伸。而乃火雲崒屼，湯泉沸騰。山靈鑠石，溝澮揚塵。田形赭色，塗坼龜文。苗而不秀，槁焉欲焚。於是乎豐隆起而效駕，屏翳輔而推輪。雷伯渙汗而頒號，飛廉行辟而戒申。川英英而吐氣，山油油而出雲，天昏昏而改色，日霏霏而就曛，風翛翛於蘋末，雷殷殷於江濆。初沾濡之脉脉，漸飄灑之紛紛。始霢霂之無迹，終滂沱而有聞。方奮迅而直下，倏橫斜以旁巡。徐一一而點注，隨渾渾而更新。乍零零而斷續，忽冥冥而驟并。將悠悠而遠去，復深深而雜陳。當是時也，如渴而飲，如飲而醺，德澤漸於蘭蕙，寵渥被於藻芹，光輝發於桃李，滋潤洽於松筠，深恩萃於禾黍，餘波及於蒿蕢。若醉醒而夢覺，起精矯於邅迍；猶闕里之多士，沾聖化而皆仁。濟濟翼翼，侃侃誾誾，樂簞瓢於陋巷，詠浴沂於暮春者矣。今夫先生之於西江之士也，不亦其然哉！原體則涵泳諸子，灌注百氏，渟滀仁義，鬱蒸經史；言用則應物而動，與時操縱，神變化於晦明，狀江河之洶湧。發爲文詞，霧滃霞摛；赫其聲光，雷電翕張。仰之嶽立，風雲是出；即之川騰，旱暵攸憑。偃風聲於萬里，望雲霓於九天。嘆爾來之奚後，怨何地之獨先。則夫西江之士，豈必漸漬沐沃，澡滌沉潛，歷以寒暑，積之歲年，固將得微涓而已穎發，霑餘滴而遂勃然。詠菁莪之化育，樂豐芑之生全，揚驚瀾於洙泗，起暴漲於伊濂。信斯雨之及時，將與先生比德而麗賢也夫！」先生曰：「是何言之易也？昔孔子太和元氣，過化存神，不言而喻，固有所謂時雨化之者矣，而予豈其人哉？且子知時雨之功，而曾未睹其患也。乃若大火西流，東作於休，農人相告，謂將有秋，須堅須實，以獲以收。爾迺庭商鼓舞，江鶴飛翔；重陰密霧，連月瀰茫；淒風苦雨，朝夕淋浪。禾頭生耳，黍目就盲。江河溢而泛濫，草木洩而衰黃。功垂成而復敗，變豐稔爲凶荒。汩泥塗以何救，疸體足其曷防？空呼號於漏室，徒咨怨於頹墻。吁嗟乎，今之以爲凶，非昔之以爲功者耶？烏乎物理之迴絶，而人情之頓異者耶？是知長以風雨，斂以霜雪，有陽必陰，無寒不熱；化不自興，及時而盛，教無定美，過時必病。故先王之愛民，必仁育而義正，吾誠不敢忘子時雨之規，且慮其過而爲霪以生患也。」於是樂山子俯謝不及，避席而起，再拜盡觴，以歌《時雨歌》曰：激湍兮深潭，和煦兮沍寒。雨以潤兮，過淫則殘。惟先生兮，實如傅霖。爲雲爲霓兮，民望於今。吞吐奎壁兮，分天之章。駕風騎氣兮，挾龍以翔。沛江帝之澤兮，載自西方。或雨或暘，一寒一暑，隨物順成兮，吾心何與。風雨霜雪兮，孰非時雨。

刑部主事姚江王守仁書。

賦見邵熷、吴道成《邵文莊公年譜》。按《邵文莊公年譜》云：「（邵寶）弘治十三年四月四日，除江西按察司副使、提調學校……十月二十六日啟行……陽明王公送行，《時雨賦》……」知陽明此賦作於弘治十三年十月中。邵文莊公即邵寶，字國賢，號二泉，無錫人，李東陽弟子，茶陵派詩人。《國朝獻徵録》卷三十六有楊一清《文莊邵公寶神道碑》。陽明於弘治十二年中進士後，觀政工部，十三年六月授刑部雲南清吏司主事，在都下與邵寶過往甚密。時方陽明攻詩賦詞章之際，其在京師與茶陵派詩人及前七子唱酬交遊、攻治古文唐詩之況，向不明，今皆可從此賦中得見矣。邵熷爲邵寶姪，吴道成爲邵寶曾外孫，兩人編《邵文莊公年譜》乃依據邵寶家藏遺文遺編，邵熷於《文莊公年譜跋》中云：「嘉靖壬戌，通家秦次山公録公對客語數葉，門人莫迂泉公叙公平生亦數葉，熷并得之。繼以家藏遺書，隨事編入，公之歷履大略已具。」吴道成於《邵文莊公年譜引》中亦云：「我先大父胥巖先生，公之仲子壻，嘗手掇公行事，藏之家塾，迄於今五十有七年。道成於是因其歲月，列以詩文，叙次成編。」可見陽明當時手書此《時雨賦》送邵寶，賦真迹爲邵家所得，歸入邵寶家藏遺編中，遂爲其姪邵熷嘉靖中編《邵文莊公年譜》所取用，蓋去陽明卒不過三十餘年。賦設二泉先生與樂山子對答，「二泉先生」即邵寶，「樂山子」者，陽明自號，蓋陽明名守仁，仁者樂山，故號「樂山子」也。

奉和宗一高韵（弘治十三年，一五〇〇年）

懶愛官閑不計陞，解嘲還計昔人曾。沉迷簿領今應免，料理詩篇老更能。未許少陵誇吏隱，真同摩詰作禪僧。龍淵且復三冬蟄，鵬翼終當萬里騰。

詩見朱孟震《朱秉器全集·游宦餘談·獻吉伯安和韵》。朱孟震云：「給諫李宗一，名元，祥符人，而獻吉業師也。獻吉年十四，隨其父教授公寓汴，從宗一學《毛詩》。不數年，宗一以解元登第，爲夕郎。獻吉亦以解元登第，爲户部主政。同立於朝，每相倡和。宗一有詩得能字，獻吉和之云：『奉和高韵，兼申賀忱。春風白髮拜新陞，舊署重來有夢曾。官暇更饒詩酒興，病餘甘遜簿書能。吏人掃閣將移竹，賓客臨軒或遇僧。他日門墻三鱣在，婉從雲路接飛騰。』集偶不載。惟時王伯安爲主政，與獻吉莫逆，併善宗一，亦和之云……獻吉又和宗一韵云：『奉次高韵，語意縱放，伏惟恕而進之。坐使凉爽入西齋，天末黄雲送晚霾。蠅虎技微空守户，葡萄陰重欲翻堦。瘦餘子夏非關病，醉後陽城不爲懷。古往今來共回首，世人猶自巧安排。』以上三詩，皆和韵，或謂唐人早朝諸篇，止和其意，近世和韵，非唐人指。然李、王二公與關中王允寧往往和韵，亦未爲不可也。宗一先名源，後易元，平臺其別號也。」按李源其人，史籍無載，《明清進士録》亦無其人，即李夢陽亦未之言及，唯《空同集》卷二十八有《謁平臺先生墓》：「豈説嬉遊路，今成昔雍門。平生馬公帳，四海孔融尊。劍舄收殘草，山河抱古原。黄昏不忍去，白日下蒿原。」以「平生馬公帳」一句觀之，李源確爲李夢陽業師。朱孟震稱李夢陽「爲户部主政」，乃指李夢陽任户部主事、户部郎中，時在弘治七年至十八年間（見崔銑《李夢陽墓志銘》）；所謂「王伯安爲主政」，乃指陽明任刑部雲南清吏司主事，時在弘治十三年至十四年間（弘治十五年以後陽明歸越養病）。今按《國榷》卷四十四：「弘治十二年十二月己酉，兵部主事李源、黄清按閲遼東、陝西馬牧。」可見弘治十二年李源任兵部主事，大約次年陞刑部郎中，李夢陽作此和韵詩即在祝賀其陞官，觀其言「兼申賀忱」「春風白髮拜新陞」可見。時在秋間，故有「坐使涼爽入西齋」之句。而陽明已於六月授刑部雲南清吏司主事，故亦得作和詩賀其陞官。由此可見陽明此詩當作在弘治十三年秋間。蓋其時正當陽明在京師與文士以才名相馳騁，與茶陵派、前七子交遊唱酬之際，李夢陽《朝正倡和詩跋》云：「詩倡和莫甚於弘治，蓋其時古學漸興，士彬彬乎盛矣，此一運會也。余時承乏郎署，所與倡和，則揚州儲靜夫、趙叔鳴，無錫錢世恩、陳嘉言、秦國聲，太原喬希大，宜興杭氏兄弟，郴李貽教、何子元，慈溪楊名父，餘姚王伯安，濟南邊庭實；其後又有丹陽殷文濟，蘇州都玄敬、徐昌穀，信陽何仲默。其在南都，則顧華玉、朱升之其尤也。諸在翰林者，以人衆不叙。自正德丁卯之變，縉紳罹慘毒之禍，於是士始皆以言爲諱。」（《空同集》卷五十九）今於此陽明、空同、平臺三人唱和詩尤可見矣。

奉石谷吴先生書

（弘治十四年，一五〇一年）

生自壬子歲拜違函丈，即羈縻太學，中間餘八、九年，動息之所懷仰，寤寐之所思及，其不在函丈之下者，有如白日。然而曾無片簡尺牘致起居之敬而伸仰慕之私者，其敢以屢黜屢辱，有負知己之故，遂爾慚沮哉？實以受知過深，蒙德過厚，口欲言而心無窮，是以每每伸紙執筆，輒復不得其辭而且中止者，十而二三矣。坐是情愈不達，而禮益加疏。姑且逡巡，日陷於苟簡澆薄，將遂至忽然之地而不自覺。推咎所因，則亦誠可憫也。蜀士之北來者，頗能具道尊候，以爲動履益康，著述益富，身閑而道愈尊，年高而德彌卲。聞之，無任忻慰慶躍。嗟乎！古之名儒碩德如先生者，曾亦多見也，夫今之人，動輒歎息咨嗟，以爲曾不得如古之名儒碩德者處之廟堂，以輔吾君；至如先生，乃復使之優游林下，烏在其能思古之人也？居先生門下，爲先生謀，則不宜致歎如此；立吾君之朝，爲斯世謀，則斯言也實天下之公論，雖以俟後賢無惑也。生近者授職刑部雲南司，才疏事密，惟日擾擾於案牘間而已。於同僚佚守正之行，思其閑暇時，猶不能略致起居之問，今且日益繁冗，是將終不得通一問也。是以姑置其所願陳者，以需後便，且爾先伸數載間闊之懷，以請罪於門下。伏惟大賢君子，不以久而遂絶，不以微而見遺，仍賜收録，俾得復爲門下士，豈勝慶幸感激哉！香帕將遠誠萬一，伏惟尊照。不宣。

書見《新刊陽明先生文録續編》卷三《書類》（是書藏上海圖書館），永富青地《上海圖書館藏〈新刊陽明先生文録續編〉について》著録。按石谷吴先生即吴伯通，字原明，號石谷，四川廣安人，天順八年進士，見石守道《蜀學編》。黄虞稷《千頃堂書目》卷十一著録吴伯通《石谷遺言》一卷，《甘棠書院録》一册。崔建英《明别集版本志》著録吴伯通《石谷達意稿》三十四卷（正德汪城刻本，國家圖書館藏），是著前有正德十一年汪城序，云：「正德甲戌冬，獲守廣安，公殁已十三年矣。亟求遺稿讀之，實公嗣子薦編録成者。」卷末後題：「弘治十七年甲子春正月，男薦編録於甘棠書院。」是吴伯通卒於弘治十五年。陽明於此書自稱爲其「門下士」，當是陽明少時嘗受學於吴伯通，按錢德洪《陽明先生年譜》：「成化十有八年，先生十一歲，寓京師……明年，就塾師……」時吴伯通在京師，陽明或即從此時受學於吴伯通。至弘治五年壬子吴伯通歸廣安，陽明亦於是年中鄉試，乃進太學（北雍），其《程守夫墓碑》云：「弘治壬子，又同舉於鄉，已而又同卒業於北雍。」（《王陽明全集》卷二十五）又《答儲柴墟》書二亦云：「往時僕與王寅之、劉景素同遊太學，每季考，寅之恒居景素前列……」（《王陽明全集》卷二十一）與陽明此書所云「羈縻太學」相合。陽明此書所提及刑部雲南司同僚侯守正，字廷觀，號平泉，南皮人，見《南皮縣志》。按陽明此書云「自壬子歲拜違函丈……中間餘八九年」，由弘治五年下推九年，則爲弘治十四年，故此書中所云「於同僚侯守正之行」，必指其弘治十四年秋審録江北之行，錢德洪《陽明先生年譜》：「弘治十四年，奉命審録江北。先生録囚多所平反。事竣，遂遊九華……」陽明此書作在其往直隸、淮安審囚途中，故有「今且日益繁冗」之歎也。

（弘治十四年，一五〇一年）

登譙樓

千尺層欄倚碧空，下臨溪谷散鴻蒙。祖陵王氣蟠龍虎，帝闕重城鎖螮蝀。客思江南惟故國，雁飛天北凝長風。沛歌却憶回鑾日，白晝旌旗渡海東。

詩見《光緒鳳陽府志》卷十五。《亳州攬勝詩選》以此詩爲登亳州譙樓所作，乃誤。按：陽明此詩爲登鳳陽譙樓所作，《光緒鳳陽府志》卷四：「中都譙樓，即鼓樓。《新書》云：在雲濟街之東。洪武五年建中都，八年建是樓。築臺，下開三闕，上有樓九間，層簷三覆，棟宇百尺，巍乎翼然，敻絶塵埃。制度宏大，規模壯麗。登之，則江淮重湖縈糺渺瀰，中都諸山空濛杳靄，隱見出没於煙雲之外。上置銅鼓滴漏，銅點更鼓，以警朝夕。鳳陽中等衛所，撥軍餘一百六十四名守樓，并習鼓吹，公私應用。」詩中所云「祖陵」，即鳳陽皇陵，《光緒鳳陽府志》卷十五：「明陵，在府治南十八里，明太祖父陵。……《明史·禮志》：仁祖墓，在鳳陽縣太平鄉……後改稱皇陵。」詩中所懷「沛歌却憶回鑾日，白晝旌旗渡海東」，即指當年明太祖自金陵返鳳陽故鄉事，《光緒鳳陽府志》卷二十引《鳳陽新書》所述云：「明高帝自金陵幸濠州，父老經濟等來見，帝與之宴，謂濟曰：『我與諸父老不相見久矣。今還故鄉，念鄉人遭罹兵難以來，未遂生息，吾甚憫焉。』濟對曰：『久苦兵争，莫或寧宇。今賴主上威德，各得安寧，勞主上垂念。』帝曰：『濠，吾故鄉，父母墳墓所在，豈得忘之？然吾不得久留此。父老宜教導子孫爲善，立身孝悌，勤儉養生，鄉有善人，田家有賢父兄也。』濟等頓首謝，皆歡醉而去。翌日，帝謁陵還邸舍，謂博士許存仁曰：『吾昔微時，自謂終身田畝耳；又遭兵亂，措身行伍，亦不過爲保身之計，不意今日成此大業。自我去鄉里十餘年，今乃得歸省陵墓，復與諸父老子弟相見。追思向時，良可感也。』越日，還金陵，謁辭陵，召汪文、劉英謂曰：『鄉里親故愛厚者，惟足下二人。先世陵墓所在，公等善爲守視。』仍賜英、文綺帛米粟。又蠲鄉縣租賦，父老皆歡悦再拜曰：『感主上恩德，無以報也！』」陽明來鳳陽之時間，據錢德洪《陽明先生年譜》：「弘治十有四年辛酉，奉命審録江北。先生録囚多所平反。事竣，遂遊九華……十有五年壬戌……五月復命。」王陽明乃在八月往直隸、淮甸審囚，鳳陽府與淮安府是其主要秋審去處，陽明《乞養病疏》云：「弘治十四年八月奉命前往直隸、淮安等府，會同各該巡按、御史審决重囚……及事竣北上，行至揚州，轉增煩熱，遷延三月。」（《王陽明全集》卷九）可見陽明是次八月南下直隸審囚，由淮安府、鳳陽府至池州府，事竣北上又在揚州滯留三月，其在中都留守司審囚在九、十月間，與此詩所云秋晚「雁飛天北礙長風」相合。

與王侍御書（弘治十四年，一五〇一年）

侍生王守仁頓首敬啟，侍御王老先生大人執事：　昨承頒胙，兼錫多儀。生以丁日感微寒，迄今未敢風，不能參謝，感荷之餘，可勝惶悚。先遣門人越榛、鄒木謝罪，尚容稍間面詣。侍生守仁再拜啟上。

書有陽明手迹刻石藏安徽無爲縣米公祠，見何福安《寶晉齋碑帖集釋》，計文淵《王陽明法書集》著録。陽明此書當與無爲州米公祠歲祭有關。按《嘉慶無爲州志》卷四云：「寶晉齋，今爲米公祠，在州治内。本米芾建以藏晉人法書，因名。」又卷十云：「米公祠，即寶晉齋，在州署墨池上，每歲春、秋致祭。」又卷二十八引趙範《重修墨池記》云：「郡治故有墨池，公廨後西北偏十數弓許，乃宋熙豐知軍米公芾遺迹也。」陽明是書所云「昨承頒胙，兼錫多儀」，即指米公祠致祭事。書稱「先遣門人越榛、鄒木謝罪，尚容稍間面詣」，可見陽明其時正在無爲州（廬州府）。按陽明弘治十四年奉命審録江北，其在八月南下直隸審囚，由淮安府、鳳陽府、廬州府直至池州府；次年事竣北上，又在揚州滯留三月，至五月方回京復命（見前《登譙樓》考）。以陽明弘治十四年歲末已在池州府（作《九華山賦》可見）算，則其在廬州府無爲州爲九十月間，正當米公祠秋祭時。或是陽明初未關心米公祠致祭事，王御史乃來頒胙錫儀，故陽明遣門人往謝罪也。此王御史當爲王璟，《國榷》卷四十四：「弘治十四年四月丙午，南京鴻臚寺卿王璟爲右僉都御史，清理兩淮鹽法。時宗室官戚假賜鹽爲私，大同無市納者，故敕璟。」又《明史》卷一百八十七《王璟傳》：「弘治十四年，以南京鴻臚卿拜右僉都御史，理兩淮鹽政。」王璟以右僉都御史來兩淮理鹽政，故得可與陽明相見於無爲州；又王璟以南京鴻臚寺卿拜右僉都御史，原熟悉禮祭事，故亦參預米公祠致祭事。《王陽明全集》卷二十二《恩壽雙慶詩後序》及卷二十《秋日飲月巖新構别王侍御》，均提及一「王御史」，其行事與此書所述不合，當是另外一人。書中所言越榛、鄒木，當爲陽明生平所收最早弟子。

清風樓

（弘治十四年，一五〇一年）

遠看秋鶴下雲皋，壓帽青天礙眼高。石底蟠螭吹錦霧，海門孤月送銀濤。酒經殘雪渾無力，詩倚新春欲放豪。勸賦登樓聊短述，清風曾不媿吾曹。

詩見《太平三書》卷四，《乾隆太平府志》卷四十一。按清風樓在太平府蕪湖縣，《乾隆太平府志》卷二：「蕪湖縣驛磯山，在縣北八里，臨大江。南宋時設館驛，立市肆於此，故名。江滸有清風樓，建自明成化間，樓故突兀險峻，爲棲僧之舍。俯視樹濃藤護，寒翠撲面，遐矚清敞，則煙黛浮空，泬寥無際。」又卷十三：「清風樓，明成化間建。御史黄讓居縣北驛磯，星沙劉憲知縣事，建樓於此，以東坡『清風閣』名美之。弘治二年，粤東林世遠續修，邱濬記。」此詩云「遠看秋鶴下雲皋」，作在秋間，則必是弘治十四年秋陽明奉命往直隸江北審囚時作。錢德洪《陽明先生年譜》：「弘治十四年，奉命審録江北。先生録囚多所平反。事竣，遂遊九華……」蓋陽明實兩次往遊九華，一在弘治十四年秋，一在弘治十四年冬末、十五年春初（詳見下《九華山賦》考），此詩即是陽明弘治十四年秋往遊九華經蕪湖時登清風樓作。《王陽明全集》卷二十有《登蟂磯次草泉心劉石門韻二首》，即是陽明弘治十五年春遊九華歸經蕪湖時作（見下《謫仙樓》考），此詩所謂「石底蟠蟂」者，即指蟂磯也。

地藏塔

渡海離鄉國，辭榮就苦空。結第雙樹底，成塔萬花中。

（弘治十四年，一五〇一年）

詩見《光緒青陽縣志》卷十。按地藏塔爲安葬金地藏全身之肉身塔，《民國九華山志》卷三：「金地藏塔，在化城寺西之神光嶺，即菩薩一期應化安葬全身之肉身塔。金地藏者，唐時新羅國王金憲英之近族也，自幼出家，法名喬覺。於二十四歲時，航海東來，卓錫九華。初棲東巖，土雜半粟，苦行多年。逮至德初，有諸葛節等見之，遂群相驚歎曰：『和尚苦行如此，某等深過已。』乃買僧檀公舊地，建化城寺請居之。貞元十年，壽九十九歲，跏趺示寂。兜羅手軟，金鎖骨鳴，靈異昭著，識者知爲是地藏王菩薩化身，乃稱其本姓爲金地藏。依浮屠法，斂以缸，建塔於此。凡三級，俯仰以鐵爲之，冪以殿，南向，石階八十四級，峻甚，引以金繩。因其地時發光彩，故號神光嶺。其塔院，人即稱爲肉身殿。」陽明於弘治十四年秋游九華山曾訪地藏塔，其《化城寺六首》即云：「金骨藏靈塔，神光照遠峰。」（《王陽明全集》卷十九）此《地藏塔》詩應即作在其時。參見下《九華山賦》考。

實庵和尚像贊

（弘治十四年，一五〇一年）

從來不知光閃閃的氣象，也不知圓陀陀的模樣。翠竹黄花，説什麽蓬萊方丈。看那山裏金地藏，好兒孫，又生個實庵和尚。噫！那些兒妙處，丹青莫狀。

贊見《民國九華山志》卷七。按該志卷三云：「長生庵，明弘治間，有實庵和尚，與王文成公相談，甚契。曾題贈曰……」又卷四：「明實庵，爲長生庵僧。明弘治間，王陽明來游，實庵與語，有契。陽明題贈曰……」陽明首次游九華山在弘治十四年秋，此像贊即作在其時，蓋一時即興口占之作也。陽明如此類即興詩甚多，錢德洪《陽明先生年譜》：「九華山在青陽縣，師嘗兩遊其地，與門人江□□、柯喬等宿化城寺數月。寺僧好事者争持紙索詩，通夕灑翰不倦。僧蓄墨跡頗富。」陽明如此等像贊之類即興詩，當時皆不留底稿，多爲寺僧所有，後來皆入九華山志，而陽明集中反不載也。

和九柏老仙詩

（弘治十四年，一五〇一年）

石澗西頭千樹梅，洞門深鎖雪中開。尋常不放凡夫到，珍重唯容道士來。風亂細香笛無韵，夜寒清影衣生苔。於今踏破石橋路，一月須過三十迴。

九柏老仙之作，本不可和，詹煉師必欲得之，遂爲走筆，以塞其意，且以彰吾之不度也。

弘治辛酉仲冬望日，陽明山人王守仁識。

詩有陽明手迹拓本，計文淵藏，《王陽明法書集》著録。此詩所云「九柏老仙」，不知何人。或以爲指唐隱士王季文，乃非。王季文乃一隱士，並非老道，亦不住洞中。此詩分明是説其訪當時一住西澗石洞中之老道，遂有和詩，並非寫一歷史上之隱士。按弘治十四年陽明遊九華山，其訪佛僧甚多，而訪道士則唯有一蔡蓬頭。錢德洪《陽明先生年譜》：「弘治十四年，奉命審録江北……事竣，遂游九華……是時道者蔡蓬頭善談仙，待以客禮請問。蔡曰：『尚未。』有頃，屏左右，引至後亭，再拜請問。蔡曰：『尚未。』問至再三，蔡曰：『汝後堂後亭禮雖隆，終不忘官相。』一笑而别。」陳蔚《九華紀勝》卷八引《九華散録》云：「蔡道士，不知所自來。常蓬首不櫛，人以『蓬頭』稱之。弘治中居九華之東巖下，後不知所往。」可見蔡蓬頭爲居東巖洞中之老道，所謂「九柏老仙」者，非此「善談仙」之蔡蓬頭莫屬。所謂「吾之不度」，似即蔡蓬頭所説「終不忘官相」之意。按于鳳喈、鄒衡《正德嘉興志補》卷九亦録有陽明此詩，題作「梅澗」，並有曹時中和詩：

道士種桃兼種梅，靈源一派夾山開。影横淺碧月初照，香滿上清風正來。三朵花開原有本，太虚天近不生苔。絶憐紙帳蘧士夜，遮莫潺潺夢未迴。

《正德嘉興志補》成於正德六年，其時陽明猶在人世，當不至錯誤僞造，如何此詩又變成在嘉興之詩？或是此蔡蓬頭乃嘉興人，後來由九華山來居嘉興崇玄觀，故《正德嘉興志補》乃著録陽明此詩耶？姑記疑於此以俟考。參見後《崇玄道院》詩考。

九華山賦 并序

(弘治十五年,一五〇二年)

九華爲江南奇特之最,而《史記》所録,獨無其名,蓋馬遷足迹之所未至耳。不然,當列諸天台、四明之上,而乃略而不書耶? 壬戌正旦,予觀九華,盡得其勝。已而有所感遇,遂援筆而賦之。其辭曰:

循長江而南下,指青陽以幽討。啟鴻蒙之神秀,發九華之天巧。非效靈於坤軸,孰構奇於玄造。遷史缺而弗録,豈足迹之所未到? 白詩鄙夫九子,實兹名之所肇。予將秘密於崔嵬,極玄搜而歷考。涉五溪而徑入,宿無相之窈窕。訪王生於邃谷,掬金沙之清潦。陵風雨乎半霄,登望江而遠眺。步千仞之蒼壁,俯龍池於深窅。吊謫仙之遺迹,躋化城之縹緲。飲鉢盂之朝露,見蓮花之孤標。扣雲門而望天柱,列仙舞於晴昊。儼雙椒之闕門,真人駕雲而獨蹻。翠蓋平臨乎石照,綺霞掩映乎天姥。二神升於翠微,九子臨於積稻。炎熇起於玉甑,爛石碑之文藻。回澄秋於枕月,建少微之星旐。覆甌承滴翠之餘瀝,展旗立雲外之旌纛。下安禪而步岩嶢,覽雙泉於松杪。踰西洪而憩黄石,懸百丈之灝灝。瀨流觴而縈紆，遺石船於澗道。呼白鶴於雲峰，釣嘉魚於龍沼。倚透碧之峗屼，謝塵寰之紛擾。攀齊雲之巉峭，鑑琉璃之浩渶。沿東陽而西歷，餐九節之蒲草。樵人導余以冥搜，排碧雲之瑶島。群巒翳其繆靄，失陰陽之昏曉。垂七布之沈沈，靈龜隱而復佻。履高僧而履招賢，開白日之杲杲。試胡茗於春陽，吸垂雲之淵湫。陵繡壁而據石屋，何文殊螺髻之蟠糾。梯拱辰而北盼，隳遺光於拾寶。緇裳迓於黃匏，休圓寂之幽悄。鳥呼春於叢篁，和雲韶之鷕鷕。喚起促予之晨興，落星河於檐橑。護山嘎其驚飛，怪遊人之太早。攬卉木之如濯，被晨暉而争姣。静鑱聲之剥啄，幽人劚葠蕨於冥杳。碧鷄嘰於青林，白鷳翻雲而失皓。隱搗藥於樛蘿，挾提壺餅焦而翔繞。鳳凰承盂冠以相遺，飲沆瀣之仙醥。羞竹實以嬉翱，集梧枝之嫋嫋。嵐欲雨而霏霏，鳴濕濕於蘴葆。躐三遊而轉青峭，拂天香於茫渺。席弘潭以濯纓，浮桃瀉而揚縞。淙澌澌而絡蔭，飲猨猱之捷狡。睨斧柯而昇大還，望會仙於雲表。**以上上聲篠韵，爲前段。**

憫子京之故宅，款知微之碧桃。倏金光之閃映，睫異景於穹坳。弄玄珠於赤水，舞千尺之潛蛟。並花塘而峻極，散香林之迴飆。撫浮屠之突兀，泛五釵之翠濤。襲珍芳於絶巘，裛金步之摇摇。莎羅躑躅芬敷而燦耀，幢玉女之妖嬌。搴龍鬚於靈竇，墮鉢囊之飄飄。開仙掌之嶔嵌，散清磬之迢迢。披白雲而踸崇壽，見參錯之僧寮。日既夕而山冥，掛星辰於隆嶔。宿南臺之明月，虎夜嘯而羆嘷。鹿麋群遊於左右，若將侶幽人之岑寥。迴高寒其無寐，聞冰壑之洞簫。溪女厲晴瀧而曝朮，雜精苓之春苗。邀予觴以仙液，飯玉粒之瓊瑶。溘辭予而遠去，颯霞裾之飄飄。復中峰而悵望，或仙蹤之可招。迺下見陵陽之蜿蜒，忽有感於子明之宿要。逝予將遺世而獨立，採石芝於層霄。雖長處於窮僻，迺永離乎慼囂。彼蒼黎之緝緝，固吾生之同胞。苟顛連之能濟，吾豈靳於一毛。矧狂寇之越獗，王師局而奔勞。吾寧不欲請長纓於闕下，快平生之鬱陶？顧力微而任重，懼覆敗於或遭。又出位以圖遠，將無誚於鷦鷯。嗟有生之迫隘，等滅没於風泡。亦富貴其奚爲，猶榮蕣之一朝。曠百世而興感，蔽雄傑於蓬蒿。吾誠不能同草木而腐朽，又何避乎群喙之呶呶？已矣乎！吾其鞭風霆而騎日月，被九霞之翠袍。摶鵬翼於北溟，釣三山之巨鰲。道崑崙而息駕，聽王母之雲璈。呼浮丘於子晉，招句曲之三茅。長遨遊於碧落，共太虚而逍遥。以上平聲蕭韵，爲後段。

亂曰：蓬壺之邈邈兮，列仙之所逃兮。九華之矯矯兮，吾將於此巢兮。匪塵心之足攪兮，念鞠育之劬勞兮。苟初心之可紹兮，永矢弗撓兮。亂用篠蕭兩韵，間而相叶。

賦見《乾隆池州府志》卷八,《光緒青陽縣志》卷十,《民國九華山志》卷七,陳蔚《九華紀勝》卷六,《古今圖書集成》卷九十一《九華山部》等,廣爲流傳。今《王陽明全集》卷十九有《九華山賦》,然却無序,且句多有異,並缺「遷史缺而弗録」以下一段,全失原貌,不明其作年,以至今人仍爲陽明何時遊九華山以及《九華山賦》究竟作於何時争論不休。按《王陽明全集》卷二十有詩云:「弘治壬戌嘗遊九華……」是陽明在弘治十五年遊九華山本無疑問,今得此陽明九華山賦序,則陽明於弘治十五年春遊九華山並作《九華山賦》可成定案。然其間使人致疑者,蓋在陽明奉命來直隸審囚實嘗兩次遊九華山:一在弘治十四年秋來直隸時往遊九華山,一在弘治十五年春歸時順道再遊九華山。考《王陽明全集》卷十九載有是次遊九華山詩二十一首,可分兩類:一類作在秋間,一類作在春間,如:

《化城寺六首》,中云「天外清秋度明月」,作在秋間;
《雲門峰》,中云「秋色坐蒼濤」,作在秋間;
《蓮花峰》,中云「夜静凉飆發」,作在秋間;
《列仙峰》,中云「參差生曉寒」,作在秋間;
《夜宿無相寺》,中云「春曉卧無相」,作在春間;
《無相寺三首》,中云「朝聞春鳥啼」,作在春間;
《書梅竹小畫》,中云「寒倚春霄蒼玉杖」,作在春間;

《芙蓉閣二首》，中云「洞口桃千樹」，作在春間等。

僅此已足以證明陽明實兩次來遊九華山。考陽明弘治十四年來直隸審囚之全過程，錢德洪《陽明先生年譜》云：「弘治十四年，奉命審録江北。先生録囚多所平反。事竣，遂游九華，作《遊九華賦》，宿無相、化城諸寺……十五年……五月復命。」其説皆含糊不明。實則陽明在弘治十四年八月來直隸、淮安審囚，冬間事竣，其輾轉遷延至弘治十五年五月方回京復命。陽明《乞養病疏》云：「弘治十四年八月，奉命前往直隸、淮安等府，會同各該巡按、御史審決重囚……衝冒風寒，恬無顧忌，内耗外侵，舊患仍作。及事竣北上，行至揚州，轉增煩熱，遷延三月。」（《王陽明全集》卷九）其在秋間審囚南下，由淮安府、鳳陽府、廬州府至安慶府、池州府，一路皆有遊訪詩咏（見前考），其時自必會往遊九華山，故有秋遊九華山詩；至冬間事竣，陽明乃由池州東歸，其《遊齊山賦》云：「歲亦徂而更始，巾余車其東歸。」即是指在弘治十五年初東歸，先遊齊山，然後經九華山再遊，故有春遊九華山詩與賦（詳見下《遊齊山賦》考）。陽明《芙蓉閣二首》云：「明日歸城市，風塵又馬鞍。」即指其春遊九華山後東歸，由徽州府、寧國府至太平府、應天府，至二月已至鎮江府遊茅山（見《王陽明全集》卷二十二《壽湯雲谷序》），遂即過江至揚州府，在揚州遷延三月，於五月回京師復命。陽明秋遊九華山在弘治十四年秋九月，春遊九華山在弘治十五年春正月，實是其一來經九華山遊與一歸經九華山遊，亦可謂「一次」也（按：陽明後來正德十五年遊九華山，亦是一來一歸兩遊九華）。陽明賦序云：「已而有所感遇，遂援筆而賦之。」可見此賦並非當日即眼前景寫成，而是後來感遇寫就，多非實寫，而類於仙遊賦筆法。賦顯然糅合其春秋兩遊九華山之景況，如寫秋遊：「回澄秋於枕月，建少微之星旐。」寫春遊：「試胡茗於春陽……鳥呼春於叢篁」。蓋從仙遊賦觀之，此類浪漫描寫皆無不可也。

遊齊山賦　并序

（弘治十五年，一五〇二年）

齊山在池郡之南五里許，唐齊映嘗刺池，亟遊其間，後人因以映姓名也。繼又以杜牧之詩，遂顯名於海内。弘治壬戌正旦，守仁以公事到池，登兹山，以吊二賢之遺迹，則既荒於草莽矣。感慨之餘，因拂崖石而紀歲月云。

適公事之甫暇，乘案牘之餘輝。歲亦徂而更始，巾余車其東歸。循池陽而延望，見齊山之崔嵬。寒陽慘而尚濕，結浮靄於山扉。振長飆以舒嘯，麾綵現於虹霓。千巖豁其開朗，掃群林之霏霏。羲和闖危巔而出候，倒回景於蒼磯，躡晴霞而直上，陵華蓋之葳蕤。俯長江之無極，天風颯其飄衣。窮巖洞之幽邃，坐孤亭於翠微。尋遺躅於煙莽，哀罄悄而泉悲。感昔人之安在，菊屢秋而春霏。鳥相呼而出谷，雁流聲而北飛。嘆人事之倏忽，晞草露於須斯。際遥矚於雲表，見九華之參差。忽黄鵠之孤舉，動陵陽之遐思。顧泥土之溷濁，困鹽車於櫪馬。敬長生之可期，吾視棄富貴如礫瓦。吾將曠八極以遨游，登九天而視下。餐朝露而飲沆瀣，攀子明之逸駕。豈塵網之誤羈，嘆仙質之未化。

亂曰：曠視宇宙，漠以廣兮。仰瞻却顧，終焉彷兮。吾不能局促以自污兮，復慮其謬以妄兮。已矣乎！君親不可忘兮，吾安能長駕而獨往兮？

賦見《光緒貴池縣志》卷二，《乾隆貴池府志》卷六，《古今圖書集成·山川典》卷九十《齊山部》等，甚爲流傳。序中所云「以公事到池」，指陽明是年往直隸、淮安審囚到池州。賦云「適公事之甫暇，乘案牘之餘輝」，指審囚結束來遊齊山。「歲亦徂而更始，巾余車其東歸」，是謂新歲伊始來遊齊山，然後東歸，返京師。由此賦可知陽明審囚結束後，乃即由池州齊山東歸，經九華山、休寧、寧國府、太平府、應天府、鎮江府、揚州府、淮安府回京師，蓋一路皆有遊觀詩吟也。詳説參見前《九華山賦》所考。陽明此賦類似仙遊賦，充滿神仙道家氣息，慨嘆「豈塵網之誤羈，嘆仙質之未化」，八月以後，陽明果歸越築室陽明洞中，行導引修煉之術，以化「仙質」，故可謂此賦乃陽明歸隱陽明洞導引修仙之先聲矣。

雲巖

（弘治十五年，一五〇二年）

巖高及雲表，溪環疑磬折。壁立香爐峰，正對黄金闕。鐘響天門開，笛吹巖石裂。掀髯發長嘯，滿空飛玉屑。

詩見明魯默《齊雲山志》卷四。按雲巖即齊雲山，在安徽休寧縣城西三十里，一名白岳山，《齊雲山志》卷一：「齊雲山，高五百餘仞許。自率山蘢嵸盤結，迤百里，至岐山，巘岫益奇。又二十里，偃仰障撑碧落，因以齊雲名焉。」又云：「王陽明……正德間游雲巖，左司馬汪南明公《文昌閣記》特表章之。」今按：正德年間陽明在廬陵、南都、京師任職，無往安徽休寧之可能。徽州休寧屬南直隸，此詩應是陽明弘治十四年至十五年往直隸、淮安審囚時作，陽明在弘治十五年初審囚結束後往遊齊山，然後東歸。此詩應即陽明東歸經休寧時作。詳參前《遊齊山賦》考。

與舫齋書

（弘治十五年，一五〇二年）

□□園可□□□□城之期□此□矣。進謁仙府，無任怏悒。所欲吐露，悉以寄於令侄光實，諒能爲我轉達也。言不盡意，繼以短詞：

別後殊傾渴，青冥隔路歧。
徑行懼伐木，心事寄庭芝。
拔擢能無喜，瞻依未有期。
胸中三萬卷，應念故人饑。

侍生王守仁頓首，舫齋先生寅長執事。小羊一牽將賀意耳。正月十三日來。

書見《截玉軒藏宋元明清法帖墨迹》（上海書畫出版社）。按舫齋即李貢。李貢，安徽蕪湖人，字惟正，號舫齋。成化二十年進士，累官右都御史，以忤劉瑾罷官。瑾誅，歷兵部右侍郎。有《舫齋集》。歐陽德《歐陽德集》卷二十六《贈尚書李公偕配合葬墓表》云：「蕪湖龍山之東，艾蒿之原，有碑穹然當神道，是爲贈尚書舫齋李公偕配蕭淑人合葬之墓。公諱貢，字惟正，別號舫齋。起家進士，户部主事員外郎，刑部郎中。嘗視災兩浙，按事岐王府，還報，俱稱旨。大臣名薦公，擢山東按察副使，歷福建按察使，陝西右布政使，進山西……（瑾）誣公山西邊餉，矯詔致仕，罰輸邊粟千斛。瑾誅，起撫畿甸……公卒正德丙子五月，享年六十有一。」據錢德洪《陽明先生年譜》，王陽明弘治十三年六月授刑部雲南清吏司主事，十四年奉命審録江北，往淮甸審囚。事竣，於十五年正月遊九華山，經蕪湖而回京師。其《遊九華山賦》序云：「（弘治）壬戌正旦，予觀九華，盡得其勝。」《齊山賦》序亦云：「弘治壬戌正旦，守仁以公事到池，登茲山，以吊二賢之遺迹。」是陽明在弘治十五年正月初一遊九華山後，即東行經蕪湖返京師，故書題曰「正月十三日」。時李貢任刑部郎中，陽明任刑部雲南清吏司主事，故書中稱李貢爲「寅長」。「進謁仙府」者，當是陽明經蕪湖往龍山訪李貢。時李貢家居，有山東按察副使之擢，故書中稱「拔擢能無喜」，「小羊一牽將賀意耳」。然則陽明是次往淮甸審囚、遊九華山而歸之行踪，蓋由此書可見矣。

謫仙樓

（弘治十五年，一五〇二年）

攬衣登采石，明月滿磯頭。天凝烏紗帽，寒生紫綺裘。江流詞客恨，風景謫仙樓。安得騎黃鶴，隨公八極遊。

詩見《乾隆太平府志》卷四十一。按謫仙樓在當塗縣，《乾隆太平府志》卷二：「當塗縣采石，在郡治西北，去城二十里，高百仞，周一十五里，西臨大江……唐李白披宫錦泛月，勝事稱最，故山麓搆謫仙樓。樓對長江，千里一目。上而北巖石突出者，聯璧臺，巉露陡峭，瞰者臟栗；其下牛渚磯，至山頂三里，三臺閣冠其上，傑出松雲間，一切峰岫皆作陪隸觀。」又卷十三：「謫仙樓，在采石江口，唐元和間，以太白舊遊建。宋、明遞有修復。」據詩云「寒生紫綺裘」，作在初春，則應是陽明弘治十五年初春遊九華歸經蕪湖、當塗時作。《王陽明全集》卷二十有《登蟂磯次草泉心劉石門韵二首》，下注云：「二詩壬戌年作，誤入此。」可見陽明弘治十五年初春確嘗又往遊九華，歸途經蕪湖作登蟂磯詩，經當塗作此登謫仙樓詩。參見前《九華山賦》考。

遊茅山（二首）（弘治十五年，一五〇二年）

其一

山霧沾衣潤，溪風灑面凉。蘚花凝雨碧，松粉落春黄。古劍時聞吼，遺丹尚有光。短才慚宋玉，何敢賦《高唐》。

其二

靈峭九千丈，窮躋亦未難。江山無遯景，天地此奇觀。海月迎峰白，溪風振葉寒。夜深凌絶嶠，翹首望長安。

蓬萊方丈偶書（二首）

其一

興劇夜無寐，中宵問雨晴。水風涼螿驟，巖日映窗明。石竇窺澗黑，雲梯上水清。福庭真可住，塵土奈浮生。

其二

仙屋煙飛外，青蘿隔世譁。茶分龍井水，飯帶玉田砂。香細嵐光雜，窗虛峰影遮。空林無一事，盡日卧丹霞。

四詩見《茅山全志》卷十三。詩作在春間，按陽明早年耽仙佛，嘗在春間往遊茅山。《王陽明全集》卷二十二《壽湯雲谷序》云：「弘治壬戌春，某西尋句曲，與丹陽湯雲谷偕。當是時，雲谷方爲行人，留意神仙之學，爲予談呼吸屈伸之術，凝神化氣之道，蓋無所不至。及與之登三茅之巔，下探華陽，休玉宸，感陶隱君之遺迹，慨歎穢濁，飄然有脱屣人間之志。」湯雲谷即湯禮敬，字仁甫，號雲谷，丹陽人，弘治九年進士。陽明乃是由審録江北事竣北歸，由九華、太平至句容、丹陽，再北上揚州滯留三月，至五月回京復命。陽明經丹陽訪湯禮敬并往遊茅山在二月，詩即作在其時。是次遊道教勝地茅山實對陽明影響甚大，故其遂在八月告病歸越，築室陽明洞中行導引術矣。《茅山全志》於陽明詩之下又著録方豪和詩：

山中夜晴用王陽明韻

遊騎寒愁雨，山人静樂晴。迴林風欲定，濕障月微明。幽興天能助，深宵地轉清。來朝遍巖壑，端欲見茅生。

深山元自静，入夜更無譁。細論三茅事，空懷九轉砂。雨餘幽澗響，月出淡雲遮。松榾香茶熟，悠然適紫霞。

蓋陽明前二詩爲遊茅山作，後二詩爲居蓬萊方丈所作，遂將詩題蓬萊方丈壁上，故後來方豪來遊茅山有和詩也。

游北固山

（弘治十五年，一五〇二年）

王守仁

北固山頭偶一行，禪林甘露幾時名？枕江左右金焦寺，面午中節鐵甕城。松竹兩崖青野興，人煙萬井暗吟情。江南景物應難望，入眼風光處處清。

詩行書水墨綾本立軸（長一百二十釐米，寬四十四釐米）在二〇一一年春季拍賣會（北京翰海拍賣有限公司）上出現，并在「博寶藝術拍賣網」上公布。原無題，茲據詩意擬。該詩下有褚德彝跋云：「王文成以道學勳業，故前人謂其書得山陰正傳，非虛語也。然真跡流傳極罕。三年前，友人以公《何陋軒詩》卷見示，公謫居龍場時所書，曾題長跋於尾。此幀用筆超逸，審爲公三十後所作真跡無疑，寶之。乙卯夏，褚德彝記。」又有松窗跋云：「去年余得公書《睡起書感》十二首詩卷，筆書長二丈餘，洵公書劇跡，然其用筆奔處，可與此幅互證也。松窗又題。」褚德彝謂此詩作於三十歲以後，似別有所據。按陽明生平仕宦多經潤州，往游金焦。此詩作在春間，前《遊茅山》、《蓬萊方丈偶書》考陽明弘治十五年春審録江北事竣北歸,由九華、太平至句容、丹陽,再北上揚州,其由丹陽往潤州在春三月,此游北固山詩即作在其時。蓋是年陽明北歸,必是由丹陽至潤州渡江至揚州,故可「北固山頭偶一行」也。

贈京口三山僧（四首）

（弘治十五年，一五〇二年）

金山贈野閑欽上人

江淨如平野，寒波漫緑苔。地窮無客到，天迥有雲來。禪榻朝慵起，松關午始開。月明隨老鶴，散步妙高臺。

題蒲菊鈺上人房

禪扉雲水上，地迥一塵無。磵有千年菊，盆餘九節蒲。濕煙籠細雨，晴露滴蒼蕪。好汲中泠水，飧香嚼翠腴。

贈雪航上人

身世真如不繫舟，浪花深處伴閑鷗。我來亦有山陰興，銀海乘槎上斗牛。

贈甘露寺性空上人

片月海門出，渾如白玉舟。滄波千里晚，風露九天秋。寒影隨杯渡，清暉共梗流。底須分彼岸，天地自沉浮。

詩見張萊《京口三山志》卷五，劉名芳《乾隆金山志》卷十，盧見曾《金山志》卷七，周伯義、陳任暘《北固山志》卷九等。錢明《王陽明全集未刊散佚詩文彙編及考釋》著録。四詩皆咏晚秋景色，作在同時。有以爲此四詩作在正德十四年，顯誤。正德十四年陽明乃在冬十一月經鎮江，與此咏秋詩不合（參見下《題唐子畏山静日長圖玉露文》考）；又陽明此詩載在《京口三山志》，而《京口三山志》成於正德七年四月（見前顧清序），故陽明此詩必作於正德七年以前。在正德七年以前，陽明晚秋時節經鎮江京口者，唯在弘治十五年。錢德洪《陽明先生年譜》：「弘治十五年八月，疏請告……先是五月復命，京中舊遊俱以才名相馳騁，學古詩文。先生嘆曰：『吾焉能以有限精神爲無用之虚文也！』遂告病歸越，築室陽明洞中，行導引術。」陽明《給由疏》云：「弘治十五年八月内告回原籍養病。弘治十七年内病痊赴部。」(《王陽明全集》卷九)陽明八月由京師告病歸越，途經鎮江京口約在八月底、九月初，此四詩即作在其時。蓋其時陽明猶耽仙、佛，故在京口多遊名刹、贈詩上人也。

欽上人，無考。《行海金山志略》卷二著録有宗林《贈欽上人號野閑》：「自從幽處結茅堂，塵事紛紛徹底忘。門外有雲依水石，案頭無曆紀炎凉。雨肥蕨菜厨添供，風老松花廩受糧。却笑飛黄浮鵠者，此身終日爲誰忙？」又著録惠欽《次王世賞韵》：「好山如畫明雙眸，中流奇跡真天留。搜吟暢興倚松立，尋幽陟險穿雲遊。鯨濤澎湃忽作雨，蜃氣變化時成樓。個中景物道不得，品題當讓岑嘉州。」知欽上人爲惠欽，號野閑，乃一金山寺僧。

蒲鈺上人，無考。《京口三山志》於陽明詩下著録沈周《題蒲菊鈺上人》：「蒲瘦如天台山之絶粒聖僧，菊清似彭澤縣超世傲吏。二物不生桃李場，草木千年同臭味。」知鈺上人乃一金山寺老僧。

雪航上人，亦無考。盧見曾《金山志》稱其「號月舟」，亦一金山寺僧。

性空上人，亦無考。陽明贈其詩載《北固山志》，知性空上人爲北固山甘露寺僧。

屋舟爲京口錢宗玉作

（弘治十五年，一五〇二年）

小屋新開傍島嶼，沉浮聊與漁舟同。有時沙鷗飛席上，深夜海月來軒中。醉夢春潮石屏冷，櫂歌碧水秋江空。人生何地不疏放，豈必市隱如壺公。陽明王守仁次。

詩真迹今藏紐約大都會博物館，《穰梨館過眼續録》卷七《屋舟題詠卷》著録。按錢宗玉即錢組，號屋舟，潤州人，有《屋舟詩草》。靳貴《戒庵文集》卷九有《屋舟詩序》云：「予姻友致仕醫學正科錢君宗玉，買大桴而屋其上，乃以『屋舟』自號。一日，問之曰：『君所謂屋舟云者，其效歐陽公舫齋而爲之，亦别有取義也？……』君笑曰：『吾意豈是哉！歐公文人也，榜於齋以爲坐遲卧遊之所，以異夫江山之助；予之道醫也，非歐公比……』」錢組與靳貴爲姻親，年齡同輩，則其歸隱築屋舟當在弘治中。《費宏集》卷二有《屋舟爲潤人錢宗玉作》：「身世悠悠水上萍，高人棲泊傍巖扃。浮生甫里從無宅，擇勝坡翁别有亭。意匠經營殊雀舫，心機忘盡對鷗汀。推篷小酌江天碧，下矴遥連海嶼青。豈必侵星遊别渚，不妨撑月吸波冷。罽帆隱隱當窗起，魚艇飄飄倚檻停。雨灑春波簷欲没，潮回秋浦酒初醒。危檣颭浪吾何恐，擊櫂成謳客喜聽。京洛塵纓思一濯，長風借便可揚舲。」詩亦作在弘治中。陽明此詩云「小屋新開傍島嶼」，蓋是錢組初築屋舟歸隱之時。按陽明弘治十五年審録江北事竣北遊丹陽、茅山、潤州（見前），其見錢組屋舟並作此詩即在其時。

仰高亭

（弘治十五年，一五〇二年）

樓船一别是何年？斜日孤亭思渺然。秋興絶憐紅樹晚，閑心併在白鷗前。林僧定久能知客，巢鶴年多亦解禪。莫向病夫詢出處，夢魂長繞碧溪煙。

詩見徐崧、張大純《百城煙水》卷四，錢穀《吴都文粹續集》卷三十四。按仰高亭在吴江縣，《百城煙水》卷四：「仰高亭，宋開禧中，知縣羅動作亭奉之，額以『仰高』。」蘇州爲陽明生平仕宦往返京師、南都、杭州、紹興所常過之地，如《王陽明全集》卷十九有《姑蘇吴氏海天樓次鄺尹韵》，卷二十九有《豫軒都先生八十受封序》（至蘇州訪都穆作）等，故此詩有「樓船一别是何年」之句。詩作在秋間，則當是弘治十五年八月陽明告病歸越途經蘇州時作。蓋是次陽明乃因病告回原籍養痾，故詩有「莫向病夫詢出處」之句。

登吴江塔（弘治十五年，一五〇二年）

天深北斗望不見，更躡丹梯最上層。太華之西目雙斷，衡山以北欄獨憑。漁舟渺渺去欲盡，客子依依愁未勝。夜久月出海風冷，飄然思欲登雲鵬。

詩見徐崧、張大純《百城煙水》卷四，錢穀《吴都文粹續集》卷三十四。按吴江塔即吴江華嚴寺中之塔，此詩亦是陽明弘治十五年八月告病歸越途經蘇州時作，參見前《仰高亭》考。

贈芳上人歸三塔

（弘治十五年，一五〇二年）

秀水城西久閉關，偶然飛錫出塵寰。調心亦復聊同俗，習定由來不在山。秋晚菱歌湖水闊，月明清磬塔窗閑。毘盧好似嵩山笠，天際仍隨日影邊。

詩見《萬曆秀水縣志》卷八，《康熙嘉興府志》卷十八。三塔寺在秀水縣，《萬曆秀水縣志》卷二：「景德寺，在縣西三里。舊梵化院，五代錢氏賜額『保安』，宋景德間改今額。相傳寺下有白龍潭，遇風濤甚險，或晴霽，有白光三道起自潭中。唐季僧行雲者，積土填潭，造三塔以鎮之，遂呼爲三塔灣，亦名三塔寺。」芳上人，應是三塔寺僧，觀詩意，乃是芳上人先在縣西三塔寺閉關修煉，後出遊，歸途與陽明相遇，陽明乃作此詩送歸。按嘉興秀水爲陽明由餘姚、會稽往返京師、南都必經之通道，陽明嘗多次經嘉興秀水，以此詩作在秋晚考之，則應是在弘治十五年，錢德洪《陽明先生年譜》：「弘治十五年八月，疏請告……遂告病歸越，築室陽明洞中，行導引術。」陽明在八月離京歸越，九月抵秀水，即所謂「秋晚」，可知此詩作在九月中。芳上人於三塔寺閉關修煉，陽明歸亦築室陽明洞行導引修煉，或亦受芳上人影響耶？

審山詩

（弘治十五年，一五〇二年）

朝登硤石巔，霽色浮高宇。長岡抱迴龍，怪石駥奔虎。古刹淩層雲，中天立鰲柱。萬室湧魚鱗，晴光動江滸。曲徑入藤蘿，行行見危堵。寺僧聞客來，袈裟候庭廡。登堂識遺像，畫繪衣冠古。乃知顧況宅，今爲梵王土。書臺空有名，湮埋化煙莽。葛井雖依然，日暮飲牛羖。長松非舊枝，子規啼正苦。古人豈不立，身後杳難覩。悲風振林薄，落木驚秋雨。人生一無成，寂寞知何許？

詩見《乾隆海寧州志》卷二，《嘉慶峽川續志》卷一。按審山在海寧，《乾隆海寧州志》卷二：「沈山，一名審山，土人呼爲東山。在縣北六十五里，高三十五丈，周回七里三百步。漢審食其墓其間，故名。上有崇惠庵……宋臨海、南陽二郡太守沈景葬於此，故名沈山。顧況讀書臺，在山下。」詩中所云「寺」爲崇惠庵，「臺」爲顧況讀書臺。所云「硤石」，指東峽山，《嘉慶峽川續志》卷一：「峽山，古稱夾谷。初本兩山相連，秦始皇東游過此，以此山有王氣，發囚徒十萬鑿之，遂分爲兩，一曰東山，一曰西山。」詩所云「葛井」，指東山葛洪煉丹井，《嘉慶峽川續志》卷一：「葛洪煉丹井，在東山大悲閣後斑竹園中，有五穴通硤石湖。」按海寧、嘉興爲由餘姚、會稽赴南都、京師之通道，陽明生平往返京師、南都與會稽、餘姚之間，屢嘗經過，多有游吟。此詩云「悲風振林薄，落木驚秋雨」，作在秋間，按陽明弘治十五年秋八月由京師告病歸越，途經嘉興、海寧，錢德洪《陽明先生年譜》：「弘治十五年，八月，疏請告。是年先生……先是五月復命，京中舊遊俱以才名相馳騁，學古詩文。先生嘆曰：『吾焉能以有限精神爲無用之虚文也！』遂告病歸越，築室陽明洞中，行導引術。」是次陽明因病歸越休養，一路心境低沉悲涼，故詩中發出「人生一無成，寂寞知向許」之嘆。其訪崇惠庵、葛洪煉丹井當深有所感，歸家遂築室陽明洞行導引術矣。

胡公生像記

（弘治十五年，一五〇二年）

弘治十年，胡公孟登以地官副郎謫貳興國。越二年，擢知州事。公既久於其治，乃奸鋤利植，而民以太和。又明年壬戌，擢浙之臬司僉事以去，民既留公不可，則相率像公祀之，以報公德。先學宫之北有疊山祠，以祀宋臣謝君直者，敝矣，卜於左方，撤而新之，其士曰：「合祀公像於是。嗚呼！吾州自胡元之亂以入於皇朝，雖文風稍振，而陋習未除，士之登名科甲以顯於四方者，相望如晨天之星，數不能以一二。蓋至於今，遂茫然絶響者，凡幾科矣。公斬山購地，以恢學宫，洗垢磨鈍，以新士習，然後人知敦禮興學，而文采蔚然於湖湘之間，薦於鄉者，一歲而三人。蓋夫子之道大明於興國，實自公始。公之德惠，固無庸言；而化民成俗，於是爲大。祀公於此，其宜哉！」民曰：「不可。其爲公别立一廟。公之未來也，外苦於盗賊，内殘於苛政，魚課及於濱山之民，輸賦者，擔負走二百里之外。自公之至，而盗不敢履興國之界，民離猛虎危鰲之患，而始釋戈而安寢，徙倉廪之地，免於跋涉。公之惠澤，吾獨不能出諸口耳。於戲！公有大造於吾民，乃不能別立一廟，而使並食於謝公，於吾心有未足也。」士曰：「不然。公與謝公，皆以遷謫而至吾州。謝公以文章節義爲宋忠臣，而公之氣概風聲相輝映，祀公於此，所以見公之庇吾民者，不獨以其政事；吾民之所以懷公不忘者，又有在於長養恩恤之外也。其於尊嚴崇重，不兹爲大乎？」於是其民相顧喜曰：「果如是，吾亦無所憾矣！然其誰紀諸石而傳之？」士曰：「公之經歷四方也久矣，四方之人其聞公之賢，亦既有年矣。然而屢遭讒嫉，而未暢厥猷，意亦知公深者難矣。公嘗令於餘姚，以吾人之知公，則其人宜於公爲悉。」乃走幣數千里而來請於守仁，且告之故。守仁曰：是姚人之願，不獨興國也。公之去吾姚已二十餘年，民之思公如其始去。每有自公而來者，必相與環聚，問公之起居飲食，及其履歷之險與夷，丰采狀貌鬚髮之蒼白與否，退則相傳告以爲欣戚。以吾姚之思公，知興國之爲是舉，亦其情之有不得已也。然公之始去吾姚，既嘗有去思之碑以紀公德，今不可以重復其説。如興國之績，吾雖聞之甚詳，然於其民爲遠，雖極意揄揚之，恐亦未足以當其心也。姑述其請記之辭，而詩以系之。公名瀛，河南之羅山人，有文武長才，而方向未用。詩曰：

於維胡公，允毅孔直。惟直不撓，以來興國。惟此興國，實荒有年。自公之來，闢爲良田。寇乘於垣，死課於澤。公曰吁嗟，兹惟予謫。勤爾桑禾，謹爾室家。歲豐時和，民謡以歌。乃築泮宫，教以禮讓。弦誦詩書，溢於里巷。庶民諄諄，庶士彬彬。公亦欣欣，曰惟家人。維公我父，維公我母。自公之去，奪我恃怙。維公之政，不專於寬。雨暘誰節，時其燠寒。維公文武，亦周於藝。射御工力，展也不器。我拜公像，從我父兄。率我子弟，集於泮宫。願公永年，於百千祀。公德既溥，公壽曷涘。父兄相謂，毋爾敢望。天子國公，訓於四方。

文見《嘉靖湖廣圖經志書》卷二。《王陽明全集》卷二十三有《興國守胡孟登生像記》，即此記，但字句出入甚大。按《嘉靖湖廣圖經志書》成於正德十六年，此記乃直接從興國胡公祠石碑録入；而《王陽明全集》中此記則經過後來潤色。兹仍將此記輯入，以存原貌。此記應是陽明八月歸越後所作。

鄉思二首 次韵答黄輿

（弘治十五年，一五〇二年）

百事支離力不禁，一官棲息病相尋。星辰魏闕江湖迥，松竹茆茨歲月深。合倚黄精消白髮，由來空谷有餘音。曲肱已醒浮雲夢，荷蕢休疑擊磬心。

獨夜殘燈夢未成，蕭蕭窗竹故園聲。草深石屋鼪鼯嘯，雪静空山猿鶴驚。漫有緘書招舊侶，尚牽纓冕負初情。雲溪漠漠春風轉，紫菌黄芝又日生。

詩真迹見《中華文物集粹·清翫雅集收藏展》（Ⅱ）（鴻禧美術館），端方《壬寅消夏録·王陽明詩真迹卷》著録。按《王陽明全集》卷二十有《冬夜偶書》，即此詩一，作在正德九年在南京時；又有《夜坐偶懷故山》，即此詩二，作在正德十三年在贛時。二詩分居二處，作年不同，不題「次韵答黄輿」，令人啟疑。如正德九年五月陽明陞南京鴻臚寺卿，方仕途得意之時，其在南都任職，與此詩一所云「星辰魏闕江湖迥，松竹茆茨歲月深」「曲肱已醒浮雲夢，荷蕢休疑擊磬心」不合。又正德十三年陽明在贛平寇，未暇寧居，與此詩二所云「草深石屋鼪鼯嘯，雪静空山猿鶴驚」尤不合。今就此鄉思二詩考之：按黄輿即王文轅，字司輿，號黄轝子（按：轝同輿），乃一山林道隱之士，陽明之「道友」也。季本《説理會編》卷十六云：

陽明之學由王司輿發端。予少師黄轝子，黄轝子姓王，名文轅，字司輿，山陰人。勵志力行，隱居獨善，鄉人熏其德者，皆樂親之。少學爲古文，絶類莊、列，詩偪唐人。讀書不牽章句，嘗曰：「朱子註説多不得經義。」成化、弘治間，學者守成説，不敢有非議朱子者，故不見信於時。惟陽明先師與之爲友，獨破舊説，蓋有所本云。及陽明先師領南贛之命，見黄轝子，黄轝子欲試其所得，每撼激之不動，語人曰：「伯安自此可勝大事矣。」蓋其平生經世之志於此見焉。其後黄轝子没，陽明先師方講良知之學，人多非議之，嘆曰：「使王司輿在，則於吾言必相契矣。」（另見《季彭山先生文集》卷三《王司輿傳》）

又張萱《西園聞見録》卷二十二《高尚》云：

王陽明先生養痾陽明洞時，與一布衣許璋者相朝夕，取其資益云。璋，上虞人，諄質苦行，潛心性命之學，其於世味泊如也。嘗躡蹻走嶺南訪白沙陳先生，其友王司輿以詩送之，曰「去歲逢黄石，今年訪白沙」云。璋故精於天文、地理、兵法、奇門九遁之學。先生後擒逆濠，多得其力，功歸，以金帛，不受。先生每乘笋輿訪之山中，菜羹麥飯，信宿不厭。没後，先生題其墓曰「處士許璋之墓」，屬知縣楊紹芳立石焉。

陽明此詩云「一官棲息病相尋」，則當是其在弘治十五年告病歸越於陽明洞養痾之時，「草深石屋」

者,即陽明洞也。錢德洪《陽明先生年譜》:「弘治十五年八月,疏請告……先是五月復命……遂告病歸越,築室陽明洞中,行導引術。久之,遂先知。一日坐洞中,友人王思輿等四人來訪,方出五雲門,先生即命僕迎之,且歷語其來蹟。僕遇諸途,與語良合。衆驚異,以爲得道。久之,悟曰:『此簸弄精神,非道也。』又屏去。已而静久,思離世遠去,惟祖母岑與龍山公在念,因循未決。久之,又忽悟曰:『此念生於孩提,此念可去,是斷滅種性矣。』」陽明在陽明洞中修煉養疴之況,皆從此二詩可見,「鄉思」者,即《年譜》所云「惟祖母岑與龍山公在念」,「漫有緘書招舊侣」,即王文轅、許璋之流也。以詩云「雲溪漠漠春風轉」,則二詩當作在弘治十五年歲終之際。頗疑錢德洪對陽明在告病歸越養疴中與道隱者交往、大發「曲肱已醒浮雲夢」、「尚牽纓冕負初情」怨嘆有所顧忌,故在編文集時有意隱去「黄轝」其人及寫詩之時間背景,將其一入於正德九年中,一入於正德十三年中,遂使寫詩之原況湮没不可知。

坐功

（弘治十五年，一五〇二年）

春噓明目夏呵心，秋呬冬吹肺腎寧。四季常呼脾化食，依此法行相火平。

詩見游日升《臆見彙考》卷三。陽明生平好静坐修煉，調息吐納，運氣導引，此所謂「坐功」，即指其静坐導引之功也。蓋陽明以爲致知存乎心悟，而心悟來自心静，以爲「君子之學，貴於得悟……入悟有三：有從言而得者，有從静而得者……得於静坐者，謂之澄悟，收攝保聚」（《西園聞見録》卷七）。王畿嘗詳叙陽明之静坐修煉云：「（陽明）究心於老佛之學，緣洞天精廬，日夕勤修煉，習伏藏，洞悉機要，其於彼家所謂『見性』、『抱一』之旨，非通其義，蓋已得髓矣。自謂：『嘗於静中，内照形軀如水晶宫，忘己忘物，忘天忘地，與空虚同體，光耀神奇，恍惚變幻，似欲言而忘其所以言，乃真境象也。』」（《王畿集》卷二《滁陽會語》）陽明所述，即其於陽明洞中坐功修煉之真切體驗也。故錢德洪《陽明先生年譜》云「弘治十五年八月，遂告病歸越，築室陽明洞中，行導引術。久之，遂先知」，所謂「導引術」者，實即此「坐功」也；而此《坐功》詩，則爲其在陽明洞中行導引、勤修煉、習伏藏之真實寫照矣。參見前《口訣》詩考。

本覺寺

（弘治十六年，一五〇三年）

春風吹畫舫，載酒入青山。雲散晴湖曲，江深緑樹灣。寺晚鐘韵急，松高鶴夢閑。夕陽摧暮景，老衲閉柴關。

詩見《乾隆紹興府志》卷三十八，《嘉慶山陰縣志》卷二十八。按本覺寺在山陰梅山，《乾隆紹興府志》卷三十八：「本覺寺，《嘉泰志》：在縣西北一十五里梅山。後唐清泰三年，節度經略副使謝思恭捨宅建，號『静明寺』。有雲峰堂，以曾文清公詩得名，亦有曾公手書行記。寺後有適南亭，可以望海。郡牧程給事建，陸左丞作記。又有子真泉……《嘉靖山陰縣志》：在縣西北梅山，即梅福隱居之所。」梅山本覺寺在山陰縣西北，陽明由越往返京師、南都皆經此地。此詩云「春風吹畫舫，載酒入青山」，乃是春間專往遊梅山。按陽明弘治十五年告病歸越，築室陽明洞，十六年春由山陰移疾錢塘西湖，必經梅山，疑陽明此詩即其弘治十六年春移疾錢塘西湖經梅山時作。

聖水寺（二首）

（弘治十六年，一五〇三年）

拂袖風塵尚未能，偷閑殊覺愧山僧。杖藜終擬投三竺，裘馬無勞説五陵。

長擬西湖放小舟，春山隨意逐春流。煙霞只作鷗鳧主，斷却紛紛世上愁。

二詩見《康熙錢塘縣志》卷十四，《雲居聖水寺志》卷三著録此二詩，題作「遊雲居寺」。按聖水寺一名雲居寺，《康熙錢塘縣志》卷十四：「聖水寺，在雲居山，一名雲居庵，懿宗年建。元元貞間，中峰禪師所居。」此詩云「春山隨意逐春流」，作在春間，則亦必是弘治十六年春陽明移疾錢塘西湖時作。其時陽明乃歸越養疴，明年即又回京師任職，故詩云「拂袖風塵尚未能，偷閑殊覺愧山僧」。

無題道詩

（弘治十六年，一五〇三年）

鞁龍節虎往崑侖，挹剖元機孰共論？袖裏青萍三尺劍，夜深長嘯出天根。天根頂上即崑侖，水滿華池石鼎温。一卷《黄庭》真訣秘，不教紅液走旁寸。杖掛真形五嶽圖，德共心迹似冰壺。春來只貫餘杭濕，不問蓬萊水滿無。

陽明王守仁臨書

陽明手迹（絹本，行草，長三百一十四釐米，寬二十七點五釐米。）見「説寶網」公布。此詩無題，細審所言，乃自述道教内丹導引修煉詩也。「鞁龍節虎」，即内丹修煉所謂龍虎交媾、坎離相交、水火相濟。「崑侖」，即上丹田。「天根」，即玄牝。「華池」，指以神煉精、氣，《金丹大成集·金丹問答》：「以鉛入汞名曰神水，以汞投鉛名曰華池。紫清曰：『華池正在氣海内。』」「石鼎」，指下丹田，洞玄子《内丹訣》：「下丹田曰氣海，亦曰鼎。」「紅液」，即赤水心液，《陳先生内丹訣解》：「赤水者，心之液是也。九轉之首，每遇九日，納息九次，每一次納息九口。自然津液通流，自舌下而生，以灌五臟，故曰九候珠也。」詩形象道出陽明在陽明洞中據《黄庭經》進行導引内煉之況。錢德洪《陽明先生年譜》：「弘治十五年八月，疏請告……遂告病歸越，築室陽明洞中，行導引術。久之，遂先知……衆驚異，以爲得道……明年，遂移疾錢塘西湖……」王畿《滁陽會語》中亦描述陽明在陽明洞導引内煉之況云：「乃始究心於老佛之學，緣洞天精廬，日夕勤精修，煉習伏藏，洞悉機要，其於彼家所謂見性抱一之旨，非惟通其義，蓋已得其髓矣。自謂：『嘗於静中，内照形軀如水晶宫，忘己忘物，忘天忘地，與虚空同體，光耀神奇，恍惚變幻，似欲言而忘其所以言，乃真境象也。』」（《王畿集》卷二）與陽明此詩所述全同。陽明在陽明洞如何導引内煉向來不明，今得此詩，真相可知矣。以「春來只貫餘杭濕」一句考之，可知此詩當作在弘治十六年春移疾錢塘西湖時。惟詩後題「臨書」，古人云臨、臨文、臨書有自作文之意，亦有書録、臨摹他人文之意，此詩或是陽明臨書他人之道詩耶？姑記疑於此以俟考。

（弘治十六年，一五〇三年）

曹林庵

好山兼在水雲間，如此湖須如此山。素有卜居陽羡興，此身争是未能閑。

詩見《康熙蕭山縣志》卷十四，《乾隆紹興府志》卷四十。曹林庵在蕭山，《康熙蕭山縣志》卷十四：「曹林庵，在湘湖南，宋咸淳中建。」志於陽明詩下又録有錢塘洪鐘《曹林庵》詩：

逶迤小徑入林間，野寺蕭蕭枕碧山。與客登臨且乘興，浮生能得幾時閑？

又録有蕭山徐洪《曹林庵》詩：

住近清湘咫尺間，半生今日始登山。夕陽野寺題詩去，未識何時再得閑。

皆和陽明此詩。陽明生平多次到蕭山，其由會稽、餘姚往返京師、南都，亦必經過蕭山，以此詩言及其有卜居蕭山意，當作在弘治十六年。蓋陽明早年有卜居蕭山之念，後湛甘泉亦卜居蕭山，《泉翁大全集》卷二十九《偶書蕭山行窩小記》云：「吾昔與陽明公相期於湘湖□。壬申，啣命過浙，訪陽明洞，經蕭山。令尹王子瑋出迓，言湘湖之勝，軀山治之，返棹遊焉，語瑋爲□行窩，他年居焉。夜則可以放舟訪陽明於山陰，相與□□□大中至正之道。」此即此詩所云「素有卜居陽羨興」也。弘治十五年其告病歸越，築室陽明洞，次年移疾錢塘，即數往遊蕭山，《王陽明全集》卷十九有《遊牛峰寺四首》、《又四絶句》，皆是其時遊蕭山之作，其將蕭山牛峰改名爲浮峰，尤爲向往，詩中云「此山殊不厭來重」，「兩到浮峰興轉劇，醉眠三日不知還」，「清風灑巖洞，是我再來時」，可見陽明在弘治十六年上半年兩次往遊蕭山，湘湖自必當一到，此詩應即作在其時。

(弘治十六年,一五〇三年)

覺苑寺

獨寺澄江濱,雙刹青漢表。攬衣試登陟,深林宿驚鳥。老僧丘壑癯,古顔冰雪好。霏霏出幽談,落落見孤抱。雨霽江氣收,天虚月色皓。夜静卧禪關,吾筆夢生草。

詩見《乾隆紹興府志》卷三十九,《康熙蕭山縣志》卷十四。覺苑寺亦在蕭山,《乾隆紹興府志》卷三十九:「覺苑寺,在(蕭山)縣東北一百三十步。齊建元二年,江昭元捨宅建。會昌廢。大中二年,重建,賜名昭元寺。祥符中,避國諱,改今額。寺有大悲閣,熙寧元年沈遼爲之記,又作八分書寺額四字,筆意極簡古。閣後壁有毘陵胡舜臣畫水,胡以畫水名家。」陽明弘治十六年春移疾錢塘,嘗兩次往遊蕭山,此詩應即作在其時,參見前二詩考。

勝果寺（弘治十六年，一五〇三年）

深林容鳥道，古洞隱春蘿。天迴聞潮早，江空得月多。冰霜叢草木，舟楫玩風波。巖下幽棲處，時聞白石歌。

詩見《西湖遊覽志》卷七，《武林梵志》卷二。勝果寺在錢塘萬松嶺，詩作在初春，則必是弘治十六年春移疾錢塘西湖時作，參見後《無題》詩考。

春日宿寶界禪房賦（弘治十六年，一五〇三年）

晴日落霞紅蘸水，杖藜扶客眺西津。鶯鶯喚處青山曉，燕燕飛時緑野春。明月海樓高倚徧，翠峰煙寺遠遊頻。情多謾賦詩囊錦，對鏡愁添白髮新。

詩見《嘉靖仁和縣志》卷十二。寶界寺在杭州艮山門外，《嘉靖仁和縣志》卷十二：「寶界寺，舊在武林門内，名『翠峰』。宋治平間移艮山門外槎渡村，改額『寶界』。洪武二十四年，歸併崇善寺。僧無衣鉢，相傳從來分守。正德間，僧景惠勤幹經營，居積頗裕……」詩作在春間，按陽明弘治十六年春嘗移疾錢塘西湖，往來住宿諸刹，至秋間方歸山陰。錢德洪《陽明先生年譜》：「弘治十五年八月，疏請告……遂告病歸越，築室陽明洞中，行導引術……明年，遂移疾錢塘西湖，復思用世。往來南屏、虎跑諸刹……」今《王陽明全集》卷十九有《尋春》、《西湖醉中漫書二首》，均作在弘治十六年移居錢塘西湖時，陽明此詩即作在其時。

無題（弘治十六年，一五〇三年）

江上月明看不徹，山窗夜半只須開。萬松深處無人到，千里空中有鶴來。受此幽居真結托，憐予遊迹尚風埃。年來病馬秋尤瘦，不向黄金高築臺。

詩見《陽明先生文録》卷四（日本九州大學文學部藏），錢明《王陽明全集未刊散佚詩文彙編及考釋》著録。此詩向不知爲何時作，日人水野實、永富青地據詩末二句，以爲此詩作於嘉靖元年以後，無據。今以此詩所述考之：「萬松深處無人到」，「萬松」乃指萬松山，陽明生平嘗在萬松山深處隱居養疾，徐愛《憶觀樓記》云：「予昔從陽明先生遊錢塘諸山，乃居萬松古刹，曰『勝果』。萬松獨出吴越諸山，而勝果居其中峰。江横山足，形若隘觀，而觀海爲最近，得朝夕之景甚異也。陽明詩云：『江月隨潮上海門。』」故詩所云「江上」之江爲錢塘江，「山窗」之山爲萬松山。「受此幽居真結托，憐予遊迹尚風埃」，「幽居」即幽居萬松山勝果寺，「遊迹」者，蓋其遠來杭州萬松山幽居，不在會稽故里也。「年來病馬秋尤瘦，不向黄金高築臺」，是説自己患疾如一「病馬」，秋來更羸瘦，不能回京師任職也。

北京有黄金臺，故明人多將京都稱「黄金臺」，如陽明《祭外舅介庵先生文》稱「寓金臺甥王守仁」。據此，陽明此詩當作於弘治十六年秋在錢塘養病之時。按《王陽明全集》卷九《給由疏》自云：「弘治十五年八月内告回原籍養病，弘治十七年七月内病痊赴部。」其中陽明在弘治十六年春移疾錢塘西湖，至秋末回山陰，錢德洪《陽明先生年譜》：「弘治十五年八月，疏請告……遂告病歸越，築室陽明洞中，行導引術……明年，遂移疾錢塘西湖，復思用世。往來南屏、虎跑諸刹……」其時陽明養病未愈，不能回京，故有「不向黄金高築臺」之嘆也。《王陽明全集》卷十九有《移居勝果寺》：「江上俱知山色好，峰迴始見寺門開。半空虚閣有雲住，六月深松無暑來。病肺正思移枕簟，洗心兼得遠塵埃。富春咫尺煙濤外，時倚層霞望釣臺。」又《南屏》：「溪風漠漠南屏路，春服初成病眼開。花竹日新僧已老，湖山如舊我重來。層樓雨急青林迥，古殿雲晴碧嶂迴。獨有幽禽解相信，雙飛時下讀書臺。」二詩作在正德二年，則顯是用弘治十六年此詩舊韵而作。

答慈雲老師書

（弘治十六年，一五〇三年）

鄙人久於塵中緬想世孫，頓成勞渴。乃荷不遺，頒以霜螯，召客開尊，烹以薦酒，陶然得其真，當如遠公引禪定境也，感行耳。方有便入城，肯過小園少坐否？

風翼和南　慈雲老師座下。

書真迹見《王文成公真迹》（民國影印本，顧思義題書名）。按書云「頓成勞渴」，似即指陽明弘治十五年告病歸越，十六年移疾錢塘。「頒以霜螯」，則在秋中。慈雲老師，無考，錢德洪《陽明先生年譜》稱陽明「移疾錢塘西湖……往來南屏、虎跑諸刹……」疑慈雲即爲南屏、虎跑諸刹中之一禪師。按杭州城内有慈雲寺，《武林梵志》卷一《城内梵刹》：「慈雲寺，在高陽閭巷。周顯德二年，僧圓覺建，名慈濟。大中祥符間，改今額。理宗書『靈感道場』四字。洪武二十四年，立爲叢林，沙門延禮重修。嘉靖二十年毁，僧圓鼎重建。」疑此「慈雲老師」即慈雲寺中一禪師。

西湖

（弘治十六年，一五〇三年）

畫舫西湖載酒行，藕花風渡管弦聲。餘情未盡歸來晚，楊柳池臺月又生。

詩有陽明手迹石碑在貴陽扶風山陽明祠，《王陽明謫黔遺迹》著録。此爲夏遊錢塘西湖詩，當作在陽明移疾錢塘西湖時。今有以爲此詩作在弘治十五年，乃誤。錢德洪《陽明先生年譜》：「弘治十五年八月，疏請告……遂告病歸越，築室陽明洞中……明年，遂移疾錢塘西湖……」是陽明弘治十六年春乃移疾錢塘西湖，陽明此詩作在弘治十六年夏。《王陽明全集》卷十九有《西湖醉中漫書二首》，即陽明移疾錢塘西湖作，其二云：「掩映紅妝莫謾猜，隔林知是藕花開。共君醉卧不須到，自有香風拂面來。」意境與此詩相類，詩咏净慈寺前之藕花居（見《西湖覽勝詩》及《西湖遊覽志》），當作在同時。參見下《無題詩》考。

無題詩

（弘治十六年，一五〇三年）

青山晴壑小茆檐，明月秋窺細升簾。折得荷花紅欲語，浄香深處續華嚴。

王守仁書

詩手迹（行書，立軸，水墨絹本）見《藝苑掇英》（上海人民美術出版社）第七三期。細味詩意，此詩應是陽明弘治十六年移疾錢塘西湖時在浄慈寺所作。《王陽明全集》卷十九有《西湖醉中漫書二首》，即作在弘治十六年移疾錢塘西湖時，其中第二首云：「掩映紅妝莫謾猜，隔林知是藕花開。共君醉卧不須到，自有香風拂面來。」與此無題詩所咏相同。按陽明此西湖醉中詩實咏藕花居，《西湖遊覽志》卷三：「藕花居者，洪武中，浄慈僧廣衍建。衍以博學徵修大典，歸老於此。林亭幽雅，開傍湖濱，長夏荷舒，清馥滿室。塔畔有東退居者，亦衍别業也。」（另見《西湖覽勝詩》）陽明詩中所云「隔林知是藕花開」，即指藕花居。藕花居在浄慈寺畔，浄慈寺在浄香深處，有華嚴千佛閣，《西湖遊覽志》卷三：「浄慈禪寺，周顯德元年錢王俶建，號慧日永明院……宋建隆初，禪師延壽以佛祖大意，經綸正宗，撰《宗鏡録》一百卷，遂作宗鏡堂……大抵規模與靈隱相若，故二寺爲南北兩山之最……淳祐十年，建千佛閣，理宗書『華嚴法界正遍知閣』八字賜之……」華嚴千佛閣在荷風浄香中，此即陽明此詩所謂「浄香深處續華嚴」也。可見此詩與《西湖醉中漫書》同作在弘治十六年初秋七月中。

夜歸

（疑弘治十六年，一五〇三年）

夜深歸來月正中，滿身香帶桂花風。流螢數點樓臺外，孤雁一聲天地空。沽酒喚回茅店夢，狂歌驚起石潭龍。倚欄試看青鋒劍，萬丈寒光透九重。

阮元書王陽明詩（行書，扇面，長四十七釐米，寬十八釐米）在二〇〇九年秋季藝術品拍賣會（厦門伯雅文化藝術經濟代理有限公司）上出現，並在「厦門伯雅——博寶藝術品拍賣網」上公布。阮元於陽明此詩下題云：「此王陽明先生所作，貴卿先生雅教。阮元書。」按阮元收藏金石彝鼎字畫甚富，且精鑒金石彝鼎字畫，亦爲書法家與書法理論家，多藏陽明書法真迹，如其藏王陽明手札册頁，嘗作《王守仁手札册題跋》，此跋真迹著録於《中國書畫家印鑒款識》。阮元所書此陽明詩不見於《王陽明全集》，則必是阮元自己收藏有陽明此詩真迹，故可書陽明此詩贈貴卿也。此詩作年無考，據詩意，乃寫秋天山中夜歸，似是在弘治十五年告病歸越、山中修養之時。「倚欄試看青鋒劍」，寫其抱病歸隱山中而又不忘用世之矛盾心理，與錢德洪《陽明先生年譜》所云

「已而静久，思離世遠去……又忽悟……明年遂移疾錢塘西湖，復思用世」相合。兹姑繫此詩於弘治十六年秋在錢塘西湖之時。

答子臺秋元書

（弘治十六年，一五〇三年）

病軀復爲人事所困，今早遂不能興。聞返棹及門，兼聞貴體欠調，爲之惕然慚負，奈何，奈何！先公文字，得稍暇，即遣人呈稿，或須高德元再至，斷不敢更遲遲矣。歸見令兄，望悉此懇。粗肴物奉餉從者，不能出送，伏枕惶悚，惶悚！守仁頓首，子臺秋元世契兄文侍。餘。

書見陳焯《湘管齋寓賞編》卷二，云：「右札碧牋行草書，極清勁，共十四行。」子臺秋元，無考。按札中云「先公文字」，乃指爲子臺父作墓銘，似即《王陽明全集》卷二十五之《陳處士墓志銘》，該墓志銘云：「處士諱泰，字思易……世居山陰之錢清……弘治癸亥正月庚寅以疾卒……初，處士與同郡羅周、管士弘、朱張弟涎友，以善交稱。成化間，涎以歲貢至京。某時爲童子，聞涎道處士，心竊慕之……涎姪孫節與予遊，以世交之誼爲處士請銘。」與此札所云「子臺秋元世契兄」相合。又墓志銘言及陳泰有二子：「明日，與琢以狀來請……琢亦能詩有行。次子玠、三孫徠、衡、彶皆向於學。」陽明此札所言「令兄」，或即陳瑑，而子臺秋元即陳玠。陳泰卒於弘治十六年正月，葬於九月，陽明此札及墓志銘當作在九月以前。按弘治十六年春陽明移疾錢塘西湖，故札云「病軀」，子臺當是來錢塘西湖請銘，所謂「聞返棹及門」，「歸見令兄」，即指子臺由錢塘歸山陰。

滿庭芳 四時歌

（弘治十六年，一五〇三年）

春風花草香，遊賞至池塘。踏花歸去馬蹄忙，邀嘉客，醉壺觴，一曲滿庭芳。
初夏正清和，魚戲動新荷。西湖千里好煙波，銀浪裏，擲金梭，人唱採蓮歌。
秋景入郊墟，簡編可卷舒。十年讀盡五車書，出白屋，生金壺，潭潭府中居。
冬欲秀孤松，六出舞迴風。烏鵲争棲飛飛桐，梅影瘦，月朦朧，人在廣寒宫。

陽明山人王守仁

詞真迹（綾本立軸）在二〇〇九年嘉德四季第十七期拍賣會（中國嘉德國際拍賣有限公司）上出現，並在網上公布。詞云「西湖千里好煙波」，乃咏錢塘西湖四時風光。按陽明弘治十六年春移疾錢塘西湖，至秋後方歸山陰，經歷錢塘一年四時，故可作西湖四時歌也。

望江南　西湖四景

（弘治十六年，一五〇三年）

西湖景，春日最宜晴。花底管弦公子宴，水邊綺羅麗人行，十里按歌聲。
西湖景，夏日正堪遊。金勒馬嘶垂柳岸，紅妝人泛採蓮舟，驚起水中鷗。
西湖景，秋日更宜觀。桂子岡巒金谷富，芙蓉洲渚彩雲間，爽氣滿前山。
西湖景，冬日轉清奇。賞雪樓臺評酒價，觀梅園圃訂春期，共醉太平時。

詞見墨憨齋編《皇明大儒王陽明出身靖亂録》卷上。此詞當亦是弘治十六年陽明移疾錢塘西湖時作，參見前《滿庭芳·四時歌》考。

四皓論

（約弘治十六年，一五〇三年）

果於隱者，必不出；謂隱而出焉，必其非隱者也。夫隱者爲高，則茫然其不返，避世之士，豈屑屑於辭禮之殷勤哉？且知遠辱以終身，則必待道而後出，出者既輕，成者又小，舉其生平而盡棄之，明哲之士，殆不如此。況斯世君臣之間，一以巧詐相御，子房之計，能保其信然乎？四皓之來，能知其非子房之所爲乎？羽翼太子，真四皓也，亦烏足爲四皓哉！昔百里奚有自鬻之誣，而其事無可辨者，故孟子以去虞之智辨之。今四皓羽翼之事，而其迹無可稽者，獨不可以去漢之智辨之乎？夫漢高草昧之初，群英立功之日也。然富貴功名之士，皆忘其洗足騎項之辱，犬豕依人，資其餔啜之餘，不計其叱咤之聲也。衆人皆愚，而四皓獨智；衆人皆污，而四皓獨清。鷹隼高飛於雲漢，虎豹長嘯於山林，其頡頏飛騰之氣，豈人之所能近哉！智者立身，必保終始；節者自守，死當益鋭。四皓世事功名謝之久矣，豈有智於前，而愚於後，決於中年知幾之日，而昧於老成經鍊之時乎？且夫隱見不同，二道而已，固持者則輕瓢洗耳之果，達時者則莘野南陽之賢。四皓之隱，其爲巢、由乎？抑爲伊、葛乎？將爲巢、由乎？必終身不出矣；將爲伊、葛乎？必三聘而後起，一使之呼承命不暇，上不足以擬莘野之重，中不能爲巢、由之高，而下流爲希利無耻之行。以四皓而爲今日之爲，則必無前日之智；有前日之智，則必無今日之爲。况辭禮之使，主之者吕氏淫后，使之者吕氏奸人，特假太子虚名以致之，此尤其汗顔不屑者也。其言曰：「陛下輕士慢駡，臣等義不辱。今太子仁孝愛士，天下願爲太子死。」斯言誠出四皓自口，則善駡之君猶存也，四皓胡爲而來也哉？若果爲太子仁孝而出，則必事之終身也，四皓胡爲而去也哉？夫山林之樂，四皓固甘心快意傲塵俗之奔走，笑斯人之自賤矣，乃肯以白首殘年驅趨道路，爲人定一傳位之子，而身履乎已甚之惡者乎？魯有兩生，商山有四皓，同世同志者也，兩生不出，吾意四皓亦不出也。蓋實大者，聲必宏；守大者，用必遠。兩生之不仕漢，其志蓋不在小；四皓以四十年遯世之人，一旦欣然聽命，則天下亦相與駭異，期有非常之事業矣，以一定太子而出，以一定太子而歸寂乎？且將何以答天下之望，絶史傳之詆議邪？然則四皓果不至乎？羽翼果何人乎？曰：有之，而恐非真四皓也，乃子房爲之也。夫四皓遯世已久，形容狀貌人皆不識之矣，故子房於吕澤劫計之時，陰與籌度，取他人之鬚眉皓白者，偉其衣冠，以誣乎高帝，此又不可知也。良、平之屬，平昔所携以事君者，何莫而非奇功巧計，彼豈顧其欺君之罪哉？

況是時高帝之惑已深，呂氏之情又急，何以明其計之不出此也？天下之事，成於寬裕者常公，出於鋭計者常詐，用詐而爲之刦者，此又子房用計之挾也。其曰：「天下莫不願爲太子死。」是良以挾高帝者也。其即偶語之時，挾以謀反之言之意乎？大抵四皓與漢本無休戚，諺曰：「綺季皓首以逃嬴。」則是自秦時已遯去，其名固未嘗入漢家之版籍也。視太子之易否，越人之肥瘠也，亦何恩何德而聽命之不暇也？且商山既爲遯世之地，其去中國甚遠也，一使纔遣，四皓即至，未必如此往來之速；況建本之謀，固非遠人所主之議，而趨出之後，又無拂袂歸山之迹乎？噫！以四皓之智，則必不至；以子房之計，又未信然也。但斯説雖先儒已言，而逆詐非君子之事，自漢至此，千四百年，作漢史者已不能爲之別白，則後生小子安敢造此事端乎？昔曹操將死，言及分香賣履之微，獨不及禪後之事，而司馬公有以識其貽罪於子之言於千載之下，則事固有惑於一時之見，而不足以逃萬世之推測者矣，是斯説也，亦未必無取也。否則，四皓之不屈者，亦終與無耻諸人一律耳，天下尚何足高，後世尚何足取哉？四皓羽翼太子，事非可擬，亦無可罪也。若其負可擬之誣，受可罪之責，九泉之下，將不瞑目矣。故敢以一隙之見，求正於明達君子。

文見林有望《新刊晦軒林先生類纂古今名家史綱疑辯》卷三，《古今圖書集成・理學彙編・學行典》第二百七十四卷《隱逸部》。林有望爲嘉靖癸丑進士，其《類纂古今名家史綱疑辯》刊於萬曆中。

按陽明此論專論「隱」，以爲真隱者不出，出者必非真隱，四皓爲真隱，故史所謂四皓出輔太子爲子虛烏有，乃張子房用計取鬚眉皓白者爲之。陽明是論似因己之隱居有感而發，弘治十五年陽明歸越，築室陽明洞中隱居修煉，次年又移錢塘西湖，隱居萬松嶺勝果寺，復思用世。陽明此論或即作在其隱居萬松嶺又復思用世之際，以明己之非「真隱」者。兹將此文姑繫於弘治十六年下。

答陳文鳴

（弘治十六年，一五〇三年）

別後企仰日甚。文鳴趨向端實，而年茂力强，又當此風化之任，異時造詣何所不到，甚爲吾道喜且慶也。近於名父處見所寄學規，深歎用意精密，計此時行之已遍。但中間似亦有稍繁，必欲事事責成，則恐學者誦習之餘，力有弗逮；若但施行，無所稽考，又恐凡百一向廢墜，學者不復知所尊信。何若存其切要者數條，其餘且悉删去，直以瑣屑自任爲過，改頒學者，亦無不可。僕意如此，想高明自有定見，便中幸加斟酌，示知之。僕碌碌度日，身心之功，愈覺荒耗，所謂未學而仕，徒自賊耳。進退無據，爲之奈何！懋貞、成之相見，必大有所講明，凡有新得，不惜示教。因鄭汝華去，草率申問。

書見《新刊陽明先生文録續編》卷二《書類》，永富青地《上海圖書館藏〈新刊陽明先生文録續編〉について》著録。陳文鳴即陳鳳梧，字文鳴，號静齋，泰和人，弘治九年進士。此書或以爲作在正德五、七年間，乃誤。按此書云「又當此風化之任」，乃指陳鳳梧任湖廣按察司提學僉事掌學校教化

事,韓邦奇《都察院右都御史贈工部尚書静齋陳公鳳梧傳》云:

壬戌,陞浙江司員外郎……癸亥,奉命江南審録重囚,多所平反。初,巡按御史誤決要囚,部擬公往勘,孝皇遣中官問内閣輔臣曰:「員外能勘御史事否?」輔臣曰:「須員外有風力者。」公以囚當死,特失候命耳。今既遷官,宜從給録法。上允之。公嘗曰:「仕優則學,必先審刑獄,精律例,方可。」及考,一時主事王守仁、潘某、鄭某,皆名士也,講學論文,或至夜分,當時或稱「西翰林」云。九月,陞湖廣按察司提學僉事。公仰體勑諭,一以崇正學、迪正道爲己任,推衍聖制爲十八條,目爲三十一條,刻行郡縣,爲諸生規,品士維公,一字一句,必加評品,曰:「一卷一人之功名也,吾一人可受不明,即士子屈負恨矣。」日四生更迭在門,諸生來參者,兩生引至堂,唱曰:「某處生某人,以某事見。」曰非特尊崇師道,亦示無私謁也。……

陳鳳梧弘治十五年任刑部浙江司員外郎,時陽明任刑部雲南清吏司主事,故兩人關係至密。陽明在弘治十四年審録江北,陳鳳梧則在弘治十六年審録江南,其間兩人講學論文,至有「西翰林」之稱。陳鳳梧在弘治十六年九月陞湖廣按察司提學僉事而去,陽明此書所云「别後」,即指弘治十六年九月之别,由此可知此書作在弘治十六年。《陳鳳梧傳》中所言「推衍聖制爲十八條,目爲三十一條,刻行郡縣,爲諸生規」,即陽明此書所言「學規」也。書中所言「名父」即楊子器,字名父,號柳塘,成化二十三年進士。邵寶《河南左布政使楊公子器墓志》云:「弘治甲寅起復,知山西之復一二年,調常熟。又二年,考最,進階文林郎,受贈封典。尋召補吏部考功主事。正德丙寅,轉驗封員外郎。」(《國朝獻徵録》卷九十二)是弘治十六年時楊子器在京任吏部考功主事，與陽明過從甚密。鄭汝華即傳中所言「鄭某」，名岳，字汝華，號山齋，莆田人，弘治六年進士。據《國朝獻徵録》卷四十柯維騏《兵部左侍郎鄭公岳傳》，鄭岳弘治十五年前後任刑部員外郎，亦「西翰林」之一。其在弘治十六年擢湖廣按察僉事而去，即陽明此書言「因鄭汝華去，草率申問」。陽明此書乃由鄭岳帶給陳鳳梧。懋貞即吴世忠，字懋貞，金溪人(見下)。成之即徐守誠，字成之，餘姚人。兩人俱在陳鳳梧處。蓋其時刑部「西翰林」乃以陽明爲主，多爲知名文士，如鄭岳著有《莆陽文獻》等。陳鳳梧以經學名家，《陳鳳梧傳》稱其「所著有《修辭録》、《毛詩集解》、《困知記》、《集定古易》、《静齋奏議》……整庵羅公欽順曰：『公手不停披，集解六經多至百卷……』」。「潘某」爲潘府，字孔修，號南山，上虞人。著有《孝經正誤》等。刑部「西翰林」可謂一京師文士集團，陽明弘治中在「上國」攻詩文詞章，與京中舊遊以才名相馳騁，皆由此可見矣。參見後《答文鳴提學》考。

石門晚泊

（弘治十七年，一五〇四年）

風雨石門晚，停舟問舊遊。爛花春欲盡，惆悵繞溪頭。

詩見《嘉興府圖記》卷六、《康熙嘉興府志》卷十八、《光緒嘉興府志》卷八十四。「石門」即平湖縣。平湖爲陽明生平仕宦往返京師、南都、杭州、紹興所屢經之地，故此詩有「停舟問舊遊」之句。平湖有石門鎮，《嘉興府圖記》卷六：「至（平湖）石門塘，折而東，彎環如帶回……今桐鄉縣西北二十五里，東北隸本縣，西北隸崇德，居民互市於此，亦名石門市……宋置石門鎮。」詩作在春三月，按志於陽明此詩下又著録都穆《舟次石門和王刑部韵》：「讀罷新編如靦面，石門知有幾番遊？小軒暮坐清閑甚，落日蟬聲碧樹頭。」都穆字玄敬，號南濠子，吴縣人，弘治十二年進士，與陽明爲同年，關係甚密。都穆和詩稱陽明爲「刑部」，按陽明弘治十二年中進士，十三年授刑部雲南清吏司主事，十四年奉命審録江北，至弘治十七年九月改兵部武選清吏司主事。陽明任刑部主事期間嘗在弘治十六年冬北上姑蘇訪都穆，《王陽明全集》卷二十九《豫軒都先生八十受封序》云：「弘治癸亥冬，守仁自會稽上天目，東觀於震澤。遇南濠子都玄敬於吴門。遂携之入玄墓，登天平。還，值大雪，次虎丘。凡相從旬有五日。予與南濠子爲同年，蓋至是而始知其學之無所不窺也。歸造其廬，獲拜其父豫軒先生。與予坐而語，蓋屯然其若避而彙趨也，秩然其若斂而陽煦也。予坎然而心撼焉，倏而色慚焉，倏而目駭焉，亡予之故……」錢德洪《陽明先生年譜》：「明年（按：弘治十六年癸亥）遂移疾錢塘西湖……弘治十七年秋，主考山東鄉試。」年譜叙事皆含混不明。實則陽明在弘治十六年春移疾錢塘，至秋歸山陰，冬北上姑蘇訪都穆，輾轉至次年春三月方歸紹興，途經石門，此詩即作在其時。以後又在六月北上經姑蘇見都穆，贈此石門晚泊詩，故都穆有和韵詩，所謂「新編」，疑即陽明所作《山東鄉試録》。董斯張《吴興藝文補》卷五十七著録有陽明《烏鎮晚泊》：「風雨烏溪晚，停舟問舊遊。煙花春欲盡，惆悵遶溪頭。」此顯是將「石門」改爲「烏溪」，僞託爲陽明經烏溪作。《嘉興府圖記》撰於嘉靖二十六年，其所引陽明此詩尤可信也。

别友詩

（弘治十七年，一五〇四年）

千里來遊小洞天，春風無計挽歸船。柳花繚亂飛寒白，何異山陰雪後天。

□年來訪予陽明洞天，其歸也，賦首尾韵，以見别意。弘治甲子四月朔，陽明山人王守仁書。

此詩有陽明手迹扇面紙本，藏湖北省博物館，計文淵《王陽明法書集》著録。此詩云「小洞天」，即指陽明洞。陽明弘治十五年告病歸越，築室陽明洞中，行導引術，士友多來探視。至弘治十六年春陽明移疾錢塘，至秋九月方歸山陰。冬又北上遊姑蘇，至次年三月方歸越。此詩作在四月，蓋陽明此時仍居越陽明洞中，尚未北上赴山東主考鄉試（參見下《若耶溪送友詩》考）。此友「□年」不知何人，按正德元年陽明在京師嘗向一畫師「耔餘年」學畫（見下《山水畫自題》考），此「□年」或即餘年耶？耔餘年爲京師一畫師，其從京師來訪，故稱「千里來遊」也。

若耶溪送友詩

（弘治十七年，一五〇四年）

若耶溪上雨初歇，若耶溪邊船欲發。楊枝裊裊風乍晴，楊花漫漫如雪白。湖山滿眼不可收，畫手憑誰寫清絶？金樽緑酒照玄髮，送君暫作沙頭别。長風破浪下吴越，飛帆夜渡錢塘月。遥指扶桑向溟渤，翠水金城見丹闕。絳氣扶疏藏兀突，中有清虚廣寒窟。冷光瑩射精魂慴，雲梯萬丈淩風躡。玉宫桂樹秋正馥，最上高枝堪手折。携向彤墀獻天子，金匱琅函貯芳烈。

内兄諸用冕惟奇，負藝，不平於公道者久矣。今年將赴南都試，予别之耶溪之上，固知其高捷北轅，不久當會於都下，然而繾綣之情自有不容已也。越山農鄒魯英爲寫耶溪别意，予因詩以送之，屬冗不及長歌。俟其對榻垣南草堂，尚當爲君和《鹿鳴》之歌也。弘治甲子又四月望，陽明山人王守仁書於西清軒。垣南草堂，予都下寓舍也。

詩見日本大阪博文堂影印《王陽明先生若耶溪帖墨妙》，計文淵《吉光片羽彌足珍》著録。若耶溪在紹興城南若耶山下，北流入鑒湖。諸用冕爲陽明妻兄，陽明於若耶溪送諸用冕赴南都鄉試，詩前八句寫若耶溪邊送别，詩中間四句寫諸用冕下吴越，入南都鄉試，詩後八句想像諸用冕鄉試、會試高中，蟾宫折桂。後題所謂「不久當會於都下」，即指諸用冕必當鄉試高捷，然後北上與陽明會於京師，以備明年之會試也。按陽明弘治十七年赴山東主考鄉試，向不知在何時，年譜祇籠統云「弘治十七年，在京師」，今據此詩，陽明四月猶在紹興，其赴山東主考鄉試則當在四月以後，其入都已在九月。陽明在紹興家居有西清軒，在京師寓居有垣南草堂，向無道及，故此詩尤足寶貴也。參見前《别友詩》考。

謁周公廟

（弘治十七年，一五〇四年）

守仁祗奉朝命，主考山東鄉試，因得謁元聖周公廟。謹書詩一首，以寓景仰之意云爾。時弘治甲子九月九日。

我來謁周公，嗒焉默不語。歸去展陳篇，詩書説向汝。

詩見吕兆祥《東野志》卷二，《乾隆曲阜縣志》卷四。周公廟在曲阜，《東野志》卷一：「周公廟宇，在曲阜縣城東二里，故魯太廟之墟，孔子入太廟每事問處也。」《乾隆曲阜縣志》卷四：「周公廟……弘治十二年，山東巡撫訪求周公之後，得東野禄給以布衣，使奉祀。正德十二年，始置祭田、祭器……」陽明仕宦往返京師、紹興之間，皆經過曲阜，按周公廟建於弘治十二年，則此詩應是弘治十七年陽明北上主考山東鄉試途經曲阜時作，其書寫此詩，已在九月九日，蓋猶在濟南道館未南歸也。

晚堂孤坐吟

（弘治十七年，一五〇四年）

晚堂孤坐漫沉沉，數盡寒更落葉深。高棟月明時燕語，古階霜細或蟲吟。校評正恐非吾所，報答徒知盡此心。賴有勝遊堪自解，秋風華嶽得高尋。

予謬以校文至此，假館濟南道，夜坐偶書壁間，兼呈道主袁先生請教。弘治甲子仲秋五日，餘姚王守仁書。

詩見《乾隆歷城縣志》卷二十五，云：「王守仁詩碑。王陽明主試，題壁云：……碑尚存，草書。」

按：今有陽明此詩手迹詩碑拓本（長二百零五釐米，寬九十釐米）於「中國書法論壇」上公布。又日本佐賀縣多久市細川章女士家亦藏有陽明此詩碑拓本，云是中國友人贈予其時爲藩主家臣之先祖，世代珍藏，《王陽明全集·補録》據此輯録，有錯漏字。據詩碑拓本後有吴天壽跋云：「陽明先生此作，幾五十年，筆精如新。李中岩、邵甘澤二公與予相繼分巡濟南，咸愛而欲傳之。一日，郡守李大夫子安來，因與之言，遂欣然徵工勒石，以垂不朽云。嘉靖辛亥季冬望日，後學吴天壽謹識。」是陽明此詩原題壁上，至嘉靖三十年吴天壽乃摹刻勒石，去陽明卒僅二十三年，猶墨迹如新。詩云「晚堂孤坐」，「校評」數盡寒更，則此晚堂應即文衡堂，《王陽明全集》卷二十九有《文衡堂試事畢書壁》：「棘闈秋鎖動經旬，事了驚看白髮新。造作曾無酣蟻句，支離莫作畫蛇人。寸絲擬得長才補，五色兼愁過眼頻。袖手虚堂聽明發，此中豪傑定誰真？」「道主袁先生」，指袁文華，《嘉靖山東通志》卷十：「山東提刑按察司，按察副使袁文華。文華，崇明人，監生。」按二〇〇七年春季藝術品拍賣會（北京東方藝都拍賣有限公司）上出現一副陽明對聯手迹：「望重斗山儀如鸞鳳，壽崇有鼎動懋召周。甲子秋書於平陵行館，陽明山人。」梁章鉅題云：「此王文成公卅三歲主試山東所作，時弘治十七年甲子。平陵即歷城名也。舊藏漁洋老人家，予官齊臬時得之。長樂梁章鉅。」此聯應祝巡按監察御史陸偁，而詩所謂「假館濟南道」，即此聯所云「平陵行館」也。

（弘治十七年，一五〇四年）

天涯思歸

趨庭戀闕心俱似，將父勤王事□違。使節已從青漢下，親廬休望白雲飛。秋深峽口猿啼急，歲晚衡陽雁[影]稀。隣里過逢如話我，天涯無日不思歸。

□□行，名父作詩送，予亦次韻。陽明守仁書。

詩真迹（長一百四十六釐米，寬五十釐米）由計文淵收藏，計文淵《王陽明法書集》著録。按詩中所言「名父」即楊子器，字名父，慈溪人。《國朝獻徵録》卷九十二有邵寶作《河南左布政使楊公子器墓志》云：「正德癸酉冬十二月三日，河南左布政使楊君以入覲北行，卒於衛輝之驛舍。君諱子器，字名父，世爲慈溪人。……父禄，字履翁，號石田，以儒醫名，累贈吏部員外郎。母張氏，累封太宜人。君舉浙省成化丙午經魁，明年丁未成進士。除知崑山縣，以石田憂去。弘治甲寅起復，知山西之高平。二年，調常熟。又二年，考最進階文林郎，受贈封典。尋召補吏部考功主事。正德丙寅，轉驗封員外郎，尋陞郎中。又四年，遷湖廣右參議，尋轉福建按察提學副使。二年，轉河南右參政，尋進右布政使。是歲，以湖廣郴桂功，受白金文綺之賜。尋轉今官，以卒。歷中外若干年，年五十六。」楊子器之與陽明相識，當在弘治十二年其入京爲吏部考功主事以後，時陽明亦在京師任職。《王陽明全集》卷十九有《辰州虎溪龍興寺聞楊名父將到留韵壁間》，作在正德五年春間，時楊子器任湖廣右參議，順來辰州龍興寺與陽明一會，在時間上與此詩（作在深秋）不合，故此詩非作在正德五年春在辰州龍興寺時甚明。今按《王陽明全集》卷二十九有《壽楊母張太孺人序》云：「考功主事楊名父之母張太孺人，以敏慧貞肅爲鄉邑女氏師，凡鄉人稱閨閫之良，必曰張太孺人。而名父亦以孝行聞……今年六月，太孺人壽六十有七，大夫卿士美楊氏母子之賢，以爲難得，舉酒畢賀。於是太孺人之長女若婿，從事於京師，且歸，太孺人一旦欣然治裝，欲與俱南。名父帥妻子從親戚百計以留。太孺人曰：『噫，小子無庸爾焉！自爾舉進士，爲令三邑，今爲考功，前後且十有八年，吾能一日去爾哉？……自爾入爲部屬且五年……且爾弟亦善養。吾老矣，姻族鄉黨之是懷，南歸，予樂也。』名父跽請不已。太孺人曰：『止。而獨不聞之，夫煦煦焉飲食供奉以爲孝，而中衡拂之，孰與樂親之心而志之養乎？』名父懼，乃不敢請。縉紳士夫聞太孺人之言者，莫不咨嗟嘆息，以爲雖古文伯、子輿之母何以加是。於是相與倡爲歌詩，以頌太孺人之賢，而嘉名父之能養。某於名父厚也，比而序之。」是序作於弘治十七年，旨在論事親與事君、歸養與出仕，與此詩所云「趨庭」與「戀闕」、「將父」與「勤王」、「使節」與「親廬」相同。蓋是年陽明與楊子器俱在京師，楊子器送母與姐夫歸，陽明亦生思鄉之情，感而作是詩。詩云「秋深峽口猿啼急，歲晚衡陽雁影稀」，乃言其在京師遥遥南望家鄉所見，所謂「天涯思歸」之心切矣。「隣里」即指餘姚，蓋楊母及姐夫歸慈溪，必經餘姚，故陽明託其傳天涯無日不思歸之情。名父所送行之人□□字迹漫漶不明，據此序應即是其姐夫；而序中言「相與倡爲歌詩」，即包含陽明此倡和詩也。

趵突泉和趙松雪韵

（弘治十七年，一五〇四年）

濼水特起根虛無，下有鰲窟連蓬壺。絶喜坤靈能爾幻，却愁地脉還時枯。驚湍怒湧噴石竇，流沫下瀉翻雲湖。月色照水歸獨晚，溪邊瘦影伴人孤。

詩見《嘉靖山東通志》卷五、《乾隆歷城縣志》卷八、《古今圖書集成·方輿彙編·山川典》第二百〇五卷《趵突泉部》。按：今濟南趵突泉濼源堂壁上猶嵌有陽明此詩手迹石刻。趵突泉在濟南，乃濼水之源，遠出山西王屋山下，《乾隆歷城縣志》卷八：「濼水，源曰趵突，流曰濼。」卷十五：「歷山堂、濼源堂，舊在趵突泉上，北曰歷山，南曰濼源。南豐知齊州日，建此以館客，有《齊州二堂記》。」《乾隆歷城縣志》、《古今圖書集成》於陽明此詩下均録有趙孟頫《趵突泉》詩：

濼水發源天下無，平地湧出白玉壺。谷虛久恐元氣泄，歲旱不愁東海枯。雲霧潤蒸華不注，波濤聲震大明湖。時來泉上濯塵土，冰雪滿懷清興孤。

又《嘉靖山東通志》於陽明此詩下又著録太原喬宇《趵突泉》詩：

濯盡塵襟一點無，皎如寒露在冰壺。風鳴谷湧聲先到，歲旱山童澤未枯。定有靈根連海岱，應教餘潤比江湖。他年策杖遊王屋，解道尋源興不孤。

可知陽明與喬宇均和趙孟頫此韻。陽明於弘治十七年秋七月赴濟南山東鄉試，錢德洪《陽明先生年譜》：「弘治十七年秋，主考山東鄉試。巡按山東監察御史陸偁聘主鄉試，試録皆出先生手筆。」陽明或即寓居濼源堂，故可夜往趵突泉遊也。按今趵突泉呂祖廟第二大殿内有一陳鎬和王守仁趵突泉詩韻石刻：

玉壘嶙峋半有無，金聲鏜鎝擁冰壺。源通渤澥誰真見，老盡乾坤勢未枯。萬點明珠浮泡沫，一川輕浪接平湖。公餘坐倚觀瀾石，四面清風興不孤。

弘治甲子八月吉旦題。

陳鎬爲山東典試，可見陽明當是與陳鎬同往遊趵突泉，陽明此詩當也作在八月。

泰山高詩碑

（弘治十七年，一五〇四年）

歐生誠楚人，但識廬山高。廬山之高猶可計尋丈，若夫泰山，仰視恍惚，吾不知其尚在青天之下乎，其已直出青天上？我欲仿擬試作泰山高，但恐丘垤之見，未能測識高大，筆底難具狀。扶輿磅礴元氣鍾，突兀半遮天地東。南衡北恒西有華，俯視傴僂誰雌雄？人寰茫昧乍隱見，雷雨初解開鴻蒙。繡壁丹梯，煙霏靄霴，海日初湧，照耀蒼翠。平麓遠抱滄海灣，日觀正與扶桑對。聽濤聲之下瀉，知百川之東會。天門石扇，豁然中開，幽崖邃谷，聚積隱埋。中有遯世之流，龜潛雌伏，飱霞吸秀於其間，往往怪譎多仙才。上有百丈之飛湍，懸空絡石穿雲而直下，其源疑自青天來。巖頭膚寸出煙霧，須臾滂沱遍九垓。古來登封，七十二主，後來相效，紛紛如雨。玉檢金函無不爲，只今埋没知何許？但見白雲猶復起封中，斷碑無字，天外日月磨剛風。飛塵過眼倏超忽，飄蕩豈復留其踪！天空翠華遠，落日辭千峰。魯郊獲麟，岐陽會鳳，明堂既毁，閟宮興頌。宣尼曳杖，逍遥一去不復來，幽泉嗚咽而含悲，群巒拱揖如相送。俯仰宇宙，千載相望，墮山喬嶽，尚被其光，峻極配天，無敢頡頏。嗟予瞻眺門墻外，何能仿佛窺室堂？也來攀附攝遺跡，三千之下，不知亦許再拜占末行？吁嗟乎！泰山之高，其高不可極，忽然回首，此身不覺已在東斗傍。

弘治十七年甲子九月既望，餘姚陽明山人王守仁識。

詩碑見孫星衍《泰山石刻記》、汪子卿《泰山志》卷三、《乾隆泰安縣志》卷九。《泰山石刻記》云：「《泰山高次王内翰司獻韵》，弘治十七年甲子九月既望，餘姚陽明山人王守仁識。隆慶二年四月朔，王簡重刊。」《乾隆泰安縣志》卷九云：「王守仁泰山高詩碑，弘治時正書，穆宗隆慶二年王簡重刻。在文廟明倫堂中，南向。」今《王陽明全集》卷十九有《泰山高次王内翰韵》，即此詩，但句多有異，且無後題，向不知此詩所作具體時間。按弘治十七年秋七月陽明來濟南主考山東鄉試，此詩爲其鄉試後遊泰山所作。王司獻即王瓚，字思獻，永嘉人。《明清進士録》：「王瓚，弘治九年一甲二名進士。永嘉人，字思獻。充經筵講官，進講《舉直錯枉》，以諷劉瑾，瑾怒，矯旨詰責，幾得禍。瑾誅，擢禮部侍郎。時車駕數巡幸，儲位久虚，乃疏請育宗室一人於宫中，并乞回鑾，語甚切直。卒謚文定。」李東陽《懷麓堂集·文後稿》卷二十一有《封翰林院編修文林郎王君墓碣銘》，稱「永嘉王君祚，以其子翰林院編修瓚貴獲給敕」，知陽明稱其爲内翰者，蓋其時王瓚爲翰林院編修也。其或是亦爲鄉試來山東，或是爲祭泰山事來山東，得與陽明相識。

御帳坪

（弘治十七年，一五〇四年）

危構雲煙上，憑高一望空。斷碑存漢字，老樹襲秦封。路入天衢畔，身當宇宙中。短詩殊草草，聊以記吾踪。

詩見《嘉靖山東通志》卷二十二，《重修泰安縣志》卷十四。按御帳坪在泰山上，《嘉靖山東通志》卷二十二：「（濟南府）御帳坪，在泰山半，宋真宗封禪駐此。」汪子卿《泰山志》卷二《遺迹》：「御帳坪，在嶽之中道，即秦封五松之地。宋真宗東封，駐蹕於此，故名。今石上柱窠，帳殿之遺迹也。」張榕端《海岱日記》：「再上爲御帳，宋真宗登封駐蹕處。崖壁奇秀，細泉出崖隙，彙爲小池，清鑒毛髮，平流廣石上，涓涓下瀉。廣穴有方穴十餘，想真宗駐此，鑿之以植帳殿者也。」《泰山志》卷三《登覽》録有陳琳《和王陽明御帳壁間韵》：「足躡天梯上，憑虚眼自空。彌高宗孔道，啟幻笑秦封。雷殷雲崖下，螭蟠石壁中。星辰如可摘，絶頂寄吾踪。」陳琳莆田人，弘治九年進士，正德中任山東按察司副使。其和陽明御帳坪詩原刊於岱廟環咏亭，《泰山石刻記》「環咏亭詩」云：「陳琳《登嶽古今體》二章,又《同余侍御再登泰山次韻》、《和王陽明御帳壁間韻》,正德甲戌夏六月既望。」是陳琳作和陽明御帳坪詩在正德九年,而陽明御帳坪詩原題在石壁,後刻爲詩碑移入環咏亭中。《重修泰安縣志》卷十四:「王守仁題御帳坪詩刻,正書。石在環咏亭東壁,無年號。」又《泰山志》卷三《登覽》録有邊貢和陽明韵《御帳坪》:「白日天門近,青山御帳空。亭虚從眺覽,樹古自登封。過鳥層空上,鳴泉萬壑中。翠華春不返,惆悵昔人踪。」此詩見邊貢《華泉集》卷三,作於正德八年,可見邊貢來遊御帳坪作和陽明詩韵即在正德八年,又早於陳琳矣。按《嘉靖山東通志》明稱此詩爲「主事王守仁詩」,「主事」指陽明任刑部雲南清吏司主事,則此詩必是作於弘治十七年秋陽明來濟南主考山東鄉試時。陽明遊泰山在九月,《王陽明全集》卷二十九有《遊泰山》云:「松風吹短鬢,霜氣肅群巒。好記相從地,秋深十八盤。」按《泰山志》卷一《山水》云:「由泰安州治,北出登封門……小天門,一名御帳,一名五松亭……十八盤,古曰環道,石磴轉折,凡十有八。南天門,即十八盤盡處。」過十八盤,必經御帳,可知陽明此《御帳坪》當與此《遊泰山》同作在深秋九月。

遊靈巖次蘇潁濱韵

（弘治十七年，一五〇四年）

客途亦幽尋，窅窱穿谷底。塵土填胸臆，到此乃一洗。仰視劍戟峰，巑岏纇如泚。俯窺巖龍窟，匍伏首若稽。異境固靈秘，兹遊實天啟。梵語過巖聲，簷牙相角觝。山僧出延客，經營設酒醴。導引入雲霧，峻陟歷堂陛。石田惟種椒，晚炊仍有米。臨燈坐小軒，矮榻便倦體。清幽感疇昔，陳李兩兄弟。侵晨訪遺蹟，碑碣多荒薺。

詩見《光緒長清縣志》卷之末下《靈巖志略》，《山東通志》卷三十五之一上。按《王陽明全集》卷二十五有《雪巖次蘇穎濱韵》，即此詩，但題誤作「雪巖」（各本均如此，且「穎」字亦誤），致向不知陽明此詩作於何地與作於何時，且詩句差異亦甚大，故今仍將此詩輯録於此。蓋《長清縣志》中所録陽明此詩，乃從靈巖題壁手蹟録入，保存陽明詩原貌，《王陽明全集》中此詩則經過後來潤飾修改。按靈巖寺在泰山下，《長清縣志》卷一《祠祀志》：「靈巖寺，在（長清）縣東九十里。魏正光初，爲梵僧佛圖澄卓錫之地，法定禪師所創。其寺有甘露、雙鶴等六泉，拂日巖、鐵袈裟、辟支塔、十里松等蹟，歷唐、宋，迄今遊人吟咏殆遍。」《志》卷之末上同時著録蘇轍《題靈巖寺》：「青山何重重，行盡土囊底。巖高日氣薄，秀色如新洗。入門塵慮息，盥漱得清泚。升堂見真人，不覺首自稽。祖師古禪伯，荆棘昔親啟。人蹟尚蕭條，豺狼夜相觗。白鶴導清泉，甘芳勝醇醴。聲鳴青龍口，光照白石陛。尚可滿畦塍，豈惟濯蔬米。居僧三百人，飲食安四體。一念但清凉，四方盡兄弟。何言庇華屋，食苦當如薺。　轍昔在濟南，以事至泰山下，過靈巖寺，爲此詩，寺僧不知也。其後見轉運使中山鮮于公於南都，嘗作此詩，并使轍書舊篇以付僧。元豐二年五月五日題。」蘇轍詩後即題於靈巖寺壁。按弘治十七年秋陽明主考山東鄉試赴濟南，得往遊泰山。此詩云「客途亦幽尋」，則當是陽明主考山東鄉試結束後往遊泰山途經靈巖寺時作，時在深秋九月。參見前《御帳坪》詩考。

長方端石硯題字

（弘治十七年，一五〇四年）

弘治甲子十二月二十五日，餘姚王守仁觀。

長方端石硯於「愛問·開放詞典網」公布，云：「硯台側面刻：『弘治甲子十二月二十五日，餘姚王守仁觀。』側面和底面還刻有詩句及康熙、雍正、嘉慶等年號，以及朱彝尊、陳德儒、芝圃等人的收藏或賞硯題記。」弘治十七年十二月陽明已由主考山東鄉試回京師任兵部武選清吏司主事，此硯當是在京師所見。

端石抄手硯題識

（弘治十七年，一五〇四年）

負大臣之名，盡大臣之道者。弘治甲子餘姚王守仁主試山東作。

端石抄手硯（長二十五釐米）在二〇〇三年春季藝術品拍賣會（上海工美拍賣有限公司）上出現，並在「南國藝術網」上公布。該硯另有「吴興錢氏珍藏」、「康熙丁丑七月十日韓菼謹觀」等款識。

西湖

（弘治十八年，一五〇五年）

我所思兮山之阿，下連浩蕩兮湖之波。層巒復巘，周遭而環合。雲木際天兮，擁千峰之嵯峨。送君之邁兮，我心悠悠。桂之檝兮蘭之舟，簫鼓激兮哀中流。湖水春兮山月秋，湖雲漠漠兮山風颼飀。蘇之堤兮逋之宅，復有忠魂兮山之側。桂樹團團兮空山夕，猿冥冥兮嘯青壁。曠懷人兮水涯，目惝恍兮斷秋魄。君之遊兮，雙旗奕奕，水鶴翩翩兮，鷗鳬澤澤。君來何暮兮，去何毋疾；我心則悦兮，毋使我亟。送君之邁兮，欲往無翼。雁流聲而南去兮，渺春江之脉脉。

陽明王守仁

詩見《中國古代書畫圖目》（二），題在吴偉《文會贈言圖》上，真迹今藏上海博物館。除此詩外，圖下題記語有羅玘《文會贈言序》及李夢陽、何景明、邊貢等二十二人贈言詩。據《文會贈言序》云：

金陵龍致仁由刑部員外郎出僉於浙。致仁，豪俠士也；浙，大藩也；僉事，憲臣也。議者以爲豪傑之才，用則無其不可爲者；未也，然必得大藩，始有可爲之地；猶未也，然又必待憲節焉，始有得爲之權。而致仁亦欲自試也，以答上之知也。别其友以行，於是其友之雅與文會者凡二十二人，人爲一詩以贈，題必以浙之勝，志致仁他日次第之所歷也，而其經緯脉絡，予請爲致仁商之。夫人北道赴浙者，必自檇李入，春秋之末，吴越於此日尋干戈，爭尺寸焉；今則東南孔道也，則夫天下可以爲有一定之勢乎哉？孟子曰：「所惡，執一者爲其賊道也。」可不省諸！而於是時，當迓者至，導以入會府之城，其於古也爲錢塘，即而行禮上之禮。越三日，群廟告至，讀表忠觀之碑，循蘇公堤，拜武穆王之像於西湖之上，奮曰：「予何人哉？」庶幾臣節可勵也。浙分東西爲二道，僉事歲分其一焉。度浙而北泝者，爲桐江，姓是州者誰也？載求泰伯祠，而鞠躬焉，廉貪起懦，於消息盈虚之間，盍於明月泉乎驗之其然邪？要今之二千石，無有慢遊以病民者，有則必誅。扃謝公樓，室白石洞，弭緑波亭下，艤舟以嬉者，其嚴乎？使蘭亭諸賢尚在，亦當减坐中觴咏之七。孰爲曹娥江之廟？驄之過也式之。式清風嶺之祠，訪林逋之宅，亦有築堆讀書如顧野王者乎？則駐節賞之。而或舁夫所指，有吹笙臺焉，呵之左道，無緣而入矣。浙，澤國也。浙東之鵝池、鑑湖、剡溪，浙西之苕溪、葛洪川，淤者必浚，圮者必完，奪於豪者必復，舉以利民焉，使民如歌白公者歌之，則致仁可以告成事矣。而今而後，天下之人益信夫豪傑之才得其地與權，真可以有爲哉！而凡二十二人之詩，亦非徒作也。若夫考績幽明之法，則上與當軸者事也，予何敢與知？致仁亦自不必知也。弘治十八年正月之吉，賜進士出身、翰林院史館編修、文林郎兼經筵官南城羅玘序。

據此，知弘治十八年龍致仁由刑部員外郎出任浙江按察僉事，在京李夢陽、何景明、邊貢及陽明等二十二人聚文會相送，由吴偉作畫，二十二人題贈詩，蓋可謂京都一大引人注目之詩文盛會也。龍致仁即龍霓，字致仁，號中谿，宜春人（一作金陵人），龍瑄之子。陳田《明詩紀事》丙籤卷十一：「龍瑄，字克温，宜春人，僑寓金陵。有《鴻泥集》二十卷。《江西詩徵》：宜春龍瑄，以世襲武職，遂爲金陵人。與邱仲深、羅彝正、陳公甫爲布衣交，有聲江湖。自號『半閑居士』。」又丁籤卷七：「龍霓，字致仁，南京牧馬千户所籍。本宜春人，處士瑄子。弘治丙辰進士。官浙江按察僉事。《金陵詩徵》：致仁罷官後，入苕溪社，與劉南坦、吴甘泉、陸玉厓、孫太初爲五隱。」按《王陽明全集》卷二十九有《鴻泥集序》云：「《鴻泥集》十有三卷、《燕居集》八卷，半閑龍先生之作也。其子僉憲君致仁將刻諸梓，而屬其序於守仁曰：『斯將來之事也，然吾家君老矣，及見其言之傳焉，庶以悦其心。吾子以爲是傳乎？』……」陽明此序作在龍霓任浙江僉事而尚未離京之時，當與陽明此贈言詩作在同時，可見兩人關係甚密。然龍霓出任浙江僉憲未實現文會所期望，其很快忤璫罷官，隱居苕溪之間以終，李夢陽《太白山人孙一元傳》：「太白山人者，吴越間放人也……於是買田苕溪之旁……是時建業劉麟、龍霓咸徙居湖，與吴充、陸崑暨山人結社遊，號『苕溪五隱』……」（《國朝獻徵録》卷一百十五）《同治長興縣志》卷二十六：「龍霓……號西溪。弘治九年進士，由工部主事僉浙水利。居官嚴毅簡重，剛直有爲，一時聲譽藉藉，風采凜然，秉正嫉邪，綽有成績。以忤璫罷歸。正德初，僑寓長興夏駕山，與劉麟、孫一元、陸崑、吴琬結社，爲湖南五隱。」吴偉爲當時著名畫家，《國朝獻徵録》卷一百十五《吴次翁偉傳》：「吴偉，字次翁，江夏人……山水人物入神品……成化間，國公某延至幕下，一見，以『小仙』呼之，因以爲號……憲宗皇帝召至闕下，授錦衣鎮撫，待詔仁智殿。偉有時人醉被召，蓬首垢面，曳破皂履，踉蹌行，中官扶掖以見。上大笑，命作松風圖。偉詭翻墨汁，信手塗抹，而風雲慘慘生屏風間，左右動色。上歎曰：『真仙人筆也！』……孝廟登極，復召見便殿，命畫稱旨，授錦衣衛百户，賜『畫狀元』印章……偉思還楚，蒙恩祭掃武昌數月，還次采石。有旨趣回京，賜西街居第。逾二年，偉稱疾，得居秦淮之東涯。正德三年五月，武宗即位，遣使召之。使者至，未就道而中酒死，時年五十。」弘治末吴偉居京師西街，故陽明當與之熟識，今猶存陽明數幅圖畫習作，其稱所學之「畫師」，或即吴偉耶？弘治中，陽明在京師與文士以才名相馳騁，學古詩文，與茶陵派、前七子俱有唱酬往來，然向來不知其真相，今得此吴偉文會贈言圖卷，其真相大白於世矣。兹將二十餘名文人文會贈言詩著録於下，以見陽明弘治中在京師與前七子輩等以才名相馳騁之況：

錢塘　空同李夢陽

錢塘八月潮水來，萬弩射潮潮不回。使君臨江看潮戲，越人行潮似行地。捷我鼓，旌我旗，君不樂兮君何爲？投爾旗，輟爾鼓，射者何人爾停弩。濤雷殷殷蛟龍怒，中有烈魂元姓伍。

鵝池（限韵）　汝郡劉淮

越山只隔吴江在，三賦風流思不禁。揮灑有時尋故事，相思何處寄騷吟。白鵝舊蹟空煙水，墨本餘香滿閬岑。我亦狂書數行字，分題送贈憶山陰。

滿庭芳·鑑湖　古鄞人陳沂

水蕩成湖，湖開如鑑，因將鑑字名湖。碧光千頃，真宰鑄神模。秋興長天一色，寒宵永，明月同孤。何須待，燃犀津渚，百怪敂潛軀。　當年逢賀老，浮遊物表，鍊化逃虚。使君來此地，竟不相如。要使澆風淨洗，封疆外，一點塵無。須知道，湖如堤姓，千載尚隨蘇。

桐江　鳳東陳欽

渺渺桐江流，釣臺峙雲上。一絲繫九鼎，名高屹相尚。清風激頽波，急瀨鳴秋漲。揚颿此巡歷，懷古重惆悵。問訊水邊祠，松朽幸無恙？

蘭亭　江左李熙

茂林今何在？修竹亦已蕪。昔時修禊賢，俱爲泉下徒。文章留金石，音發諧笙竽。古今同厥觀，悲樂乃異趣。緬懷千載上，令人但長吁。卓哉諸賢豪，無補清談迂。昔人豈云達？今人豈免愚？達者遺世累，天地如狗蒭；愚者守名教，訏謨奠寰區。使君過西陵，吊古知躊躕。躊躕復踟躊，爲樂匆須臾。早回使君駕，疲民望來蘇。

越溪　信陽何景明

溪之水兮幽幽，誰與子兮同舟？舟行暮入山陰道，月濛濛兮雪皜皜。千載重尋戴逵宅，溪堂無人夜歸早。乘興而來興盡休，君不見，王子猷。

蘇公堤　江左顧璘

蘇公去已久，芳名宛如昔。眉山荒凉白日微，西湖春水年年碧。長堤已作往來道，上有垂楊下芳草。淫濤不汎水靈慈，私田長稔溪農飽。厖眉父老長子孫，家常報祀頌公恩。男兒生世有遠略，豈立簿領酬公門。使君朝莫堤上行，認取千秋萬古名。

明月泉　興安鎦麟

吾懷大化初，陰精渾融液。兩儀上首居，散作泉月跡。泉清復深冷，泠泠出山石。取之濯我纓，纖塵不可積。孤月何皎皎，化昇當日夕。飛明入幽陰，覆盆如晝白。月盈泉始流，泉秘月亦魄。兹理本一源，杳杳通玄脉。願言三五期，圓光浸虚碧，蕩漾無定形，清輝宛如昔。氣味苟不殊，風雲詎能隔？

清風嶺　宜興杭淮

絶嶺逼霄漢，其顛多清風。四時吹不斷，震蕩叢篁中。中有貞女祠，歲久不可窮。烈心比秋日，皎皎懸蒼穹。清風掃莓徑，如迎使君驄。使君冰雪操，不媿貞女重。

林逋宅　郴陽范淵

渺西湖兮一方，高孤山兮石蒼蒼。處士去兮何時，構數椽兮曾於斯。聞處士之風兮，實勞我思。處士自晦兮有道，妙於詩兮情况以好。柴之門兮竹之户，煙樹茫茫兮水花亂吐。時其出兮斗酒扁舟，絶所通兮有鶴與遊。來美謚兮恩其殊，發潛德兮有吾儒。幸使君兮一往，嘉使君兮胸懷浩放。泛西湖兮登孤山，弄風月兮吟笑間。爲問處士兮有無其家，想老梅之偃蹇兮依舊寒花。

太白祠　濟南邊貢

萬乘尊，如浮雲，髮乎可斷身可文。弟有雍，孫有札，歷代清風見家法。牲牢膴，黍稷香，帛煙裊，簫吹揚。使君祭歸廟門掩，松濤颯颯靈旗颺。

曹娥江　虔州謝承舉

嗟汝娥，咄汝父，作巫迎神竟何補。浙江潮頭猛如虎，不恤捐軀棄如土。咄汝父，嗟汝娥，孤身煢煢涕滂沱。悲風四起吹白波，生身不男可奈何！娥心孝義神鬼知，三日見盱負盱尸。古之烈女昭青史，名與忠臣并相擬。至今江水清無塵，照見往來浮渡人。渡若非人不敢渡，輒鼓風濤觸娥怒。使君巡行過此江，期名與娥天地雙。

吹笙臺　葵丘王韋

帝子何時築此臺，臺中遺響尚徘徊。千年幽怨人應遠，半臨高寒鳳自來。歷歷秋聲聞素月，茫茫仙跡鎖蒼苔。欲求伊洛翻新譜，只恐離情不易裁。

古詩

（弘治十八年，一五〇五年）

曉日明華屋，晴窗閑卷牘。試拈枯筆事游戲，巧心妙思回長轂。貌出寒林鴉萬頭，潑盡金壺墨千斛。從容點染不經意，欻忽軒騰駭神速。寫情適興各有得，豈必校書向天禄。怪石昂藏文變虎，古樹叉牙角解鹿。飛鳴相從各以族，翻舞斜陽如背暴。平原蕭蕭新落木，歸霞掩映隨孤鶩。高行拂暝挾長風，劇勢摶雲卷微霂。開合低昂整復亂，宛若八陣列魚腹。出奇邀險倏變化，無窮何止三百六。獨往耻爲腐鼠争，疾擊時同秋隼逐。畫師精妙乃如此，天機飛動疑可掬。秋堂華燭光閃煜，展視還嫌雙眼肉。俗手環觀徒歎羨，摹倣安能步一蹴。嗟哉用心雖小技，猶勝飽食終日無歸宿。

即席陽明山人王守仁次韵

詩真迹（長一百一十一點一釐米，寬二十六點六釐米）今藏浙江省博物館，計文淵《吉光片羽彌足珍》著録。此古詩作年莫考。觀詩所述，此詩乃是觀畫師作畫而作，云「次韵」，則當時還有多人觀畫作詩者，一如吴偉作《文會贈言圖》者。按弘治中陽明在京師學畫，多觀畫師作畫有詩咏，兹將此詩繫於弘治十八年下，參見前《西湖》詩考及下《山水畫自題》考。

書扇贈揚伯

（弘治十八年，一五〇五年）

揚伯慕伯陽，伯陽竟安在？大道即吾心，萬古未嘗改。長生在求仁，金丹非外待。繆矣三十年，於今吾始悔。

諸揚伯有希仙之意，吾將進之於道也。於其歸，書扇爲別。陽明山人伯安識。

書扇真迹今藏日本定静美術館，計文淵《王陽明法書集》著録。按《王陽明全集》卷十九有此詩，置於弘治十八年詩中，題作《贈陽伯》，但無後題。陽伯，陽明手迹作「揚伯」，按《國朝獻徵録》卷一百零三有戚元佐《貴州諸觀察儞傳》：「公名儞，字揚伯，嘉興人……嘗題其《舉子草》曰：『求速不求精。』及其屬藁復然，終不能變慮以從率易也。以是數躓於棘闈，幾四十始登第，時正德丁丑……」古人名與字義相應，儞者，揚也，故當作揚伯爲是，作陽伯爲非。陽明八歲始好佛老，此詩云「繆矣三十年」，蓋虚指也。疑諸儞弘治十八年入京赴會試（時已二十八歲），科舉落第，乃來見陽明問學，陽明書扇贈別，蓋在夏中也。

無題文

（弘治十八年，一五〇五年）

孟氏没而聖人之道不明，天下學者泛濫於辭章，浸淫於老佛，歷千載有餘年，而二程先生始出。其學以仁爲宗，以敬爲主，合内外本末，動静顯微，而渾融於一心，蓋由茂叔之傳，以上溯孟氏之統，而下開來學於無窮者也。二先生往矣，乃其遺書語録散佚而弗彰，識者恨焉。於是胡光大諸公裒爲《性理大全》，後學之士始忻然若接其儀刑，而聆其講論，聞風而興，得門而入，其所嘉惠亦良多矣……

文見詹淮《性理標題綜要·譚藪》。此文無題，觀文中所叙，似是爲刊刻胡廣《性理大全》所作序或跋，則當作在陽明早年爲宋儒格物之學時。錢德洪《陽明先生年譜》：「弘治五年，舉浙江鄉試。是年爲宋儒格物之學……弘治十一年，寓京師……先生自念辭章藝能不足以通至道，求師友於天下又不數過，心持惶恐。一日讀晦翁上宋光宗疏，有曰：『居敬持志，爲讀書之本；循序致精，爲讀書之法。』乃悔前日探討雖博，而未嘗循序以致精，宜無所得；又循其序，思得漸漬洽浹，然物理吾心終若判而爲二也……弘治十八年,在京師。是年先生門人始進。學者溺於詞章記誦，不復知有身心之學。先生首倡言之，使人先立必爲聖人之志……至是專志授徒講學。」可見弘治中陽明究心宋儒格物之學，故耽讀程、朱之書，乃至以胡廣《性理大全》爲宋學入道之門。至弘治十八年陽明與湛甘泉結交，共定聖學，遂轉向心學之探討與建立，不復以《性理大全》爲「儀刑」矣。兹姑繫陽明此文於弘治十八年之下，以見陽明早年爲宋儒格物之學之況。

書明道延平語跋

（弘治十八年，一五〇五年）

明道先生曰：「人於外物奉身者，事事要好，只有自家一個身與心却不要好。苟得外物好時，却不知道自家身與心已自先不好了也。」

延平先生曰：「默坐澄心，體認天理，若於此有得，思過半矣。」

右程、李二先生之言，予嘗書之座右。南濠都君每過，輒誦其言之善，持此紙索予書。予不能書，然有志身心之學，此爲朋友者所大願也，敢不承命？陽明山人餘姚王守仁書。

文見李詡《戒庵老人漫筆》卷七，《王陽明全集·補録》著録此文，題作《書明道延平語》。據李詡云：「此一綿繭紙，筆書徑寸。靖江朱近齋來訪，問余何自有此寶，余答以重價購之吴門。謂曰：『先師手書極大者，爲余得之。所藏《修道説》若中等字，如此者絶少，而竟爲君所有。心印心畫，合併在目，非宗門一派氣類默存，詎能致是乎？』遂手摹之以去。乃余原本亦亡於倭，思之痛惜！李詡識。」按「南濠都君」即都穆，字玄敬，號南濠，江蘇吴縣人，弘治十二年進士，與陽明爲同年，關係至密，多有往來。如弘治十六年冬陽明即由會稽北上姑蘇見都穆，共遊天平、虎丘，見其《豫軒都先生八十受封序》（《王陽明全集》卷二十九）。以後兩人同在京師任職，往來更密。此文所云「南濠都君每過，輒誦其言之善，持此紙索予書」，此必是兩人同在京師任職，才能「每過」，經常過訪。按胡纘宗《太僕寺少卿都公穆墓志銘》云：「己未第進士，甲子拜工部都水司主事，階承德郎。未幾，丁父憂。服除，復官工部分理器皿廠廠事……丙午，改南京兵部武庫司廉……」（《國朝獻徵録》卷七十二）是弘治十七年至十八年都穆在京師任職，而陽明恰在此時亦在京師任職，錢德洪《陽明先生年譜》：「弘治十七年，在京師（任刑部雲南清吏司主事）。秋主考山東鄉試……九月，改兵部武選清吏司主事。十八年，在京師（仍任刑部雲南清吏司主事）。」弘治十七年陽明往山東主考鄉試，故其與都穆在京師往還交遊主要在弘治十八年，《豫軒都先生八十受封序》即述其弘治十八年中與都穆交往事云：

夫南濠子之學以該洽聞，四方之學者，莫不誦南濠子之名……今年先生（按：指都穆父都維明）壽八十，神完而氣全，齒髮無所變。八月甲寅，天子崇徽號於兩宫，推恩臣下。於是南濠子方爲冬官主事，得被異數，封先生如其官。同年之任於京者（按：包括陽明），美先生之高壽，樂南濠子之獲榮其親也，集而賀之……南濠子以予言致之先生，亦且以予爲知言乎？乙丑十月序。

可見陽明此跋當作於弘治十八年中。按弘治十八年陽明在京與湛甘泉定交，講論學問，黄綰《陽明先生行狀》：「甲子，聘爲山東鄉試考官……改兵部武庫司主事。明年，白沙陳先生高第甘泉湛公若水，一會而定交，共明聖學。」蓋時陽明主「默坐澄心」，甘泉主「體認天理」，故陽明録此延平先生語而爲座右銘，蓋有深意焉。

評陳白沙之學語

（弘治十八年，一五〇五年）

白沙先生學有本原，恁地真實，使其見用，作爲當自迥別。今考其行事，事親信友、辭受取予、進退語默之間，無一不槩於道；而一時名公碩彦如羅一峰、章楓山、彭惠安、莊定山、張東所、賀醫閭輩，皆傾心推服之，其流風足徵也。

文見魏時亮《大儒學粹》卷八上《白沙陳先生》。此文不知出於何處，疑乃陽明讀《白沙先生全集》所作評語。按陳白沙卒於弘治十三年，張詡《白沙先生行狀》云：「弘治庚申，給事中吴世忠以先生及尚書王恕、侍郎劉健、學士張元正、祭酒謝鐸等八人同薦，與二三儒臣入内閣柄用。上方敕吏部查勘，命將及門，而先生歿矣，是年二月十日也。」其時陽明在刑部任職，而吴世忠亦是刑部「西翰林」中之中堅人物，與陽明關係至密，陽明必定知道吴世忠舉薦白沙與朝廷將召起白沙之事，關注白沙其人，其對白沙學之傾仰注目即從此始。陽明此對白沙學之評語，疑作在弘治十八年，蓋是年羅僑、張詡首次編輯刊刻《白沙先生全集》（按：羅僑、張詡與陽明均熟識），羅僑《書白沙先生全集後》云：

「先生豈但風一方而已哉，實足風天下風後世也！」張詡《白沙先生全集序》云：「先生之學何學也？古聖賢相傳之正學也……有能因言以得先生之心而起先生之道……是言也，斯道之攸寓也。」陽明時方究心聖賢之學，其可從羅僑或湛甘泉處得到《白沙先生全集》，認真閱讀，考其學行。所謂「今考其行事」，顯然即是指其從閱讀《白沙先生全集》中稽考白沙之行事學術；而所謂「其流風足徵也」，「無不原於道」，亦與羅僑、張詡所言如出一轍。疑陽明此評語乃是其閱讀《白沙先生全集》有感，於《白沙先生全集》書中所寫之批語。弘治十八年正爲陽明由溺於詞章之學歸正於性理之學、與湛甘泉共定聖學之時，是年陽明提出「默坐澄心」，而與甘泉主「體認天理」相對（見前《書明道延平語跋》考），顯然即是受白沙思想之影響。故陽明此白沙評語，充分表明陽明生平此一重大思想轉變，非唯是湛甘泉影響所促成，更出於其自讀白沙著作之有力推動也。

五星硯銘

（正德元年，一五〇六年）

五氣五行，五常五府。化育紀綱，無不惟五。石涵五星，上應天數。其質既堅，其方合矩。藴藉英華，包涵今古。

正德春王正月，王守仁識。

銘見《同治平江縣志》卷五十五，《光緒湖南通志》卷二十八。《同治平江縣志》云：「國初，縣東關掘井，獲硯一，正方，石色青，有白點五，高四寸，廣兩寸有奇。上刻小篆『五星硯銘』四字；左傍署『正德』，年缺；右署『春王正月』；背面隸書銘曰……小印曰『陽明』。今其井名硯池，井硯尚存鍾氏。」並考云：「先是正德初忤劉瑾，謫貴陽，道經長沙，長沙接壤平江，此硯殆其行囊所遺與？」今按：陽明此硯銘書「春王正月」而未署年，乃仿《春秋》筆法，《春秋》：「元年，春，王正月。」《正義》：「言王正月者，王者革前代，馭天下，必改正朔，易服色。」「元年春王正月，帝即位是也。」故陽明此硯銘當作於正德元年正月武宗即位改年號之時，朝廷更化，五氣順布，陽明於此時用新硯作硯銘，蓋有深意焉。

論書（一）（正德元年，一五〇六年）

跋趙文敏《樂志論》

元代法書，推趙文敏公爲第一。聞公學書十年，不下樓。觀此《樂志論》，書法精妙，洵堪爲寶。

正德元年八月，陽明山人守仁識。

真迹見「交藝網·陽明書院」（河南鄭州）上公布，無題。按此真迹（長一百四十釐米，寬二十二釐米）在二〇〇五年藝海狂飆拍賣會（北京時代國際拍賣有限公司）上出現，並在「南國藝術網」上公布，知此文乃是陽明爲趙子昂《樂志論》所作跋。蓋正德元年陽明在京師任兵部武選清吏司主事，與京中文士以才名相馳騁，學古詩文，作書法，故多有此論書之文。前《五星硯銘》考知陽明在正德元年正月獲名貴五星硯，以爲「藴藉英華，包含今古」，或陽明即因得五星硯，故是年多有書法之作與論書文（見下）。錢德洪《陽明先生年譜》：「正德元年二月，上封事，下詔獄，謫龍場驛丞。」其説有誤，陽明乃是十一月上疏抗論，下詔獄，至正德二年閏正月方離京師赴謫。陽明作此書時方在京師。

論書（二）　（疑正德元年，一五〇六年）

宋樓鑰曰：嘗問敷原王重中：「古人篆字，何以人力在臂，今人無燥筆？」曰：「古以筆□力，故移筆墨熳矣。」

守仁

陽明論書手迹在二〇〇八年秋季藝術品拍賣會（北京東方藝都拍賣有限公司）上出現，並在網上公布。此書作年莫考，姑繫於正德元年下。參見前《論書（一）》考。

論書（二）

（疑正德元年，一五〇六年）

凡懸針布居右，垂露筆居左。閑似驚蛇出草，潦如美美出閨。横則貴乎清輕，竪不妨於重濁鏤金。桓玄書如快馬入陣，隨人屈曲，作字（豈）須文譜？范懷約真書有分，草書無功，故知非易。書之法以用筆爲上，而結字亦須用功；雖有用筆，亦當□□字勢。其雄秀之氣，出於天然。

王守仁

陽明真迹長卷（長七百七十一釐米，寬三十五釐米）在二〇一〇年「慶世博」文物藝術品上海專場拍賣會（河南省日信拍賣有限公司）上出現，並以「陽明墨翰（書法長卷）」之名在「博寶藝術網」上公布。卷後有八大山人、祝枝山、王原祁等人印，多人題跋。此文作年莫考，姑亦繫於正德元年之下。細審陽明此文，乃有取於前人論書之説而加以變化之。如「桓玄書如快馬入陣，隨人屈曲」，乃取自唐韋續《墨藪》中《梁武帝書評第五》:「桓玄書如快馬入陣,屈伸隨人也。」又「范懷約真書有分,草書無功」,亦取自《墨藪》中《梁武帝書評第五》:「范懷約真書有分,而行草無功。」可見陽明於前人書論善能融會,變化貫通。

題大年畫

（約正德元年，一五〇六年）

大年爲宋宗室，而耽於繪事，山水之重巒叠翠，靡不摹仿入神。此册尤見精妙，展卷如谿山在目，萬籟觸耳，令人娛心悦志，終日亡倦者也。核筆，因識數語。王守仁。

陽明此畫題在「二〇一二年秋季拍賣會」（株式會社東京中央拍賣）上出現，並在「博寶藝術品拍賣網」上公布。作年莫考，疑亦正德元年前後所作。

題趙千里畫

（疑正德元年，一五〇六年）

趙千里，宋人，善丹青人物山水，爲李昭道一派，精工之極，並有士氣。即或後人仿之者，得其工而不得其雅，得其色而不得其神。今觀是卷，作九孝圖，人物纖細，樹石精嚴，可謂文秀沈雄，骨力天成。宋之諸名家，常讓其獨步矣。展玩竟日，不忍去手，因贅數語於卷後。陽明山人王守仁識。

陽明題畫真迹在「二〇一二年春季藝術品拍賣會」（上海鴻海商品拍賣有限公司）上出現，並在「博寶藝術品拍賣網」上公布。作年莫考，疑亦正德元年前後所作。

題臨水幽居圖

（疑正德元年，一五〇六年）

秋日淡雲影，松風生晝陰。幽人□絜想，寧有書與琴？

陽明山人

圖並詩見梁章鉅《退庵所藏金石書畫跋尾》卷十五，云：「王文成臨水幽居圖，幅上左有草書自題云：……款署『陽明山人』，下有白文王印、陽明印……按此本吾閩人所藏，今乃獲關中，距在鹿山中丞處已百餘年。」此畫并題作年莫考，前考正德元年前後爲陽明學畫時期，兹亦姑繫於正德元年之下以俟考。

山水畫自題

（正德元年，一五〇六年）

安得素林甘泉間，構一草舍，以老他鄉。無懷、葛天之民，求之不遠。蓋學問之道，隨處即是，惟宜讀書以先之。

丙寅正月七日，爲耔餘年先生，守仁學。

畫并題有複製品藏臺北「故宫博物院」。該山水畫真迹原爲紫禁城内務府所藏，後爲日本京都長尾雨山翁所得，又爲張學良將軍收藏。按今「孔夫子拍賣網」上公佈了此陽明自作山水畫真迹，乃清末延光室故宫藏品蛋白照，一九一二年由延光室出版。該拍賣網介紹説，民國初年，佟濟煦通過友人從紫禁城内務府借出清宫珍藏名人書畫真迹，予以拍攝，然後按照相片及珂羅版等形式出版發行。佟濟煦之書畫出版社命名爲「延光室」。經延光室影印出版之名人書畫，照相片類九十多種，珂羅版類五十多種，包括王羲之、顔真卿、懷素、蘇東坡、米芾等大家之書畫珍品。此陽明作山水畫即其出版珍品之一。臺北「故宫博物院」所藏複製品疑即延光室出版品。陽明自題「守仁學」，可知此爲陽明學畫之作。「耔餘年先生」，無考。正德元年陽明在京師任兵部武選清吏司主事，此耔餘年先生或即京師一畫師，陽明向其學畫者耶？

贈劉秋佩

（正德二年，一五〇七年）

骨鯁英風海外知，況於青史萬年垂。紫霧四塞麟驚去，紅目重光鳳落儀。天奪忠良誰可問，神爲雷電鬼難知。莫邪亘古無終秘，屈軼何時到玉墀？

考證見下文《又贈劉秋佩》詩考辨文字。

又贈劉秋佩

（正德二年，一五〇七年）

檢點同年三百輩，大都碌碌在風塵。西川若也無秋佩，誰作乾坤不勞人？

此詩與前首《贈劉秋佩》見《同治重修涪州志》卷十五。按劉秋佩即劉茝，字惟馨，號鳳山、秋佩，涪州人，與陽明爲同年，故詩有「檢點同年三百輩」之句。《明史》卷一百八十八有劉茝傳，但叙事不明。《同治重修涪州志》卷九有劉茝傳，云：「國朝□縣教諭周汝梅《墓表》云：劉茝，字秋佩，謚忠愍。明正德中户科給事中也。由庶常授此職，時逆瑾專横，□馬永成、谷大用、張永、魏彬、邱聚、張興輩潛謀不軌，日導主以狗馬之好，遊幸無度，舉朝莫敢言。茝感憤歎息曰：『瑾不誅，國勢危矣！』遂抗疏論劾，出中旨，受箠撻，跪午門烈日中，血淋□下，浸地爲赤。既釋，愈發憤，復疏數千言，極陳時政，歸罪逆瑾。瑾銜之刺骨，遂廷杖下獄，幾死。年餘，貶居庸。獨兵部主事王守仁抗疏論救，亦謫龍場。王、茝，同年友也。嘗寄詩曰：『骨鯁海外英風知，況於青史萬年垂。莫邪亘古無終秘，屈軼何時到玉墀？』而茝氣不少挫，既遣戍，瑾愈無忌。洎逆謀洩，伏誅，乃得釋歸田里。五年，天子起復金華太守。華，故宋濳溪先生鄉邑，蒞任後，即爲宋乞謚。華俗侈育女，苦嫁資，恒溺之，蒞曰：『薄德至此耶？爲天子守土，吏當爲天子整齊之。』亟請於朝，勅得隨力遣嫁，溺者無赦，並隣族坐之，所活甚衆，華人至今有『劉女』之稱。考滿，擢江西副憲，而蒞以杖瘡成痿矣。辭，隱白雲山中。世宗即位，遣使存問，賜金治第。明年，以疾終於家。」關於戴銑、劉蒞以及王陽明等人上疏之時間，史書如《國榷》、《明通鑑》、《憲章類編》等叙述錯亂，多有舛誤，錢德洪《陽明先生年譜》至謂「正德元年二月，上封事，下詔獄」，尤誤。按劉蒞初上疏留劉健、謝遷在十月，此即《明通鑑》所云：「正德元年十月癸酉，户科給事中劉蒞、刑科給事中吕翀抗疏請留劉健、謝遷。」（詳見《明史·劉蒞傳》）其再次上疏劾劉瑾則在十二月，《同治重修涪州志》卷十四録有劉蒞《劾逆璫劉瑾疏》云：「正德元年十二月二十二日户科給事臣劉蒞謹題爲痛陳忠悃，乞斥奸佞……」至於戴銑繼劉蒞上疏留劉健、謝遷則在十一月，即《明通鑑》所云：「於是給事中戴銑、御史薄彦徽率南京科道官合疏言：『元老不可去，宦豎不可任。』劉瑾大怒，遂矯旨逮銑、彦徽等，並蒞、翀、洪俱下詔獄。」陽明上疏救戴銑則亦在十一月，《王陽明全集》卷十九有《咎言》云：「正德丙寅冬十一月，守仁以罪下錦衣獄。」陽明十一月下獄，劉蒞十二月二十二日以後下獄，兩人至正德二年春閏月方出獄，即《明通鑑》所云：「正德二年閏月庚戌，杖給事中艾洪、吕翀、劉蒞及南京給事中戴銑、御史薄彦徽等二十一人於闕下。」陽明與劉蒞在獄中多有講誦吟唱，《王陽明全集》卷十九有《別友獄中》云：「嗟我二三友，胡然此簪盍。累累囹圄間，講誦未能輟。……行藏未可期，明當與君別。」此所云「二三友」，即指劉蒞、林富諸獄友，陽明《送别省吾林都憲序》云：「正德初，某以武選郎抵逆瑾，逮錦衣獄，而省吾（林富）亦以大理評觸時諱在繫，相與講《易》於桎梏之間者彌月，蓋晝夜不怠，忘其身之爲拘囚也。」（按：《王陽明全集》卷十九有《讀易》，即吟在獄中誦《易》）陽明此二詩應是出獄告别劉莅時作。

雲龍山次喬宇韵

（正德二年，一五〇七年）

幾度舟人指石岡，東西長是客途忙。百年風物初經眼，三月煙花正向陽。芒碭漢雲春寂寞，黃樓楚調晚凄凉。惟餘放鶴亭前草，還與遊人藉醉觴。

詩見《民國銅山縣志》卷七十三、《古今圖書集成·山川典》第九十四卷《雲龍山部》。按志於陽明此詩下著録喬宇《放鶴亭》：「鷲峰千仞俯崇岡，暫謝長途半日忙。海内帆檣通汴泗，江南形勢控淮陽。川原雨過煙花繞，殿閣風迴竹樹凉。笑指雲龍山下路，放歌無惜醉華觴。」陽明詩即次喬宇此韵。雲龍山在銅山縣，《民國銅山縣志》卷十三：「銅山縣境内之山，城南爲雲龍山。《明史·地理志》：州東南有雲龍山，城依山之北麓。《明一統志》：山在城西二里。……《江南通志》：宋武微時，憩息於此，有雲龍旋繞之異。」雲龍山上有放鶴亭，山北有黃樓，《同治徐州府志》卷十八：「黃樓，《明一統志》：在州城東北隅，宋蘇軾爲守時，增築徐城以捍水，作樓堊以黃土，曰土實勝水。嘗與客遊其上。」「放鶴亭，在雲龍山上，宋雲龍山人張天驥建，屢圮屢葺。」蘇東坡嘗作《黃樓賦》、《放鶴亭記》，樓、亭遂名聞天下。徐州爲陽明仕宦往返京師、南都、紹興所必經之地，故其在徐州多有詩咏，如弘治十七年七月陽明赴山東主考鄉試途經徐州，即作有《黄樓夜濤賦》。陽明此詩作在春三月，則必是正德二年春其由京師赴謫經徐州時作。按喬宇字希大，號白巖，太原人，成化二十年進士。陽明弘治十二年中進士後在京師任職，即同喬宇關係甚密，多有詩唱酬往來。喬宇此《放鶴亭》詩應作於正德元年，陳璘《白巖喬公宇行狀》云：「壬戌，遷太常少卿……乙丑，孝廟賓天，公以執事哀送梓宫於泰陵。正德改元丙寅，武宗皇帝即位，公祭天下，公分祭中鎮、霍山、黄河、西海、媧皇、商湯王陵及晉代藩諸王陵園。」（《國朝獻徵録》卷二十五）據《國榷》卷四十六：「正德元年二月丁丑，遣文武臣分祀諸陵、歷代帝王先師陵廟、岳鎮海瀆諸神。……十月癸酉，太常寺少卿喬宇祭中岳還，言所歷山陝洊荒，守令多非其人，乞加甄别。……十一月己卯，太常寺少卿喬宇言，商湯陵在滎河縣北，嚙於河，請立廟祭。」可見喬宇於二月出祭諸陵岳鎮，爲時經年，此《放鶴亭》詩即是其出祭諸陵岳鎮途經徐州時作。至其回京師，陽明已因疏救戴銑被逮入獄，《王陽明全集》卷十九有《憶昔答喬白巖因寄儲柴墟三首》：「憶昔與君約，玩易探玄微。君行赴西嶽，經年始來歸。方將事窮索，忽復當遠辭。相去萬里餘，後會安可期？問我長生訣，惑也吾誰欺！盈虧消息間，至哉天地機。聖狂天淵隔，失得分毫釐。」「柴墟吾所愛，春陽溢鬢眉；白巖吾所愛，慎默長如愚。二君廊廟器，予亦山泉姿。度量較齒德，長者皆吾師。置我五人末，庶亦忘崇卑。迢迢萬里别，心事兩不疑。北風送南雁，慰我長相思。」所謂「君行赴西嶽」，指喬宇出祭；所謂「忽復當遠辭」，指陽明謫龍場驛。詩作在陽明赴謫前夕。錢德洪《陽明先生年譜》云:「正德元年二月,上封事,下詔獄,謫龍場驛驛丞……二年夏,赴謫至錢塘。」其説皆誤,實則陽明上疏在正德元年十一月,其離京赴謫在正德二年二月,見李夢陽《空同集》卷九:「正德二年春二月,與職方王子同放歸田里。」其南下經徐州在三月初,至錢塘約在三月中旬,非在夏間(見《王陽明全集》卷十九《南屏》、《卧病静慈寫懷》諸詩)。可見陽明與喬宇别在二月,其三月至徐州見喬宇詩,乃自然觸景生情而作此和詩也。參見下《題吴五峰大參甘棠遺愛卷》考。

題吴五峰大參甘棠遺愛卷

五峰衡山人

（正德二年，一五〇七年）

遵彼江滸，樛木陰陰，亦有松柏，鬱其相參。彼行者徒，或馳以驅，載橐荷畚，傴僂蘧除。昔也炎暑，道暍無所；今也蒸熾，有如室處。陰陰樛木，實獲我心。赫赫吴公，仁惠忠諶。惟此樛木，吴公所植。匪公之德，曷休以息？公行田野，褐蓋朱輪，芟於柳下，勞此農人。薰風自南，吹彼柔肄，悠悠旆旌，披拂摇曳。民曰公來，盍往迎之。壺漿車下，實慰我思。我思何極，公勿我去，天子之命，盍終我庇。公曰爾民，爾孝爾弟，食耕飲鑿，以遊以戲。民曰我公，我植我培，有若茲樹，翌其餘枚。嗟我庶民，勿剪勿伐，勿愧甘棠，公我召伯。

詩見《康熙衡州府志》卷二十一，《湖廣通志》卷八十四。按「吴五峰大參」應即吴紀，《康熙衡州府志》卷十六：「衡山縣，吴紀，成化戊戌進士，由兵、户二曹主事、郎中，以忤奄瑾出爲浙江參政。旋致政，捐俸二千餘金，貯庫以備賑濟。去之日，敝簏蕭然。歸家絶跡公門，日與南臺僧無礙爲方外交，别號『五峰道人』。所著有《遺清軒漫稿》。」吴紀爲吴忠富之子，《康熙衡州府志》卷十六：「吴忠富，號裕庵，别號鶴湖山人。幼讀書，涉獵子史。事親爲孝，父病，躬侍湯藥，衣不解帶者月餘。父没，悉以財産付二弟，惟以方藥療人。足不踐公庭，日遨遊七十二峰間。後二子紀、維俱登第。」此詩所稱「大參」，乃指吴紀任浙江參政，傳稱其「以忤奄瑾出爲浙江參政」，則當在正德元年。陽明此詩乃借《詩經》中《甘棠》詩，將吴紀比爲「召伯」，頌其在浙德政，并深惜其去。所謂「甘棠遺愛卷」，疑即浙中錢塘文士所作送别詩卷，而陽明此詩，亦是其中送别詩之一也。吴紀離浙江參政任時間，傳稱「旋致政」，陽明此詩云「昔也炎暑，道暍無所；今也蒸熾，有如室處」，則應是在正德二年夏間。按正德二年夏間陽明正移居錢塘，錢德洪《陽明先生年譜》云：「正德二年夏，赴謫至錢塘……」其説含混不明，後人多有誤解，今按：陽明在二月離都赴謫南至錢塘，其三月至六月一直居錢塘，《王陽明全集》卷十九有《南屏》：「溪風漠漠南屏路，春服初成病眼開。花竹日新僧已老，湖山如舊我重來。層樓雨急青林迥，古殿雲晴碧嶂迴。獨有幽禽解相信，雙飛時下讀書臺。」其云「春服初成」，作在三月。又有《卧病静慈寫懷》云：「卧病空山春復夏，山中幽事最能知。雨晴階下泉聲急，夜静松間月色遲。把酒有時眠白石，解纓隨意濯清漪。吴山越嶠俱堪老，正奈燕雲繫遠思。」云「病卧空山春復夏」，則作在四月夏初。又有《移居勝果寺二首》云：「江上俱知山色好，峰迴始見寺門開。半空虚閣有雲住，六月深松無暑來。病肺正思移枕簟，洗心兼得遠塵埃。富春咫尺煙濤外，時倚層霞望釣臺。」云「六月深松無暑來」，則作在夏六月中。可見陽明六月以後方託言投江南遁。夏五六月時吴紀在錢塘將卸浙江參政任，故陽明可見吴紀而爲作詩送别也。由此可確知陽明此詩作在正德二年夏間。

套數

歸隱

（正德二年，一五〇七年）

【南仙吕入雙調步步嬌】宦海茫茫京城渺，碌碌何時了。風掀浪又高，覆轍翻舟，是非顛倒。算來平步上青霄，不如早泛江東棹。

【沉醉東風】亂紛紛鴉鳴鵲噪，惡狠狠豺狼當道，冗費竭民膏，怎忍見人離散，舉疾首蹙額相告。簪笏滿朝，干戈載道，等閑間把山河動摇。

【忒忒令】平白地生出禍苗，逆天理那循公道。因此上把功名委棄如蒿草。本待要竭忠盡孝，只恐怕狡兔死，走狗烹，做了韓信的下梢。

【好姐姐】爾曹，難與我共朝，真和假那分白皂，他把孽冤自造，到頭終有報。設圈套，饒君總使機關巧，天網恢恢不可逃。

【喜慶子】算留侯其實見高，把一身名節自保。隨着赤松子學道，也免得赴雲陽市曹。

【雙蝴蝶】待學，陶彭澤懶折腰；待學，載西施范蠡逃；待學，張孟談辭朝；待學，七里灘子陵垂釣；待學，陸龜蒙筆牀茶竈；待學，東陵侯把名利抛。

【園林好】脱下了團花戰袍，解下了龍泉寶刀，卸下了朝簪烏帽。布袍上繫麻縧，把漁鼓簡兒敲。

【川撥棹】深山坳，悄没箇閑人來聒噪，跨青溪獨木爲橋，跨青溪獨木爲橋。小小的茅庵蓋着，種青松與碧桃，採山花與藥苗。

【錦衣香】府庫充，何足道；禄位高，何足較，從今耳畔清閑，不聞宣召。蘆花被暖度良宵。三竿日上，睡覺伸腰，對隣翁野老，飲三杯濁酒村醪，醉了還歌笑。鼾鼾睡倒，不圖富貴，只求安飽。

【漿水令】賞春時花藤小轎，納凉時紅蓮短棹。稻登場鷄豚蟹螯，雪霜寒純棉布袍。四時佳景恣歡笑，也强如羽扇番營，玉珮趨朝。溪堪釣，山可樵，人間自有蓬萊島。何須用、何須用樓船綵轎。山林下、山林下儘可逍遥。

【尾聲】從來得失知多少，總上心來轉一遭。把門兒閉了，只許詩人帶月敲。

套數見《全明散曲》(一)。此套數《群音類選》、《南宮詞紀》題作「歸隱」,《吴歈萃雅》、《南音三籟》題作「隱詞」,《南詞新譜》收别題「豆葉黄」(舊作「玉蝴蝶」一支),俱注王陽明撰。《舊編南九宫譜》無題,注「浙詞」。今按此曲云「風掀浪又高,覆轍翻舟」、「平白地生出禍苗,逆天理那循公道」、「只恐怕狡兔死,走狗烹,做了韓信的下梢」、「爾曹,難與我共朝,真和假那分白皂」,都實有所指,非陽明不能道。此顯指陽明正德元年因上書救戴銑,得罪閹瑾,平白生禍,覆轍翻舟,被逮入獄,廷杖三十,謫貴州龍場驛。陽明於正德二年二月離京赴謫至錢塘,自三月至六月隱居萬松勝果寺(見前考),其時陽明實打算從此隱居避禍,不想赴謫。徐愛《憶觀樓記》叙其時陽明隱居錢塘云:「予昔從陽明先生遊錢塘諸山,乃居萬松古剎,曰『勝果』。萬松獨出吴越諸山,而勝果據其中峰。江横山足,形若隘觀,而觀海爲最近,得朝夕之景甚異也。陽明詩云:『江月隨潮上海門。』未及朝也,猶夫夕也,故甚愛朝觀日也。」(《横山遺集》卷上)今《王陽明全集》卷十九有《南屏》、《卧病静慈寫懷》、《移居勝果寺二首》諸詩,其中云:「花竹日新僧已老,湖山如舊我重來。」「把卷有時眠白石,解纓隨意濯清漪。」「便欲攜書從此老,不教猿鶴更移文。」均可見陽明意欲隱居不赴謫之心。故其後陽明乃託言投江南奔,蓋真意在遠遁隱居,避世終老也。陽明此套數應即作在其隱居錢塘勝果寺之時,表明陽明之所以不赴龍場驛而託言投江南奔,乃在於其本自欲避世隱居,非惟因瑾遣人隨偵故也。

于公祠享堂柱銘 （正德二年，一五〇七年）

千古痛錢塘，並楚國孤臣，白馬江邊，怒捲千堆雪浪；　兩朝冤少保，同岳家父子，夕陽亭裏，心傷兩地風波。

柱銘見丁丙輯《于公祠墓録》（刻入《武林掌故》）卷四。按于謙祠在錢塘三臺山下，陽明來杭，多往遊憑弔，如阮葵生《茶餘客話》有云：「王文成少時題于忠肅祠一聯云：『赤兔挽銀河，公自大名垂宇宙；　青山埋白骨，我來何處弔英賢。』書法遒逸，杭人傳爲文成真筆。文成父海日先生晚年偶書堂聯云：『看兒曹整頓乾坤，任老子婆娑風月。』」此柱銘，明以來即多有人題咏，並以爲是正德二年赴龍場驛前在錢塘時作。如郭彤伯《于廟觀王文成墨刻楹帖》：「旌功祠前訪墨蹟，射斗虹光森奕奕。書之者誰王文成，當年亦貶龍場驛。憶昔景泰正德年，宸濠跋扈同也先。浙東西各産豪傑，齊將赤手擎蒼天。人逢知己恨應雪，兩字英雄勝標碣。陽明才氣少保倫，和墨書成一腔血。時閲三十載有餘，後賢景仰先賢廬。……」（《于公祠墓録》卷九）蓋陽明在赴龍場驛前隱居錢塘淨慈、勝果寺，距三臺山于謙祠甚近，自必往憑弔也。時陽明因抗疏下獄被謫，處境與于謙同，其作柱銘，蓋有感而發也。

參見下《于忠肅像贊》考。

于忠肅像贊

（正德二年，一五〇七年）

嘗考于公之釋褐也，初授御史，而漢庶人服罪，伸大義也；及撫江右，而平反民冤獄，釋無辜也；再撫山西，而拯水旱兩災，恤民生也；後撫河南，而令百弊剔釐，清時政也；英宗北狩，而力言不可，保聖躬也；衆劾王振，而扶掖廷喧，肅朝儀也；募義三營，而民夫附集，禦不虞也；群議南遷，而慟哭止之，重國本也；移民發粟，而六軍堅守，防外撼也；擊虜凱旋，而力辭晉秩，懼盈滿也；奉迎上皇，而大位安定，正君統也；戢平群盗，而成功不居，身殉國也；力遜辭第，而廬室蕭然，勵清節也；被誣受戮，而天心震怒，昭公道也；追謚肅愍，而廟食百世，表忠貞也。嗚呼！公有姬旦、諸葛武侯之經濟勳勞，而踵伍子胥、岳武穆殺身亡家之禍，神人之所共憤也，卒至兩地專祠，四忠並列，子孫廕襲，天憫人欽，冥冥中所以報公者，豈其微哉！

陽明王守仁題。

贊見孫高亮《于少保萃忠傳》首(古本小説集成,天啓刻本)。按孫高亮字明卿,錢塘人,其於萬曆中作《于少保萃忠傳》多就地取材於錢塘傳聞資料,此《于忠肅像贊》應即取自於于忠肅祠。此贊當亦作在陽明正德二年五、六月在錢塘將托言投江南遁之時(參見前《于公祠享堂柱銘》考),故後來當亦入於陽明《遊海詩》中。隆慶、萬曆之時,陽明《遊海詩》及陸相《陽明先生浮海傳》自尚在未亡佚,故孫高亮亦可從其中取用陽明此《于忠肅像贊》也。參見下《遊海詩》考。

遊海詩（三詩一文）

（正德二年，一五〇七年）

予，餘姚王守仁也。以罪南謫，道錢塘以病且暑，寓居江頭之勝果寺。一日，有二校排闥而入，直抵予卧内，挾予而行。有二人出自某山蒙茸中，其來甚速，若將尾予者。既及，執二校，二校即挺二刃厲聲曰：「今日之事，非彼即我，勢不兩生。吾奉吾主命，行萬餘里，至謫所不獲，乃今得見於此，尚可少貸以不畢吾事耶？」二人請曰：「王公今之大賢令，死刃下不亦難乎！」二校曰：「諾。」即出繩丈餘，令予自縊。二人又請曰：「以縊與刃，其慘一也。令自溺江死，何如？」二校曰：「是則可耳。」將予鎖江頭空室中。予從窗謂二人曰：「予今夕固決死，爲我報家人知之。」二人曰：「使公無手筆，恐無所取信。」予告無以作書。二人則從窗隙與我紙筆。予爲詩二首、告終辭一章授之，以爲家信。

其一

學道無聞歲月虚，天乎至此欲何如？生曾許國慚無補，死不忘親恨有餘。自信孤忠懸日月，豈論遺骨葬江魚。百年臣子悲何極，日夜潮聲泣子胥。

其二

敢將世道一身擔，顯彼天刑萬死甘。滿腹文章方有用，百年臣子獨無慚。涓流裨海今真見，片雪填溝舊齒談。昔代衣冠誰上品？狀元門第好奇男。

（二人，一姓沈，一姓殷，俱住江頭，必報吾家，必報吾家。）

告終辭

皇天茫茫，降殃之無憑兮，窅莫知其所自。予誠何絶於幽明兮，羌無門而往訴。臣得罪於君兮，無所逃於天地。固黨人之爲此兮，予將致命而遂志。委身而事主兮，夫焉吾之可有？殉聲色以求容兮，非前修之所守。吾豈不知直道之殞軀兮，庶予心之不忘。定予志詎朝夕兮，孰沛顛而有忘。上穹林之杳杳兮，下深谷之冥冥。白刃奚其相向兮，盼予視若飄風。内精誠以淵静兮，神氣泊而冲容。固神明之有知兮，起壯士於蒙茸。奮前持以相格兮，曰孰爲事刃於貞忠？景冉冉以將夕兮，下釋予之頹宫。曰受命以相及兮，非故於子之爲攻。不自盡以免予兮，夕余將浮水於江。嗚呼噫嘻！予誠愧於明哲保身兮，豈效匹夫而自經。終不免於鴟夷兮，固將遡江濤而上征。已矣乎！疇昔之夕予夢坐於兩楹兮，忽二伻來予覿，曰予伍君三閭之僕兮，跽陳辭而加璧，啟緘書若有覩兮，恍神交於千載。曰世濁而不可居兮，子奚不來遊於溟海？鬱予懷之怳愴兮，懷故都之拳拳。將夷險惟命之從兮，孰君親而忍捐？嗚呼噫嘻！命苟至於斯，亦余心之所安也。固晝夜以爲常兮，予非死之爲難也。沮隱壁之岑岑兮，猿猱若授予長條。虺結螭於圮垣兮，山鬼弔於巖嗷。雲冥冥而晝晦兮，長風怒而江號。頹陽倏其西匿兮，行將赴於江濤。嗚呼噫嘻！一死其何至兮，念層闈之重傷也。予死之奄然兮，傷吾親之長也。羌吾君之明聖兮，亦臣死之宜然。臣誠有憾於君兮，痛讒賊之諛便。搆其辭以相説兮，變黑白而燠寒。假遊之竊辟兮，君言察彼之爲殘。死而有知兮，逝將訴於帝廷。去讒而遠佞兮，何幽之不贊於明。昔高宗之在殷兮，賚良弼以中興。申甫生而屏翰兮，致周宣於康成。帝何以投讒於有北兮，焉啟君之衷。揚列祖之鴻庥兮，永配天於無窮。臣死且不朽兮，隨江流而朝宗。嗚呼噫嘻！大化屈伸兮，升降飛揚。感神氣之風霆兮，溘予將反乎帝鄉。驂玉虬之蜿蜒兮，鳳凰翼而翱翔。從靈均與伍胥兮，彭咸御而相將。經申徒之故宅兮，歷重華之陟方。降大壑之茫茫兮，登裂缺而愬予。懷故都之無時兮，振長風而遠去。已矣乎！上爲列星兮，下爲江河。山岳興雲兮，雨澤滂沱。風霆流形兮，品物咸和。固正氣之所存兮，豈邪穢而同科。將予騎箕尾而從傅説兮，凌日月之巍峨。啟帝闕而籛清風兮，掃六合之煩苛。辭曰：予童顓知罔知兮，恣狂愚以冥行。悔中道而改轍兮，亦倀倀其焉明。忽正途之有覺兮，策予馬而遥征。搜荆其獨往兮，忘予力之不任。天之喪斯文兮，不畀予於有聞。矢此心之無諼兮，斃予將求於孔之門。嗚呼！已矣乎，復奚言！予耳兮予目，予手兮予足，澄予心兮，肅雍以穆，反乎大化兮，遊清虚之寥廓。

（陽明公入水，沈玉、殷計報。）

三詩見楊儀《高坡異纂》卷下（《烟霞小説十三種》第六帙）。《高坡異纂》詳叙王陽明被謫遊海云：「新建伯初被謫至杭，寓勝果寺，恐逆瑾議其後，托投江死，留題於壁，其序略曰：……是歲正德丁卯仲秋，當三試之後，舉子畢集於杭。一日，忽失王公所在，舍人見所寓僧舍壁上有二紙，或又得其雙履於江上，以爲真死矣。告諸其弟伯敬，因而省中皆聞之。執僧四出追訪，士子聚觀，前詩、辭隨於衆人之手。有一士子與其弟同舍見之最先，故得全録其辭，併得二詩。其序則但一過目，不及畢録，而群手至矣。前序略，蓋寫其意，予爲點竄數字，令成文可讀。今人止能知其前詩一首，餘並不復知也。王公七日後至廣信府，自言入江有神人救之，一夕漂到漳州府境，登岸，有中和堂主人邀歸山室中，贈以詩曰：『十五年前始識荆，此來消息最先聞。君將性命輕毫髮，誰把綱常重一分？寰海已知誇令德，皇天終不喪斯文。武夷山下經行處，好對青尊醉夕曛。』公自言從漳至廣信，所經寺觀驛舍，皆有留題。其説甚奇，人頗知其意，不復細驗也。」按《高坡異纂》成於嘉靖十一年秋，此條當是引自陸相《陽明先生浮海傳》，而陸相《陽明先生浮海傳》乃得自陽明親口所述及陽明所作《遊海詩卷》。陸相《陽明先生浮海傳》今佚，《四庫全書總目》著録《陽明先生浮海傳》一卷，云：「是書專紀王守仁正德初謫龍場驛丞，道經杭州，爲姦人謀害，投水中，因飄至龍宮，得生還之事。説頗詭誕不經，論者謂守仁多智數，慮劉瑾迫害，故棄衣冠，僞託投江，而實陰赴龍場。故王世貞《史乘考誤》嘗力辨此事爲不實。而同時楊儀《高坡異纂》亦載此事，與相所紀略同。」陸相亦餘姚人，與王陽明義兼師友，關係至密，其特爲陽明作《陽明先生浮海傳》顯出陽明口述，甚或即出陽明私下授受。黄宗羲《姚江逸詩》卷八云：「陸相，字良弼。……良弼《吴舫集》中有《陽明山人浮海傳》，其事甚怪異。良弼故與陽明交，非得之傳聞者，是必陽明口授，故能如是之詳也。」故其書當時刊出，陽明弟子皆心領神會，不以爲非；而陽明亦卤然而笑，不置一辭。蓋所謂投水入宫、遊海遇仙云云，事雖詭誕不經，實本皆陽明所自造僞託，有意傳播，並非陸相、楊儀之輩所虚構，後來陽明也自向弟子與友人道破。湛甘泉《陽明先生墓志銘》云：「不死，謫貴州龍場驛。……人或告曰：『陽明公至浙，沉于江矣，至福建始起矣。登鼓山之詩曰：「海上曾爲滄水使，山中又拜武夷君。」有徵矣。』甘泉子聞之笑曰：『此佯狂避世也。』故爲之作詩，有云：『佯狂欲浮海，説夢癡人前。』及後數年，會于滁，乃吐實。彼誇虚執有以爲神奇者，烏足以知公者哉！」今按季本《季彭山先生文集》卷四《跋陽明先生遊海詩後》云：「此陽明先生記遊海時所作也。正德丁卯，先生以言事謫官龍場，病於杭之勝果寺，云有二青衣者至，欲擒之沉於江，漂於海。海神曰：『吴君高者救之。』得生，於是入建陽，遊武夷，歷廣信，而復歸於杭。往來數千里之間，距其初行，纔七日耳。所至之地，必有題詠；所遇之人，必有唱酬。篇章累積，不可勝紀。既畢之暇，則手書一卷，以授其徒孫君允輝，允輝以授余。是歲，余携之遊南雍時，同舍孫君朝信，平湖人也，異而愛之，中分之而各取其半。此其所存也。嗚呼！遊海之事茫昧幽渺，世所罕有，豈先生忠義之氣有所感歟？不然，或其有爲而自託焉，未可知也。然詞翰瀟灑，飄然出塵，則固有不易得者矣。」季本爲陽明門人，正德十二年中進士，其遊南雍在正德七年間，陽明《遊海詩卷》即寫在是年。季本稱其遊海詩「篇章累積，不可勝紀」，然今《王陽明全集》中僅録遊海詩二首，可見多爲散佚。此三首詩，必爲其《遊海詩卷》中詩無疑，甚且其中「十五年前始識荆」贈詩也必是陽明所自造僞託，非是有真遇「中和堂主」之事也。陽明《遊海詩卷》已佚，然其遊海諸詩後借陸相作《陽明先生浮海傳》得以流傳，並爲楊儀編《高坡異纂》所輯，墨憨齋新編《皇明大儒王陽明出身靖亂録》所用。按《皇明大儒王陽明出身靖亂録》今存（日本東京大學東洋文化研究所雙紅堂文庫藏明刊本），其中叙陽明遊海事，必是本自陽明《遊海詩卷》與陸相《陽明先生浮海傳》，其叙陽明遊海入山事更詳明，可補《高坡異纂》之闕；而所引三首陽明佚詩，亦與《高坡異纂》稍有異。兹將《皇明大儒王陽明出身靖亂録》中陽明遊海經歷著録於下，以同《高坡異纂》所記比較，而陽明《遊海詩卷》、陸相《陽明先生浮海傳》之原貌，亦於此仿佛可見矣。

陽明先生遊海録

先生將赴龍場，瑾遣心腹人一路尾其後，伺察其言動。先生既至杭州，值夏月天暑，先生又積勞致病，乃暫息於勝果寺。妹壻徐曰仁來訪，首拜門生聽講。又同鄉徐愛、蔡宗兖、朱節、冀元亨、蔣信、劉觀時等，皆來執贄問道，先生樂之。居兩月餘，忽一日午後，方納凉於廊下，蒼頭皆出外。有大漢二人，矮帽窄衫，如官較狀，腰懸刀刃，口吐北音，從外突入，謂先生曰：「官人是王主事否？」先生應曰：「然。」二較曰：「某有言相告。」即引出門外，扶之同行。先生問何往，二較曰：「但前行便知。」先生方在病中，辭以不能步履，二較曰：「前去亦不遠，我等左右扶持可矣。」先生不得已，任其聽之。約行三里許，背後復有二人追逐而至。先生顧其面貌，頗似相熟。二人曰：「官人識我否？我乃勝果寺鄰人沈玉、殷計也。素聞官人乃當世賢者，平時不敢請見。適聞有官較挾去，恐不利於官人，特此追至，看官人下落耳。」二較色變，謂沈、殷二人曰：「此朝廷罪人，汝等何得親近？」沈、殷二人曰：「朝廷已謫其官矣，又何以加罪乎？」二較扶先生又行，沈、殷亦從之。天色漸黑，至江頭一空室中。二較密謂沈、殷二人曰：「吾等實奉主人劉公公之命，來殺王公。汝等没相干人，可速去，不必相隨也。」沈玉曰：「王公今之大賢，令其死於刃下，不亦慘乎？且遺屍江口，必累地方，此事決不可行。」二較曰：「汝言亦是。」乃於腰間解青索一條，長丈餘，授先生曰：「聽爾自縊，何如？」沈玉又曰：「繩上死與刀下死，同一慘也。」二較大怒，各拔刀在手，厲聲曰：「此事不完，我無以復命，亦必死於主人之手。」殷計曰：「足下不必發怒，令王公夜半自投江中而死，既令全屍，又不累地方，足下亦可以了事歸報，豈不妙哉？」二較相對低語少頃，乃收刀入鞘，曰：「如此，庶幾可耳。」沈玉曰：「王公命盡此夜，吾等且沽酒共飲，使其醉而忘□□。」二較亦許之，乃鎖先生於室中。先生呼沈、殷二人曰：「我今夕固必死，當煩一報家人，收吾屍也。」二人曰：「欲報尊府，必得官人手筆，方可准信。」先生曰：「吾袖中偶有素紙，奈無筆何？」二人曰：「吾當於酒家借之。」沈玉與一較同往市中沽酒，殷計與一較守先生於門外。少頃，沽酒者已至。二較啟門，身邊各帶有椰瓢。沈玉滿斟送先生，不覺淚下。先生曰：「我得罪於朝廷，死自吾分。吾不自悲，汝何必爲我悲乎？」引瓢一飲而盡。殷計亦獻一瓢，先生復飲之。先生量不甚弘，辭曰：「吾不能飲矣。既有高情，幸轉進於客，吾尚欲作家信也。」沈玉以筆授先生，先生出紙於袖中，援筆寫詩一首。詩曰：

學道無成歲月虛，天乎至此欲何如？生曾許國慚無補，死不忘親恨有餘。自信孤忠懸日月，豈論遺骨葬江魚。百年臣子悲何極，日夜潮聲泣子胥。

先生吟興不已，再作一首：

敢將世道一身擔，顯被生刑萬死甘。滿腹文章寧有用，百年臣子獨無慚。涓流裨海今真見，片雪填溝舊齒談。昔代衣冠誰上品，狀元門弟好奇男。

二詩之後，尚有《絶命辭》，甚長不録。紙後作篆書十字云：「陽明已入水，沈玉、殷計報。」二較亦不通文理，但見先生手不停揮，相顧驚歎，以爲天才。先生且寫且吟，四人互相酬勸，各各酩酊。將及夜半，雲月朦朧，二較帶着酒興，逼先生投水。先生先向二較謝其全屍之德，然後逕造江岸，回顧沈、殷二人曰：「必報我家，必報我家！」言訖，從沙泥中步下江來。二較一來多了幾分酒，二來江灘潮濕，不便相從，乃立於岸上，遠而望之。似聞有物墮水之聲，謂先生已投江矣，一響之後，寂然無聲。立了多時，放心不下，遂步步挣下灘來。見灘上脱有雲履一雙，又有紗巾浮於水面，曰：「王主事果死矣。」欲取二物以去，沈玉曰：「留一物在，使來早行人見之，知王公墮水，傳説至京都，亦可作汝等證見也。」二較曰：「言之有理。」遂棄履，只撈紗巾帶去，各自分別。至是夜，蒼頭回勝果寺，不見先生，問之主僧，亦云不知。乃連夜提了行燈，各處去找尋了一回，不見一些影嚮。其年丁卯，乃是鄉試之年，先生之弟守文在省應試，僕人往報守文。守文言於官，命公差押本寺僧四出尋訪，恰遇沈、殷二人亦來尋守文報信。守文接了《絶命詞》及二詩，認得果其兄親筆，痛哭了一場。未幾，又有人拾得江邊二履報官，官以履付守文。衆人轟傳，以爲先生真溺死矣。守文送信家中，合家驚慘，自不必説。龍山公遣人到江邊遺履之處，命漁舟撈屍，數日無所得。門人聞者無不悼惜，惟徐愛言先生必不死，曰：「天生陽明，倡千古之絶學，豈如是而已耶？」却説先生果然不曾投水，他算定江灘是個絶地，没處走脱，二較必然放心，他有酒之人，怎走得這軟灘，以此獨步下來，脱下雙履，留做證見，又將紗巾拋棄水面，却取石塊向江心拋去。黄昏之後，遠觀不甚分明，但聞撲通聲響，不知真假，便認做了事，不但二較不知，連沈玉、殷計亦不知其未死也。先生却沿江灘而去，度其已遠，藏身於岸坎之下。次日，趁個小船，船子憐其無履，以草屨贈之。七日之後，已達江西廣信府。行至鉛山縣，其夜復搭一船，一日夜到一個去處登岸，問之，乃是福建北界矣。舟行之速，疑亦非人力所及。巡海兵船見先生狀貌不似商賈，疑而拘之，先生曰：「我乃兵部主事王守仁也。因得罪朝廷，受廷杖，貶爲貴州龍場驛驛丞。自念罪重，欲自引決，投身於錢塘江中。遇一異物，魚頭人身，自稱巡江使者。言奉龍王之命，前來相迎。我隨至龍宫，龍王降階迎接。言我異日前程尚遠，命不當死。以酒食相待，即遣前使者送我出江。倉卒之中，附一舟至此，送我登岸，舟亦不見矣。不知此處離錢塘有多少程途，我自江中至此，纔一日夜耳。」兵士異其言，亦以酒食款之，即馳一人往報有司。先生恐事涉官府不能脱身，捉空潛遁，從山徑無人之處，狂奔三十餘里，至一古寺，天已昏黑，乃叩寺投宿。寺僧設有禁約，不留夜客歇宿。寺傍有野廟久廢，虎穴其中，行客不知，誤宿此廟，遭虎所啖，次早寺僧取其行囊自利，以爲常事。先生既不得入寺，乃就宿野廟之中，饑疲已甚，於神案下熟寢。夜半，群虎繞廟環行大吼，無敢入者，天明寂然。寺僧聞虎聲，以爲夜來借宿之客已厭虎腹，相與入廟，欲簡其囊，先生夢尚未醒。僧疑爲死人，以杖微擊其足。先生蹷然而起，僧大驚曰：「公非常人也，不然，豈有入虎穴而不傷者乎？」先生茫然不知，問虎穴安在，僧答曰：「即此神座下是矣。」僧心中驚異，反邀先生過寺朝餐。餐畢，先生偶至殿後，先有一老道者打坐，見先生來，即起相訝，曰：「貴人還識無爲道者否？」先生視之，乃鐵柱宫所見之道者，容貌儼然如昨，不差毫髮。道者曰：「前約二十年後相見於海上，不欺公也。」先生甚喜，如他鄉遇故知矣。因與對坐，問曰：「我今與逆瑾爲難，幸脱餘生，將隱姓潛名，爲避世之計，不知何處可以相容，望乞指教。」道者曰：「汝不有親者在乎？萬一有人言汝不死，逆瑾怒逮爾父，誣爾以北走胡，南走越，何以自明？汝進退兩無據矣。」因出一書示先生，乃預寫就者。詩曰：

二十年前已識君，今來消息我先聞。君將性命輕毫髮，誰把綱常重一分？寰海已知誇令德，皇天終不喪斯文。英雄自古多磨折，好拂青萍建大勳。

先生服其言，且感其意，乃決意赴謫，索筆題一絶於殿壁。詩曰：

險夷原不滯胸中，何異浮雲過太空。夜静海濤三萬里，月明飛錫下天風。

先生辭道者欲行，道者曰：「吾知汝行資困矣。」乃於囊中出銀一錠爲贈。先生得此盤纏，乃從間道遊武夷山，出鉛山，過上饒，復晤婁一齋，一齋大驚曰：「先聞汝溺於江，後又傳有神人相救，正未知虚實。今日得相遇，乃是斯文有幸！」先生曰：「某幸而不死，將往謫所。但恨未及一見老父之面，恐彼憂疑成病，以此介介耳。」婁公曰：「逆瑾遷怒於尊大人，已改官南京宗伯矣。此去歸途，便道可一見也。」先生大喜。婁公留先生一宿，助以路費數金。先生逕往南京省覲龍山公。父子相見，出自意外，如枯木再花，不勝之喜。（《皇明大儒王陽明先生出身靖難録》）

中和堂主贈詩

（正德二年，一五〇七年）

十五年前始識荆，此來消息最先聞。君將性命輕毫髮，誰把綱常重一分？寰海已知誇令德，皇天終不喪斯文。武夷山下經行處，好對青山醉夕醺。

詩見《高坡異纂》卷下。此詩實爲陽明借「中和堂主」（陽明所虛構道人）之口所自作詩，原在陽明《遊海詩》與陸相《陽明先生浮海傳》中，詳見前《遊海詩》考。《皇明大儒王陽明出身靖亂録》以爲此詩是「鐵柱宫老道」（亦陽明所虛構道人）所作，句有差異，著録於下：

二十年前已識君，今來消息我先聞。君將性命輕毫髮，誰把綱常重一分？寰海已知誇令德，皇天終不喪斯文。英雄自古多磨折，好拂青萍建大勳。

此顯是「墨憨齋主人」編《皇明大儒王陽明出身靖亂録》時，從《遊海詩》與《陽明先生浮海傳》中取出此詩，而加以修改變化。

田横論

（約正德二年，一五〇七年）

知死之爲義，而不權衡乎義，勇有餘而智不足者也。天下未嘗有不可處之事，吾心未嘗有不可權之理。死生利害攖於吾前，吾惟權之於義，則從違可否自有一定之則，生亦不爲害仁，死亦不爲傷勇。古人沈晦以免禍，殺身以成仁，其顧瞻籌度之頃，見之亦審矣，而後爲之；不然，奚苟焉於一日之便，而取公論不韙之譏乎？吾觀田横之不肯事漢，致五百人之皆死，固嘗憫其事之有可矜，亦嘗惜其身之有未善也。天下之利害，莫大於死生，驅之生則樂而前，驅之死則怖而後，此人之情也。世有不重其死而輕其生者，豈其情之獨異於人乎？此其中必有大過人者。田横之士皆死義，其何能爲人之所不肯爲，而一時烈丈夫之多哉！雖然，横之死則勇，而智則淺矣。吾爲横計，雖不死可也。死於漢争衡之日可也，爲夷齊王燭之死可也，而横也盍亦權衡於心乎？不死於可爲之時，而死於不可爲之時；不死於不得已之地，而死於得已之地。方酈生之説下齊也，在有志者必不聽，横既是其言而從之，其心已甘爲漢屈矣。及歷下之敗，乃心歸彭越，越之德孰與漢王？横以勢不能爲，尚含耻而歸之，又豈有雄於漢之心乎？既無雄於漢之心，即挈郡於關中，稱藩於漢闕，漢必有以遇之，横於此可以不死，横必以死爲安。當漢與齊之結乎盟，則二國爲兄弟也，而漢又襲之，是負信義於天下矣！齊之力既無如之，何獨不可執信義之詞，與之較曲直乎？其曲在漢，其直在齊，横於是而命一介之士，達咫尺之書，以申其盟，以彰漢之罪於天下，以正仗義敢死之秋，横於斯可以死也。及項羽既屠，横慮有腐肉之慘，乃率其徒屬居海島。是時漢雖招之，而我固拒之，漢亦未必有加兵之舉，横於是可以得已也，奈何一聞其召，即不遠千里而來，是其來也意不在王，則在於侯；不在於侯，則在於脱斧鉞之危耳。不然，將何爲哉？使横而信有不臣之節，則終身而已矣，何覬覦乎王侯之業而不爲夷齊之逃；使横而信有輕生之心，則守正以俟死而已矣，何寒心於白刃之鋒而不爲王燭之勇；使横而信以漢王之心必不我免，當漢使之臨，即自處以不韙可也，又何乘傳至洛陽而後決哉！是時不可死，而横則死之，時可以死，而横則不死；事不可已，而横則已之，事可以已，而横則不已，智者故如是乎？吾知横之死，不在於今，而已兆於歷下之敗矣。大抵事不可近慮，以近慮而慮之，未有不覆其事者。當齊與漢角峙，嚴於自衛，猶懼失之，夫何酈生一言之後，即肆爲酣暢之樂，而撤其紀律之備，此正以近慮慮之者。然則韓信之襲破，乃横之所以自取，而非酈生之罪矣，何至怒烹之邪？不知酈生可宥而漢不可忘，使以怒酈生者怒漢，則漢將懾於齊而未敢動，未可知也。抑是時横之謀固疏矣，五百人豈將不在邪？何無一人之慮及於此也。一人言之，五百人皆是之，則横亦未必無是心也；五百人不言，而横又甘受其挫。此横之事一去，而五百人所以不免也。在五百人則失於不言，在横則失於不智矣。故田横之不肯事漢，孰若直拒於酈生一言之餘？詣首洛陽，孰若守身於海島之外？與其五百人皆殺，而無補於齊，又何如酈之一烹，而有功於漢乎！然則其死也，皆失於前而困於後，徒知慕義，而不知義之輕重者也，吾於横何惜哉！雖然，一人不屈，而五百人相率以蹈之，横蓋深有以感之也，吾於横乎有取。

文見明林有望《新刊晦軒林先生類纂古今名家史綱疑辯》（萬曆刻本）卷三，鄭賢《古今人物論》卷八，清刁包《斯文正統》卷四。陽明此文借古之田横論生死之義，實是因己之遭遇有感而發，爲己而設也。其正德元年因上疏忤宦官劉瑾，下獄廷杖，斃而復甦，面臨生死抉擇，與當年田横相類；然陽明未像田横之不肯事漢，死義不屈，而是委曲求全，謫赴龍場驛，歷盡生死磨難，頑强生存，其生死取予與田横迥異，其因何哉？陽明乃作此《田横論》表明心迹也。蓋陽明以爲田横「知死之爲義，而不權衡乎義，勇有餘而智不足者也」，故「横之死則勇，而智則淺矣」，「徒知慕義，而不知義之輕重者」。取義不一定要舍身，權衡於義，時可死則死之，時不可死則不必死之。故如陽明之卒不舍身取義，而委曲赴謫，乃是既勇且智之行，所謂「吾惟權之於義，則從違可否自有一定之則，生亦不爲害仁，死亦不爲傷勇」也。故可知陽明此文約作於正德二年謫龍場驛前後。

又臨懷素自叙帖

（正德二年，一五〇七年）

懷素家長沙，幼而事佛。經禪之暇，頗好筆翰。然恨未能遠睹前人之奇迹，所見甚淺。遂擔笈杖錫，西遊上國，謁見當代名公，錯綜其事，遺編絕簡，往往遇之，豁然心胸，略無疑滯。魚箋絹素多所塵點，士大夫不以爲怪焉。顏刑部書家者流，精極筆法，水鏡之辨，許在末行。又以尚書司勳郎盧象、小宗伯張正言曾爲歌詩，故叙之曰：「開士懷素，僧中之英，氣概通疏，性靈豁暢；精心草聖，積有歲時，江嶺之間，其名大著。故吏部侍郎韋公陟，睹其筆力，勖以有成。今禮部侍郎張公謂賞其不羈，引以遊處。兼好事者同作歌以贊之，動盈卷軸。夫草稿之作起於漢代，杜度、崔瑗始以妙聞。迨乎伯英，尤擅其美。羲、獻兹降，虞、陸相承。口訣手授，以至於吴郡張旭長史，雖姿性顛逸，超絕古今，而猶楷精法詳，特爲真正。真卿早歲常接遊居，屢蒙激昂，教以筆法。資質劣弱，又嬰物務，不能懇習，迄以無成。追思一言，何可復得？忽見師作，縱横不群，迅疾駭人，若還舊觀。向使師得親承善誘，函挹規模，則入室之賓，捨子奚適？嗟歎不足，聊書此以冠諸篇首。」其後繼作不絕，溢乎箱篋。其述形似則有張禮部云：「奔蛇走虺勢入座，驟雨旋風聲滿堂。」盧員外云：「初疑輕煙淡古松，又似山開萬仞峰。」王永州邕曰：「寒猿飲水撼枯藤，壯士拔山伸勁鐵。」朱處士遥云：「筆下唯看激電流，字成只畏盤龍走。」叙機格則有李御史舟云：「昔張旭之作也，時人謂之張顛，今懷素之爲也，余實謂之狂僧，以狂繼顛，誰曰不可？」張公又云：「稽山賀老粗知名，吴郡張顛曾不易。」許御史瑶云：「志在新奇無定則，古瘦漓驪半無墨。醉來信手兩三行，醒後却書書不得。」戴御史叔倫云：「心手相師勢轉奇，詭形怪狀翻合宜。人人欲問此中妙，懷素自言初不知。」語疾速則有竇御史冀云：「粉塑長廊數十間，興來小豁胸中氣。忽然絶叫三五聲，滿壁縱横千萬字。」戴公又云：「馳毫驟墨列奔駟，滿座失聲看不及。」目愚劣則有從父司勳員外郎吴興錢起詩云：「遠錫無前侣，孤雲寄太虚。狂來輕世界，醉裏得真如。」皆辭旨激切，理識玄奥，固非虚蕩之所敢當，徒增愧畏耳。

正德二年，臨懷素書於吉安旅次。陽明山人王守仁。

陽明手書真迹(絹本册，二十頁，長二十二釐米，寬十五釐米)在二〇〇六年第三期嘉德四季拍賣會(中國嘉德拍賣有限公司)上出現，並在網上公布。是手迹有「三希堂精鑑璽」、「石渠寶笈」諸印，後有康有爲題跋。陽明弘治二年在洪都乃臨蘇本懷素自叙帖，是次則臨蜀本懷素自叙帖，筆法更宏肆老到，唯後題「臨懷素書於吉安旅次」，使人致疑。蓋正德二年陽明無有到吉安之事，錢德洪《陽明先生年譜》云：「正德二年，夏（按：應作春）赴謫至錢塘……因取間道，由武夷而歸。時龍山公官南京吏部尚書，從鄱陽往省。」是陽明乃從武夷經鄱陽往南都，不經過吉安。季本亦稱陽明「於是入建陽，遊武夷，歷廣信，而復歸於杭」（《季彭山先生文集》卷四《跋陽明先生遊海詩後》），不可能經吉安。或陽明是次赴謫，託言投江，詭秘其行，多造其浮海見異人之傳説，「吉安旅次」云云，或亦是其僞託，而實未嘗至其地耶？頗疑此「正德二年」爲正德十二年之誤，乃陽明書寫遺漏一字（陽明手書時有漏字現象，如其遊東林詩題作「正德庚辰三月廿三日，陽山人識」）。按錢德洪《陽明先生年譜》：「正德十二年正月，至贛。先生過萬安……」是陽明在正德十二年正月有過吉安之事。兹姑記疑於此，以俟再考。

大中祥符禪寺

（正德二年，一五〇七年）

飄泊新從海上至，偶經江寺聊一遊。老僧見客頻問姓，行子避人還掉頭。山水於吾成痼疾，險夷過眼真蜉蝣。爲報同年張郡伯，煙江此去理漁舟。

詩見《嘉慶西安縣志》卷四十四、《民國衢縣志》卷四。大中祥符寺在衢州西安縣，《康熙衢州府志》卷二十六：「西安縣祥符禪寺，在縣治北。梁太監三年額曰『鄭覺』。舊傳爲將軍鄭平捨宅，故名。唐陸宣公贄捐助千餘畝田，以飯僧衆至今。葬鄭、陸兩公，供於左廡。至宋大中祥符初，改今名矣。」陽明此詩當是正德二年秋託言投江南遁、遊海入山再由武夷歸經西安時作。所謂「飄泊新從海上至」，即指其遊海入山，飄泊歸來。「行子避人還掉頭」，言其猶畏避行踪，恐人識破。「險夷過眼真蜉蝣」，謂其遊海入山，歷盡千難萬險，正與其《泛海》所云「險夷原不滯胸中，何異浮雲過太空」相同。「爲報同年張郡伯」，乃指其時衢州知府，按《康熙衢州府志》卷十二《府官》云：「武宗正德元年，張維新，龍驤衛，進士。」據《掖垣人鑑》，張維新字宗德，華陰人。弘治十二年進士，除吏科給事中。正德元年擢浙江衢州府知府，仕終廣平知府。可見張維新與陽明爲同年（《明清進士録》失載），其於正德元年至三年任衢州知府，陽明詩云「同年張郡伯」，必指其人，尤可見此詩作於正德二年陽明由海上歸來之時也。蓋陽明此詩必當原在其《遊海詩》中，陸相作《陽明先生浮海傳》也必引録此詩，故爲後來人作西安縣志與衢縣志所著録也，季本稱陽明《遊海詩》「所至之地，必有題詠；所遇之人，必有唱酬。篇章累積，不可勝紀」，於此詩可得一證。參見前《遊海詩》考及下《題蘭溪聖壽教寺壁》考。

舍利寺

經行舍利寺，登眺幾徘徊。峽轉灘聲急，雨晴江霧開。顛危知往事，飄泊長詩才。一段滄洲興，沙鷗莫浪猜。

（正德二年，一五〇七年）

詩見《萬曆龍遊縣志》卷二、《民國龍遊縣志》卷三十三。按《民國龍遊縣志》卷二十四：「舍利寺，在縣東三十里。何時建無考。宋明道二年，縣人江延厚重建，趙抃爲之記。」此詩當也是陽明正德二年遊海入山歸經龍遊所作，所謂「顛危知往事」，指陽明抗疏救戴銑被杖貶謫與遊海入山歷經危難。「飄泊長詩才」，指陽明遊海入山飄泊歸來，與《大中祥符禪寺》所云「飄泊新從海上至」意同。「一段滄洲興」，是陽明將是次一番遊海入山飄泊視爲一段滄洲隱遁之經歷，其中隱情世人莫要浪猜也。按《萬曆龍遊縣志》成於萬曆中，其時陽明《遊海詩》及陸相《陽明先生遊海傳》猶在未亡，故其詩爲作龍遊縣志所取用。或是此詩即題在舍利寺壁，即季本所云「所至之地，必有題詠」，故爲作龍遊縣志所取用。參見前《大中祥符禪寺》考。

題蘭溪聖壽教寺壁

（正德二年，一五〇七年）

蘭溪山水地，卜築趁雲岑。況復徑行日，方多避地心。潭沉秋色静，山晚市煙深。更有楓山老，時堪杖履尋。

詩見《萬曆蘭溪縣志》卷六，《光緒蘭溪縣志》卷三。聖壽教寺在蘭溪縣東，《光緒蘭溪縣志》卷三：「聖壽教寺，在城東隅一坊大雲山麓，爲祝聖習儀之所。《正德志》：縣東南一百三十五步，梁大同間建。舊名招賢。宋祥符中更名聖壽。山門舊有大雲山額，故俗又稱大雲寺。寺宇規模宏偉，禪房分上、中、下，上房在寺山左，中爲白衣閣，下名雙樹林。正宇爲大雄寶殿。」是陽明此詩原載在《正德蘭溪縣志》中（時陽明猶在世），後爲《萬曆蘭溪縣志》、《光緒蘭溪縣志》所著録。《萬曆蘭溪縣志》卷六：「聖壽教寺，縣東一百二十五步，梁大同中建。舊名招賢。宋祥符中更名聖壽寺。明正德年，王陽明先生謫龍場，過蘭，寓大雲山寺幾半月，題詩在☐壁……後僧方叔知之，追至蘭陰山，復以軸乞☐☐壁間。詩爲鄭☐所得。☐後爲吴孺子持去。」按此詩云「潭沉秋色静」，當在秋間過蘭溪。陽明正德二年十二月返錢塘，南下赴龍場驛過蘭溪在十二月底，與此詩不合。此前，陽明在正德二年春二月赴謫至錢塘，七月下舟山，入武夷山；秋九月由武夷經西安、蘭溪而歸。故可知陽明此詩作在正德二年秋九月其由武夷、西安經蘭溪歸時。詩中所云「楓山老」，即章懋。章懋字德懋，號楓山，蘭溪人。《嘉慶蘭溪縣志》卷十三：「章懋，字德懋，自號闇然居士，純孝鄉渡瀆人。……年止四十一，力求致仕……既歸，屏跡不入城府……四方士大夫因其講學楓木山中，稱爲楓山先生。行過蘭者，必造請其廬。」又《光緒蘭溪縣志》卷八：「楓山書堂，在純孝鄉渡瀆，明尚書章懋講學處。初於成化十三年乞歸，構室三間，中張布帷，左右置經籍，以供玩索。嘗自制有《書室銘》……弘治間，艱於步履，未便往來，而後進者率至其家受學。」陽明是次留居蘭溪半月，必當往訪章懋，蓋章懋亦先機識劉瑾弄權，疏請乞歸，陽明在都下已早有聞，《楓山語録》後《行實》録有陽明一則語録：「先生專一主敬，國子祭酒時，年踰七十三，疏得請。逆瑾擅權，名卿多遭斥辱，而翁已先機去矣。」此詩當亦是陽明《遊海詩》中詩，參見前《大中祥符寺》考。

靖興寺

（正德三年，一五〇八年）

隔水不見寺，但聞清磬來。已指峰頭路，始瞻雲外臺。洞天藏日月，潭窟隱風雷。欲詢興廢跡，荒碣滿蒿萊。

詩見《乾隆長沙府志》卷四十七。按靖興寺在醴陵縣靖興山，《乾隆長沙府志》卷三十五：「靖興寺，在（醴陵）縣河西，唐李靖屯兵處，内有法輪。」又卷五：「西山，（醴陵）縣西二里，一名靖興山。唐李靖駐兵於此，石壁上有靖像。」正德三年春陽明赴龍場驛途經醴陵，《王陽明全集》卷十九有《醴陵道中風雨夜宿泗州寺次韵》，此詩亦作在其時。

龍潭

（正德三年，一五〇八年）

老樹千年惟鶴住，深潭百尺有龍蟠。僧居却在雲深處，别作人間境界看。

詩見《乾隆長沙府志》卷四十九，《雍正湖廣通志》卷八十。按此龍潭指醴陵靖興山下龍潭，《乾隆長沙府志》卷五：「靖興潭，（醴陵）縣西金魚洲下，以李靖得名。」前《靖興寺》中云「潭窟隱風雷」，即指此龍潭。《乾隆長沙府志》於陽明此詩下又録有鄒守益和詩《靖興寺》：「鳳闕一鳴成遠斥，龍場千里且深蟠。題詩留得行程記，老樹深潭不忍看。」可見此詩乃陽明正德三年春赴龍場驛經醴陵時所題，十八年後鄒守益謫常德來遊靖興寺，猶見詩題壁如新也。

望赫羲臺

（正德三年，一五〇八年）

隔江嶽麓懸情久，雷雨瀟湘日夜來。安得輕風掃微靄，振衣直上赫羲臺。

詩見趙寧《長沙府嶽麓志》卷六，《光緒湖南通志》卷三十二。錢明《王陽明全集未刊散佚詩文彙編及考釋》著録。按赫羲臺在嶽麓山，乃朱熹命名。《光緒湖南通志》卷三十二：「赫羲臺，在（善化）縣嶽麓山。朱子嘗改嶽麓山頂曰『赫羲』，亦以名臺。」正德三年春陽明謫赴龍場驛嘗經長沙嶽麓，《王陽明全集》卷十九有《長沙答周生》、《陟湘于邁嶽麓是尊仰止先哲因懷友生麗澤興感伐木寄言二首》、《遊嶽麓書事》、《次韵答趙太守王推官》、《天心湖阻泊既濟書事》諸詩，可見陽明在長沙遊嶽麓之況。其中《遊嶽麓書事》云：「道鄉荒趾留突兀，赫曦遠望石如鼓。」與此詩題「望赫羲臺」相切合，知此詩當與《遊嶽麓書事》作在同時（三月）。

贈龍以昭隱君

(正德三年,一五〇八年)

長沙有翁號頤真,鄉人共稱避世士。自言龍逄之後嗣,早歲工文頗求仕。中年忽慕伯夷風,脱棄功名如敝屣。似翁含章良可貞,或從王事應有子。

詩見《乾隆長沙府志》卷四十六。按龍以昭即龍時熙,字以昭,號頤真,攸縣人。《乾隆長沙府志》卷二十八:「龍時熙,字以昭,攸縣人。剛正不屈。少寓金陵,有少婦暮行失釵,夫疑贈人,適時熙拾而還之,夫疑以釋。湛甘泉、王陽明皆高其行。」陽明此詩當是正德三年春赴龍場驛經長沙時作,其識龍時熙,或出於湛甘泉介紹。

朱張祠書懷示同遊

（正德三年，一五〇八年）

客行長沙道，山川鬱稠繆。西探指嶽麓，凌晨渡湘流。踰岡復陟巘，弔古還尋幽。林壑有餘采，昔賢此藏修。我來實仰止，匪伊事盤遊。衡雲閑曉望，洞野浮春洲。懷我二三友，伐木增離憂。何當此來聚，道誼日相求。靈傑三鄉會，朱張二月留。學在濂洛系，文共漢江流。

詩見《石鼓志》卷五。錢明《王陽明散佚詩文續補考》著録此詩，將後四句單獨集爲一詩。按《王陽明全集》卷十九有《陟湘于邁嶽麓是尊仰止先哲因懷友生麗澤興感伐木寄言二首》，其一即此詩，然缺最後四句。疑《石鼓志》乃從嶽麓詩刻録入，保存陽明詩原貌，析爲二詩不當；錢德洪將此詩編入陽明集中，有意删去了此四句。此詩應爲陽明正德三年正月赴龍場驛經長沙時作。

弔易忠節公墓（正德三年，一五〇八年）

金石心肝熊豹姿，煌煌大節繫人思。長風撼樹聲悲壯，仿佛當年罵賊時。

詩見《湘陰易氏族譜》卷首之二。按易忠節公即易先，字太初，湘陰人。《明史》卷一百五十四有傳，簡略不明。《湘陰易氏族譜》首卷之二著録有《忠節公墓志銘》云：

易公忠節，瑄同邑之先達也。守諒山，政平民和，有「易知府，蘇民苦；易公先，辨民冤」之謡，蓋紀實也。任滿，軍民黄虎山等請提保留，鎮撫交阯、少保、户部尚書黄公東萊上於朝，乃命留守。會黎利寇陷諸城，諒山大震。公誓衆守城，無有異心。數月餘，增兵攻愈疾，食盡矢窮，求援不至，城陷，公自經。事聞，宣宗皇帝深悼之，贈廣西布政使司左參政，謚忠節，仍爲文敕禮部遣士張純諭祭焉。嗚呼！公之精忠大節，炳於天壤，死故不朽矣！當諒山危急時，都督蔡福輩擁兵逡巡，而卒之不免國典，以視公，其忠奸爲何如也！公殁後，一時名公鉅卿，詩歌其事，傳紀其人，無不流連感慕。瑄忝同里，仰其英風壯采，尤爲備悉，故表之。公諱先，字太初，未逾冠采芹，洪武中由上庠擢拔貢，肄業國子監。選授諒山知府。宣德二年，黎利寇，公以身殉。宜人黄氏，同日死之。子三：長縉，次升，三徹。縉、升留本邑守廬墓，徹隨任，死之。舉家投井死者共十八口。諒山東門外，原有公墓，宣德三年，始歸葬湘陰之栗橋。銘曰：

栗橋之側，精英不蝕。來往千億，靡不變色。子孫繩繩，永以爲則。

另魏驥《魏文靖公摘稿》卷一有《忠節堂記》，亦記述甚詳，可補史載所缺。易先墓在湘陰栗橋，且有忠節祠，《湖南通志》謂「易先墓，在（湘陰）縣北四十五里栗橋」，「忠節祠，在城北，祀明諒山府知府易先」。故可知陽明此詩當爲正德三年春赴貴州龍場驛途經湘陰時作，蓋陽明抗疏被貶，懷忠憤悲凉之情赴謫，其特往栗橋憑弔易先墓與忠節祠，蓋以自況焉。

晚泊沅江

（正德三年，一五〇八年）

古洞何年隱七仙，仙踪欲扣竟茫然。惟餘洞口桃花樹，笑倚東風自歲年。

詩見《桃花源志略》卷八、《嘉慶常德府志·常德文徵》卷八。按此詩實爲遊桃源洞詩，「古洞」即指桃源洞。桃源洞在桃源縣桃源山，沅水之陰，《桃花源志略》卷二引釋一休《桃源洞天志》云：「桃源山，在桃源縣西南三十里沅水之陰，廣三十二里，高五里。負土抱石，嵯峨蓊鬱，群峰環拱，氣勢雄秀。洞在山之半……石壁峭立，縱横丈餘，雙扉宛然，終古長閉，横鐫『秦人古洞』四大字。洞前平地二十餘步，有仙人棋几，可弈可趺。洞左泉從山巓飛落，莫窮其源，至洞門匯爲小池。」按陽明正德三年春謫赴龍場驛及正德五年春自龍場驛赴廬陵，均經桃源、武陵，《王陽明全集》卷十九有《沅江晚泊二首》云：「去時煙雨沅江暮，此日沅江暮雨歸。」《沅江晚泊》爲陽明正德五年春自龍場驛歸經桃源縣作，則此《晚泊沅江》爲陽明正德三年春赴龍場驛經桃源縣作。

始得東洞遂改爲陽明小洞天

（正德三年，一五〇八年）

群峭會龍場，戟雉四環集。邇覯有遺觀，遠覽頗未給。尋溪涉深林，陟巘下層隰。東峰叢石秀，獨往凌日夕。崖穹洞蘿偃，苔滑徑路澀。月照石門開，風飄客衣入。依窺嵌竇玄，俯聆暗泉急。愜意戀清夜，會景忘旅邑。熠熠巖鶻翻，凄凄草蟲泣。點詠懷沂朋，孔歎阻陳楫。躊躇且歸休，毋使霜露及。

詩見上海圖書館藏《居夷集》卷二（嘉靖三年丘養浩叙刊，韓柱、徐珊校訂），永富青地《現存最古の王守仁の詩文集—北京上海兩圖書館藏の〈居夷集〉について》著録。按《王陽明全集》卷十九《居夷詩》中有《始得東洞遂改爲陽明小洞天三首》，在《居夷集》却作《移居陽明小洞天》，而此詩方作《始得東洞遂改爲陽明小洞天》。今按此三首詩中有云「移居快幽塏」、「夷居信何陋」、「洞居頗不惡」等，可見此三首詩題作「移居陽明小洞天」爲是，而《居夷集》中此詩題作「始得東洞遂改爲陽明小洞天」不誤。《居夷集》應爲陽明手定，一如其定《上國遊》、《遊海詩》等一樣，故此《始得東洞遂改爲陽明小洞天》可信爲陽明作，題亦不誤。《王陽明全集》中之「居夷詩」爲錢德洪編入，故有誤題漏詩。陽明在正德三年春抵貴州龍場驛，此詩云「凄凄草蟲泣」，「毋使霜露及」，作在秋間，蓋陽明至秋間發現東洞，乃改名爲「陽明小洞天」也。

答文鳴提學

（正德三年，一五〇八年）

書來，非獨見故舊之情，又以見文鳴近來有意爲己之學，竊深喜望。與文鳴別久，論議不入吾耳者三年矣。所以知有意於爲己者，三年之間，文鳴於他朋舊書札之問甚簡，而僕獨三至焉。今又遣人走數百里邀候於途，凡四至矣。所以於四至之書，而知其有爲己之心者，蓋亦有喩。人有出見其鄰之人病，惻焉，煦煦訊其所苦，遵之以求醫，詔之以藥餌者，入門而忽焉忘之，無他，痛不切於己也。已疾病則呻吟息，不能旦夕，求名醫，問良藥，有能已者，不遠秦楚而延之。無他，誠病疾痛切，身欲須臾忘，未能也。是必文鳴有切身之痛，將求醫之未得，謂僕蓋同患而方求醫與藥者，故復時時念之，茲非其焉已乎？兼來書辭，其意見趨向，亦自與往年不類，是殆克治滋養，既有所得矣。惜乎隔遠，無因面見講究，遂請益耳。夫學而爲人，雖日講於仁義道德，亦爲外化物，於身心無與也。苟知爲己矣，寢食笑言，焉往而非學？譬如木之植根，水之浚源，其暢茂疏達，當日異而月不同。曾子所謂「誠意」，子思所謂「致中和」，孟子所謂「求放心」，皆此矣。此僕之爲文鳴喜而不寐，非爲文鳴喜，爲吾道喜也。願亦勉之，使吾儕得有所矜式，幸甚，幸甚！病齒兼虚下，留長沙八日。大風雨絶往來，間稍霽，則獨與周生金者渡橘洲，登嶽麓。嘗有三詩奉懷文鳴與成之、懋貞，録上請正。又有一長詩，稿留周生處，今已記憶不全，兼亦無益之談，不足呈也。南去儔類益寡，麗澤之思，惄如調饑，便間無吝教言。秋深得遂歸圖，嶽麓、五峰之間，倘能一會，甚善。公且豫存之意，果爾，當先時奉告也。

書見《新刊陽明先生文録續編》卷一《書類》，永富青地《上海圖書館藏〈新刊陽明先生文録續編〉について》著録。錢明《王陽明散佚詩文續補考》有考。前考文鳴即陳鳳梧，弘治十六年九月陳鳳梧任湖廣按察司提學僉事，與陽明相别於京師。此書言及留長沙，遊嶽麓，則作在正德三年謫赴龍場驛，蓋陳鳳梧其時猶在湖廣按察司提學僉事任上，故陽明途經長沙，其「遣人走數百里邀候於途」也。正德三年正月初陽明赴龍場驛，到長沙約在正月底，《王陽明全集》卷十九有《長沙答周生》、《陟湘于邁嶽麓是尊仰止先哲因懷友生麗澤興感伐木寄言二首》、《遊嶽麓書事》、《次韵答趙太守王推官》諸詩，大致可見陽明留長沙八日之況，今得陽明此書，知詩中所言「周生」爲周金。此書中所言「嘗有三詩奉懷文鳴與成之、懋貞」，三詩皆佚；「又有一長詩，稿留周生處」，應即是陽明集中之《遊嶽麓書事》。自弘治十六年至正德三年已六年，此書却云「與文鳴别久，議論不入吾耳者三年矣」，疑正德元年陳鳳梧或三載考績進京，與陽明嘗有一見。尤可注意者，陽明此書云「秋深得遂歸圖」，此書作在初到龍場驛時，已有秋後歸返之打算，其貶謫中過於樂觀於此可見。

答懋貞少參

（正德三年，一五〇八年）

別後，懷企益深。朋友之內，安得如執事者數人，日夕相與磨礱砥礪，以成吾德乎？困處中，忽承箋教，灑然如濯春風，獨惟與進，雖初學之士，便當以此爲的，然生何敢當此？悚愧中，聞歎近來學術之陋，謂前輩三四公能爲伊洛本源之學，然不自花實而專務守其根，不自派別而專務受其源，如和尚專念數珠而欲成佛，恐無其理；又自謂慕古人體用之學，恐終爲外物所牽，使兩途之皆不到，足以知執事之致力於學問思辨，重内輕外，惟曰不足，而不墮於空虛渺茫之地無疑矣。生則於此少有所未盡者，非欲有所勸，將以求益耳。夫君子之學，先立乎其大者，而小者不能奪。故子思之論修德凝道，必曰尊德性而道問學。而朱子論之，以爲非存心無以致知，而存心者又不可以不致知。執事所謂不自花實派別而專務守其根源，不知彼所守者，果有得於根源否爾，如誠得其根源，則花實派別將自此而出，但不宜塊然守此，而不復有事於學問思辨耳。君子之學，有立而後進者，有進而至於立者，二者亦有等級之殊。蓋立而後進者，卓立後有所進，所謂三十而立，吾見其進者；進而至於立者，可與適道，而至於可與立者也，蓋不能無差等矣。夫子謂子貢曰：「賜也，汝以予爲多學而識之者與？」又曰：「蓋有不知而作之者，我無是也。」「多聞，擇其善者而從之，多見而識之，知之次也。」執事之言，殆有懲於世之爲禪學而設，夫亦差有未平與？若夫兩途之説，則未知執事所指者安在？道一而已矣，寧有兩耶？有兩之心，是心之不一也，是殆本源之未立與？恐爲外物所牽，亦以是耳。程子曰：「苟以外物爲外牽，已而從之，是以己性爲有内外也。」又曰：「自私，則不能以有爲應迹；用智，則不能以明覺爲自然。今以惡外物之心而求照無物之地，是反鏡而索照也。」又曰：「君子之學，莫若擴然而大公，物來而順應。」由是言之，心迹之不可判而兩之也，明矣。執事挺特沉毅，豈生昧劣所敢望於萬一？然乃云爾者，深慕執事樂取諸人之盛心，而自忘其無足取。且公事有暇，無吝一一教示。成之、文鳴如相見，亦乞爲致此意也。

書見《新刊陽明先生文録續編》卷一《書類》。此書向來以爲是致林希元，乃誤。按林希元正德十二年方中進士出仕，且其一生亦未嘗任過「少參」（參議），乃是一崇朱學者，與陽明向無往來，此「懋貞少參」斷非林希元可知。今按此「懋貞少參」乃是吴世忠，字懋貞，嘗任湖廣參議。《國朝獻徵録》卷六十三有《都察院右僉都御史吴世忠傳》：「吴世忠，字懋貞，江西金谿縣人。弘治庚戌進士，授兵科給事中，歷吏科左右給事中，陞湖廣布政司左參議。劉瑾時，坐累降山東按察司僉事，入爲尚寶寺少卿，陞大理寺寺丞，右少卿。正德癸酉，擢都察院右僉都御史，巡撫延綏……留心邊務，虜在河套，出師逐之，既失利，乃以疾辭……瑾嘗遣邏卒至湖藩，或誣同官胡姓者以罪，胡、吴聲相近，誤逮世忠，世忠隱忍受之不辯，亦不復言。瑾誅，胡以告，人皆服世忠之氣度爲不可及。世忠才不逮志，而用亦弗究。家居一年而卒。」《掖垣人鑑》卷十一：「吴世忠，字懋貞，號□□，江西金谿人。弘治三年進士。四年三月，除兵科給事中，以疾告歸。十年，復除刑科。十四年，除户科右。十五年，陞吏科左。十七年，陞湖廣左參議。仕至都察院右僉都御史，巡撫延綏，仍以疾告歸，卒於家。」是正德三年吴世忠確爲湖廣參議在長沙。弘治中陽明與吴世忠同在刑部任職，是「西翰林」中領袖人物，兩人講學論文，關係尤密。前《答文鳴提學》考陽明正德三年經長沙，同陳鳳梧、吴世忠、徐守誠有一見，贈詩而别，故此《答懋貞少參》云「别後，懷企益深……成之、文鳴如相見，亦乞爲致此意也」，可見此書乃陽明到貴州龍場驛後不久所作。

士窮見節義論

（約正德三年，一五〇八年）

論曰：君子之正氣，其亦不幸而有所激也。夫君子以正氣自持，而顧肯以表表自見哉？吾以表表自見，而天下已有不可救之患。是故君子之不得已也，其亦不幸而適遭其窮，則必不忍泯然自晦，而正氣之所激，蓋有抑之必伸，鍊之必剛，守之愈堅，作之愈高，而始有所謂全大節，仗大義，落落奇偉，以高出品彙儔伍之上矣。此豈依形而立，恃勢而行，待生而存，隨死而亡者耶？且夫正氣流行磅礴，是猶在天爲星辰，在地爲河嶽，而在人則爲功業、爲節義，何者？蓋處順而達，則正氣舒，而爲功爲業；處逆而窮，則正氣激，而爲節爲義。是理之常者，無足怪也。今夫長江萬里，汪洋汗漫，浩然而東也，卒遇逆折之衝，而後有撼空摧山之勢，震動而不可禦，豈非激之使然也？是知董狐之筆，晉激之也；蘇武之節，匈奴激之也；東都縉紳含冤就戮，而接踵繼至，黨錮之禍激之也。一激之間，而節義之名增廣於天下，是豈君子得已而故不已也？孟子曰：「我善養吾浩然之氣。」故弱者養之，以至於剛；慊者養之，以至於充也。不幸適遭其窮，而當吾道之厄，則前之不可伸也，後之不可追也，左之不可援也，右之不可顧也。抑之則生，揚之則死，呼吸之間，而死生存亡係矣，其時亦岌岌矣。君子於此，將依阿以爲同也，將沉晦以爲愚也，疇昔所養，何爲而乃爲此也？是故君子之不得已也。是故竄身可也，碎首可也，濺血可也，可生可死，可存可亡，而此氣不可奪也。於是有凌節頓挫，而吐露天下之日，則雖晉楚之富，王公之貴，儀、秦之辯，賁、育之勇，皆失其所恃，而吾之氣節著矣。是故有隨波而逝者也，而後有中流之砥柱；有隨風而靡者也，而後有疾風之勁草；是故有觸之必碎，犯之必焦者也，而後有烈火之真金。奴顔卑膝，其名爲佞，是故有長揖不拜以爲高；依阿遷就，其名爲懦，是故有徹推印綬以爲潔。王步斯艱，國脉如綫，於是有拜表泣行，而不知其爲激者矣；舉目中原，蕭條風景，於是有擊楫自誓，而不知其爲憤者矣；叩首虜廷，恬不知怪，於是有孤臣抗賊，而不忍一朝之忿者矣；挈國授人，甘心面縛，於是有鼎鑊如飴，不忍一朝之患者矣。寧爲周頑民，不爲商叛國；寧爲晉處士，不爲莽大夫；寧爲宋孤臣，不爲元宰相；寧全節而死，不失節而生；寧向義而亡，不背義而存。是以正氣所激。崢嶸磊落，上與日月爭光，下與山嶽同峙。視彼小人，平時迂闊宏大，矯拂奇危，而臨事之際，俯首喪氣，甘與草木同朽腐者，其於爲人賢不肖何如也？孔子曰：「歲寒然後知松柏之後凋也。」而君子之節義，亦至窮而後見矣。嗚呼！君子豈不欲和其聲，以鳴國家之盛，無節名，無義譽，而使天下陰受其福哉？君子而以節義自見，不惟君子不幸，而亦斯世不幸也。雖然，節義一倡，士習隨正，所以維持人心，綱紀斯道者，又豈淺淺哉！故叩馬一諫，凛凛乎萬世君子之義；而黨錮諸賢，亦能扶漢鼎於將亡之秋，操懿温裕，雖包藏禍心，睥睨垂涎，不忍遽發；而當時慕義之徒，亦往往聲其罪而攻之，至是而知君子之行，有以風乎百世，而天下之人卒賴是以自立。嗚呼！時世至此，其亦不幸而以節義自見，抑亦幸而以節義自持也。謹論。

文見明錢普輯評《批選六大家論・陽明先生論》（中國人民大學圖書館藏古籍珍本叢刊）。按《批選六大家論》中選陽明論四篇：一爲《君心惟在修養》，取自《山東鄉試録》；一爲《田横義士論》，即《田横論》；一爲《四皓羽翼太子論》，即《四皓論》；一即此《士窮見節義論》。可見陽明此四篇論在明代甚見流行，成爲舉業「範本」，陽明以此四篇論而成爲明代六大論家高手之一。然陽明作此四論皆針對現實有感而發，充滿憂患感與滄桑感，又非一般無病呻吟之「八股文」可比也。觀此論論士窮而見節義，以爲窮困激正氣，君子之節義至窮困而後見，蓋是陽明自況也。所謂「適遭其窮」，實隱指己遭貶謫處窮困境地之命運，陽明《答懋貞少參》即自稱在貴州是「困處中」。「竄身也」，「濺血也」，「孤臣抗賊」，「叩馬一諫」，「黨錮」云云，皆是暗指己抗疏一諫，被下詔獄，謫貴州龍場驛。故可知陽明此論約作在正德三年貶謫龍場驛、處蠻夷窮困之地之時，蓋用以自陳心迹也。

游子懷鄉

（正德三年，一五〇八年）

連峰際天兮，飛鳥不通。游子懷鄉兮，維天則同。異域殊方兮，環海之中。達觀隨寓兮，奚必予宫？魂兮魂兮，無悲以恫！

詩見《王陽明謫黔遺跡》（貴陽市對外文化交流協會編），並在網上公布。原無題，今擬加。按此詩所云「異域殊方」，即指其黔貴遺謫之地，此詩或是陽明到龍場驛後不久所作。

棲霞山

（正德三年，一五〇八年）

宛宛南明水，回旋抱此山。解鞍夷曲磴，策杖列禪關。薄霧侵衣濕，孤雲入座閑。少留心已寂，不信在烏蠻。

詩見日本東亞同文書院出版油印本《新修支那省别全志·貴陽名勝古迹部分》，余懷彦《王陽明與貴州文化》著録。棲霞山在貴陽，《貴陽府志·山水附記》云：「棲霞山，去城三里，横鎖南明河中，古諺稱爲水口山。」此詩所云「宛宛南明水，回旋抱此山」，即指南明河與水口山。《王陽明全集》卷十九有《遊來仙洞早發道中》、《來仙洞》詩，即遊棲霞山來仙洞所作，《來仙洞》所寫意境與此《棲霞山》全似，作在春間，可見陽明此詩即在正德三年春。

何陋軒記

（正德三年，一五〇八年）

昔孔子欲居九夷，人以爲陋。孔子曰：「君子居之，何陋之有？」守仁以罪謫龍場，龍場，故夷蔡之外，於今爲要綏，而習類尚因其故。人皆以爲予自上國而往，將陋其地，弗能居也。而予處之旬月，安而樂之，求其所謂甚陋者而莫得。獨其結題鳥言，山棲羝服，無軒裳宫室之觀，文儀揖讓之縟，然此猶淳龐質素之遺焉。蓋古之時，法制未備，則有然矣，不得以爲陋也。夫愛憎面背，亂白黝丹，浚奸窮黠，外良而中螫，諸夏蓋不免焉。若是而彬彬鬱其容，宋甫魯掖，折旋矩矱，將無爲陋乎？夷之人乃不能此，其好言惡詈，直情率遂，則有矣。世徒以言辭物采之眇而陋之，吾不謂然也。始予至，無室以止，受於叢棘之間，則鬱也。遷於東峰，就石穴而居之，又陰以濕。龍場之民，老稚日來視予，喜不予陋，益孚比。予嘗圃於叢棘之後，民謂予之樂也，相與伐木閣之材，就其地爲軒以居予。予因而翳之以檜竹，蒔之以卉藥。列堂階，辨室奥，琴編圖史，講誦遊適之道略具。學士之來遊者，亦稍稍而集，於是人之及吾軒者，若觀於通都焉，而予亦忘予之居夷也，因軒扁曰「何陋」，以信孔子之言。嗟夫！諸夏之盛，其典章禮樂，歷聖修而傳之，夷不能有也，則謂之陋固宜。於後蔑道德而專法令，搜抉鉤縶之術窮，而狡匿譎詐，無所不至，渾樸盡矣。夷之民方若未琢之璞，未繩之木，雖粗礪頑梗，而椎斧尚有施也，安可以陋之？斯孔子所謂「欲居」也歟？雖然，典章文物則亦胡可以無講？今夷之俗，崇巫而事鬼，瀆禮而任情，不巾不笄，卒未免於陋之名，則亦不講於是耳。然此無損於其質也。誠有君子而居焉，其化之也蓋易。而予非其人也，記以俟來者。

弟守仁謫居龍場，久而樂之，聊寄此以慰舜功年丈遠懷。

文真迹見《書跡名品叢刊》二十二册（明一）。今《王陽明全集》卷二十三有《何陋軒記》，但句有異，且缺最末一段。此記爲陽明正德三年春來龍場驛後不久所作，《王陽明全集》卷十九有《龍岡新構》云：「諸夷以予穴居頗陰濕，請構小廬。欣然趨事，不月而成。諸生聞之，亦皆來集，請名『龍岡書院』，其軒曰『何陋』。」是何陋軒在夏間建成。記中所言「舜功年丈」，應指其姑父牧相。《明清進士録》：「牧相，弘治十二年三甲三十一名進士。浙江餘姚人，字時庸。受業王華，華器異之（妻以女弟），今與守仁同學。官南京兵科給事中，疏罷禮部尚書崔志瑞等。正德初，因清查御馬監，陳冒濫之弊，及中官李棠扞詔旨聲私罪，受杖罷歸。後擢廣西參議（已前卒）。」（參見《明人傳記資料索引》

中《牧相傳》）《明史》卷一百八十八《牧相傳》云：「牧相，餘姚人。弘治十二年進士。授南京户科給事中。論救宣府都御史雍泰，又公疏請罷禮部尚書崔志瑞等，皆不聽。正德元年，奉命與御史吕鏜清查御馬監，因陳濫役濫費之弊，及太監李棠扞詔旨營私罪。至是，受杖歸，授徒養母。後復官，擢廣西參議。命下，相已前卒。」牧相當又字舜功，爲陽明姑父（《掖垣人鑑》卷十一），錢德洪《陽明先生年譜》：「明年（弘治三年），龍山公以外艱歸姚，命從弟冕、階、宫及妹婿牧相，與先生講習經義。先生日則隨衆課業，夜則搜取諸經子史讀之，多至夜分。四子見其文字日進，嘗愧不及，後知之曰：『彼已遊心舉業外矣，吾何及也！』先生接人故和易善謔，一日悔之，遂端坐省言。四子未信，先生正色曰：『吾昔放逸，今知過矣。』自後四子亦漸斂容。」可見牧相與陽明爲同鄉、同學、同年，故陽明記中稱其爲「年丈」。按牧相實爲與戴銑一道疏留劉健，劾宦豎得罪劉瑾，受杖罷歸，《明史》卷一百八十八《戴銑傳》：「既乃與（南京）給事中李光瀚、徐蕃、牧相、任惠、徐暹及御史薄彦徽等連章奏留劉健、謝遷，且劾中官高鳳。帝怒，逮繫詔獄，廷杖除名。」故陽明其時抗章上疏，非唯疏救戴銑，亦爲疏救其姑父牧相也，此一事實後來竟湮没無聞。牧相受杖罷歸在正德二年閏正月，其時陽明在京師尚未赴謫，《國榷》卷四十六：「正德二年閏正月庚戌……杖給事中艾洪、吕翀、劉蒞、南京給事中戴銑、李光瀚、任惠、徐蕃、牧相……於闕下……俱削籍。」至正德三年正月陽明赴龍場驛時，牧相已罷歸餘姚，授徒養母。故陽明此記當是寄給在餘姚之牧相，故稱「以慰舜功年丈遠懷」。牧相之卒年，據《國榷》卷四十八：「正德六年正月丁丑，録前都給事中趙士賢、署郎中李夢陽、主事王綸、孫磐、御史徐鈺、趙祐、楊璋、朱廷聲、劉玉、南京御史周期雍、王佩、給事中任惠、李光瀚、徐蕃、牧相……皆劉瑾所誣陷者也，至是悉録。」由此可知牧相卒於正德五年，蓋陽明在龍場已不及一見。牧相其人，陽明集中一無言及，今得陽明此記，其人真相大明矣。

明封孺人詹母越氏墓志銘

（正德三年，一五〇八年）

予年友詹蓋臣既卒之明年，予以言事謫貴陽，哭蓋臣之墓有宿草矣。登其堂，母夫人之殯在，重以爲蓋臣。見蓋臣之弟惠及其子雲章，則如見蓋臣焉。惠將舉葬事，因以乞銘於予。予不及爲蓋臣銘，銘其母之墓又何辭乎？按狀，孺人姓越氏，高祖爲元平章。曾祖鎮江路總管，入國初來居貴陽。父存仁翁，生孺人，愛之，必爲得佳婿。時蓋臣之祖止庵，亦方爲蓋臣之父封大理評事公求配，皆未有當意者。一日，止庵携評事過存仁飲，見孺人焉，兩父遂相心許之，故孺人歸於評事。評事公好奇，有文事，累立軍功，倜儻善遊，嘗自滇南入蜀，逾湘，歷吴、楚、齊、魯、燕、趙之區，動逾年歲。孺人閫處，釐内外之務，延師教子，家政斬然。評事公出則資馬僕從，入則供具飲食，以交四方之賢，若不有其家者。孺人早夜承之，無怠容。恩亦隨進士，歷官大理寺正，公孺人卒，受恩封焉。嗚呼！孺人相夫爲聞人，訓其子以顯於時，可謂賢也已。丙寅，恩先卒，惠方爲邑庠生。女一，適舉人張宇。孫三：雲表、雲章、雲行。雲章以評事公軍功，百户優給，人謂孺人之澤未艾也。「墓從評事公，兆於城西原。銘曰：母也惟慈，妻也惟順。嗚呼孺人，順慈以訓。生也惟從，死也惟同。城西之祔，歸於其宮。」

銘文手書真迹(長一百一十一點一釐米，寬二十六點六釐米)藏浙江省博物館，計文淵《吉光片羽彌足珍》著録。詹恩蓋臣及其父，史籍無載，陽明稱詹蓋臣爲「年友」，按《嘉靖貴州通志》卷六云：「弘治乙卯科，詹恩，貴州衛人，中乙未進士，任大理寺寺副。」是詹恩確爲弘治十二年進士。詹恩之祖詹英，字秀實，號止庵，《嘉靖貴州通志》卷六：「正統戊午科，詹英，貴州衛人，任雲南河西縣教諭。」卷九：「詹英，資性穎敏，豪邁不羈。爲教諭，執師道，條約肅然。時用兵麓川，英籌畫策以聞，且劾主司之過。英廟以英有識，俾贊軍事，英辭不就，士論高之。」按羅玘《圭峰集》卷十九有《止庵詹先生墓表》云：

……詹君名英，字秀實也。最後乃得其孫大理左寺副(按：即詹恩蓋臣)習言之，則君也歿於甲辰六月某日，今二十年矣……君葬城西原，王(三遍)爲志墓焉。君年止七十二，距解官幾二十年……其二子：大理左寺副恩，程番學生；惠，其二孫適學生陸隣，適鄉貢士張宇。其女與孫女，雲表、雲章，其曾孫也。大理又與言：君純孝天至，至老歲時忌，悲啼如少時，散所藏以家室族之人與其鄉人，往往折負償之券，嬉笑臨之，擅丘壑之趣於壺觴歌詠間。有《止庵先生稿》行於時……大理丏表君之墓，予於次第之末，因併載是以志……

據此，可知正統九年詹英卒時，乃詹恩請羅玘作墓表；至正德三年詹恩母越氏卒時，則由詹惠請陽明作墓志。此墓志中稱「丙寅（正德元年）恩先卒」，而前却云「詹蓋臣既卒之明年，予以言事謫貴陽（按：正德三年），哭蓋臣之墓有宿草矣」，敘述不合，疑此「丙寅」爲「丁卯」之筆誤。

蜀府伴讀曹先生墓志銘

(正德三年,一五〇八年)

弘治十八年三月己亥,蜀府伴讀曹先生卒。又三年,始克葬,是爲正德戊辰之冬,緩家難也。將葬,其子軒謀所以志其墓者。於是餘姚王守仁以言事謫貴陽,軒曰:「是可以托我先人於不朽矣。」以其妹婿越榛狀來請。貴陽之士從守仁遊者詢焉,皆曰信,乃爲志之。先生始以明《詩經》舉於鄉,入試進士,中乙榜,選教夔之建始。建始之學名存實廢,先生至,爲立學宫,設規條,啟新滌穢,口授身率,士始去誕諺,循帖知學,科第勃興,化爲名庠。改教成都華陽,化之如建始。部使者以良有司薦,將試之州郡,先生聞曰:「是非吾所能也。」會以滿考,至部懇求補,遂以爲蜀惠王伴讀。先生入則經史,開諭德義;出則咨否可備替,獻王甚尊寵敬信之,欲加之秩,請於朝,固辭不可,乃止。及嗣王立,復加之,辭益至。王使私焉,曰:「聞府之進秩者,皆先容而獲,今日以義舉,而使者以賄成之,辱上甚矣,其敢不承於先王?」王歎曰:「純士,勿强之。」先生以知遇之恩,無弗盡。憸曲有陰嫉之者,居之久,乃以老求去。王曰:「君忘先王耶?」先生再拜謝曰：「臣死不朽，殿下之及此言，將顧諟明命，正厥事，臣孰敢非正之供，奚事僊臣？不然，臣死且無日，況能左右是圖？」不得已，許之。家居五年，壽七十有一。卒之五月，以藩府舊勞，進階登仕郎。先生之先爲吴人也，永樂間，曾大父迪功郎烱始來自蘇之長洲，戍貴陽，家焉。烱生伏乙，伏乙生二子：榮、昌。昌娶秦氏，生先生及弟。兩方齔而相繼以殁，掬於大父之側室王，伯榮是庇。王卒，先生去官喪焉。伯榮既老，先生奉以之官，不欲留養，不許，乃大備羞耇慎終之具而後行。謂其子曰：「吾聞絞紟衾帽死而後製，然吾四方之役也，可異乎？」亦爲之具。嗚呼！若先生乃可以爲于諒篤行之士，今亡矣。配孺人劉氏，子五人：輊，幹蠱；軾，先卒；轍，旌義民；軒，庠生；輒，業舉。女五人，適知縣尤善輩，皆名家。孫男子六人。先生之世德，於是乎證。先生諱霖，字時望，號戇庵。墓在貴陽城東，祖塋之次。銘曰：于維斯人，此士之方。彼藩之良，淵塞孔將。不寧維藩，可以相鄰。靡曰其下，厥聞既起；靡曰其逝，其儀孔邇。我行其野，我踐其里。其耇若稺，其昆若嗣。于維斯人，不愧銘只。

文見《新刊陽明先生文録續編》卷二《墓志》，永富青地《上海圖書館藏〈新刊陽明先生文録續編〉について》著録。曹霖其人，史無記載，賴陽明此墓志銘，得傳其人。銘中云曹霖「家居五年，壽七十有一」，則其生於宣德十年（一四三五），其中進士第當在成化年間。按《嘉靖貴州通志》卷六：「成化乙酉科：曹霖，前衛人，蜀府伴讀。」是以曹霖爲成化元年進士，然成化元年並無會試，此當是成化二年之誤。其爲蜀王府伴讀時間，據《明史》卷一百十七《諸王二》：「蜀獻王椿，太祖第十一子……獻王第五子和王悦㷜由保寧王嗣，天順五年薨……子定王友垓嗣，七年薨。子懷王申鈙嗣，成化七年薨。弟惠王申鑿嗣，弘治六年薨。子昭王賓瀚嗣，正德三年薨。」是曹霖爲蜀惠王伴讀在弘治七年前後。陽明所記，蓋實録也。

（正德三年，一五〇八年）

套數

恬退

【南仙吕甘州歌】歸來未晚，兩扇門兒，雖設常關。無縈無絆，直睡到曉日三竿。情知廣寒無桂攀，不如向緑野前學種蘭。從人笑，貧似丹，黄金難買此身閑，村莊學，一味懶。清風明月不須錢。

【前腔】携笻傍水邊，嘆人生翻覆，一似波瀾。不貪不愛，只守着暗中流年。虀鹽歲月一日兩飡，茅舍疏籬三四間。田園少，心底寬，從來不會皺眉端。居顔巷，人到罕，閉門終日枕書眠。

【解三酲犯】把黄糧懶炊香飯，恁教他恣遊邯鄲，假饒位至三公顯，怎如我埜人閑。朝思暮想人情一似掌様翻，試聽得狂士接輿歌未闌，連雲棧，亂石灘，煙波名利大家難，收馮鋏，築傅版，儘教三箭定天山。

【前腔】歎浮生總成虛幻，又何須苦自熬煎。今朝快樂今朝宴，明日事且休管。無心老翁一任蓬鬆兩鬢斑。直吃到緑酒牀頭磁甕乾。妻隨唱，子戲斑，弟酬兄勸共團圞。興和廢，長共短，梅花窗外冷相看。

【尾聲】歎目前機關漢，色聲香味任他瞞，長笑一聲天地寬。

套數見《全明散曲》（三）。按此套數《吴歈萃雅》、《詞林逸響》、《南音三籟》、《古今奏雅》題作「恬退」，俱注王陽明作。《樂府先春》無題，屬羅念庵。《三徑閑題》無題，署王尚書撰。《群音類選》、《新編南九宮詞》題作「閑情」，注王思軒撰。《樂府争奇》無題，不注撰人。今按此套數當爲陽明作，蓋承其作套數「隱居」而來（見前《套數·隱居》考）。張萱《西園聞見録》卷九十九《謫》云：「（陽明在龍場驛）日夜端居澄默，以求静一，久之，胸中灑灑，而從者皆病。躬自析薪取水，作糜飼之。又恐其懷抑鬱，則與歌詩；又不悦，調越曲，雜以詼笑，始能忘其爲疾病夷狄患難也。」（按：此説本自錢德洪《陽明先生年譜》）由「復調越曲，雜以詼笑」，可知陽明不僅精通越曲，而且善作套曲。此套數即是其謫居龍場驛時「復調越曲，雜以詼笑」之作。曲擬「野人」口氣，隱去貶謫背景，寫山人野老恬退之情，隱居之趣，活畫出一竹籬茅舍「陽明山人」之形象。

龍岡謾書

（正德四年，一五〇九年）

子規晝啼蠻日荒，柴扉寂寂春茫茫。北山之薇應笑汝，汝胡局促淹他方？彩鳳葳蕤臨紫蒼，予亦鼓棹還滄浪。只今已在由求下，顔閔高風安可望。

詩見《新刊陽明先生文録續編》卷三《詩類》，永富青地《上海圖書館藏〈新刊陽明先生文録續編〉について》著録。按《王陽明全集》卷十九「居夷詩」中有《龍岡新構》、《龍岡漫興五首》，錢德洪《陽明先生年譜》：「正德三年春，至龍場……居久，夷人亦日來親狎。以所居湫濕，乃伐木構龍岡書院及寅賓堂、何陋軒、君子亭、玩易窩以居之。」是陽明來龍場驛「居久」方構龍岡書院，《龍岡新構》中云「竹木互蒙翳。畦蔬稍溉鋤，花藥頗雜莳」，可見龍岡新居建在夏秋間（參見《何陋軒記》），而此詩云「子規晝啼蠻日荒，柴扉寂寂春茫茫」，時在三月，則此詩當作在正德四年春末。

寓貴詩　（正德四年，一五〇九年）

村村興社學，處處有書聲。

詩見《嘉靖貴州通志》卷三，云：「入學。鄉里有社學及名士，先期父兄爲子弟求師，集鄉人有子弟者往叩之，盡禮。允則擇日送至學，或於家聽其執經授業，課試講考，別其資質之俊秀者，以歲通經書爲期。陽明王守仁《寓貴詩》……蓋有試也。先年附試滇南，恐不能給科舉之費，故讀書者尚少。即今開科會省，風教大行，向道知方，人文益彬彬矣。」按《嘉靖貴州通志》撰於嘉靖三十四年，所引資料乃實地所得，此詩或有詩刻在龍場驛，約作在席書聘其主貴陽書院時，蓋是陽明實有所見所感也。

驄馬歸朝詩叙

（正德四年，一五〇九年）

正德戊辰正月，古潤王公汝楫以監察御史奉命來按貴陽，明年五月及代，當歸朝於京師。在部之民暨屯戍之士，下逮諸種苗夷聞之，咸奔走相謂曰：「嗚呼！公之未來也，吾農而弗得耕，商而弗得市，戍役無期而弗能有吾家，刓剥無藝而弗能保吾父母妻子，吾死且無日矣！自公之至，而吾始復吾業，得吾家，安吾父母妻子之養。蓋爲生未幾耳，而公又將捨我而去，吾其復歸於死乎！」乃相與奔告於其長吏，曰：「爲我請於朝，留公以庇我。」其長吏曰：「嗚呼！其獨爾乎哉！公之未來也，吾捨吾職而征斂以奉上，禄之不得食，而稱貸以足之；自公之至，而吾始爲吾官，事事而食禄；今又捨我而去，吾將有請焉而限於職，留焉而勢所不得行也。吾與爾且奈何哉！」則又相率而議於學校之士，曰：「斯其公論之所自出，而可以言請也；斯其無官守之嫌，而可以情留之也。」學校之士曰：「嗚呼！其獨爾乎哉！吾束吾簡編，而不獲窺者兩年矣；自公之至，而吾始得以誦吾詩，讀吾書。當公之未至，吾父老苦於追求，吾稚弱疲於奔役，吾日奔走救療於其間而不暇，而奚暇及吾業？吾身之弗能免，而況能庇吾家乎？況能望其作興振勵，開導而訓誨如公今日之爲乎？今公之去，吾惟無以致吾力而庸吾情，有如可得以請而留也，亦何靳而弗爲乎？」其長者顧少者而言曰：「嗚呼！理之無可屈，而卒以不伸者，局於時也；情之不可已，而終以不行者，泥於勢也。夫留公以庇吾一省者，情之極也，而於理亦安所不得乎？然而度之時勢之間，則公之不可以爲我留者三，我之不可以留公者五，吾今不欲盡言之，吾黨之處此亦不可以無審也。」衆皆默然良久，乃皆曰：「然則奈何乎？不可以吾人之故而累公矣；其得遂以公之故而已吾情乎？吾情不能伸矣，其獨不得以聲之詩歌而少舒乎？」其長者曰：「是亦無所益於公，而徒爾呶呶爲也。雖然，必無已焉。宣吾之情而因以直夫理，揚今之美盛而遂以諷於將來，則是舉也，殆亦庶乎其可哉。」乃相與求賢士大夫之在貴陽者詩歌之，而演之爲卷，卷成而來請於陽明居士，曰：「斯蓋德之光也，情之所由章也，理之所以不亡也。吾士人之願，諸大夫之所憾也，先生一言而叙之。」居士曰：「吾以言得罪，於此言又何爲乎？」學校之士爲之請不置，因次叙其語於卷而歸之。卷之端題曰「驄馬歸朝」者，蓋留之不得，而遂以送之也。

正德己巳五月既望，陽明居士王守仁書。

上文真迹（長一百八十九釐米，寬二十六釐米）今藏廣東省博物館，計文淵《吉光片羽彌足珍》著録。叙中所言王汝楫向不知何人，陽明稱其爲「古潤王汝楫」，按《嘉靖貴州通志》卷五於「巡按監察御史」下録有：「王濟，丹徒人。」可見王汝楫即王濟，《光緒丹徒縣志》卷二十六有王濟傳：

> 王濟，字汝楫，弘治壬子舉人。任餘干訓導，入爲國子助教，擢監察御史，疏陳馬政利弊甚悉。先是江南歲以養馬解駒爲累，至有傾家鬻子者。濟請議和馬價，民免賠償，而馬賴實用，至今便之。出判東平，歷知開州、武定，擒巨盜，陞湖廣僉事，分巡郴、桂，會苗亂，擒斬千計。將論功，濟早乞休，詔即其家陞湖廣參議。濟侃侃有氣節，遇事敢言，居鄉如在位時，處親族極厚，嘗置義産以贍宗人。

明另有王濟二人，一字伯雨，號汝舟，烏程人；一字文博，號遂南，徐水人，皆非此王汝楫。王汝楫事迹史籍無載，唯《國榷》卷四十七中有記云：

> 正德三年十月丁丑，給事中何紹正、盧綸、李陽春、吴玉榮、薛金、胡洪、張寳林、文迪，核大同、宣府、遼東、甘肅等糧儲馬匹，貴州令巡按御史（按：即王濟汝楫）兼理之。……正德四年四月癸亥，謫監察御史王濟□□州判官，林偉國子博士，宇文鍾、李錫、姜佐、韓廉高嶼知縣，□科都給事中馬騤推官，右給事中薛金南京詹事府主簿，俱考察不及。

今據《光緒丹徒縣志》，此□□應即是「東平」。然《國榷》言四月王濟已以「考察不及」謫東平判官，陽明此叙却言王濟五月及代，歸朝京師，所叙矛盾。疑王濟實於四月歸朝於京師，因貴州去京師遥遠，在黔之陽明及吏民至五月亦未得王濟在京師消息，故陽明在叙中仍祇言王濟歸朝於京師，蓋王濟赴京師及吏民作詩相送在四月，陽明爲詩卷作叙則在五月也。實際陽明與王濟早識，《王陽明全集》卷二十二有《恩壽雙慶詩後序》云：「正德丙寅，丹徒沙隱王公壽七十，配孺人嚴六十有九。其年，天子以厥子侍御君貴，封公監察御史，配爲孺人。在朝之彦，咸爲歌詩侈上之德，以祝公壽，美侍御之賢。又明年，侍御君奉命巡按貴陽……士大夫之有事於貴陽者，自都憲王公而下，復相與歌而和之，聯爲巨帙，屬守仁叙於其後。」此所云「侍御君」即王濟。正德元年陽明在京任兵部武選清吏司主事，得與王濟相識，故王濟正德三年正月來巡按貴陽與正德四年四月離貴陽歸朝，皆由陽明爲送詩作叙矣。驄馬者，指王濟爲「驄馬御史」，《東觀漢紀》載桓典拜侍御史，常乘驄馬，京師畏憚，爲語曰：「行行且止，避驄馬御史。」

與貴陽書院諸生書（三書）

（正德四年，一五〇九年）

書一

祥兒在宅上打攪，早晚可戒告，使勿胡行爲好。寫去事可令一一爲之。諸友至此，多簡慢，見時皆可致意。徐老先生處，可特爲一行拜意。朱克相兄弟，亦爲一問，致勉勵之懷。餘諒能心照，不一一耳。守仁拜，惟善秋元賢契。

書二

別時不勝凄惘，夢寐中尚在西麓，醒來却在數百里外也。相見未期，努力進修，以俟後會。即日已抵鎮遠，須臾放舟行矣。相去益遠，言之慘然。書院中諸友不能一一書謝。守仁頓首，張時裕、何子佩、越文實、鄒近仁、范希夷、郝升之、汪源銘、李惟善、陳良臣、湯伯元、陳宗魯、葉子蒼、易輔之、詹良臣、王世臣、袁邦彦、李良臣列位秋元賢友，不能盡列，幸意諒之。　高鳴鳳、何遷遠、陳壽寧勞遠餞，别爲致謝，千萬千萬！

書三

行時聞范希夷有恙，不及一問，諸友皆不及相别。出城時，遇二三人於道傍，亦忽忽不暇詳細，皆可爲致情也。所買錫，可令王祥打大碗四個，每個重二斤，須要厚實大樸些方可，其餘以爲蔬楪。粗磁碗買十餘，水銀擺錫筯買一二把。觀上内房門，亦須爲之寄去鹽四斤半，用爲醬料。朱氏昆季亦爲道意。閻真士甚憐，其客方卧病，今遣馬去迎他，可勉强來此調理。梨木板可收拾，勿令散失，區區欲刊一小書故也，千萬千萬！近仁、良臣、文實、伯元諸友均此見意，不盡列字也。惟善賢友秋元，汪原銘合枳朮丸乃可，千萬千萬！仁白。

上三書見裴景福《壯陶閣書畫録》卷十《明王陽明倪鴻寶手札合卷》，潘正煒《聽颿樓續刻書畫記》卷下，《嶽雪樓書畫録》卷四《明王文成倪文正尺牘真蹟卷》。《壯陶閣書畫録》云：「四札，紙本尺寸不記。文正二札，紙略黃，均見友石齋刻帖。庚子得之嶺南潘氏。」卷後有睫庵跋云：「余昔藏王文成狂草唐人七律二首卷最精……此卷文成、文正手札合卷，初爲葉雲谷藏物，後歸孔氏。庚子十二月，復從孔氏購得之。壬寅二月十九日舟次紫洞，檢視偶記。」又有張維屏跋云：「正德五年庚子，先生三十九歲，由龍場赴廬陵任。書云『即日舟抵鎮遠』，則此書蓋作於去龍場後，故於諸生致惓惓之意。書院即龍岡書院，中有西園及《寄徐掌教》詩，似可爲書中『西麓』及『徐老先生』之證也。……嘉慶甲戌長至，後學番禺張維屏謹識。」今按：陽明在貴州龍場驛，正德四年閏九月陞廬陵知縣（見《憲章類編》卷二十九，錢德洪《陽明先生年譜》叙事不明），五年三月至廬陵。其離貴陽時間，據《王陽明全集》卷十九有《舟中除夕》二首，云「扁舟除夕尚窮途，荊楚還憐俗未殊」，是陽明在正德四年除夕已進入湖湘境内，則其放舟離貴陽赴任當在正德四年十二月中。此書二云「即日已抵鎮遠」，鎮遠即貴州鎮遠府，出鎮遠即入湖湘境。由貴陽至鎮遠數百里，約須十日程，則此書二應作在十二月中旬間。細審此三書，在時間順序上顛倒。書三云「行時」「出城時」，乃指出貴陽城，時王祥猶在貴陽「打大碗」云云，尚未來附舟隨陽明赴任，故是書時間最早。至書二仍云「祥兒在宅上打攪，早晚可戒告」，「寫去事可令一一爲之」，即指書三所云「可令王祥打大碗四個」諸事，時仍未來附舟隨陽明行，故此書二應作在書三以後。至書一云「已抵鎮遠」，則作在最後。「秋元」，參加秋闈考試生員，書中所言，多是貴陽書院諸生。如陳宗魯，名文學，號五粟先生，貴州宣慰司人。陽明離貴陽，其作別詩云：「陽明翁此居三年，覆載吾土天地大。受恩不報如禽獸，春秋俯伏祀靈座。安得重來化諸夷，盡使糟秕爲揚簸。」正德十年舉鄉試。湯伯元，名哻，貴陽宣慰司人。正德十年舉鄉試，十六年舉進士。葉子蒼，名梧，貴州宣慰司人。正德八年舉鄉試。是三書真迹原在一起爲一卷，《王陽明全集·補録》將此三書分收入卷三十二，一題作《與惟善書》，一題作《鎮遠旅邸書札》，遂失原貌。

次韻自嘆（正德五年，一五一〇年）

孤寺逢僧話舊扉，無端日暖更風微。湯沸釜中魚翻沫，網羅石下雀頻飛。芝蘭却喜棲凡草，桃李那看伴野薇。觀我未持天下筭，不能爲國掃公非。

詩見《康熙雲夢縣志》卷十二。按志於陽明此詩前著録黄鞏《正德己巳春過泗州寺》：

孤村風雨掩柴扉，一道松篁擁翠微。地僻時聞山鳥語，江空暮卷野雲飛。斷碑歲久無文字，廢圃春深有蕨薇。又得浮生閑半日，紅塵回首幾人非？

陽明詩即次黄鞏此詩韻。又志於陽明此詩下著録章曠（子野）《舟次泗州寺次陽明先生韻》：

山閑野色寺閑扉，入徑從容看細微。眼觀清賞一燈晤，筆□顛來兩袖飛。夜漏懷人憐朽骨，春風遣戍採剛薇。至今惟有僧偏健，不念時艱念己非。

知陽明此詩當是題在泗州寺壁上，故章曠後來過此可次韻。按泗州寺在醴陵縣西南，黄鞏詩作於正德四年，則陽明此詩必是正德五年春陞廬陵縣知縣由龍場驛經醴陵時作，《王陽明全集》卷十九有《泗州寺》，即是年經醴陵泗州寺作，其所云「老僧熟認直呼名」，即此詩所云「孤寺逢僧話舊扉」，兩詩作在同時。

遊鍾鼓洞

（正德五年，一五一〇年）

奇石臨江渚，輕敲度遠聲。鼓鐘名世聞，音韵自天成。風送歌傳谷，舟回漏轉更。今須參雅樂，同奏泰階平。

詩刻在辰溪縣沅水畔丹山崖下鍾鼓洞内石壁上，《辰溪縣志》稱陽明正德五年陞廬陵縣知縣，由龍場驛赴任經辰溪，夜遊鍾鼓洞，作此詩刻洞壁上。按《王陽明全集》卷十九有《鍾鼓洞》：「見説水南多異迹，巖頭時有鼓鍾聲。空遺石壁千年在，未信金砂九轉成。遠地星辰瞻北極，春山明月坐更深。年來夷險還忘却，始信羊腸路亦平。」此詩作在正德三年春赴龍場驛經辰溪時，有石刻在大酉山，《雍正湖廣通志》卷十二：「辰溪縣鍾鼓洞，在縣東黿山，石壁峭立，入數十武，二石懸焉。扣之作鍾鼓聲。王守仁詩：『見説水南多遺迹，崖頭時有鍾鼓聲……』」「水南」，即沅水之南。蓋正德三年春陽明經辰溪時只遥望懷想鍾鼓洞而有此詩咏，至正德五年春陽明再經辰溪，乃登遊鍾鼓洞而作此《遊鍾鼓洞》詩。詩所謂「同奏泰階平」，亦與其時陽明心緒境遇相合。「泰階平」指上臺、中臺、下臺三星並排如階梯，左思《魏都賦》：「故令斯民覩泰階之平，可比屋而爲一。」張載注：「三階平，則陰陽和，風雨時，歲大登，民人息，天下平，是謂太平。」蓋其時劉瑾事敗，武宗大赦天下，陽明得由謫地陞廬陵縣知縣，朝政似有更化之象，故有「同奏泰階平」之頌也。

觀音山

（正德五年，一五一〇年）

煙鬟霧髻動清波，野老傳聞似普陀。那識其中真色相，一輪明月照青螺。

詩見《雍正湖廣通志》卷十二、《嘉慶常德府志·常德文徵》卷八。按觀音山在辰溪縣南，與鼉山鐘鼓洞相近，《雍正湖廣通志》卷十二云：「觀音山，在（辰溪）縣南。明王守仁《觀音山》詩……」此詩當亦是正德五年春陽明赴廬陵知縣任途經辰溪縣作，蓋即興所咏，與《遊鐘鼓洞》作在同時。參見前《遊鐘鼓洞》考。

（正德五年，一五一〇年）

過安福

歸輿長時切，淹留直到今。含羞還屈膝，直道愧初心。世事應無補，遺經尚可尋。清風彭澤令，千載是知音。

詩見《同治安福縣志》卷二十八。按正德五年三月陽明陞廬陵縣知縣，其由貴州龍場驛赴廬陵經過安福，與此過安福詩意相合。「歸輿長時切，淹留直到今」，是謂陽明久謫貴州龍場驛，歸興殷切，淹留至今方出貴州而歸。「含羞還屈膝，直道愧初心」，是謂自己抗疏忤瑾，蒙羞謫龍場驛，委曲求全，未能直道而行，有愧初心。「清風彭澤令，千載是知音」，是謂自己將任廬陵縣令，要效法當年任彭澤縣令之陶淵明，正道直行。陽明過安福在三月，詩即作在其時。

滿江紅　題安化縣石橋

（正德五年，一五一〇年）

兩溪之間，桃花浪漫空漲緑。臨望躊躕搔首，舟維古木。立極三山鰲競峙，盤渦千丈龍新浴。問垂虹壯觀似渠無，嗟神速。　潺潺溜，清如玉；團團夜，光堪掬。對嫦娥弄影，舉杯相屬。休笑主人痴事了，幾多行客雲生足。料他年何以慰相思，雲間屋。

詞見《古今圖書集成》第一千二百十六卷《長沙部·藝文》。「臨望」句疑奪一字。按《古今圖書集成》第一千二百零五卷《長沙府部》云：「安化縣石橋，在縣北五十里擢秀鄉，淳熙乙酉龍陽陳總幹建。」詞作在春三月桃花浪漲之時，則應是正德五年陽明陞廬陵知縣途經安化時作（陽明正德三年赴龍場驛經長沙在二月）。蓋是次陽明由謫地赴廬陵知縣任，其一路心情之輕快興奮，由此詞中皆可見矣。

重修廬陵縣署記

（正德五年，一五一〇年）

廬陵縣治圮，知縣王守仁葺而新之。六月丙申，興儀門。七月，成兩廊，作監於門右，翼廡於門左。九月，拓大門之外爲東西垣，而屏其南，遂飭戒石亭及旌善、申明亭，後堂之後易民居，而闢其隘，其諸瓦甓墉棟之殘剥傾落者治之，則已十月乙酉。工畢，志戒石之陰，以告來者，庶修敝補隙，無改作之勞。

文見《光緒吉安府志》卷七，云：「正德五年，縣署圮，知縣王守仁修葺，易地廣大門以外，東西列垣，南設大坊，自記其事於戒石……十年，知縣謝源即明德堂舊址新建陽明堂，郡人雲南巡撫王懋中記。」《民國吉安縣志》卷五、《民國廬陵縣志》卷五上等皆録此記。陽明此記原志於戒石亭上，蓋亭皆陽明重修，《光緒吉安府志》卷七：「旌善亭，明洪武間建於縣儀門左。正德初知縣王守仁重修……申明亭，明洪武間建於儀門右。」陽明於正德五年陞廬陵知縣，在廬陵八閲月，其在廬陵任上行事，幾無所載，故陽明此記至足寶貴也。

答某人書

（正德五年，一五一〇年）

別後三接手誨，知賓主相得爲慰。可知孟吉既□友，而廷敬復勤修之士，從此盪摩相觀，學問之成也有日矣，益用喜躍。所喻徐宅姻事，足感壽卿先生之不鄙。但姚江去越城不二百里耳，祖母之心猶以爲遠；，況麻溪又在五六百里之外耶？心非不願，勢不相能，如何，如何？見徐公，幸以此言爲復。吾兩家父祖相契，且數十年，何假婚姻始爲親厚？因緣之不至，固非人力所能爲也。涵養有暇，努力文學，久處暫別，可勝企望。姪守仁頓首。

書見陳焯《湘管齋寓賞編》卷二，云：「右札白宣城紙，行草書，二十一行，得晉人法。今藏姚仁朱君仲鎬學古齋。」并引徐渭跋云：「古人論右軍以書掩其人，新建先生乃不然，以人掩其書。余謂文成功在史册，固已不磨，而得其片紙寸牋，尤可想見其爲人。古人云顔魯公書縱不佳，亦當寶愛。於文成亦云。」此書不知與何人，據書中所述，似此書即與「壽卿先生」者，而此壽卿先生乃是來爲徐公姻事説合者。此説姻事之徐公,應即是徐愛之叔父。按錢德洪《家書墨迹四首跋》云:「海日翁爲女擇配,人謂曰仁聰明不逮於其叔,海日翁舍其叔而妻曰仁。既後,其叔果以蕩心自敗,曰仁卒成師門之大儒。噫!聰明不足恃,而學問之功不可誣也哉!」(《王陽明全集》卷二十六)徐愛娶陽明妹時間,據《上海日翁大人札二》,陽明妹在正德七年八月懷妊生産(見後考),則徐曰仁之娶陽明妹約在正德六年,則王華、陽明之辭徐公求姻約在正德五年,陽明時在廬陵知縣任上。陽明此書即作在正德五年。據此書陽明自稱「姪守仁」、「久處暫別」,似此「壽卿先生」爲陽明在餘姚之一王氏族叔,而「孟吉」、「廷敬」皆爲餘姚之士。

答王應詔

（正德五年，一五一〇年）

昨承枉顧，適茲部冗，未獲走謝。向白巖自關中回，承道執事志行之高，深切企慕，惟恐相見之晚。及旌節到此，獲相見，又惟恐相别之速。以是汲汲數圖一會，正所欲請，亦承相亮，兩辱枉教，辨難窮詰，不復退讓。蓋彼此相期於道義，將講去其偏，以求一是，自不屑爲世俗諛媚善柔之態，此亦不待相喻而悉也。别去，深惟教言，私心甚有所未安者。欲候面請，恐人事纏繞，卒未有期，先以書告。其諸講説之未合，皆所未暇，惟執事自謂更無病痛，不須醫藥；又自謂不待人啟口，而已識其言之必錯，在執事之爲己篤實，決非謬言以欺世，取給以御人者，然守仁竊甚惑之。昔者夫子猶曰：「五十以學《易》，可以無大過。」又曰：「丘也幸，苟有過，人必知之。」未聞以爲無過也。子路，人告之以其過則喜，未聞人之欲告以過而拒也。今執事一過之，一反焉，此非淺陋之所能測也。舜好問而好察邇言，邇言者，淺近之言也，猶必察焉。夫子曰：「不逆詐。」又曰：「不以人廢言。」今不待人之啟口，而已識其必錯者，何耶？又以守仁爲鄉醫，未曉方脉，故不欲聞其說。夫醫術之精否，不專繫於鄉國，世固有國醫而誤殺人者矣。今徒以鄉醫聞見不廣，於大方脉未必能通曉，固亦有得於一證之傳知之真切者，寧可概以庸醫視之，兹不近於以人廢言乎？雖然，在守仁則方爲病人，猶未得爲鄉醫也。手足痿痺而弗能起，未能遠造國都，方將求鄉醫而問焉。驟聞執事自上國而來，意其通於醫也，而趨就之。乃見執事手足若有攣拳焉，以爲猶吾之痿痺也，遂疑其病，固宜執事之笑而弗納矣。伏惟執事誠國醫也，則願出一匕之藥以起其痿痺；誠亦步攣拳乎，則願相與講其受病之源，得無亦與痿痺者同乎，而將何以瘳之？泛泛揚舟，載沉載浮。既見君子，我心則休。幸執事之亮此情也。

書見《新刊陽明先生文録續編》卷二《書類》（是書藏上海圖書館），永富青地《上海圖書館藏〈新刊陽明先生文録續編〉について》著録。王應詔即王雲鳳，字應詔，號虎谷，山西和順人。《國朝獻徵録》卷六十三有吕柟《僉都御史前國子祭酒虎谷先生王公雲鳳墓志銘》。按陽明此書稱「驟聞執事自上國而來」，「上國」者，指京師，是謂王雲鳳自在京任朝官下到南京任職。陽明稱自己「未能遠造國都」，亦是謂其時陽明在南都任職，不能遠訪京師。故陽明此書云「及旌節到此，獲相見」，必是指王雲鳳由京師來至南都，得以造訪陽明。考王雲鳳生平仕歷，唯在正德五年由國子祭酒改南京通政司右通政，由京師來南都，時陽明亦方在南都任職，兩人可以相見。《王雲鳳墓志銘》：「己巳服闋，陞國子祭酒……會瑾下獄，遂上疏乞致仕。時相有忌先生者，乃改南京通政司右通政。」據《國榷》卷四十八：「正德五年九月庚申，國子祭酒王雲鳳被劾，乞休。改南京右通政，致仕。雲鳳初視學陝西，好榜掠生徒，瑾善之，擢祭酒。謁瑾，詫其多髭，惶恐跪謝。後請頒刻新例，又欲瑾臨太學，如唐魚朝恩故事，時論鄙之。其得免於罪，又平日虛譽也。」王雲鳳於正德五年九月以後至南都，陽明在十月亦至南都，錢德洪《陽明先生年譜》：「正德五年冬十有一月，入覲。……十有二月，陞南京刑部四川清吏司主事。」其説有誤。陽明陞南京刑部四川清吏司主事在十月而非十二月，《王陽明全集》卷二十《京師詩》下注云：「正德庚午年十月，陞南京刑部主事。」陽明《給由疏》亦云：「正德五年三月内蒙陞江西吉安府廬陵縣知縣；本年十月内陞南京刑部四川清吏司主事。」（《王陽明全集》卷九）故陽明至少在十一月已至南都。王雲鳳來訪及兩人書札往返在十一二月中，所謂「部冗」，乃指南京刑部也。王雲鳳很快在正德六年初致仕而去，陽明也入京師任吏部驗封清吏司主事，《王陽明全集》卷四有《答王虎谷》，注「辛未」年（正德六年）作，云：「承示別後看得一『性』字親切……」又卷七有《贈王堯卿序》，亦注「辛未」年作，云：「虎谷有君子，類無言者。堯卿過焉，其以予言質之。」此虎谷君子即王虎谷。可見兩人別後，仍多有書札往返。陽明此書所云「白巖」，乃指喬宇，蓋王雲鳳嘗陞陝西按察司僉事提督學校，政績頗著，《王雲鳳墓志銘》：「甲子，考績，都御史楊公用寧及御史季春交薦其賢，乃復改提學關中，士子相賀曰：『王先生復來，後學得依歸矣！』於是士子益自策勵……」喬宇自關中回事在正德五年七八月，陳璘《喬宇行狀》：「庚午，遷左侍郎，邊餉供億不乏，積弊革除無遺。春至六月不雨，漕河涸，公奉命禱祭海嶽，精誠所格……遂霖雨四沛……」時陽明在十月進京師入覲，故得見喬宇而聞其説也。

與辰中諸生

（正德五年，一五一〇年）

謫居兩年，無可與語者。歸途乃幸得諸友。悔昔在貴陽舉知行合一之教，紛紛異同，罔知所入。兹來乃與諸生静坐僧寺，使自悟性體，顧恍恍若有可即者。……

書見錢德洪《陽明先生年譜》正德五年下。按《王陽明全集》卷四有《與辰中諸生》一書，然開首「謫居兩年，無可與語者」下竟無「悔昔」一大段最重要文字，「匪夷所思。今細審錢德洪《陽明先生年譜》正德五年下所叙，發現原來陽明乃兩與辰中諸生書，自「謫居兩年」到「務於切己處著實用力」爲第一書；自「前在寺中所云静坐者」到「便是精義入神也」爲第二首。或是欲爲師諱，錢德洪乃將自「悔昔在貴陽」至「若有可即者」一段删去，而將兩書并爲一書。實則前一書肯定静坐，後一書否定静坐，重作解説，前後説不同，顯可見非一書也。又《王陽明全集》於《與辰中諸生》題下注「己巳」作，亦誤。

與某人書

（正德五年，一五一〇年）

余與惟乾自武陵抵廬陵，舟中興到時，亦有所述，但不求工耳。惟乾行，聊書此。

書見葛金烺《愛日吟廬書畫別録》卷二《明人尺牘彙册》，云：「王守仁行書一通。」按惟乾即冀元亨，字惟乾，號闇齋，武陵人，陽明弟子。所謂「自武陵抵廬陵」，指正德五年陽明陞廬陵縣知縣，先由龍場驛至武陵，然後由冀元亨陪侍由武陵抵達廬陵，時在三月。錢德洪《陽明先生年譜》：「正德五年，陞廬陵縣知縣。先生三月至廬陵……先是先生赴龍場驛時，隨地講授；及歸過常德、辰州，見門人冀元亨、蔣信、劉觀時輩俱能卓立，喜曰：『謫居兩年，無可與語者，歸途乃幸得諸友！悔昔在貴陽舉知行合一之教，紛紛異同，罔知所入。兹來乃與諸生静坐僧寺，使自悟性體，顧恍惚若有可即者。』」《王陽明全集》卷十九有《武陵潮音閣懷元明》，潮音閣即陽明與冀元亨諸弟子講學之處。蔣信《冀闇齋先生元亨墓表》云：「歲正德庚午，陽明子起謫，道常，與某同請見，而拜師之，遂荷裝從之廬陵。踰年，聞其學以歸，喟然語同志曰：『夫學術一本而已矣，行誼氣節猶非也，況支離於糟粕者乎？吾固猶恨得見陽明子之晚也。』」（《國朝獻徵録》卷一百十二）蔣信稱冀元亨踰年歸，實則陽明在十一月入覲，冀元亨應是在十月離廬陵歸武陵（蔣信或是稱冀元亨至家已在次年春），即陽明此書所云「惟乾行」。此書不知致何人，今據書云「惟乾行」，則當是致武陵文澍。按《王陽明全集》卷二十五有《文橘庵墓志》云：「冀元亨曰：『昔陽明子自貴移廬陵，道出辰、常間，遇文子於武陵溪上，與之語三夕而不輟，旬有五日而未能去。門人問曰：「夫子何意之深耶？」陽明子曰：「人也樸而理，直而虛，篤學審問，比耄而不衰。吾聞其涖官矣，執而恕，惠而節，其張叔之儔歟？吾聞其居鄉矣，勵行飭己，不言而俗化，其太丘之儔歟？嗚呼！於今時爲難得也矣。」別以其墓銘屬，陽明心許之而未諾……』文子既殁，其子棐棠、東集、栻葬之高吾之原，陽明子乃掇其所狀而爲之銘。文子名澍，字汝霖，號橘庵，舉進士……」蓋陽明在武陵之弟子，冀元亨外，惟有文澍其人，故冀元亨歸武陵時，陽明乃作書託冀元亨傳遞。

藥王菩薩化珠保命真經序

(正德五年,一五一〇年)

予謫居貴陽,多病寡歡。日坐小軒,撿方書及釋典,始得是經閱之。其妙義奥旨,大與虚無之談異,實予平生所未經見。按方書,諸病之生,可以審證而治,惟瘄痘之種,不見經傳,上古未有,間有附會之説,終非的證,治無明驗。此經所言,甚詳悉可信。且痘之發也,必焚香,潔浄,戒酒,忌諸惡穢,其機蓋與神通云。細察游僧所吉,即藥王菩薩現世度厄,其曰「吾自樂此」者,藥也;曰「急扶我骸」者,急救嬰孩也。乃謀之父老,因其廢廟而寺之,名其懸篋之石曰「佛篋峰」。寺成二年而大興,疾病禱者立應。予既名還携歸,重刻此本而家藏之,并爲之序。

正德庚午,陽明王守仁識。

序見《佛説化珠保命真經》(《卍續藏經》第八十七册)首。按陽明此序前有刑敬作《藥王菩薩化珠保命真經序》詳叙其事云:「貴陽龍岡莊地近夷,痘患爲甚。俗兒將痘,則出之曠野,不死,然後持歸。予年過六旬，兒女各一，俱將痘，從俗遠置兒於廢廟中。有游僧體貌甚奇，持一小篋，時出篋中類居草根，噛曰：『吾自樂此。』不飲酒，行若大醉將跌狀，呼曰：『急扶我骸！』時廟中置兒約十數，僧遍視之，伸兩指按諸兒面，痘即應指所按處而發，餘體皆無。予異之，欲延歸視女，僧曰：『家向何方？』指示之，僧俯首吸泉水，登高望所向噀之，一方小兒痘皆稀如水珠象，曾無一失。後莫知所往，惟留一像於廟壁中。及痘疹復行，争抱兒置其所，痘復多吉。時有牧童從山中來，熟視其像，指謂衆曰：『此僧吾方遇之，山中醉卧，吾不敢近。』衆即隨牧童追尋，無跡，惟懸所持篋於石燈上。因發篋而得是經，遂祀其像，持誦此經。自是龍岡始知奉佛，而災疹漸消，得免痘患。予欲廣施此經，以惠十方，故備述所自云。弟子刑敬拜書。」又後有萬曆四十年杉室主人跋云：「竺乾之書，不經譯而傳於兹土者，吾於此經始見焉。新建所謂『藥王菩薩現世度厄』，良有以也。新建於儒可謂傑然者也，尊信此經，而刻之序也，則世儒豈可異端侮之哉，況於奉佛者耶？予得此經，而什襲珍藏也久矣，藥王菩薩不待請，而化現流布。予又憶古曰：『君子莫大乎善與人同。』是故付剞劂氏，令廣其傳云。寛文壬子夏至日，杉室主人連山僧交易書。」此所謂新建「刻之序」，即指陽明此序。按陽明正德五年陞廬陵知縣，三月由龍場驛至廬陵，在縣七閲月，冬十月入覲，陞南京刑部四川清吏司主事（《年譜》謂十二月乃誤），至此其方得可一歸越，即此序所云「予既名還携歸，重刻此本而家藏之，并爲之序」，時已在十二月中。《藥王菩薩化珠保命真經》僅千餘字，其在萬曆四十年刊刻，陽明此序亦隨此經傳播。不久此經傳入日本（後由日人刻入《卍續藏經》），大陸反失傳，遂不知陽明此序矣。陽明自謂出入佛老餘三十年，自其八歲始好佛老，至此正餘三十年。故可謂若《資聖寺杏花樓》爲陽明始好佛老之象徵，則此《藥王菩薩化珠保命真經序》爲陽明好佛老終結之標志矣。

寓都下上大人書

（正德六年，一五一一年）

寓都下男王守仁百拜書上父親大人膝下：前月王壽與來隆去，從祁州下船歸，計此時想將到家矣。邇惟祖母老大人、母大人起居萬福爲慰。男輩亦平安。媳婦輩能遂不來極好，倘必不可沮，只可帶家人、媳婦一人，衣箱一二隻，輕身而行。此間決不能久住，只如去歲江西，徒費跋涉而已。來隆去後，此間却無人，如媳婦輩肯不來，須遣一人帶冬夏衣服，作急隨便船來。男邇來精神氣血殊耗弱，背脊骨作疼已四五年，近日益甚。欲歸之計非獨時事足慮，兼亦身體可憂也。聞欲起後樓，未免太勞心力，如木植不便，只蓋平屋亦可。餘姚分析事，不審如何？畢竟分析爲保全之謀耳。徐妹夫處甚平安。因會稽李大尹行，便奉報平安。省侍未期，書畢，不勝瞻戀之至。五月三日，男王守仁百拜。

手札真迹今藏中國歷史博物館，計文淵《王陽明法書集》著録。按此書所云「從祁州下船歸」，

「徐妹夫處甚平安」，乃言徐愛曰仁時方在祁州知州任上。徐愛正德三年出知祁州，至正德七年考滿進京，劉麟長《明曰仁先生徐愛》：「是年舉於鄉，明年舉進士，授祁州知州……壬申，以知州考滿入京師，即同穆孔暉等朝夕受業。」(《浙學宗傳》)錢德洪《陽明先生年譜》：「正德七年，與徐愛論學。愛是年以祁州知州考滿進京，陞南京工部員外郎。」徐愛在正德七年六月離祁州進京(見下考)，故可知陽明此書當作於正德六年。此書又云「只如去歲江西，徒費跋涉而已」，顯指正德五年陽明在江西廬陵知縣任上，媳婦輩亦跋涉而來，而陽明旋於十一月便赴京師入覲。此尤可見陽明此書作於正德六年五月。王壽、來隆，皆爲陽明「舍人」與「家人」。「餘姚分析事」，指餘姚故居分析，各人管理，詳見下考。

遊焦山次邃庵韻（三首）

（正德六年，一五一一年）

長江二月春水生，坐没洲渚浮太清。勢挾驚風振孤石，氣噴濁浪摇空城。海門青覘楚山小，天末翠飄吴樹平。不用凌飆躡圓嶠，眼前魚鳥俱同盟。

倚雲東望曉溟溟，江上諸峰數點萍。漂泊轉慚成竊禄，幽棲終擬抱殘經。巖花入暖新凝紫，壁樹懸江欲墮青。春水特深埋鶴地，又隨斜日下江亭。

扁舟乘雨渡青山，坐見晴沙漲幾灣。高宇墮江撐獨柱，長流入海振重關。北來宫闕參差見，東望蓬瀛縹緲間。奔逐終年何所就，端居翻覺愧僧閑。

詩見張萊《京口三山志》卷六。邃庵即楊一清，字應寧，號邃庵、石淙，雲南安寧人，徙巴陵，後移居鎮江，建待隱園。成化八年進士。《京口三山志》於陽明詩下著録有楊一清《重遊焦山》詩：

洞口孤雲面面生，百年身世坐來清。一般月色金山寺，十里煙光鐵甕城。江閣雨餘秋水潤，海門風定暮潮平。青山潦倒虚名在，耻向沙鷗問舊盟。

此即陽明所次韵詩。蓋楊一清此遊焦山詩當時多有和韵,《京口三山志》於楊一清詩下著録王臣《遊焦山》和詩:

帆檣委由度滄溟,身世真同水上萍。三詔昔人猶未起,一官今日已重經。潮聲入海依然壯,山色當樓若箇青。瘞鶴舊銘餘幾字,暮雲空繞吸江亭。

芒屩飛來浮玉山,路緣石磴仍灣灣。嵐光染袖翠欲濕,江色到門春不關。笑倚長松若張蓋,醉扶孤鶴似憑闌。向來儘有閑時節,争及今朝真是閑。

又著録陸相《遊焦山》和詩:

秋空望眼徹東溟,險絶身如泛水萍。三詔士能終舊隱,一龕僧解理殘經。風迴沙嘴蘆翻雪,潮落山根石露青。自許塵踪難數到,日斜猶倚吸江亭。

楊一清詩稱「重遊焦山」,按《光緒丹徒縣志》卷十《碑碣》著録楊一清詩碑:

遊焦山二首,石淙楊一清并跋,在寶墨亭(弘治庚戌);

李石樓約遊焦山詩,右都御史致仕石淙楊一清作,在明應殿(正德庚午);

石樓山人陪邃庵先生登焦山次韵(正德庚午立石)。

可見楊一清首遊焦山在弘治三年,重遊焦山在正德五年,時楊一清以右都御史致仕家居鎮江。張萊《京口三山志》成於正德七年四月,故陽明此次韵詩必作在正德七年四月以前、正德五年以後。今按陽明正德六年二月北上入都任職正經鎮江，錢德洪《陽明先生年譜》："正德五年十二月，陞南京刑部四川清吏司主事……六年正月，調吏部驗封清吏司主事。"年譜叙述含混有誤。陽明陞南京刑部四川清吏司主事在十月而非十二月，《王陽明全集》卷九《給由疏》云："正德五年三月内蒙陞江西吉安府廬陵知縣，本年十月内陞南京刑部四川清吏司主事。"卷二十"京師詩二十四首"下亦明注云："正德庚午年十月，陞南京刑部主事。"是正德五年十月陽明已至南京任職，至正德六年正月陞吏部驗封清吏司主事，其必是在正月調任前先由南都回越，然後由越北上入京，途經鎮江正在二月，可見陽明此次邃庵詩作在正德六年二月。焦山在長江中，《京口三山志》卷一："焦山，在郡城東北九里大江中，與金山并峙，相去十五里……後漢焦光隱此，故名。"陽明正德四年由龍場驛陞廬陵知縣以來，仕途勞碌，風塵僕僕奔走於廬陵、京師、南都之間，故詩有"漂泊轉慚成竊祿"、"奔逐終年何所就"之歎。

聽潮軒

（正德六年，一五一一年）

水心龍窟只宜僧，也許詩人到上層。江日迎人明白帽，海風吹醉掖枯藤。鯨波四面長疑動，鰲背千年恐未勝。王氣金陵真在眼，坐看西北亦誰曾？

詩見張萊《京口三山志》卷五，周伯義《金山志》卷十。聽潮軒在金山，《京口三山志》卷一：「聽潮軒，在靈觀閣下，景泰間僧弘霔建，太常卿程南雲篆額。成化間僧安溥重修。」靈觀閣在金山南畔。詩所云「水心龍窟」應指龍洞，《行海金山志略》卷一：「龍洞，在朝陽之左，深不可測，俗呼珠洞。唐時常有毒龍吐氣，近者多病，因靈坦禪師降之，即去。」張萊《京口三山志》成於正德七年（見前顧清序），故陽明此詩當作在正德七年以前。陽明《泊金山寺》云：「但過金山便一登，鳴鐘出迓每勞僧。雲濤石壁深龍窟，風雨樓臺迥佛燈。」（《王陽明全集》卷二十）正德六年二月陽明嘗過鎮江金山，則當一登有詩咏，此詩即與其《遊焦山次邃庵韵》作在同時。參見前考。

崇玄道院

（正德六年，一五一一年）

逆旅崇玄幾度來，主人聞客放舟回。小山花木添新景，古壁詩篇拂舊埃。老去鬚眉能雪白，春還消息待梅開。松堂一宿殊匆遽，擬傍鴛湖築釣臺。

詩見《正德嘉興志補》卷九。按崇玄道院在嘉興縣，《光緒嘉興府志》卷十八：「崇玄道院，在（嘉興）縣東一里。宋咸淳丁卯，里人徐寔甫捨宅，道士趙一休創建。明洪武初，地產靈芝，建玄瑞堂。永樂癸未，道士朱道真修。辛丑，增建玄帝殿。成化間，道士朱養中等重修。」嘉興爲陽明生平仕宦往返京師、南都、杭州、紹興所常經之地，故此詩有「逆旅崇玄幾度來」之句。《正德嘉興志補》成在正德六年，故陽明作此詩當不出正德六年之後。據詩云「春還消息待梅開」，應在春初，按陽明正德六年年春初嘗自南都歸越經嘉興，前《遊焦山次邃庵韵》考定陽明正德五年十月至南京任職，至正德六年正月陞吏部驗封清吏司主事，其在正月初調任前先由南都回越，至嘉興約在一月中旬，正所謂「春還消息待梅開」之時，可見陽明此詩即作在正德六年正月中，其時于鳳喈、鄒衡方在嘉興撰寫《正德嘉興志補》。按于鳳喈爲成化十七年進士，與王華爲同年，陽明與之早識，關係甚密，後來陽明爲作墓志銘。故于鳳喈出知嘉興府，陽明此詩即被于鳳喈、鄒衡討去，入於《正德嘉興志補》中。又陽明此咏道院詩乃用當年在九華《和九柏老仙詩》韻（見前《和九柏老仙詩》考），《正德嘉興志補》中亦將陽明此《崇玄道院》詩與《和九柏老仙詩》（改名爲「梅潤」）一併著録，此亦必是于鳳喈、鄒衡向陽明當面所求，或是陽明不欲自暴與「九柏老仙」（蔡蓬頭）論仙談道之迹，乃將此詩改名爲「梅潤」，作爲咏嘉興道院之詩贈于、鄒。由此，陽明在九華山《和九柏老仙詩》何以會作爲咏嘉興道院詩入於《正德嘉興志補》中之秘密，可以揭開矣。參見前《遊焦山次邃庵韻》及後《于廷尉鳳喈墓志銘》考。

硯銘

（正德六年，一五一一年）

温潤而有守，此吾之石友，日就月將於不朽。正德辛未春，陽明山人銘。

硯在二〇〇五年浙江秋季拍賣會（盤龍企業拍賣股份有限公司浙江分公司）上出現，並在網上公布。硯上刻有陽明所書硯銘。按前考陽明原用五星硯於謫赴龍場驛途中遺失或贈人，至是年正月陽明進京任吏部驗封清吏司主事，新年氣象更新，故用新硯作新銘也。錢德洪《陽明先生年譜》：「正德六年正月，調吏部驗封清吏司主事。二月，爲會試同考試官。」陽明是硯或即爲會試考試官所用新硯耶？又「雅昌藝術網（華陽齋—雅昌博客）」上公布一陽明月光澄泥硯，隸書銘文作：「温潤而有守，此吾之石友，日就月將，迺至於不朽。正德辛未春。陽明山人銘。」下有篆書印款「若有神助」。該硯今藏在濟南，云是宋製澄泥硯，陽明刻銘。蓋陽明是硯及硯銘明以後多流傳，後世遂多有仿製耶？

正德六年會試卷批語

（正德六年，一五一一年）

禮記

審樂以知政，而治道備矣。

萬潮卷

治道備，處場中，堯夔見有發揮透徹者。此作文氣頗平順，故録之。

禮記

是故仁人之事親也如事天，事天如事親。

毛憲卷

經義貴平正，此作雖無甚奇特，取其平正而已，録之。

第五問

萬潮卷

此卷三場皆精微該博，時出不窮，而又曲中程度。五策詞氣充溢，光焰逼人，而時務一道尤爲議論根據，識見練達，刻此亦足以見其餘矣。然五求子之言，而得其所存，當自有重於此者，則又豈必盡録其文爲哉！

文見《天一閣藏明代科舉録選刊·會試録·正德六年會試録》。按正德六年會試陽明任同考試官，錢德洪《陽明先生年譜》：「正德六年二月，爲會試同考試官。」《正德六年會試録》云：「同考試官，吏部驗封清吏司主事王守仁，伯安，浙江餘姚縣人，己未進士。」是年會試考試官、同考試官有費宏、毛紀、吴一鵬、湛若水、倫文叙、崔銑、穆孔暉等人，可見陽明在京師同他們多有唱酬交往，而被陽明取中之士萬潮、毛憲等，後來亦與陽明關係至密(見下考)。

與徐曰仁書

（正德六年，一五一一年）

得書，驚惶莫知所措。固知老親母仁慈德厚，福禄應非至此，然思曰仁何以堪處，何以堪處！急走請醫，相知之良莫如夏者，然有官事相絆，不得遽行，未免又遲半日，比至祁且三日。天道苟有知，應不俟渠至，當已平復。不然，可奈何，可奈何！來人與夏君先發，趙八舅和兒輩隨往矣。惶遽中言無倫次，亦不能盡。守仁頓首，曰仁太守賢弟。

書見《三希堂法帖》，計文淵《王陽明法書集》著録。徐愛曰仁爲陽明妹夫，書言徐愛母孫氏病重事，稱「曰仁太守賢弟」，按徐愛於正德四年六月任祁州太守，至正德七年祁州知州考滿進京，見《陽明先生年譜》與蕭鳴鳳《徐愛墓志銘》。是書言「比至祁且三日」，則其時陽明當在京師任職，蓋祁近京，自京至祁正當三日程。考陽明正德四年猶在貴陽，五年十二月陞南京刑部四川清吏司主事，在南都，六年正月調吏部驗封清吏司主事，在京師，七年陞南京太僕寺少卿，已在南都。可知此書當作於正德六年中。徐愛卒於正德十三年，據王華《祭文》云：「我今葺理東邊房屋數楹，以居汝妻，以奉養汝父母，庶幾汝妻朝夕不離吾側，汝父母朝夕可以相守以終餘年。」可見徐愛母孫氏至正德十三年猶健在，則正德六年其病重當即治愈，正如陽明所言「不俟渠至，當已平復」。

彰孝坊

（正德六年，一五一一年）

金楚維南屏，賢王更令名。日星昭涣汗，雨雪霽精誠。端禮巍巍地，靈泉脉脉情。他年青史上，無用數東平。

詩見《嘉靖湖廣圖經志書》卷一。按彰孝坊在武昌，《嘉靖湖廣圖經志書》卷一：「彰孝坊，在王府端禮門外大街中。今王（按：端王榮㓲）爲世子時，克孝於親，臣上交奏，勑賜今王。」「今王」指端王榮㓲，蓋嘉靖元年吴廷舉作《湖廣圖經志書》時，榮㓲尚未卒，故稱「今王」。彰孝坊爲武宗賜建，《明史》卷一百十六《諸王一》：「楚昭王楨……子莊王孟烷……子憲王季堄……八年薨，弟康王季埱嗣。天順六年薨，再從子靖王均鈋嗣，正德五年薨。子端王榮㓲嗣，以仁孝著稱，武宗表曰『彰孝之坊』，嘉靖十三年薨。」劉武臣《彰孝坊碑記》詳記其事云：「弘治中，母妃有疾，王晝夜驚惶，迎醫製藥，不遺餘力，籲天求代，而疾遂愈。正德初，父母有疾，亦如之，厥疾亦籲天愈。久之，父王母妃各以天年薨。王居苫次，欒欒瘠毁，踰三年，哀猶未盡。已而父王葬，值雪，母妃葬，值雨，亦籲天，天爲開朗。自府第至塋域，跣走二舍許，攀柩長號，頓絶者幾，來觀之衆莫不興哀，聲振林谷。君子謂王備死生之義，而得天人之心焉，穆乎休哉，王得爲純孝矣！諸王暨有司以聞，下禮部議。禮部謂王克孝於母，敬皇嘗降勑褒嘉；兹王復克孝於父，宜建坊旌表，爲天下勸。皇帝可其議，乃親御宸翰，用泥金大書「彰孝」賜焉。爰命有司建巨桓於端禮門外，以示優異……」（《嘉靖湖廣圖經志書》卷一）按武宗御書「彰孝」及於端禮門外建彰孝坊，當時諸王宗室及在京公卿文士多有詩咏，編成巨帙，蔡潮《彰孝坊詩序》云：

昔潮仕京師，稔聞楚王殿下之賢，曰忠孝友悌，穎秀過人，能文章，工書札，崇儒右文，明禮樂，賙貧卹孤，好施與不倦，思欲一拜瞻以爲快，而不可得。正德辛未，潮自掖垣奉璽書主學政於楚，喜而私計曰：國有賢王，邦之人被化久矣，吾敷教不易易耶？及之楚，見國門外有綽楔焉，規飾異常制，金書大扁曰「彰孝」，問之，知爲聖製也。已而朝晏畢，出示鉅帙，金春玉應，皆宗室暨當時公卿大夫士反覆詠歌「彰孝」之義者，欲潮叙數語以著事情。輒撫卷嘆曰：大哉，聖天子化天下以至要也！……（《嘉靖湖廣圖經志書》卷一）

徐瑶《彰孝坊詩序》亦云：

王之爲世子，侍先王之疾，日夜在側，親嘗湯藥，遍禱神祇，求以身代。及薨□□□□，居喪不離位次，寢苫枕塊，衰經不除……徒跣攀號，聲徹道路，行人興悲，送者嘉嘆，掩土仆地，幾欲自絶。古稱至孝，無以踰此。且先期風雪陰霾，動經旬日，至殯之日，天忽晴霽，及襄事已畢，而風雪仍作，又踰旬乃止。以有感格，事非偶然。於是永安等王洎諸司僚佐具以上聞，爰勑有司，建坊於端禮門，榜其額曰「彰孝」，誠盛典也。繼又獲覩《國傳》所述，亦謂王居先靖妃喪，嘗以孝聞，先帝特加褒勑，今復荷此盛典，孝可驗也……楚殿下天稟特異，表出名藩，士君子歌詠而道之，豈可不宜哉？……（《嘉靖湖廣圖經志書》卷一）

可見武宗御書「彰孝」、於端禮門外建彰孝坊及宗室諸王公卿士夫詩咏彰孝坊事在正德六年，今《嘉靖湖廣圖經志書》卷一著録有宗室諸王公卿士夫咏彰孝坊詩一卷，包括永安王榮澂、通城王榮渡、通山王榮濠、江夏王榮漠、輔國將軍榮洺、榮瀁及陳金、洪鐘、劉丙、秦金、王守仁、陳鳳梧、謝廷柱、沈景、吕尚功、趙遷等人，此即蔡潮所云「宗室暨當時公卿大夫士反覆詠歌『彰孝』之義」之「鉅帙」，陽明預詠焉。由蔡潮序中可知此一「鉅帙」存放於楚王府中，故爲後來嘉靖元年吴廷舉作《湖廣圖經志書》所取用。按正德六年陽明在京師任職，錢德洪《陽明先生年譜》：「正德六年正月，調吏部驗封清吏司主事……二月，爲會試同考試官……十月，陞文選清吏司員外郎。」陽明在京，得以親聞武宗御書「彰孝」金扁與建彰孝坊事，乃預詩詠也。吴廷舉於陽明此詩下注云：「王守仁，餘姚人，都御史。」按吴廷舉實於正德十二年即開始撰《湖廣圖經志書》（見其《續修湖廣通志序》），陽明此詩當是其在正德十二年時録入，故題爲「都御史」。彰孝坊事，史籍幾無載，茲將劉武臣《彰孝坊碑記》附録於下，以見陽明寫作此詩之背景。

彰孝坊碑記

劉武臣

穆乎休哉!桓之所揭者,宸翰也,聖神大化之妙用也。臣望見兹桓,則竦然趨而過焉,蓋嘗仰而思,思,思而得之矣哉!皇明諸聖神之正域天下也,大化行之,其先之家乎?而其行之家也,其先之孝乎?信孝也者,真大化之本乎?孝固人之心也,而亦天下之心乎?天以此心納諸人人腹中,達之天下,則人人此心爾。故大化之所被,虩虩如震霆,祁祁如甘澍,灑灑如輕颸,無有礙而不行之處,亦無有滯而不化之物也。故前乎高皇得以孝號陵,後乎敬皇得以孝號廟,而文皇則筆古之有孝行者於簡策,以示天下,天下臣民訓行之。故三聖神者,天下通謂之大孝。當洪武、永樂、弘治之隆,大化氣象何如?要皆自其行之家者得之也。今皇帝隆大孝於慈宫矣,而兹乃樹巨桓以旌表楚王之孝者,欲何以哉?要亦欲自行之家者達之天下也。王其純孝矣乎!幼有至性,長而加修。父靖王、母妃周存日,王供奉必慎時宜,問候必慎禮節,一視其志之所向,而先意承之若恐不前,父王母妃説焉,君子謂王能説親;父王母妃恩有所施,禮有所加,一視乎道之所在,而悉心成之若恐或後,父王母妃順焉,君子謂王能順親。弘治中,母妃有疾,王晝夜驚惶,迎醫製藥,不遺餘力,籲天求代,而疾遂愈。正德初,父母有疾,亦如之,厥疾亦籲天愈。久之,父母王妃各以天年薨。王居苫次,欒欒瘠毁,踰三年,哀猶未盡。已而父王葬,值雪,母妃葬,值雨,亦籲天,天爲開朗。自府第至塋域,跣走二舍許,攀柩長號,頓絶者幾。來觀之衆莫不興哀,聲震林谷。君子謂王備死生之義,而得天人之心焉,穆乎休哉!王得爲純孝矣。諸王曁有司以聞，下禮部議。禮部謂王克孝於母，敬皇嘗降勑褒嘉；玆王復克孝於父，宜建坊旌表，爲天下勸。皇帝可其議，乃親御宸翰，用泥金大書「彰孝」字賜焉。爰命有司建巨桓於端禮門外，以示優異。左長史臣沈景、右長史臣呂尚功相謂曰：「吾王以純孝荷吾皇殊寵，吾二臣者與有榮焉，獨可免叨禄之咎乎哉？曷勒石以傳永世？」乃謀於永奉正臣徐安、承奉副臣郝永山等，咸躍然合詞言曰：「此我等素蓄之心。」碑石既具，而委其文於臣武臣。臣聞嘗參諸經傳之旨而推評之，古聖神之隆大化也，施之者不見其爲，而應之者不見其迹，靡他，其憑吾楷而已矣。夫作家之楷取自身，作天下之楷取自家，而家若天下之正邪判之楷，故大君者正其楷於家，而家以正應之；正其楷於天下，而天下以正應之。然而覈其楷之所以正者，其道莫先之孝也。孝先之身而被之家，具被之天下焉，則有生疊率者無不正之人，無不正之家，而大化行矣。大化之行，大道之行也。大道出乎天，而具乎人，人能不違乎天，則天之必豫矣。王以疾禱而疾止，以雨禱而雨止，以雪禱而雪止，可以徵孝心之純，天心之豫也。而或者乃謂天人之相懸，豈足以達此哉？唐則肅宗於其父不相能，宋則英宗於其母不相能，是其楷先已不能正矣，而何敢望天下之正乎？而何敢大化之成乎？皇明以天下爲家，大化之隆度越前古，至皇帝之叔祖也，一家之人也，《易》所謂「家人」者也。皇帝以孝正其楷於中，諸王以孝正其楷於外，夫然後承休德者翕然嚮風，爲其機蓋如此，而皇帝以身家先之，王乃於諸王中復以身先之，此彰孝之典禮所以獨先之王也，穆乎休哉！然而玆宸翰者特兩言之約，兩言雖約，而實鼓舞大化之機也。一人瞻而化焉，則人人聞而化焉；一家瞻而化焉，則家家聞而化焉。大化成矣，大化行矣，中邦之尊安哉，外夷其懷畏哉，皇基其鞏固哉，皇業其昌茂哉，皇統其悠哉悠哉！二曜同其明，四序同其正，兩儀同一貞觀矣。此皇帝聖德之所以爲懿美，神功之所以爲淵深，而日用不如者或莫究其所以然也，臣故曰聖神大化之妙用也，穆乎休哉！臣請拜手稽首，而敷揚以詞。詞曰：

大聖誰運？厥惟大鈞；大鈞誰司？厥惟聖神。聖神大孝，聖神大化，巍巍成功，獨高天下。聖神孫子，聖神甄陶，裂土王之，英英翹翹。楚有賢王，奮然學古，葺精舍以究微言，追前修而踵芳武。厥號正心，靈承天語。古之孝子，古之忠臣，盟諸其心，責諸其身。勤誠宣乎上國，績效式乎中人，云胡其然？厥孝之純。純孝二親，克躋於道。事生送終，形神俱耗。天心降監，孝心潛乎冥漠，赫靈俾究厥圖。禱疾禱晴，其應如響。大事載襄，誰不贊仰？皇帝曰都，叔祖賢矣，國也忠臣，家也孝子。兹二大節，有一足紀，矧乃兼之。宜崇典禮，桓書彰孝，樹之王門，文焰旁燭，御氣高屯。七澤渾涵，兩嶽峻極，結爲慶雲，光摇五色。互相吞吐，擁此龍章，皇帝聖神，大化之祥。指水謂深，決之斯潰；指石爲堅，擊之斯碎。何如斯桓之名永永，乾坤之内，前千千歲，啓後千千歲。

觀善巖小序

（正德七年，一五一二年）

善，吾性也；曰觀善，取《傳》所謂「相觀而善」者也。陽明山人王守仁。

觀善巖記（何春）

弘治壬戌遊羅田，閱及三先生祠石。正德辛未，始獲其故址，建廟立主焉。尋拓斯巖，題名「觀善」，搆數楹以藏修遊息。數十年景仰之心乃遂，爲之記曰：仰觀法乎天，俯觀法乎人，泛觀法乎萬物，以善乎其身、家、天下及後世，夫是之謂止於至善。羅巖別號善山，取「相觀而善」以發其義，是故冠之以「觀」也。又明年，陽明先生嘉惠以大書、小序，自廷仁、正之來，余復何言？論者以爲立意命詞，懸如合圭，咸無心也。可見天下之道一，人性之善，皆可以爲堯舜。且記斯舉之本末也。長松山人何春謹題。

文見《康熙雩都縣志》卷十四。按觀善巖即羅田巖，在雩都縣，今雩都羅田巖上猶有陽明小序與何春記摩崖石刻，上方陰刻「觀善巖」正書三字，即何春記所云「大字」；陽明序文四行二十四字，即何春記所云「小序」。何春字元之，號長松，雩都人，陽明弟子。《康熙雩都縣志》卷九有《何春傳》：「何春，字元之，廷仁兄。弘治甲子舉人。自幼意嶽嶽，不肯效今人。嘗曰：『世無周、程諸君子，吾不當在弟子之列。』及王公守仁開府虔南，春謂弟廷仁曰：『此孔孟嫡派也，吾輩當北面矣。』乃偕弟師事焉。苦心研究，寢食幾忘，久之，涣然有省，曰：『心體自静，須冥默存養，静無不動，就随動處省察。幾善，與即順順充養將去，若過爲拘檢，反成動氣；幾惡，與即發奮克治，若因循放過，便爲喪志。喪志是忘，動氣是正、助，誠時時刻刻念念爲善去惡，即孟子有事集義、勿正勿忘勿助長也，更有甚閑情往牽着外事？』陽明語及門曰：『何元之工夫，真所謂近裏看己也。』一日，問於陽明子曰：『心有動静，道無間於動静，故周子謂動而無静，静而無動，爲物；謂動而無動，静而無静，爲神也。且夫不睹不聞，静也，起念戒懼，則不可謂之静；隱見微顯，動也，極深研幾而心不放，則不可謂之動。故邵子曰：「一動一静之間，天地人之至妙。」至妙者，與以此觀之。人者，天地之心；性情者，天地之動静也。渾合無間，君子可以時以地而分，用其功乎分；用其功分，用其心矣。天理間斷，人欲錯雜，精一之學，恐不如此。』陽明子亟肯曰：『得之矣，得之矣！』春嘗闢觀善巖，日與同志談學，時寄興於煙雲水月之間，有舞雩咏歸之風焉。初令漳州詔安，改直隸含山，未幾，以憂歸。服闋，改霍山。所至不事法令，專務德教，每月之朔望，集諸生明倫堂，講明人心道心之旨，三綱八目之微，聽者咸有醒發云。未幾，卒於官邸。霍人哀之，如失父師焉。屏江歐子曰：『元之歷官三郡，能使其民知廉耻自重，雖僻塢寒墟，皆置社學，雍雍絃誦之聲，振動山谷，真學道愛人之君子也，無媿陽明弟子矣！』著有《忖言集》，藏於家。」何春在正德六年闢觀善巖，讀書講學其中，《康熙雩都縣志》卷一：「羅田巖，距縣五里，一名善山，兩旁有巖相通，古稱華嚴禪院。左爲仕學山房，屋巖下右曰觀善巖，陽明先生題筆，邑孝廉何春所闢也。周濂溪先生倅虔時遊此，有詩，羅文恭大書刻石壁上。故有濂溪閣，頂有高山仰止亭。山西有別一洞天，學士大夫談道者集巖中。」至次年，陽明乃大書「觀善巖」三字及寫此小序寄贈。何春記中所云「廷仁」即何秦，字性之，號善山，何春弟；「正之」即黄弘綱，字正之，號洛村，雩都人。二人皆陽明弟子。按正德六年陽明在京師吏部任職，嘗爲會試同考試官，受學弟子日多，疑是年何春、何秦、黄弘綱皆來京師參加會試，得識陽明，乃請其寫「觀善巖」大字及小序。若然，則陽明與何氏兄弟、黄弘綱當已早識。至正德十二年陽明巡撫南、贛、汀、漳至贛，何春、何秦、黄弘綱遂皆來受學爲正式弟子。

正德十三年何春又於羅田巖建濂溪閣，《康熙雩都縣志》卷三：「濂溪閣，在羅田巖右，宋嘉熙庚子知縣周頌建。明知縣羊修、劉昌祚相繼重修，邑人黄弘綱、李涞記。」按濂溪閣（即濂溪祠）實爲何春修建，《嘉靖贛州府志》卷六：「正德戊寅，邑人何春構濂溪祠，塑像其間，又爲書屋數椽。」陽明特爲濂溪閣書字，邵啟賢《贛石録》著録陽明濂溪閣銘文，落款「正德戊寅孟夏之吉，守仁謹書」。正德十三年四月陽明方班師回贛，諭各縣大興社學，錢德洪《陽明先生年譜》：「正德十三年四月，班師，立社學。……即行告諭，發南、贛所屬各縣父老子弟，互相戒勉，興立社學，延師教子，歌詩習禮。」何春助縣令建濂溪閣，實爲配合陽明大興社學之舉，故陽明樂於爲其題字也。

與湛甘泉（二首）

書一

（正德七年，一五一二年）

別後，無可交接，百事灰懶，雖部中亦多不去，惟日閉門静坐，或時與純甫、宗賢閑話，有興則入寺一行而已。因思吾兩人者平日講學，亦大拘隘。凡人資稟有純駁，則其用力亦自有難易，難者不可必之使易，猶易者不可必之使難。孔門諸子問仁，夫子告之，言人人殊，烏可立一定之説，而必天下之同己。或且又自己用功悠游，而求之人者太急迫無叙，此亦非細故也。又思平日自謂得力處，亦多尚雜於氣，是以聞人毁謗輒動，却幸其間已有根芽，每遇懲創，則又警勵奮迅一番，不爲無益。然終亦體認天理欠精明，涵養功夫斷續耳。元忠於言語尚不能無疑，然已好商量。子莘極美質，於吾兩人却未能深信。舟次講學，不厭切近，就事實上説，孔子云：「言忠信，行篤敬，雖蠻貊之邦，行矣。」要之，至理不能外是，而問者亦自有益。蓋卓爾之地，必既竭吾才，而後見養深者自得之耳。良心易喪，習氣難除，牛羊斧斤日以相尋，而知己又益漸遠，言之心驚氣咽，但得來人便，即須頻惠教言，庶有所警發也。

書二

別後，屢得途中書，皆足爲慰。此時計在增城已久，衝冒險阻之餘，憫時憂世，何能忘懷；然回視鄙人，則已出世間矣。純甫得應天教授，别去亦復三月，所與處惟宗賢一人，却喜宗賢工夫驟進，論議多所發明，亦不甚落寞也。往時朝夕多相處，觀感之益良多，然亦未免悠悠度日。至於我字亦欠體貼，近來始覺少親切，未知異時回看今日，當復何如耳。習氣未除，此非細故，種種病原，皆從此發。究竟習氣未除之源，却又只消責志。近與宗賢論此，極爲痛切，兄以爲何如耶？太夫人起居萬福，慶甚！聞潮、廣亦頗有盜警。西湖十居之興，雖未能决，然扁舟往還之約，却亦終不可忘也。養病之舉，竟爲楊公所抑。在告已踰三月，南都之説，忍未能與計，亦終必得之。而拘械束縛，眼前頗不可耐耳。如何，如何！沉疴泊去，燈下草率，言莫能既，但遇風毋惜。

二書見《嘉靖增城縣志》卷十七《外編雜文類》。按書所言「别後」，乃指正德七年二月陽明送别湛甘泉出使安南。「純甫」即王道，《國榷》卷四十八：「正德七年三月丙午朔……翰林院庶吉士王道改應天教授，便養。」以「别去亦復三月」計，則書二作在六月，書一作在二月。「宗賢」即黄綰，「元忠」又作「原忠」（參《寄原忠太史》文後考辨），即應良，「子莘」即馬明衡。王道、應良皆在正德六年舉進士，陽明時任會試同考試官，有「座主」之誼，王道、應良皆選爲庶吉士，均來問學。《明清進士録》：「王道，正德六年二甲六十六名進士。山東武城人。授吏部主事，歷國子祭酒，官終吏部右侍郎。卒，謚『文定』。有《易詩書大學膪》。」「應良，正德六年二甲七名進士。浙江仙居人，字元忠，號南洲。官編修。王守仁在吏部，良從學焉。親老歸養，講學山中十年。嘉靖初，還任，伏闕爭大禮，被廷杖。終廣東右布政使。有《閑存集》。」馬明衡是年落第，也來問學，後於正德九年亦舉進士。《明清進士録》：「馬明衡，正德九年三甲一百〇五名進士。福建莆田人，字子莘。授太常博士。世宗時，官御史，以論救鄧繼曾及爭慈壽太后誕辰免朝事得罪，終身廢棄。初受業於王守仁，閩中有王氏學，自明衡始。有《尚書疑義》。」書所言「楊公」，即楊一清。時陽明有養病告歸之請，未允，即所謂「養病之舉，竟爲楊公所抑」。「南都之説」，按陽明在京，目睹朝中危機四伏，不勝危懼，數欲調往南都任職而未成，然卒在十二月得陞南京太僕寺少卿而去，即書所云「亦終必得之」也。

寄貴陽諸生

（正德七年，一五一二年）

諸友書來，間有疑吾久不寄一字者。吾豈遂忘諸友哉？顧吾心方有去留之擾，又部中亦多事，率難遇便；遇便適復不暇，事固有相左者，是以闊焉許時。且得吾同年秦公爲之宗主，諸友既得所依歸，凡吾所欲爲諸友勸勵者，豈能有出於秦公之教哉？吾是可以無憂於諸友矣，諸友勉之！吾所以念諸友者，不在書之有無，諸友誠相勉於善，則凡晝之所誦，夜之所思，孰非吾書札乎？不然，雖日至一書，徒取憧憧往來，何能有分寸之益於諸友也？爲仁由己，而由乎人哉？諸友勉之！因便拾楮，不一。

書見《新刊陽明先生文録續編》卷一《書類》，永富青地《上海圖書館藏〈新刊陽明先生文録續編〉について》著録。按陽明此書所言「吾同年秦公」，應指秦文，其時來任貴州提學副使，故陽明稱其「爲之宗主」。秦文字從簡，號蘭軒，晚號雲峰，臨海人，弘治六年進士。《國朝獻徵録》卷九十二鄭度《河南左參政秦先生文墓志》：「弘治壬子，以《毛詩》中浙江鄉試第一，士論服之。明年癸丑，登進士第，觀政二年，授南京行人司行人……」陽明亦是弘治五年中浙江鄉試，故稱秦文爲「同年」。秦文來任貴州提學副使之時間，《嘉靖貴州通志》卷五將秦文放在陳恪之後，陳恪任貴州提學副使在正德五年，《國榷》卷四十八：「正德五年九月癸酉，議復謫籍五十三人，皆復官録用：……副使劉遜、陳恪、李全、吴廷舉……」秦文繼陳恪來任，《秦文墓志》云：「正德中服闋，始遷刑部廣西司郎中。時逆瑾之亂，羅織京朝官，刑曹易染尤甚。先生以身殉法，決不少貸。讞獄精明，老吏皆自以爲不及，瑾竟不能害。未幾，遷貴州提學副使。貴州學政頗簡類，兼清戎糧餉等務。先生於養士外，又有區處方略，軍民便之。踰年，以吴太宜人憂歸……」據《嘉靖貴州通志》卷五著録「正德間副使秦文《重建貴州按察司記》：『皇帝五年，按察使、今巡撫湖廣都御史安福劉公至，初建大門，尋以遷秩，弗果訖工……六月，按察使滇南朱君璣至……副使陳君恪、邵君遵道、僉事張君騰霄、王君注、許君效廉僉曰：「然。」……以七年三月二十三日經始……越六月成。巡撫都御史四明楊公、姑蘇沈公、巡按監察御史鉛山張公繼蒞兹土……於是左參政何君顯、右參議盧君宅仁、都指揮丁君輝、曹君寔、楊君增、王君曰湘、曰鱗，率合屬僚官賀焉云。』」可見秦文在正德七年來任貴州提學副使，次年即丁憂而去。陽明此書應即作在正德七年下半年中，蓋其時陽明正有去京師、歸南都之考慮，錢德洪《陽明先生年譜》：「正德七年三月，陞考功清吏司郎中……十二月，陞南京太僕寺少卿，便道歸省……愛是年以祁州知州考滿進京，陞南京工部員外郎，與先生同舟歸越。」陽明在京目覩亂象，急於離京師往南都任職，「男有南圖」(詳見下《上海日翁大人札》考)，此即此《寄貴陽諸生》所云「顧吾心方有去留之擾，又部中亦多事」。至八年陽明已在南都，無所謂「去留之擾」也。

上海日翁大人札

（正德七年，一五一二年）

父親大人膝下：毛推官來，□大人早晚起居出入之詳，不勝欣□。弟恙尚不平，而祖母桑榆暮□，不能□。爲楊公所留，養病致仕皆未能遂，殆亦命之所遭也。人臣以身許國，見難而退，甚所不可，但於時位出處中，較量輕重，則亦尚有可退之義，是以未能忘情；不然，則亦竭忠盡道，極吾心力之可爲者死之而已，又何依違觀望於此，以求必去之路哉！昨有一儒生，素不相識，以書抵男，責以「既不能直言切諫，而又不能去，坐視亂亡，不知執事今日之仕爲貧乎？爲道乎？不早自決，將舉平生而盡棄，異日雖悔，亦何所及」等語，讀之良自愧嘆。交遊之中，往往有以此意相諷者，皆由平日不務積德，而徒竊虛名，遂致今日。士大夫不考其實，而謬相指目，適又當此進退兩難之地，終將何以答之？反己自度，此殆欺世盗名者之報，《易》所謂「負且乘，致寇至」也。近甸及山東盗賊奔突，往來不常。河南新失大將，賊勢愈張。邊軍久居内地，疲頓懈弛，皆無斗志，且有怨言，邊將亦無如之何。兼多疾疫，又乏糧餉，府庫内外空竭，朝廷費出日新月盛。養子、番僧、伶人、優婦居禁中以千數計，皆錦衣玉食。又爲養子蓋造王府，番僧崇飾塔寺，資費不給，則索之勳臣之家，索之戚里之家，索之中貴之家；又帥養子之屬，遍搜各監內臣所蓄積；又索之皇太后。又使人請太后出飲，與諸優雜劇求賞；或使人紿太后出遊，而密遣人入太后宮，檢所有盡取之。太后欲還宫，令宫門毋納，固索錢若干，然後放入。太后悲咽不自勝，復不得哭。又數數遣人請太后，爲左右所持，不敢不至；至即求厚賞不已。或時賂左右，間得免請爲幸。宫苑內外，鼓噪火炮之聲晝夜不絶，惟大風或疾病乃稍息一日二日。臣民視聽習熟，今亦不勝駭異。永齋用事，勢漸難測，一門二伯，兩都督、都指揮、指揮，十數千百户，數十甲第、墳園、店舍，京城之外，連亘數里，城中卅餘處，處處門面，動以百計。谷馬之家，亦皆稱是，榱角相望，宫室土木之盛，古未有也。大臣趨承奔走，漸復如劉瑾時事，其深奸老滑甚於賊瑾，而歸怨於上，市恩於下，尚未知其志之所存，終將何如。春間黄河忽清者三日，霸州諸處一日動地十二次，各省來奏山崩地動、星隕災變者，日日而有。十三省惟吾浙與南直隸無盜。近聞□中諸□頗黠桀，按兵不動，似有乘弊之謀，而各邊謀將又皆頓留內地，不得歸守疆場，是皆有非人謀所能及者。七妹已到此，初見悲咽者久之，數日來喜極，病亦頓減，顔色遂平復。大抵皆因思念鄉土，欲見父母兄弟而不可得，遂致如此，本身却無他疾；兼聞男有南圖，不久當得同歸，又甚喜，其恙想可勿藥而愈矣。又喜近復懷妊，當在八月間。曰仁考滿在六月間。曰仁以盜賊難爲之，故深思脱離州事。但欲改正京職，則又可惜虚却三年歷俸；欲遷陞，則又覺年資尚淺。待渠考滿後，徐圖之。曰仁決意求南，此見亦誠是。男若得改南都，當遂與之同行矣。邃庵近日亦若求退事，勢亦有不得不然。蓋張已盛極，決無不敗之理，而邃之始進，實由張引，覆轍可鑒，能無寒心乎？中間男亦有難言者，如啞子見鬼，不能爲旁人道得，但自疑怖耳。西涯諸老，向爲瑾賊立碑，槌磨未了，今又望塵莫及張德功，略無愧耻，雖邃老亦不免。禁中養子及小近習與大近習交搆，已成禍變之興，旦夕叵測，但得渡江而南，始復是自家首領耳。時事到此，亦是氣數，家中凡百皆宜預爲退藏之計。弟輩可使讀書學道，親農圃樸實之事，一應市囂虚詐之徒，勿使與接，親近忠信恬淡之賢，變化氣習，專以積善養福爲務，退步讓人爲心。未知三四十年間，天下事又當何如也。凡男所言，皆是實落見得如此，異時分毫走作不得，不比書生據紙上陳迹，騰口漫説。今時人亦見得及，但信不及耳。餘姚事，亦須早區畫，大人決不須避嫌，但信自己惻怛之心、平直心、退步心，當時了却，此最灑脱，牽纏不果，中間亦生病痛。歸侍雖漸可期，而歸途尚爾難必，翹首天南，不勝瞻戀。男守仁拜書。外山巾及包頭二封。

札見《式古堂書畫彙考》卷二十五。海日翁即陽明父王華。此札乃陽明在京師致歸居紹興之父,札中所言「楊公」、「邃庵」、「邃老」,指楊一清,所謂「爲楊公所留,養病致仕皆未能遂」,按錢德洪《陽明先生年譜》:「正德六年十月,陞文選清吏司員外郎。……先是先生陞南都,甘泉與黄綰言於冢宰楊一清,改留吏部。」陽明以楊一清薦得留京都,然其時朝政敗亂,又遇劉瑾時,故陽明萌生去意。札中所言「永齋」、「張」某,即張永;「谷馬」,即御馬太監谷大用。張永以除劉瑾立功,勢焰熏天,楊一清與之不合,陽明亦遭壓抑,故札中云「中間男亦有難言者,如啞子見鬼,不能爲旁人道得」。札中所言事,多發生在正德六年末至正德七年初之間,如云「春間黄河忽清者三日,霸州諸處一日動地十二次,各省來奏山崩地動、星隕災變者,日日而有」,按《國榷》卷四十八:「正德六年八月壬寅,霸州地連震……十二月丙申,黄河清,自清口至柳浦,凡九十餘里,連三日,甲午、乙未、丙申。……正德七年正月丁未朔,濮州地震有聲。戊申,彰德地震有聲。丙寅,寧夏地震有聲。二月丙戌,蒲州華陰同官地震。三月戊申,渭南地震有聲。己酉,鄜州地震。丁巳,太原地震。……」札中特言及「河南新失大將,賊勢愈張」,按《國榷》卷四十八:「正德七年三月庚午,盜圍河南三日,副總兵都督僉事舒城馮禎及時源參將神周迎擊之。參將姚信失利先遁。禎敗死,贈洛南伯,謚襄愍。子大金襲陞都督僉事。」據此,陽明是札應作於正德七年四月中。札中又言及「七妹已到此……又喜近復懷妊,當在八月間。曰仁考滿在六月間」,按徐愛於正德七年六月祁州任考滿進京(見前考),陽明作是札時,七妹已先進京候徐愛,徐愛尚在祁州未行。札中最後言「餘姚事」,即指餘姚故居分析事。《寓都下上大人書》中云「餘姚分析事，不審如何？畢竟分析爲保全之謀耳」，知餘姚故居分析始於正德六年，至此實已事成（見下考）。此札爲陽明所寫最長之家書，所述朝政國事，皆陽明都下所親見親聞，正史不載，直可補明史之闕；而陽明是年急於離都，改任南都（南京太僕寺少卿）之原因，皆從此札中可見。

上大人書

(正德七年,一五一二年)

寓都下男王守仁百拜上父親大人膝下:杭州差人至,備詢大人起居遊覽之樂,不勝喜慰。尋得書,迺有廿四叔□□□□□固自有數,胡迺適□□時,信乎樂事不常,人生若寄。古之達人所以適情任性,優游物表,遺身家之累,養真恬曠之鄉,良有以也。伏惟大人年近古稀,期功之制,禮所不逮,自宜安閑愉懌,放意林泉,木齋、雪湖諸老,時往一訪;稽山、鑑湖諸處,將出一遊。洗脱世垢,攝養天和,上以增祖母之壽,下以垂子孫之福,慶幸,慶幸。男等安居如常,七妹當在八月,身體比常甚佳。婦姑之間,近亦頗睦。曰仁考滿亦在出月初旬,出處去就,俟曰仁至,計議已定,然後奉報也。河南賊稍平,然隱伏者尚難測;山東勢亦少減,而劉七竟未能獲;四川諸江(西)雖亦時有捷報,而起者亦復不少。至於糧餉之不繼,馬匹之乏絶,邊軍之日疲,流氓之愈困,殆有不可勝言者。而廟堂之上,固已晏然,有坐享太平之樂,自是而後,將益輕禍患,愈肆盤遊,妖孽并興,讒諂日甚,有識者復何所望乎!守誠妻無可寄託,張妹夫只得自行送回。大娘子早晚無人，須搬渠來男處，將就同住。六弟聞已起程，至今尚未見到。聞餘姚居址亦已分析，各人管理，不致荒廢，此亦了當一事。今年造册，田業之下瘠者，親戚之寄託者，惟例從刊省，拒絶之爲佳。時事如此，爲子孫計者，但當遺之以安，田業鮮少，爲累終寡耳。趙八田近因農民例開，必願上納，阻之不可。昨日已告通狀，想亦只在倉場之列。不久，當南還矣。九弟所患，不審近日如何？身體若未壯健，誦讀亦且宜緩，須遣之從黄司輿遊，得清心寡慾，將來不失爲純良之士，亦何必務求官爵之榮哉！守文、守章，亦宜爲擇道德之師，文字且不必作，只涵詠講明爲要。男觀近世人家子弟之不能大有成就，皆由父兄之所以教之者陋而望之者淺。人來，説守文質性甚異，不可以小就待之也。因便報安，省侍未期，書畢，不勝瞻戀。

閏五月十一日，守仁百拜書。

今有陽明手迹石刻拓本藏貴州省博物館，另有拓本藏日本九州大學圖書館，另，此書真迹《明王文成公尺牘真迹》在二〇〇四年春季藝術品拍賣會（上海國際商品拍賣有限公司）上出現，並在「雅昌藝術品拍賣網」上公布。蓬累軒《姚江雜纂》、計文淵《王陽明法書集》、《王陽明全集·補録》皆著録。按正德七年有閏五月，此書承前《上海日翁大人札》而來，相隔一月，叙事相接。如云「七妹當在八月」，是謂陽明妹妊娠在八月。「曰仁考滿在出月初旬」，出月初旬即六月初旬，時徐愛仍未進京。「聞餘姚居址亦已分析，各人管理」，是說餘姚故居分析事已辦成。札中所及之人，「木齋」爲謝遷，字于喬；「雪湖」爲馮蘭，字佩之，皆餘姚人。「六弟」爲王守溫，「九弟」爲王守儉。「黃司輿」當爲王司輿之誤。王司輿名文轅，號黃轝子，山陰人，《季彭山先生文集》卷三有《王司輿傳》。錢德洪《陽明先生年譜》：「弘治十四年八月，疏請告……遂告病歸越，築室陽明洞中，行導引術。久之，遂先知。一日坐洞中，友人王思輿（按：即王司輿）等四人來訪，方出五雲門，先生即命僕迎之。」是王司輿與陽明早識，蓋亦一道隱人物，故陽明命王守儉從其遊。「廿四叔」，按王倫（竹軒先生）生五子：長子王榮（半巖先生），次子王華（德輝），又次王袞（德章，易直先生），又次王德聲（廿一叔），又次即此二十四叔，不知名字。其於是年卒，後皆不言及。

陽明此礼，後附有數家題跋，可以見是札流傳刻石之況，茲録如下：

此正德七年陽明先生寄其父尚書書也。正德初，先生以救戴銑等觸劉瑾，謫龍場丞。五年瑾誅，乃量移廬陵知縣，入覲，遷刑部主事，改吏部驗封。書云「寓都下」者，正此時也。時陝西、河南、四川、山東、江西諸盜竊發，平叛不常，先生憂國之心，至爲篤摯，而泄泄者方笑以爲迂，可勝嘆哉！是年八月，陸完殲劉七於狼山，此書在閏五月，故云「未弋獲」也。蘇潭跋，嘉慶六年八月二日，書於粵西撫署之清風堂。

文成此蹟，在正德七年，年四十一矣。其出撫南贛之前四年也。中間語及家國事，沉篤悱惻，令人感仰，不必言矣。而其語及教子弟讀書，謂「只涵詠講明爲要」，即此亦是姚江一舉隅耳。文成於書不必盡工，而此家書則尤其所最用意者。蘭雪持此來屬爲題識，蓋其新收諸秘笈者，後幅有「蘊山手識」語，爲之展玩累日。嘉慶丙寅秋八月二十九日，方綱。

道光六年，元至黔、滇，生學使者刻此書墨蹟於石，以示元。此王文成龍場舊地，得悟良知處，正德初期，政甚紊，故此書多忠憤之詞。然竟能驟任文成，治贛治粤，削平寇亂，則廟堂不可謂無人矣。阮元跋。

右陽明先生與父太宰公書。養志之義，藹然行間，尤念念不忘君國，身繫社稷，時有隱憂，得古大臣氣象。史稱：「當是時，讒邪構煽，禍變叵測，微守仁，東南事幾殆。」信矣！而詆之者顧謂「明之天下，不亡於流賊，而亡於陽明」。噫，是何言與！先生一屈於嬖倖，再屈於桂萼，迨於今詆訶未熄，道高毀舉，何其窮也！太宰公母岑，年踰百歲卒，時公已七十，故書云「上增祖母之壽」。與父書書姓，當時風尚使然，揭之以語不知者。趙懷玉。

據上，可知陽明是札手迹明以後甚見流傳，至清道光六年遂乃刻石於黔。故今貴州省博物館、日本九州大學圖書館所藏是札拓本，當皆從道光六年石刻墨拓而來，其真迹與石刻今反不存。

又上海日翁大人札

(正德七年,一五一二年)

男守仁百拜父親大人膝下:會稽易主簿來,得書,備審起居萬福爲慰。男與妹壻等俱平安。但北來邊報甚急,昨兵部得移文,調發鳳陽諸處人馬入援,遠近人心未免倉皇。男與妹壻只待滿期,即發舟而東矣。行李須人照管,禎兒輩久不見到,令渠買畫絹,亦不見寄來。長孫之夭,骨肉至痛,老年懷抱,須自寬釋。幸祖母康强,弟輩年富,將來之福尚可積累。道弟近復如何?須好調攝,毋貽父母兄弟之憂念。錢清、陳倫之回,草草報安。小録一册奉覽,未能多寄。梁太守一册,續附山陰任主簿。

廿八日,男守仁百拜。

札見《式古堂書畫彙考》卷二十五。按此札亦承前《上大人書》而來,所謂「男與妹壻等俱平安」,「男與妹壻只待滿期,即發舟而東」,是謂徐愛已入京考績,兩人期滿在即,即將發舟南歸。以札中云「行李須人照管」,是謂行李早已打好,隨時啟程歸越。按徐愛在冬間陞南京工部員外郎,陽明在十二月八日陞南京太僕寺少卿，錢德洪《陽明先生年譜》：「正德七年十二月，陞南京太僕寺少卿，便道歸省……愛是年以祁州知州考滿進京，陞南京工部員外郎，與先生同舟歸越。」故可知陽明是札應作於十一月二十八日。札中所言「長孫之夭」，疑爲王守文子，「道弟」疑即王守儉。「梁太守」即梁喬，正德七年方來任紹興知府（詳見下《寄梁郡伯手劄》考）。「小録一册」，應即指徐愛所録《傳習録》一卷。按錢德洪《陽明先生年譜》：「正德七年十二月，與徐愛論學。愛是年以祁州知州考滿進京，陞南京工部員外郎，與先生同舟歸越，論《大學》宗旨，聞之踴躍痛快，如狂如醒者數日，胸中混沌復開。仰思堯、舜、三王、孔、孟千聖立言，人各不同，其旨則一，今之《傳習録》所載首卷是也。」年譜叙述不明，後人遂皆以爲徐愛《傳習録》一卷作在正德七年十二月歸越舟中，所記皆爲舟中陽明論《大學》之語。此説誤甚。徐愛與陽明同舟歸越，行色匆匆，如何能編成《傳習録》？徐愛《傳習録題辭》分明云：「愛朝夕炙門下……故愛備録平日之所聞，私以示夫同志，相與考而正之。」是《傳習録》乃備録平日多年傳習所聞，並非記録歸越舟中所聞。徐愛《傳習録跋》中亦分明云：「愛始聞先生之教，實是駭愕不定……其後思之既久，不覺手舞足蹈。」是言其多年平時受教久有感悟，亦非是言在歸越舟中受教而如醉如狂，「手舞足蹈」。錢德洪《陽明先生年譜》云：「正德七年，在京師。按《同志考》，是年穆孔暉、顧應祥、鄭一初、方獻科、王道、梁穀、萬潮、陳鼎、唐鵬、路迎、孫瑚、魏廷霖、蕭鳴鳳、林達、陳洸及黄綰、應良、朱節、蔡宗兖、徐愛同受業。」徐愛於六月入京，有半年時間日夕受教陽明門下，並有充裕時間編訂《傳習録》。今據陽明此札，決可知徐愛編成《傳習録》在正德七年十一月。此是最早之一卷本《傳習録》，故稱「小録」，以後當有補録。

與諸門人夜話

（正德七年，一五一二年）

翰苑爭誇仙吏班，更兼年少出塵寰。敷珍摛藻依天仗，載筆抽毫近聖顔。大塊文章宗哲匠，中原人物仰高山。譚經無事收衙蚤，得句嘗吟對酒間。羽飛皦雪迎雙鶴，硯洗玄雲注一灣。諸生北面能傳業，吾道東來可化頑。久識金甌藏姓字，暫違玉署寄賢關。通家自愧非文舉，浪許登龍任往還。

與諸門人夜話，陽明山人王守仁

詩見《石渠寶笈三編》第一〇七八册《延春閣藏》四十《元明書翰》，云：「二册，紙本，摺裝八幅，皆縱八寸二分，通横六尺七寸四分，王守仁詩，馬孟河題，行書。」陽明詩下有馬孟河題詩云：

昔有籠鵝客，今當問字人。出詞天地合，説法鬼神驚。禮樂宗三代，簪纓重萬鈞。吾儒全屬望，斯教邁群倫。

題王夫子卷後，史氏馬孟河

下有按語云：「馬孟河，名一龍，字負圖，嘉靖丁未進士，歷官南京國子司業，見雷禮《列卿記》。《鎮江府志》作字『應圖』。」觀詩所述，當是陽明在京師與諸門人夜話。按陽明在京師任職而始有衆多弟子來學者，乃在正德七年，錢德洪《陽明先生年譜》：「正德七年……在京師。三月，陞考功清吏司郎中。按《同志考》，是年穆孔暉、顧應祥、鄭一初、方獻科、王道、梁穀、萬潮、陳鼎、唐鵬、路迎、孫瑚、魏廷霖、蕭鳴鳳、林達、陳洸及黄綰、應良、朱節、蔡宗兗、徐愛同受業。」徐愛《同志考叙》云：「自尊師陽明先生聞道後幾年，某於丁卯春，始得以家君命執弟子禮焉。于時門下亦莫有予先者也。繼而是秋，山陰蔡希顔、朱守中來學，鄉之興起者始多，而先生且赴謫所矣。道出荆楚間，止貴陽之龍場，遷江右之廬陵，凡閲三載，召入京師。居又歲餘（按：正德七年），中間從遊者甚衆，予自一二夙契與邂逅之外，莫之知也。乃癸酉春，侍先生自北來南，檢簡牘中，始觀多皆未識者。」（《横山遺集》卷上）由此可見陽明此詩當作在正德七年中。蓋其時陽明弟子已多有在朝任官，如穆孔暉爲陽明弘治十七年試山東時所取之士，正德三年進士，授翰林檢討，年方二十六歲，顯即此詩所言「翰苑爭誇仙吏班，更兼年少出塵寰」也。他如顧應祥爲弘治十八年進士，正德六年以臺諫徵至京師，以年少不應格，補錦衣衛經歷。徐愛正德三年進士，正德七年以祁州知州考滿進京，陞南京工部員外郎等，此即該詩所云「諸生北面能傳業，吾道東來可化頑」也。

紫陽書院集序原稿

（正德七年，一五一三年）

豫章熊君世芳之守徽也，既敷政其境内，迺大新紫陽書院，以明朱子之學，萃士之秀而躬教之。于是七校之士懼政之弗繼也，教之或湮也，而程生曾集書院之故，復弁以白鹿之規，遺後來者，使知所敦。刻成，畢生珊來，致其合語，請一言之益。予惟爲學之方，白鹿之規盡矣；警勸之道，熊君之意勤矣；興廢之詳，程生之集備矣，又奚以予言爲乎？然吾聞之：德有本而學有要，不於其本而泛焉以從事，高之而虛寂，卑之而支離，流蕩而失宗，勞而靡所得矣。是故君子之學，惟以求得其心，雖至於位天地，育萬物，未有出於是心之外也。孟氏所謂「學問之道無他，求其放心而已」者，一言以蔽之。故博學者，學此也；審問者，問此也；慎思者，思此也；明辨者，辨此也；篤行者，行此也。心外無事，心外無理，故心外無學也。是故於父子盡吾心之仁，於君臣盡吾心之義，言吾心之忠信，行吾心之篤敬，懲心忿，窒心慾，遷心善，改心過，處事接物，無所往而非求盡吾心以自慊也。譬之植焉，心，其根也；學也者，其培壅而灌溉之者也，扶衛而删鋤之者也，無非有事於根焉爾已。朱子白鹿之規，首之以五教之目，次之以爲學之叙，又次之以修身之要，又次之以處事之要，接物之要，若各爲一事而不相蒙者，斯殆朱子平日之意，所謂「隨時精察而力行之，庶幾一旦貫通之妙也」歟？然而世之學者，往往遂失之支離瑣屑，色莊外馳，而流入於口耳聲利之習。故吾因諸士之請，而特原其本以相勖，庶乎操存講習之有要，亦所以發明朱子未盡之意也。

文見戴銑《朱子實紀》卷十一。今《王陽明全集》卷七有《紫陽書院集序》，即此文，但字句出入很大，尤缺自「程生曾集書院之故」至「予惟爲學之方」一段，至不明此序寫作之背景與時間。按《王陽明全集》卷二十有《與徽州程畢二子》：「句句糠粃字字陳，却於何處覓知新？紫陽山下多豪俊，應有吟風弄月人。」向不知何意與作於何時，今據此《朱子實紀》中之《紫陽書院集序》，乃可知此「程畢」即指程曾與畢珊，而所謂「句句糠粃字字陳」云云，實有微諷朱子之意，而此序之寫作時間亦遂可得考。按熊君世芳即熊桂，號石崖，新建人，《國朝獻徵録》卷九十五有《山東左參政熊公桂墓志銘》。其來任徽州府知府與大興紫陽書院時間，《朱子實紀》卷三有羅玘《重建紫陽書院記》云：「徽國之紫陽山，鄉先生徽國文公講學處也，後人作院祀之，因以山名……入我國初，始得遷於歙之學……正德庚申冬，豫章熊侯來知府事，拜公院下……推官張鵬以御史冼君圖而弗果，侯狀上之，報可……越壬申三月，院成……」又卷十有《紫陽書院落成率諸生釋菜告文》：「維正德七年，歲次壬申二月丙子朔，直隸徽州府知府熊桂等敢昭告於先師徽國朱文公……」《忌日諸生釋奠告文》：「維正德七年壬申春三月丙午朔，越有九日甲寅，鄉後學生王舜臣等敢昭告於太師徽國朱文公先生……」可見紫陽書院修成於正德七年三月，其後乃有程曾、畢珊來請陽明作序，可見陽明此序及《與徽州程畢二子》詩當作於正德七年（壬申），今《王陽明全集》中之《紫陽書院集序》題下注作於「乙亥」（正德十年），顯誤。按《朱子實紀》刻版於正德八年，汪愈《刻朱子實紀後序》云：「《朱子實紀》凡十二卷，前南京户科給事中戴翀峰先生所編也……正德丙寅編成，自爲序。越二年，而先生卒。又五年，乃今正德癸酉，歙鮑雄以道氏始板行焉。」《朱子實紀》（今北京大學圖書館藏有正德八年刻本《朱子實紀》）中已收刻陽明《紫陽書院集序》，此亦足證此《紫陽書院集序》斷不可能作於正德十年。蓋陽明於正德七年作成此序，其手迹即保存於紫陽書院中，並刻入《紫陽書院集》，次年遂刻入《朱子實紀》中，故得保存陽明此序原稿之貌；而《王陽明全集》中之《紫陽書院集序》則經過後人删改。

送日東正使了庵和尚歸國序

（正德八年，一五一三年）

世之惡奔競而厭煩拏者，多遯而之釋焉。爲釋有道，不曰清乎？撓而不濁，不曰潔乎？狎而不染，故必息慮以浣塵，獨行以離偶，斯爲不詭於其道也。苟不如是，則雖皓其髮，緇其衣，梵其書，亦逃租繇而已耳，樂縱誕而已耳，其於道何如耶？今有日本正使堆雲桂悟字了庵者，年踰上壽，不倦爲學，領彼國王之命，來貢珍於大明。舟抵鄞江之滸，寓館於駬。予嘗過焉，見其法容潔修，律行堅䇐，坐一室，左右經書，鉛朱自陶，皆楚楚可觀愛，非清然乎？與之辨空，則出所謂預修諸殿院之文，論教異同，以並吾聖人，遂性閑情安，不譁以肆，非淨然乎？且來得名山水而遊，賢士大夫而從，靡曼之色不接於目，淫哇之聲不入於耳，而奇邪之行不作於身，故其心日益清，志日益淨，偶不期離而自異，塵不待浣而已絶矣。茲有歸思，吾國與之文字以交者，若太宰公及諸縉紳輩，皆文儒之擇也，咸惜其去，各爲詩章，以艷飾迴躅，固非貸而濫者，吾安得不序！

皇明正德八年歲在癸酉五月既望，餘姚王守仁書。

文見伊藤松《鄰交徵書》初篇卷一，云：「真書，伊勢正住氏藏。」按此序真迹又爲日本九鬼隆輝所藏，齋藤拙堂《拙堂文話》著録此序。了庵堆雲桂悟其人及出使來明進貢事，史書缺載，今賴陽明此序，皆得而可考焉。《鄰交徵書》於陽明是序下云：「桂悟，謚佛日，住南禪寺，退居大慈院，院在東福寺。永正中，爲足利氏使入明。按《籌海圖編》，正德八年五月，夷船三隻，使僧桂悟貢方物，是也。」堆雲桂悟爲當時日本一著名高僧與詩僧，《鄰交徵書》二篇卷二有徐楓岡《送即休師歸國序》云：「昔專使了庵公，詩才爲日域之冠，盛名播於遐邇。其徒即休師，嘉靖己亥來貢天子……其文之懿學，得了庵之傳也。」又《鄰交徵書》三篇卷一有黄隆《日本東福了庵和尚語録序》，對堆雲桂悟述之尤詳：「余聞日本東福和尚曰了庵者，乃大疑禪師之法子也。自八歲薙髮受本師業，抵今六十餘年。潛心遜志，於前道無不究竟。不涉聲利，不住形相。朝夕兢兢，罔敢逸怠。一玉之潔潤，而丹紫莫能渝其質；一松之堅勁，而雪霜莫能摧其操，其鐵中之錚錚歟？爰有了庵之社友東歸座元，大明成化甲辰歲，承彼國命，浮海越舟，而來貢我皇上……今年乙巳返邸四明，言旋而歸……東歸座元命僮持一帙來，展之，即了庵和尚平日語録也……後之人觀茲語録，則知了庵之爲人；觀了庵之爲徒，則又足以見大疑之爲師矣。遂書之以爲序。大明成化乙巳歲孟秋既望，賜進士出身、中憲大夫、四川按察副使四明黄隆序。」成化二十一年堆雲桂悟已六十餘歲，則其正德中出使來明進貢當已九十餘歲，故陽明序稱其「年踰上壽」。按堆雲桂悟實際兩次出使來明，一在正德六年，一在正德八年。《鄰交徵書》初篇卷二有楊端夫詩云：「日本了庵禪師膺使命來我皇明，館於姑蘇，幾半載。凡士大夫之相與者，無不敬且重焉，以其齒德既高且學亦稱是故耳。昔王摩詰所謂『色空無得，而不物物；語默無際，而不言言』者，似爲今日禪師道也。予接遇日久，因賦二詩以贈，一以詠號，一以送行云。撥開雲霧靈臺湛，著盡工夫豈憚勞。六鑿已空無個事，一身天地自逍遥。文采飄然語意真，聖朝尤重老成人。明朝授節歸東國，會見賢王眷顧頻。正德七年四月望日，姚江楊端夫稿。」此詩作在四月望日，以「半載」算，則堆雲桂悟應是在正德六年十月來明。是次來明朝貢乃館於姑蘇，其歸國亦有諸多縉紳文士作詩相送，《鄰交徵書》初篇卷二即有盧希玉作《贈了庵歸國》：「明發行囊曉拂塵，豈辭霜鬢苦吟身。調高不是陽關曲，杯泛何妨麴米春。水闊帆飛風力順，華紅葉落雁聲頻。至家解知詩筒重，爲報賢王謝紫宸。廣平府知府、前都給事中、九十叟月湖盧希玉。」第二次在正德八年初，《鄰交徵書》二篇卷一有黄相《日東了庵禪師轉職育王寺疏并序》云：「了庵，異域叢林之彦也。僧臘八十餘，龐眉鶴髮，動止雅恂，尤不苟於言笑，清齋習静之餘，默究經典秘義而已。初在本國，大檀越征夷大將軍以瑞龍山南禪寺丈室之人，特命主之，緇流允服。頃啣國王之命，遠使中華，得窺聲名文物之盛。聞寧波有育王寺，琳宫梵宇，金壁焜煌，乃轉職此寺而居者。久之，大修教典，寺之懽騰，寧波府衛諸官僚，亦喜其能不墜迦葉而像教之中有人矣。……今在了庵。飛錫瑞龍山，究一乘五律之道；浮杯育王寺，了八藏三篋之文……袖裏千年鐵柱骨，本自西來；手中萬歲胡孫藤，行將東去。謹疏。正德八年癸酉四月吉日，賜進士出身、奉訓大夫、提督浙江司舶司事、華人黄相書於雙柏亭。」又三篇卷一有張迪《了庵語録後跋》云：「叢林中佛印之風致或可少，而了庵能專對以不辱君命，其才與德則不可無。

若其語録，則有定評，然亦無庸深較。正德癸酉歲，蒲月望後二日，四明山人、習齋居士張迪文訓跋。」據此，可知堆雲桂悟在正德八年初來明進貢，於五月歸國。其先入京朝貢，旋即轉職寧波阿育王寺，預修教典。日僧進京朝貢，爲朝臣文士所矚目，自有交遊唱酬，故其離京歸國，都下朝臣文士多作詩相送，即陽明序中所云「若太宰公及諸縉紳輩……咸惜其去，各爲詩章」。太宰公即楊一清，時爲吏部尚書。序中所云「予嘗過焉」，應指正月陽明在都下訪堆雲桂悟事，蓋其時陽明任考功清吏司郎中，可以往訪。又其時陽明在大冢宰楊一清部下任職，故大冢宰及京中諸縉紳作詩送堆雲桂悟，其當可親見也。二月，陽明歸越，堆雲桂悟亦至寧波阿育王寺。五月，陽明成此序，堆雲桂悟已寓鄞江驛館，歸行在即。疑陽明此序爲其六月南下遊四明、雪竇時，順道送堆雲桂悟所留贈。

寄蕙皋書札

（正德八年，一五一三年）

四明之興甚劇，意與蕙皋必有數日之敘，乃竟爲冗病所奪。承有歲暮湯餅之期，果得如是，良亦甚至願，尚未知天意何如耳。喻及楚之詆魏，近亦頗聞其事。然魏之樸實，人亦易見，上司當有能察之者。況楚有手筆可覆，誠僞終必有辨也。魏在薄惑，乃蒙垂念若此，彼此均感至情。楚亦素相愛，不意其心事至此，殊不忍言，可恨，可恨！使還，草草致謝，不盡。九日，守仁頓首，蕙皋郡伯道契兄文侍。六弟同致意。餘素。

書札手迹刻石存浙江上虞曹娥廟，王望霖嘗以真迹刻入《天香樓藏帖》。今餘姚梨洲文獻館藏有此札墨迹，乃係臨本。計文淵《王陽明法書集》著録。此札真迹向以爲亡佚，今按二〇〇五年春季藝術品拍賣會（上海嘉泰拍賣有限公司）上出現陽明此札手迹紙本，並於網上發布，字迹清晰。兹即據此手札真迹録入。「六弟」（即王守温），石刻本作「延弟」，兹據手迹紙本改。此札向據石刻拓本將人名釋爲「蕙采」或「蕙果」，不知何人。今據手迹紙本，決可知此字爲「皋」字。蕙皋，即徐天澤，字伯雨，號蕙皋，餘姚人，王陽明弟子。《光緒餘姚縣志》卷二十三有徐天澤傳，云：「徐天澤，字伯雨，號蕙皋。弘治十五年進士，授南京工部主事。時劉瑾柄政，千户石文義附瑾，爲其伯父太監踰例求厚葬，天澤持不與。尋轉吏部驗封司郎中，遷知廣西太平府。太平去京師萬里，夷僮雜處，天澤興學校，明禮讓，俗爲丕變。土官偃蹇，不就徵調，諭以忠義恩信，皆歡呼就道。江州黄清爲亂，帥府懸賞急捕，累歲弗得。天澤定計，説土官伏兵誅之。御史以才薦，調桂林，會撫、按不協，方薦而劾，遂歸。天澤自幼豪鋭，博聞强記，侃侃思表見於世。既歸，杜門讀書，遇佳山水輒留品題。時王守仁以道學倡東南，從弟從之遊，天澤數與辨難。既見守仁於會稽，親聞良知之教，喟然曰：『吾生平勞精竭慮，博求於外，今反諸吾心，坦然有餘也。』錢德洪曰：『蕙皋近年進道甚鋭，同志賴以奮發。惜不假年，以竟其成也。』卒年三十五。」(引自《三祠傳輯》)徐天澤在京師任吏部驗封司郎中時，陽明亦在京師任兵部武選清吏司主事，兩人可能此時已相識。徐天澤後任太平府知府，故此札稱「蕙皋郡伯」。按徐天澤約在正德七年自太平府知府任上劾歸餘姚，其來從學陽明，據傳稱「見守仁於會稽」，則必在正德八年二月陽明自南京歸會稽時。是年陽明正有四明白水之遊，錢德洪《陽明先生年譜》：「正德八年二月，至越……五月終，與愛數友期候黄綰不至，乃從上虞入四明，觀白水，尋龍之源；登杖錫，至雪竇，上千丈巖，以望天姥、華頂。欲遂從奉化取道赤城，適久旱，山田盡龜坼，慘然不樂，遂自寧波還餘姚。」徐愛有《遊雪竇因得龍溪諸山記》，詳記是次四明、雪竇之遊，不及徐天澤，顯是徐天澤因病未赴，故此札云「四明之興甚劇……乃竟爲冗病所奪」。至是年冬，陽明赴滁州督馬政，故湯餅之會亦未成。參見後《吊蕙皋府君文》考。

寶林寺

（正德八年，一五一三年）

怪山何日海邊來，一塔高懸拂斗臺。面面晴峰雲外出，迢迢白水鏡中開。招提半廢空獅象，亭館全頹蔚草萊。落日晚風無限恨，荒臺石上幾徘徊。

詩見《乾隆紹興府志》卷三十八。寶林寺在紹興府城南，《乾隆紹興府志》卷三十八：「寶林寺，在府南二里二百二十二步。」詩中所云「迢迢白水鏡中開」，指白水山白水，《萬曆紹興府志》卷五：「白水山，在縣西南六十里，是西四明山壁峭立其上，有泉四十二道，投空而下，其色如練，冬夏不絶，是曰白水，亦名瀑布泉。」按正德八年陽明歸越，與徐愛等往遊白水、雪竇，錢德洪《陽明先生年譜》：「正德八年二月，至越……五月終……乃從上虞入四明，觀白水，尋龍溪之源……」《王陽明全集》卷二十有《四明觀白水二首》云：「邑南富巖壑，白水尤奇觀。興來每思往，十年就茲觀。」由紹興南下往白水，乃必經寶林寺，陽明此詩應即作在其時，爲其南遊白水、雪竇所作第一首詩也。

詠釣臺石筍

（正德八年，一五一三年）

雲根奇怪起雙峰，慣歷風霜幾萬冬。春去已無斑籜落，雨餘唯見碧苔封。不隨衆卉生枝節，却笑繁花惹蝶蜂。借使放梢成翠竹，等閑應得化虬龍。

詩見黄宗羲《四明山志》卷一。《光緒上虞縣志》卷四十六亦載此詩，題作《雙筍石》。按此釣臺乃指上虞釣臺山，下有雙筍石，《光緒上虞縣志》卷十九：「雙筍石，在（上虞）縣直南四十里釣臺山，前臨倚山嶠，參天并峙，高各數百尺。其巔有異花，開時爛若霞錦。」按陽明正德八年六月遊四明、白水、雪竇，嘗遊釣臺，徐愛《遊雪竇因得龍溪諸山記》：「明發，望走馬岡，午食於孔石沈氏。孔石十五里西達四明，世傳石窗所在者……恨路迷，竟趨韓采巖。巖石嶠名釣魚臺，俗歸嚴子陵、韓湘子，未有考也。泉出石磴，入溪，覆石榧，坐濯不忍去。」（《横山集》）可見陽明此詩當作於正德八年六月。

遊雪竇（三首）

（正德八年，一五一三年）

平生性野多違俗，長望雲山嘆式微。暫向溪流濯塵冕，益憐蘿薜勝朝衣。林間煙起知僧往，巖下雲開見鳥飛。絶境自餘麋鹿伴，況聞休遠悟禪機。

窮山路斷獨來難，過盡千溪見石壇。高閣鳴鐘僧睡起，深林無暑葛衣寒。鑿雷隱隱連巖瀑，山雨森森映竹竿。莫訝諸峰俱眼熟，當年曾向畫圖看。

僧居俯瞰萬山尖，六月凉飈早送炎。夜枕風溪鳴急雨，曉窗宿霧卷青簾。開池種藕當峰頂，架竹分泉過屋檐。幽谷時常思豹隱，深更猶自愧蛟潛。

詩見《嘉靖寧波府志》卷六、黄宗羲《四明山志》卷一、《光緒奉化縣志》卷十五等。《王陽明全集·補録》著録。按陽明正德八年自京師歸越，携弟子徐愛往遊四明、白水、雪竇，《王陽明全集》卷四有《與黄宗賢》書二云：「僕到家，即欲與曰仁成雁蕩之約……五月終，決意往；值烈暑，阻者益衆且堅，復不果……又月餘，曰仁憑限過甚，乃翁督促，勢不可復待。乃從上虞入四明，觀白水，尋龍溪之源；登杖錫，至於雪竇；上千丈巖以望天姥、華頂，若可睹焉。欲遂從奉化取道至赤城，適彼中多旱，山田盡龜裂，道傍人家徬徨望雨，意慘然不樂，遂從寧波買舟還餘姚。往返亦半月餘……」由此可知陽明乃在六月中旬往遊四明、雪竇，歸家已在七月上旬。徐愛有《遊雪竇因得龍溪諸山記》詳述云：「午，抵石橋，東望大仙坳樓臺與雲松參差者，云雪竇寺也……西下峻阪，入橋亭，咸謂弗睹梵宇，何殊曠野，不意即雪竇也……悵然入寺少息，啜茗數碗，乃出周覽。始自東溪之源，發杖錫百餘里，隨山南奔，底雪竇，折而匯西溪。由西溪上雪竇，出橋峽東，瀌瀌有聲，下巖，是謂千丈巖……乃下山，至大埠，買舟泛江而歸，七月二日也。」今書畫拍賣會上出現陽明此首詩真迹，題作「雪竇寺步方干韻」，按方干字雄飛，新定（今富陽）人，隱遁會稽，中唐名詩人。其有《登雪竇僧家》：「登寺尋盤道，人煙遠更微。石窗秋見海，山靄暮侵衣。衆木隨僧老，高泉盡日飛。誰能厭軒冕，來此便忘機。」（《全唐詩》第十函第十册）陽明首詩即次此韻。又徐愛《橫山集》有《題雪竇》：「肩輿飛下四明尖，衣拂林梢暑却炎。山盡南天開雪竇，水鍾西嶂結冰簾。長風萬里來江雨，濕霧千重出曉簷。躭僻山人亦何意？隱潭元自有龍潛。」可見陽明第三首詩乃次徐愛此韻。

烏斯道《春草齋集》題辭

(疑正德八年,一五一三年)

緬想先生每心折,論其文章并氣節。群芳有萎君不朽,削盡鉛華無銷歇。

文見烏斯道《春草齋集》卷十二《附録》(《四明叢書》本)。按烏斯道字繼善,號春草,慈溪人。工古文,精書法。《明史》卷二百八十五《文苑》有傳。今《春草齋集》前有宋濂序云:「烏君名斯道,繼善字也。明之慈溪人。嘗知化之石龍縣,今調吉之永新。其爲人也,温然如玉,蓋與文相稱云。」黄虞稷《千頃堂書目》卷十七《别集類》著録:「烏斯道:《秋吟稿》,又《春草齋集》十卷。字繼善,慈溪人。明初以薦起知石龍縣。調永新,以疾去官。斯道學文於僧噩夢堂。」陽明此題辭作年莫考,或疑爲正德八年陽明遊四明、雪竇,過慈溪、寧波而得見烏斯道《春草齋集》,遂作此題辭。

寄原忠太史

（正德八年，一五一三年）

歲欲一訪廬下，少伸問慰，遂爲天台、雁蕩之遊；而几病相縛，竟不得行。今伯載之往，又弗克偕，徒有悵怏而已，可如何！如何！邇惟孝履天和相，讀禮之餘，孰非進德之地？今冬大事克舉否？紼之役，未能自決，則相見之期，亦未可先定也。離懷耿耿，病筆不能具，伯載當亦能悉。九月三日，守仁拜手原忠太史道契。

兄大孝莫次，令先翁墓文不敢違約，病患中望少遲之，然稽緩之罪已知不能矣。別録二册奉覽。餘素。

文見鄒顯吉《湖北草堂藏帖》第一册《王陽明先生守仁柬》，新編本《王陽明全集》著録。按「原忠」即應良，號南洲，仙居人。《明清進士録》：「應良，正德六年二甲七名進士。浙江仙居人，字元忠，號南洲。官編修。王守仁在吏部，良從學焉。親老歸養，講學山中十年。嘉靖初，還任，伏闕爭大禮，被廷杖，終廣東右布政使，有《閑存集》。」應良正德六年舉進士，授翰林院編修，故陽明稱「太史」。

正德八年，應良丁憂歸居仙居，遣人來請陽明作墓銘，此「伯載」即來往返於紹興、仙居者，疑即金克厚。《民國台州府志》卷一百零五：「金克厚，字宏載，號竹峰，仙居人。尚志砥行，困於科舉。聞王守仁之學，往事之。篤信力行，若水趨壑。嘉靖元年，守仁父華卒，使門人子弟紀其喪，因材分任，克厚得監厨。是年舉於鄉，明年成進士。語人曰：『我學得司厨大益，且私之以取科第耳。』授六合知縣，應大猷爲序送之，勉其推是心以行是政。後行取入都，歷郎中，以廉潔稱。尋卒。」金克厚字宏載，或一字伯載。陽明此書所言「別録二册」，指徐曰仁所編《傳習録》。

答汪抑之書一（正德八年，一五一三年）

昨承枉教，甚荷至情。中間定性之説，自與僕向時所論者無戾。僕向之不以爲然，殆聽之未審也。然訓旨條貫，似於前日精彩十倍，雖僕之不審於聽，亦兄之學日有所進歟？惟未發之説，則終不敢以爲然者。蓋喜怒哀樂，自有已發未發，故謂未發時無喜怒哀樂則可，而謂喜怒哀樂無未發則不可。今謂喜怒哀樂無未發，已發固已發，未發亦已發，而必欲强合於程子動亦定、静亦定之説，則是動亦動、静亦動也，非惟不得子思之旨，而於程子之意似亦有所未合歟？執事聰明絶人，其於古人之言求之悉矣，獨此似猶有未盡者。宜更詳之，勿遽云云也。

答汪抑之書二

(正德八年，一五一三年)

所不避於煩瀆，求以明道也。承喻論向所質者，「乃疑思問耳，非敢遽有之也」，乃執事謙退不居之過。然又謂「度未能遽合，願且置之，恐從此多費議論」，此則大非僕之所望於吾兄者也。子思曰：「有弗問問之，弗得弗措也；有弗辯辯之，弗明弗措也。」既曰疑思問矣，而可憚於議論之費耶？横渠有云：「凡致思，到説不得處，始復審思明辨，乃爲善學。若告子，則到説不得處遂已，更不復求。」老兄之云，無乃亦是病歟？所謂「不若據見成基業者」，雖誠確論，然詳老兄語意，似尚不以爲然者，如是而遂據之不疑，何以免於毫釐之差、千里之謬乎？始得教，亦遂欲罷去不復議，顧僕於老兄不宜如此，已昏黑，將就枕，輒復云云，幸亮此情也。

二書見《新刊陽明先生文録續編》卷二《書類》，永富青地《上海圖書館藏〈新刊陽明先生文録續編〉について》著録。錢明《王陽明散佚詩文續補考》有考。按汪抑之即汪俊，字抑之，號石潭，弋陽人，弘治六年進士，與弟汪偉（字器之，號閑齋）爲正德、嘉靖間著名文士。《明史》卷一百九十一有傳，稱汪俊「行誼修潔，立朝光明端介。學宗洛、閩，與王守仁交好，而不同其説」。《王陽明全集》卷四有《答汪石潭内翰》，作在正德六年，蓋其時汪俊任翰林檢討，故稱其爲内翰；陽明時亦在京師任吏部驗封清吏司主事、陞文選清吏司員外郎，故兩人可得通信論學。此書論已發未發，批評汪俊喜怒哀樂無未發説，以爲「凡程子所謂『既思』，即是已發；既有知覺，即是動者，皆爲求中於喜怒哀樂未發之時者言也，非謂其無未發者也」，故可確知陽明此書一所云「僕向時所論者」，「僕向之不以爲然」，即指此正德六年所作之《答汪石潭内翰》書，既稱爲「向」，可見陽明此二書已是在正德六年以後若干年再見面時所論。陽明此書一稱「昨承枉教」，乃指汪俊枉駕來訪面論，考汪俊在正德八年由翰林檢討出爲南京國子司業，《國榷》卷四十九：「正德八年十月癸卯，翰林檢討汪偉爲南京國子司業……九年六月壬子，翰林編修汪俊爲侍讀。」陽明亦在正德八年陞南京太僕寺少卿，錢德洪《陽明先生年譜》：「正德七年十二月，陞南京太僕寺少卿……正德八年冬十月，至滁州（按：陽明十月二十二日到南京太僕寺少卿任，見《給由疏》）。」汪俊約在十一月來南京，與陽明相見共處，遂恢復討論。可見陽明此二書應作在正德八年。觀此二書，是汪俊欲罷去不復議，陽明反勸其繼續切磋討論，斷無絶交之意。後來楊止庵「言先生發明道體，可謂獨見，以陽明言性不分理氣，著説非之，陽明過弋陽，寄四絶以示絶交」（《明儒學案》卷四十八《文莊汪石潭先生後》）。後人均誤解此句意思，以爲是陽明作四絶以示絶交。實際此處楊止庵分明是言汪俊作四絶以示絶交。嘉靖六年陽明赴兩廣，經弋陽,作二絶寄汪俊;而汪俊則以病恙不出見,謂其作四絶以示絶交或即在其時(見《王陽明全集》卷二十《寄石潭二絶》)。楊止庵所云「著説非之」,即指汪俊作《濯舊》以斷交(見《明儒學案》卷四十八),此説恐非,按汪俊後來有《祭陽明先生文》云:

惟公豪傑之才,經綸之業,習坎心亨,窮標峻揭。勳名既懋,德譽亦隆,陽明之稱,走卒兒童。維吾兄弟,投分最早,坐或達旦,何幽不討。忽謫萬里,執手贈言,誓將結茅,待子雲煙。公茲東來,曰「予無樂,樂見故人,來踐舊約」。旗旐央央,流水瀰瀰,公私皇皇,或卧或起。乃重訂約:「其待予歸,歸將從容,山遨水嬉。」公既奏凱,吾治吾館。忽聞訃音,乃以喪返。嗚呼!公有大勞,國史輝煌;公有心學,傳者四方。公何以没,吾何以傷?交情未竟,公進此觴。嗚呼哀哉!(《王陽明全集》卷三十八)

汪俊於祭文中總結己與陽明一生交往,其敬仰陽明及其心學之情溢於言表,觀兩人最後一次見面,「乃重訂約:『其待予歸,歸將從容,山遨水嬉』」,則所謂「絶交」之事當屬誤傳也。

題陳璸所藏《雁唧蘆圖》詩

（疑正德八年，一五一三年）

西風一夜蘆雲秋，千里歸來憶壯遊。羽翼平沙應養健，知君不爲稻粱謀。

詩見《光緒惠州府志》卷三十八《陳璸傳》，云：「陳璸，歸善鐵爐湖人。成化間歲貢，仕終廬州教授。爲諸生時，讀書崔夫子舍。有同舍生亡其資，衆疑詬璸，璸不與校。後獲真盜，人始服其量。王陽明嘗題其《雁唧蘆圖》云：……性固澹定也。」《乾隆歸善縣志》卷十《選舉》：「成化：陳璸，廬州府教授。」卷十四《陳道傳》：「陳道，字常經，居鐵爐湖……從子璸，以貢仕，終廬州教授。」陽明此詩作年莫考。按陽明正德八年來滁州任南京太僕寺少卿，滁州與廬州近在咫尺，疑陳璸即在其時自廬州來滁州問學，陽明爲其《雁唧蘆圖》題詩。

瑯琊題名

（正德九年，一五一四年）

正德癸酉冬旱，滁人惶惶。迺正月乙丑雪，丁卯大雪。太僕少卿、白灣文宗嚴森與陽明子王守仁，同登龍潭之峰以望。再明日霽，又登瑯琊之峰以望，又登豐山之峰以望，見金陵、鳳陽諸山皆白，喜是雪之被廣矣。迴臨日觀，擇月洞，憇了了堂。風日融麗，泉潏鳥嚶，意興殊適。門人蔡宗兗、朱節輩二十有八人壺榼携至，遂下飲庶子泉上，及暮既醉，皆充然有得，相與盥濯，詠歌而歸，庶幾浴沂之風焉。後三月丁亥，御史張俅、行人李校、員外徐愛、寺丞單麟復同遊，始刻石以紀。

餘姚王守仁伯安題。

文見《南滁會景編》卷八。陽明此題刻在瑯琊山壁，至今猶存。陽明在滁督馬政之具體情況，錢德洪《陽明先生年譜》叙述不明。此《瑯琊題名》，大致反映其督馬政之全過程，尤足寶貴。陽明《給由疏》云：「本年（正德七年）十二月初八日，蒙陞南京太僕寺少卿，正德八年十月二十二日到任，至正德九年四月二十一日止，歷俸六個月。」（《王陽明全集》卷九）此《瑯琊題名》云「正德癸酉冬旱」，即指陽明初來滁州時；云「三月丁亥……始刻石以紀」，即指陽明陞南京鴻臚寺卿離滁前夕。題名中所提文森，字宗嚴，號白灣，時任南京太僕寺少卿。《明清進士録》：「文森，成化二十三年三甲四十三名進士。長洲人，字宗嚴。授編修，與修《憲宗實録》。知慶雲縣，值旱荒，疏請免田租、賑饑民，教民掘塘蓄水，民得以安。官至監察御史，以劉瑾擅權致仕。瑾敗，起，至右僉都御史。」《王陽明全集》卷二十有《白灣六章》，云：「宗嚴先生居白浦之灣，四方學者稱曰白浦先生，而不敢以姓字。某素高先生，又辱爲之僚，因爲書『白灣』二字，并詩以詠之。」白浦在順天，此詩作於正德七年，知陽明在京師任職時已與文森相識交好。以後文森陞南京太僕寺少卿來南都，陽明之來滁督馬政，實出於文森上馬政之疏，文徵明《文公森行狀》詳述文森在南都治馬政云：

壬申，陞南京太僕寺少卿。於時民方苦科駒、責駒、徵銀及追陪倒死諸弊政，公移文諸屬，條列古今廐牧之法與今之利病所宜興革者，大略言：今日馬政，除補足種馬之外，上之所須，獨備用一事而已，豈有科責徵解諸擾民之令哉？奈何有司沿故習而憚改革，以失事機，援例變責之文屬於途，聽民自便之條束於閣，妄傳點視，而使期集之不暇，虚稱拘刷，以示科需之有名。是致一牝常隨兩駒、三駒之多，而一駒或養三年、四年之久。群醫牙販則請責駒於官，以謀撓法；吏書庫役則請收銀於官，以遂己私。不知官責之際，多估則買者陪販，而廐牧愈受其殃；少估則責者虧損，而市井共饕其利。負欠或遭勢豪之手，徵求難免捶楚之刑，甚而官吏私相貿易，而馬於是乎併去矣。此賣駒於官之弊也。官收之時，法重有秤頭之積出，較閱有火耗之羨餘，券票有紙筆之需，伺候通攙先之賂，甚至上下轉相交代，而利於是乎併失矣，此收銀於官之弊也。況名雖補轃備用，而全科併派之數實不開除，陽雖變賣不堪，而倒失虧欠之逋，陰加併斂。凡所言，皆切中當時之弊。

(《國朝獻徵録》卷五十六)

陽明實即按文森之説來滁督馬政，由此陽明在滁督馬政之真相可以揭開矣。題名中所另言張俅、李校、單麟俱無考，唯張俅其人，《明通鑑》卷四十四有云：「正德五年九月庚辰，南京十三道御史張俅等，劾奏劉瑾黨……」知張俅爲南京御史，其來滁當亦是爲督馬政事。題名中言「門人蔡宗兗、朱節輩二十有八人」，尤可注意。蔡宗兗字希淵，號我齋，山陰人。朱節字守中，號白甫，山陰人。兩人來滁受學之況，可見《王陽明全集》卷二十「滁州詩」。陽明在滁，來受學弟子竟有二十八人之多(陽明集中「滁州詩」所及弟子僅十餘人)，錢德洪《陽明先生年譜》云「舊學之士皆日來臻，於是從遊之衆自滁始」，於此可得其證矣。

矯亭説原稿

（正德九年，一五一四年）

君子之行，順乎理而已，無所事於偏。偏於柔者，矯之以剛，然或失則傲；偏於慈者，矯之以毅，然或失則刻；偏於奢者，矯之以儉，然或失則陋。凡矯而無節，則過；過則復爲偏。故君子之論學也，不曰矯，而曰克，克以勝其私，無過不及矣。矯猶〔未〕免於意、必也，意、必亦私也。故言矯者，未必能盡克己也。矯而復其理，亦克己之道矣。行其克己之實，而以矯名焉，何傷乎？古之君子也，其取名也廉；後之君子，實未至而名先之，故不曰克而曰矯，亦矯世之意也。秋卿方君時〔舉〕以矯名亭，嘗請家君爲之説，輒爲書之。

陽明王守仁識。

手迹紙本今藏上海博物館，計文淵《王陽明法書集》著録。《王陽明全集》卷七有《矯亭説》，作於正德十年，與此文大異，比較二文，可見陽明此文爲原稿，陽明集中文爲後來修改定稿。按此文中所言「秋卿方君時舉」，即方鵬，字時舉，號矯亭，崑山人。以其曾任南京刑部員外郎而稱爲「秋卿」；又以其曾任南京太常寺卿而稱爲「少卿」。是文稱其爲「秋卿」，按方鵬自撰《南京太常寺卿矯亭方公鵬生壙志》云：「公以成化庚寅三月二十二日生崑山南新濆里。長以明經補縣學生。領弘治辛酉鄉薦第二名，不赴會試……正德戊辰，與母弟鳳同舉，進授高等。任南京禮部主事，丁外艱。服闋，改南京刑部，陞員外郎、郎中，丁内艱。服闋，改南京職方道。聞逆藩之變，兼程赴難……」（《國朝獻徵録》卷七十）方鵬任南京刑部員外郎在正德九年前後，而陽明亦於正德九年四月陞南京鴻臚寺卿，五月至南京，故可知此文應作在正德九年五月以後。或因是文寫漏「未」、「舉」等字，又對「矯」字論述不圓（似對「矯」否定），故於次年（正德十年）再重寫矯亭説予方鵬，此即收入集中之《矯亭説》，實爲贈方鵬丁内艱歸居，故文中不稱「秋卿」。由此《矯亭説原稿》發現一秘密：此《矯亭説》原本乃是王華所作，「家君」者，即陽明父王華，陽明只是「書之」而已；至次年重修定《矯亭説》，遂以爲己作矣。

與方矯亭

（正德九年，一五一四年）

道心，天理也；人心，人欲也。理、欲不容並立，非若志與氣不可相無，而氣聽命於志也。若曰道心爲主，人心聽命，則二者並立矣。先儒以嗜酒悦色爲人心，故謂上智不能無耳。……

書見方鵬《矯亭續稿》卷五《讀〈中庸〉序》。前考方鵬正德九年前后任南京刑部員外郎，陽明正德九年以後任南京鴻臚寺卿，兩人在南都關係密切，多有講論學問與書札往來。陽明此書即作在其時。參見前《矯亭説原稿》考。

于廷尉鳳喈墓志銘

（正德九年，一五一四年）

正德甲戌六月癸巳，南京大理寺卿于公卒。踰月，公弟自萊陽來奔喪，外姻及客之弔者畢至。乃舉殯歸葬，聚謀所以銘其墓者，求其家，唯詩文稿存焉，餘則罔有證。公子天錫踊且泣曰：「孤未即死，懵然喪迷。先君則又未嘗以公事言於家，莫可得知也。」公弟鳳喈泣曰：「吾先兄事吾父母，孝待吾友，吾知是而已，然猶不能舉其辭，他尚何知？」惟諸舅氏實圖公之壻孫宥曰：「吾聞諸公之爲郎也，嘗雪久冤之獄，其人懷數十金以報，潛投公家而逸。公封其金於官，家人莫知也。」公廉若是，是可以銘矣。公之壻許仁曰：「公之守嘉興也，仁實從。嘗歲饑，流莩者日以千數，公發廩，量地遠近，授成法，使人分行屬縣大賑，活者八萬有餘。」公仁惠若是，是可以銘矣。公諱鳳喈，字世和，世家登之萊陽。年十九，舉於鄉，連登進士，授行人。擢刑部員外郎、郎中，出知嘉興府，參政雲南，轉太僕寺少卿，遷南太僕卿，又陟大理卿。中外凡八遷，年三十載，壽五十三。銘曰：

猗惟于公，允謙寔彦。喉納於言，其文孔辨。

人曰文士，其中又樸。混塵融垢，闒晶閟鍔。
彼冤而申，則曰廉明；此莩而生，則曰惠仁。
嘖嘖群士，翕師其勤。勤也則有，死勤於官。
死學於學，今也寔難。昆弟之言，無間孝友。
我撮以銘，兹惟衆口。詎曰惟今，允儀於後。
北原之藏，允兹克壽。

文見《民國萊陽縣志》卷三之三上。按于鳳喈爲成化十七年進士，與王華爲同年，故陽明與之早識。正德六年于鳳喈在嘉興府任上撰寫《正德嘉興志補》，即取陽明詩《崇玄道院》入志（見前《崇玄道院》考）。正德九年陽明陞南京鴻臚寺卿，于鳳喈亦任南京太僕卿、大理寺卿，兩人關係更密，故于鳳喈子特來請陽明作此墓志銘。

贈朱克明南歸言

（正德九年，一五一四年）

朱光霽，字克明，廉憲朱公之子也。嘗與其兄光弼從學於予，舉於鄉，來遊太學，已而歸省，請學之要。予曰：「君子之學，以變化其氣質。其未學也，粗暴者也，貪鄙者也，虛誕者也，矜夸者也，輕躁者也；及其既學，粗暴者變而爲温良，貪鄙者變而爲廉介，虛誕者變而爲忠信，矜夸者變而爲謙默，輕躁者變而爲重厚，夫然後謂之學。其未學也，猶夫人也；及其既學，亦猶夫人也，則亦奚貴乎學矣？于是勉夫！」光霽曰：「敢問何以知其氣質之偏而去之？」予曰：「手足之疾痛，耳目之瞶昏，無弗自知也；氣質之偏，獨假於人乎弗思耳。故有隱淪於臟腑，潛汩於膏肓而不能自知者，非有名醫爲之切脉觀色，酌之以良劑，蔑由濟矣。」曰：「有弗能自知也乎？」「弗思耳。吾語子以劑：温良者，粗暴之劑也，能温良則變其粗暴矣；廉介者，貪鄙之劑也，能廉介則變其貪鄙矣；忠信者，虛誕之劑也，能忠信則變其虛誕矣；謙默者，矜夸之劑也，能謙默則變其矜夸矣；重厚者，輕躁之劑也，能重厚則變其輕躁矣。醫之言曰：『急則治其標，緩則治其本。』凡吾之言，猶治其標本者也。若夫科第之舉，文藝之美，子之兄弟有餘才也，吾固不屑爲二子道也。吾所言五病，雖亦一時泛舉，然今之學者能免於是，亦鮮矣。」道經湖、貴，從吾遊者多，或有相見，其亦出此致勉勵之意。

文見梁有檍《蒙化志稿》卷八、《蒙化府朱氏家譜》首。此文後有朱應登跋云：「督學朱公應登跋之云：陽明子送其門人朱子克明文，併所書二程語録。凌溪子讀之，作而歎曰：『是道也，人有之，弗思耳矣。夫有之而弗思者，棄也；思之而不求其要者，是弗思也。』克明曰：『請問之。』凌溪子曰：『自不妄始。』李元陽贈别詩云：『乾坤落地一浮漚，江草江花又上樓。千里停雲誰命駕？百年舊雨得同舟。辭官不受一錢去，掛杖還尋五嶽遊。鷲嶺雞峰留不住，重來明歲又春秋。』」凌虛子即朱應登，字升之，寶應人，弘治十二年進士，與陽明爲同年。《國朝獻徵録》卷一百零二有李夢陽《參政朱凌溪先生應登墓志銘》。所謂「督學」，指朱應登時任陝西提學副使。按《國朝獻徵録》卷九十四有李元陽《西安府同知朱公光霽墓志銘》云：

> 公諱光霽，字克明，號方茅。先世灤人，國初戍籍應天，既而移戍蒙化，遂家焉。父恒齋，諱璣，中成化丁未榜進士，筮仕留都廷評，娶晏氏，生公。公幼穎敏，不與群兒戲，父母異之。及恒齋歷官爲貴州憲長，適陽明王先生謫居龍場，命公與二兄投學，得聞良知之説，自是知俗學可厭，

> 泠然有薄富貴、輕勢利之想。父命毋廢舉子業。癸酉，領雲貴鄉薦，上南宮弗利。嘉靖壬辰，授重慶府通判，自奉清約，催科撫字，犁然當於人心，謡頌滿道，聲望大起。有僉事發銀買簪，時公視府篆，遂持銀入白曰：「通判自幼但知讀書，未學造簪也。」僉事且怒且慚而寢。撫臺善詈人，府任以下皆屬鞭笞，獨遇公以禮，退謂人曰：「朱通判非常吏也。」會有獄變，人危之，公捕獲無遺，上官相顧稱其能。凡蜀事有齟齬，積歲莫決者，皆檄公使治，公片言而決，以是難獄紊訟皆之重慶矣。丙申，遷知綿州。州多勢家，私役州民，乃其常俗。公至，悉除之。一日，有稱尚書府家人徽州大栽田者，公曰：「公田乎？私田乎？」其人曰：「雖私田，舊規也。」公揭律令示之，其人不悟，而索愈固。公呼吏問獄，出罪囚，使領曰：「此數百指可爲栽田用矣。」其人曰：「恐不可。」公曰：「吾亦以爲不可。」聞者哄然。其玩世往往如此……三年，遷西安府同知……公在邊七年之内，七度防秋，曾無失事。織造貂璫作威福，吏大小望風跪拜，公獨不爲屈膝。貂璫銜之，偵伺其所爲，無隙可中，乃已。其治獄明允，多所平反，長安人擬之爲包孝肅……公勤勞既倦，累乞致仕，撫、按諸司惜其年老，再三勉留，公不告而去……公生以弘治壬子，卒以隆慶庚午。

據此，可知朱光霽實爲陽明在龍場驛時弟子，其於正德九年春入都赴南宮試不第，乃南下歸雲貴，道經南都見陽明。錢德洪《陽明先生年譜》：「正德九年正月(原作四月誤)，陞南京鴻臚寺卿……五月，至南京。」朱光霽至南都見陽明約在五六月中，陽明此贈言即作在其時。「廉憲朱公」爲朱光霽之父朱璣，《康熙蒙化府志·人物志》：「朱璣，字文瑞，成化丁未進士。公穎秀孝友，德量淵豁。幼爲衛弁役辱，始奮志從學。迨登第，弁懼報復，公致謝曰：『非公，予何以至此？方以爲德，敢以爲怨乎？』終不憾。初授大理寺評事，遷寺副、寺正。讞獄平反，民冤頓雪。升四川按察使僉事，轉貴州按察使副使。恩威兼濟，遐徼革心。晉秩參藩，兵食咸足，惠周遠邇。隨晉廉使，整綱肅紀，百僚式範，聲教洋溢焉。時陽明王守仁先生謫龍場驛，公遣子從學，聲氣相洽。尋乞歸，優遊林下者十年，鄉里視爲模範。子光霽，孫賓，曾孫鳴時，俱鄉薦。」是朱璣乃在正德八年以貴州按察使乞休歸，故陽明稱其爲「廉憲朱公」。《蒙化府朱氏家譜》中載有朱光霽作朱璣墓表跋云：「先君仕至貴州按察使，正德癸卯（癸酉？）乞休，召諸子光遠等，謂曰：『吾若身際國恩，與汝曹忝京官，俱獲進文階二品。』不幸辛巳詔下，翁已是夏殂。不肖復無登仕内者，抱恨負媿，遂已。翁筮仕勅一道，刻於墓首，以詔後來云。嘉靖六年歲次丁亥，孟春望日，孤哀子光遠、光弼、光霽泣血拜謹識。」兹將陽明此文繫於正德九年，並將許魯宗作朱璣與晏氏合葬墓表録於下，以見陽明與朱璣之關係。參見後《與夏德潤朱克明手札》考。

明故嘉議大夫貴州按察使恒齋先生朱公淑人晏氏合葬墓表

貴州按察使恒齋先生既殁而葬，越二十六年矣。其子西安同知光霽謂履行銘志掩復在函，世無考證，俾魯表之，昌昭遐裔。魯乃據狀品詮，列其顯行，爲之表曰：朱公名璣，字文瑞，永平灤州人也。初，其祖謫戍蒙化，公乃寓生，穎秀絶倫，孝友鮮類。遂以文行，升之學宫。繼乃掄薦於鄉,賜第於廷。滇服之南,文風丕昌,厥望煒振,爲岳爲星。筮仕棘寺,持衡罔頗,臺部之獄,低昂就律,僉曰平哉,民以無冤矣。爰僉蜀臬,持憲斬斬,誥戒井井,霜嚴月明,風清弊絶。乃晉副貴臬,飭兵遐徼,威震蛇豕,惠覃草木。負固之區,逋逸之藪,革心稽首,罔不率從。殺以生之,厥惟仁哉!績叙望歸,晉參藩政,籌畫弛張,兵食咸足,置郵傳命,利涉大川,皆其惠也。終陟長憲,神明不爽,衡鑒惟公,聲教洋溢,布於要荒。椎首卉服之夫,擁矛佩弧之俗,舉奏王章,不愆於度,厥官懋矣。顧乃漸進方熾,嘉遯惟貞,釋爾軒冕,歸於丘園。乃偕其配淑人晏氏,賓友相儷,敦修隱德,訓子育孫,金玉兼美。鹿門太邱,後先輝映,優游太平,終以没世。古稱哲人惟幾,嗚呼允哉!乃秉心湛素,粹然玉潔,行己恬適,賄幣獨違,進不戾乎官箴,退有符於士論,可謂完也已矣。夫少騰英譽,表倡於鄉;長樹華聲,表儀於國;末振貞風,表範於世,斯三者,皆公之所自表也,人謀奚與焉?魯用述之,表樹阡隧,陵谷靡移,公名無斁,後有作者,惟公之式哉!賜進士出身、中憲大夫、都察院右僉都御史西京許宗魯撰。(《蒙化府朱氏家譜》)

與路賓陽書（四首）

（一）

（正德九年，一五一四年）

賓陽質美近道，固吾素所屬望。昨行，必欲得一言，此見賓陽好學之篤，然淺鄙之見平日已爲賓陽盡之矣。君子之學，譬若種植然，其始也，求佳種而播之，沃灌耘耔，防其淺收，去其螯蝨，暢茂條達，無所與力焉。今嘉種之未播，而切切然日講求於苗秀實獲之事，以望有秋，其於謀食之道遠矣。賓陽以爲何如？北行見甘泉，遂以此意質之。外書三紙，煩從者檢入。守仁頓首，賓陽司馬道契文侍，九月八日。餘空。

（二）

（正德十一年，一五一六年）

舟行匆匆，手卷未及別寫，聊於甘泉文字後跋數語奉納。厚情亦未及裁謝，千萬照恕。守仁頓首，賓陽司馬道契文侍。凡相知中，乞爲致意。

（正德十一年，一五一六年）

（三）

賓陽視予茲卷，請一言之益。湛子之説詳矣，凡予之所欲言者，湛子既皆言之，予又何贅？雖然，予嘗有立志之説矣，果從予言而持循之，則湛子之説亦在其中。夫言之啟人於善也，若指迷途，其至之則存乎其人，非指迷途者之所能與矣。孔子云：「爲仁由己，而由人乎哉！」賓陽勉之，無所事於予言。

正德丙子九月廿八日，陽明山人王守仁書於龍江舟次。

（正德十三年，一五一八年）

（四）

聞有守郡之擢，甚爲襄陽之民喜。仕學一道，必於此有得力處，方是實學；不然，則平日所講盡成虛語矣。「有民人焉，有社稷焉，何必讀書，然後爲學？」子路之言，未嘗不是。賓陽質美而志高，明德親民之功，吾見其有成也。區區乞休已三上，尚未得報也。

地方盜賊雖幸稍靖，然將來之事尚未可測，及今猶可作好散場；不然，終不免於淪胥以溺，奈何奈何！偶便，附此致閒闊，不能一一。守仁頓首，賓陽郡伯道契文侍。十一月廿七日。餘空。

四書真迹見《玉虹鑑真續帖》卷八《王守仁與賓陽司馬書四通》。此四書今有手迹石碑，存山東曲阜孔廟，《王陽明先生遺墨》著録，題作「與賓陽書札碑刻拓本」。乾隆五年《汶邑路氏族譜》中録有此陽明與路賓陽書，但只有三書，遺一書，又多錯簡漏句，至難卒讀，時間失考。按此四書嘗由路迎賓陽自輯爲《陽明公文卷》，據《王陽明全集》卷五有《答路賓陽》一書，作於嘉靖二年，未收入此《陽明公文卷》，可見路迎編輯《陽明公文卷》當在嘉靖二年以前，其後遂多流傳，故顧璘在嘉靖十七年作《跋王陽明與路北村書卷》云：「余觀與北村（路迎）書，取子路『何必讀書，然後爲學』之言，乃知其學亦不必專信孔氏也。」（《顧華玉集》卷十五）今觀此卷四書，次序顯有顛倒，兹將第四書提前作爲第二書，則此卷四書所涉之行事時間皆昭然可見：

第一書，稱賓陽「司馬」，「昨行必欲得一言」，「北行見甘泉，遂以此意質之」，按《國朝獻徵録》卷三十九有《兵部尚書路公迎傳略》云：「路迎，字賓陽，汶上人。舉正德戊辰進士，授南京兵部主事。與堂邑穆孔暉、武城王道同師事王守仁，專務講學，以相切劘。累至本部郎中，歷知襄陽、松江、淮安

三府。豈弟廉平,務先惠養。至制馭胥吏,則操切精嚴,治稱第一。累官陝西、湖廣副使、河南參政、浙江按察使,擢僉都御史,巡撫宣府。軍士驕横,往往竄名户籍,錢穀侵冒不可較。迎綜覈有方,得其要領,上下讋伏,毋敢乾没。尋陞副都御史,巡撫山西。入爲兵部左右侍郎,陞本部尚書。以上疏乞休忤旨罷,聞命從容就道,祖餞屬路,莫不歎其知幾。卒年八十。」又《明清進士録》:「路迎,正德三年二甲五十九名進士。山東汶上人,字賓暘。出王守仁門。由南京兵部主事,歷知襄陽、松江、淮安三府,治績稱最。累至兵部尚書,以疏乞休忤旨,罷歸。」路迎始來從學時間,據《陽明先生年譜》:「正德七年,在京師。三月,陞考功清吏司郎中。按《同志考》,是年穆孔暉……王道……路迎……及黄綰、應良、朱節、蔡宗兗、徐愛同受業。」是路迎於正德七年在京師從學於陽明,故此書所言「司馬」應是指其任兵部主事。陽明在正德七年十二月後陞南京太僕寺少卿,遂離京師。九年四月陞南京鴻臚寺卿,五月始至南京。此書云「北行見甘泉」,當是陽明此時在南京,湛甘泉在北都,路迎來南都問學北歸,求其贈一言以行。按湛甘泉正德七年二月奉使安南出京,至八年年底始回京,而九年十二月即以母喪離京歸西樵(見王陽明《湛賢母陳太孺人墓碑》)。故可知路迎北上入京見湛甘泉必在正德九年八九月間,而陽明此書即作在正德九年九月。今湛若水《泉翁大全集》卷十五有《贈兵曹路君賓陽還南都序》,即是次路迎北歸京都後湛甘泉爲作。

第二書與第三書實爲一書,不當分離。第二書所言「甘泉文字」,即第三書所言「賓陽視予兹卷」;而第二書所言「聊於甘泉文字後跋數語」,即第三書文字,蓋此第三書實即爲「甘泉文字」(兹卷)所作跋語也。按此「甘泉文字」,即《泉翁大全集》卷十五之《贈兵曹路君賓陽還南都序》,該序云:「古之爲道也,渾渾爾也;今之爲道也,斷斷爾也。……吾友路君賓陽宦學於南都,志篤而行確,與甘泉子相遇於金臺,今歸而南也。南中多學者,然吾懼其斷斷,故有以贈賓陽,庶聞吾言者,斷斷之説或息。」湛甘泉此序所言「兵曹」,即陽明此書所言「司馬」。「金臺」即京都,指路迎北行與湛甘泉會見於京都。蓋路迎爲兵部事多往返於南、北二都之間,是次則携此甘泉贈序文字歸南都,往見陽明,出甘泉是卷視之。至陽明龍江乘舟歸越時,路迎請贈臨別之言,陽明遂就此甘泉贈序文字後作數語跋贈之,即此第三書也。故確切言,此第三書應題作「跋甘泉贈兵曹路君賓陽還南都序後」方是。文中所言「予嘗有立志之説矣」,即指其《示弟立志説》(《王陽明全集》卷七),作於正德十年,其説正與甘泉此贈序同。

第四書稱「聞有守郡之擢」,指路迎由兵部郎中遷襄陽郡守,故書稱「郡伯」而不再稱「司馬」。書又云「區區乞休已三上,尚未得報也」,當是指正德十三年四月、八月、十一月三上乞休疏(見《王陽明全集》卷九中三疏),《王陽明全集》卷四《答甘泉》書二云「日夜思歸陽明,爲夕死之圖,疏三上而未遂」,即指是年三上乞休疏。以此第四書中祇言「地方盜賊雖幸稍靖」而未言及平宸濠亂事,可以確知此書作於正德十三年十一月。

致舫齋書

（正德九年，一五一四年）

侍生王守仁頓首啟舫齋先生尊丈：執事去冬教後，隨作一書，申數年闊闊之懷。盛价行促，不及奉。自是俗冗相仍，其書留至今夏，修緝敝寓，始失之。心雖懸懸，而求諸形迹之間，則失禮實甚，惶懼，惶懼！令尊久寓寺中，亦不之知，偶逢僧人道及，將往訪，適又趨庭自通，還辱過布盛情，知尚未棄絶，不任喜愧。又承教墨，重以雄筆，益增悚荷。公素厚德長者，寧復以此責人？顧自不能爲情，聊言之耳。雄作熟翫數過，極典重潤密，真金石之文，非諳歷久，涵蓄厚，不能有此，别有聲光照人耳目者，不得論，至於精微所造，於此亦復少窺一二，受教多矣！守仁南竄後，流離道途，舊業廢盡，然亦自知無外於身心，不復念惜，一二年來稍有分寸改圖之志，廼無因請正於有道，徒耿耿也。人還，先謝簡闊之罪，所欲求正，願得繼是以請，伏惟尊照。侍生守仁載拜，伯安九月廿八日。

餘空。

書見葛嗣浵《愛日吟廬書畫續録》卷二《王守仁張璁行書尺牘合册》，云：「王一通，散金箋本，凡八幀，每幀高八寸一分，闊三寸七分。」前考「舫齋」即李貢，字惟正，蕪湖人，卒於正德十一年。陽明此書所言「令尊久寓寺中」，乃指其父李永，字懷永，號恒齋（見《太平府志》）。所謂「南竄」，則指正德二年陽明謫龍場驛。按李貢當時亦因忤劉瑾，與陽明同貶。其後直至正德七年，二人各分南北，無有見面之可能。唯有至正德八年冬十月，陽明由越赴滁州任，途經蕪湖，可與李貢一見（時李貢已致仕在家），即此書所云「執事去冬教後」，可見此書當作在正德九年九月廿八日。蓋其時陽明已陞南京鴻臚寺卿至南京，而李貢父李永亦來南京住蕭寺中，故二人可得往訪。參見前《與舫齋書》考。

別諸伯生

（正德九年，一五一四年）

予妻之姪諸陞伯生將遊嶽麓，爰訪舅氏，酌别江滸，寄懷於言。

風吹大江秋，行子適萬里。萬里豈不遥，眷言懷舅氏。朝登嶽麓雲，暮宿湘江水。湘水秋易寒，嶽雲夜多雨。遠客雖有依，異鄉非久止。歲宴山陰雪，歸橈正遲爾。

正德甲戌十月初三日，陽明居士伯安書於金陵之静觀齋。至長沙見道巖，遂出此致意也。

詩見《中國歷代書法大觀》（上）（國際文化出版公司），真迹原件今藏臺北「故宫博物院」。陽明娶介庵諸讓（字養和）之長女爲妻，故與諸氏家族關係甚密，今《王陽明全集》中有《送諸伯生歸省》、《諸用文歸用子美韻爲别》、《寄諸用明》、《書諸陽伯卷》、《爲善最樂文》、《祭張淑人文》、《祭外舅介庵先生文》、《又祭外舅介庵先生文》、《南野公像贊》、《白野公像贊》、《贈陽伯》等文，大致可知諸讓生二子諸用明、諸用文；諸用明生二子諸階、諸陽，諸用文生二子諸偁（揚伯）、諸陞（伯生），正德九年五月陽明至南都，任鴻臚寺卿，《陽明先生年譜》云：「自徐愛來南都，同志日親，黄宗明、薛侃、馬明衡、陸澄、季本、許相卿、王激、諸偁……同聚師門，日夕漬礪不懈。」可見是年陽明諸姪多來南都受學。陽明名其齋爲「静觀」尤可注意，蓋其時仍以静觀省察教門人，一如《陽明先生年譜》所云：「孟源問：『静坐中思慮紛雜，不能强禁絶。』先生曰：『紛雜思慮，亦强禁絶不得；只就思慮萌動處省察克治，到天理精明後，有個物各付物的意思，自然精專無紛雜之念，《大學》所謂「知止而後有定」也。』」《鄒守益集》卷九有《静觀説》云：「聞諸先師曰：『循理之謂静，從欲之謂動。』」此爲對陽明「静觀」之最好説明，亦爲錢德洪所云「自滁陽後，多教學者静坐；江右以來，始單提『致良知』三字」之一證耶？道巖爲長沙一禪僧，黄虞稷《千頃堂書目》卷二十八著録：「道巖《玉峰集》，字魯訥。」知道巖字魯訥，號玉峰，亦一與陽明唱酬之詩僧。在正德九年以前，陽明唯有在正德三年赴貴州龍場驛時經過長沙，《王陽明全集》卷十九有《長沙答周生》、《陟湘于邁嶽麓是尊仰止先哲因懷友生麗澤興感伐木寄言二首》、《遊嶽麓書事》等詩，陽明與道巖相識即在是年。

題静觀樓

放一毫過去非静，收萬物回來是觀。

題辭見郭良翰《問奇類林》卷九《操修》。按静觀樓乃是正德九年陽明來南京任鴻臚寺卿所居之書齋，前考《别諸伯生》中即題「陽明居士伯安書於金陵之静觀齋」，静觀齋即静觀樓。静觀者，即静坐觀想也。陽明正德七年作《與湛甘泉書》猶稱自己「惟日閉門静坐」（見前），其至南京任鴻臚寺卿後仍好静坐，故題自己書齋爲「静觀齋」，並題辭以述其大意也。

寄梁郡伯手札

（正德十年，一五一五年）

治郡侍生守仁頓首，郡伯梁先生大人執事：家君每書來，亟道執事寬雅之度、鎮静之德、子惠之政，越民脱陷阱而得父母，其受庇豈有量乎？慶幸，慶幸！守仁竊禄如昨，無足道者。余弟還，略奉起居，言所不盡，伏惟亮察。守仁頓首再拜。外香帕奉將遠敬。越民有王文轅、王琥、許璋者，皆貧良之士，有庠生孫琹、魏廷霖者，門生也，未審曾有進謁者否？□與進之。餘素。

手札真迹今藏上海博物館，計文淵《王陽明法書集》著録。梁郡伯即梁喬，《明清進士録》：「梁喬，明弘治十五年二甲七十六名進士。福建上杭人，字遷之。爲户部員外郎，與同官疏劾劉瑾不法狀，不報。喬獨奏之，武宗命下錦衣衛獄，久之始釋。遷兵部郎中，出守紹興，有善政。尋以母老，乞歸。」梁喬疏劾劉瑾與陽明同時，故兩人早識。其任紹興知府，據《乾隆紹興府志》，在正德七年至正德十年。今人有定是札作於正德九年，乃誤。按札中所言「余弟還」，指王守文，《王陽明全集》卷七有《示弟立志説》,作於正德十年,其中云:「予弟守文來學,告之以立志。」此文實爲陽明作以贈送王守文歸越。據《王陽明全集》卷二十有《守文弟歸省携其手歌以别之》云:「昨秋童蒙去,今夏成人歸。」知王守文於正德九年秋來南都,於正德十年夏歸越。由此可知陽明此札作於正德十年夏,乃由王守文歸越帶給梁喬也。札中所言王文轅,即王司輿,號黄轝子,已見前考。王琥,或以爲即王文轅,乃誤。按徐愛《横山遺集》有《賢思叙》云:「予同年進士張侯五奎,來令山陰,獨楪然將以古道化民。予嘗因陽明先生善其治民曰黄文轅司輿、王琥世瑞者,二子之抱道懷才,不干聲利,予既信之。昔者,親眡侯以賓禮延二子,相與揖讓,獻酬於稽山書院之中……」知王琥字世瑞,山陰人,蓋亦爲與王文轅同一類抱道之士。許璋,字半圭,上虞人。《光緒上虞縣志校續》卷八有《許璋傳》:「許璋,字半圭。家貧,潛心性命之學,不求仕進。凡天文地理及孫吴韜略、奇門九遁,無不精曉。嘗躡屩走嶺南,訪陳獻章。至楚見白沙門人李承箕,留大崖山中,三時質疑問難,亦不至嶺南而返。嘗爲王文成塾師,教以奇遁諸書及武侯陣法。文成撫江右,璋指乾象謂曰:『帝星今在楚矣。』已而世宗起於興邸,其占之奇中類如此。宸濠將叛,璋遣子遺文成棗梨、江豆、西瓜,文成驚悟,出查亂兵,遂不及難。後得誅叛擒王,皆璋力也。岑孟爲梗,文成奉命督師,走璋問計,璋曰:『撫之便。』卒用其言。得孟遺之金帛,不受。欲薦之於朝,曰:『爵賞非吾願,何以相强。』自謂所居當大發祥,顧子孫無賞之者,比鄰陳氏兄弟不凡,足當此,歸之去。已而陳述、陳逑果相繼登第,人呼爲神仙云。山陰范瓘常師事之。年七十餘卒,文成以文哭之,題其墓曰『處士許璋之墓』,邑令楊紹芳爲立石,時嘉靖四年。」可見王文轅、王琥、許璋皆爲陽明「道友」。孫琙、魏廷霖，按錢德洪《陽明先生年譜》：「正德七年，在京師。按《同志考》，是年穆孔暉……孫瑚、魏廷霖……徐愛同受業。」此孫瑚應即孫琙。兩人於正德七年來受學，故陽明稱爲「門人」。

又寄梁郡伯手札

（正德十年，一五一五年）

治郡侍生守仁頓首，郡公梁老大人先生執事：老父書來，每道愛念之厚，極切感佩。使至，復承書惠，登拜之餘，益深慚荷。郡人被惠日深，然公高陟之期亦日逼，念之每爲吾郡之民戚然也。生方以多病在告，已三疏乞休，尚未得旨。冬盡倘能遂願，請謝當有日矣。使還草草，伏冀照亮。十月廿三日，守仁頓首上。蜀扇吴帕侑械。餘空。

手札真迹今藏上海博物館，計文淵《王陽明法書集》著録。前考梁喬任紹興知府在正德七年至十年間，正德十一年由鄭瓊接任知府（見《乾隆紹興府志》）。此札稱其「高陟之期亦日逼」，則當作在正德十年。今人有據札中「三疏乞休」，以爲是札作於正德十一年，亦誤。按正德十一年梁喬已離任歸上杭，不在紹興。又正德十一年九月陽明即乘龍江舟離南都南歸（見後《和大司馬白巖喬公諸人送別》、《龍江舟次與某人書》等），十月已回到紹興（見錢德洪《陽明先生年譜》），如何能十月二十三日猶在南都寫是札？且其時陽明已陞都察院左僉都御史，巡撫南、贛、汀、漳，如何還稱自己「多病在告，尚未得旨」？蓋正德十一年並無三上疏乞休之事，而正德十年陽明確嘗三疏乞休，一在四月（年譜誤爲正月），一在八月，再一約在九月，錢德洪《陽明先生年譜》：「正德十年八月，疏請告。是年祖母岑太夫人年九十有六，先生思乞恩歸一見爲訣，疏凡再上矣，故辭甚懇切。」既云「疏凡再上矣」，則當八月以後兩上乞休之疏。

與邦相書

（正德十年，一五一五年）

人來，承書惠。徐曰仁公差出未回，回時當致意也。所須諸公處書，盛价春間已付去，想此時尚未到耶？兹因人還匆匆，又齋有客，不及一一，千萬心照。守仁頓首，邦相宗弟賢契。舍弟在分水者，曾相見否？七月廿二日。空。

書見黄定蘭《明人尺牘》（《明代明人尺牘選萃》）。按徐曰仁在正德七年任南京兵部車駕員外郎，陽明在正德九年任南京鴻臚寺卿，兩人同在南京任職，其間徐曰仁在正德十年正月嘗公差外出，《同游德山序》：「正德乙亥春正月壬午，與予同游德山者十有四人。」《追記武當之游》：「予以乙亥二月初，發自荆北……」故可知陽明此書作於正德十年七月廿二日。「邦相」其人，參見後《與邦相書》及《與王邦相書》（三首）考。

七律二首

（正德十年，一五一五年）

秋日陪登獅子山

殘暑須還一雨清，高峰極目快新晴。海門潮落江聲急，吴苑秋深樹脚明。烽火正防胡騎入，雁書愁見朔雲横。百年未有涓埃報，白髮今朝又幾莖？

遂登閲江樓故址

絶頂樓荒但有名，高皇曾此駐龍旌。險存道德虚天塹，守在蠻夷豈石城？山色古今餘王氣，江流天地變秋聲。登臨授簡誰能賦，千載新亭一愴然。

守仁頓首上石樓老先生執事

二詩真迹藏北京故宫博物院，餘姚市文物保護管理所編《王陽明先生遺墨》著録。張珩《木雁齋書畫鑒賞筆記》書法四録是二詩，云：「此帖今在《明賢墨迹卷》中，紙本……行草書，十七行。」按《王陽明全集》卷二十有《獅子山》與《登閲江樓》，即此二首律詩，但題目不當，亦無後題，致無從知二詩所咏爲何事何人。陽明集中詩按年編排，此二詩列在正德十年乙亥初春所作之《登憑虚閣和石少宰韻》與十一年丙子春間所作之《遊清凉寺三首》中間，以詩中言「秋聲」、「殘暑」、「秋深」，則可知此二詩當作在正德十年八月中。《明通鑑》卷四十六：「正德十年八月丙寅，小王子以十萬餘騎自花馬池入固原，聯營七十餘里，肆行劫殺，城堡爲空。巡按陝西御史常在奏劾總兵官潘浩、都御史邊憲及太監廖堂等。」此即詩中所云「烽火正防胡騎入，羽書愁見朔雲横」。獅子山在金陵城中，閲江樓在獅子山巔。《金陵玄觀志》卷三：「盧龍山，高三十丈，週十二里，在城西北隅，都城環繞於内。晉元帝渡江，以山象北地盧龍，故名。又名獅子山。」「閲江樓，址在山頂。擬建，不果。」按宋濂《閲江樓記》云：「京城之西北有獅子山，自盧龍蜿蜒而來，長江如虹，實蟠繞其下。上（太祖）以其地雄勝，詔建樓於巔，與民同遊觀之樂，遂賜佳名爲『閲江樓』。」是閲江樓議建於洪武年間，有址無樓，擬建不果，故陽明詩題作「遂登閲江樓故址」。詩中所云「石樓老先生」，應即李瀚。李瀚字叔淵，一字冰心，號石樓，沁水人。何景明《大復集》卷二十三有《上李石樓方伯》。張璧《李瀚墓表》云：「成化己亥爲諸生，庚子占鄉試第一。明年舉進士。壬寅出知樂亭……丁未被徵拜監察御史，奉命巡陝西……戊午復按河南。……庚申陞湖廣副使……乙丑陞湖廣按察使。丁卯轉河南布政使。無幾，遷順天府尹。尋陞右副都御史。……己巳徵入爲左副都御史……庚午陞吏部右侍郎，尋轉左。……辛未進南京户部尚書……公脱蹝名爵，乃累疏納禄……徜徉詠歌以終老。」（《國朝獻徵録》卷三十一）李瀚與王華爲同年，是陽明與李瀚早識，如弘治十八年李瀚任順天府尹，王華任禮部左侍郎，陽明亦在京任兵部武選清吏司主事，李與王氏父子當有密切往來。李瀚在正德六年已乞休歸居，正德十年其來南京，或是即欲見王華、王陽明父子故人，舊地重遊，故陽明陪其登獅子山、訪閲江樓故址也。

寄葉子蒼（正德十年，一五一五年）

消息久不聞。徐曰仁來，得子蒼書，始知掌教新化，得遂迎養之樂，殊慰，殊慰。古之爲貧而仕者正如此，子蒼安得以位卑爲小就乎！苟以其平日所學熏陶接引，使一方人士得有所觀感，誠可以不媿其職。今之爲大官者何限，能免竊禄之譏者幾人哉？子蒼勉之，毋以世俗之見爲懷也。尋復得鄒監生鄉人寄來書，又知子蒼嘗以區區之故，特訪寧兆興，足仞相念之厚。兆興近亦不知何似？彼中朋友亦有可相砥礪者否？區區年來頗多病，方有歸圖。人遠，匆匆略布閑闊，餘俟後便再悉也。

書見《新刊陽明先生文録續編》卷一《書類》，永富青地《上海圖書館藏〈新刊陽明先生文録續編〉について》著録。按葉子蒼即葉梧，字子蒼，正德八年舉人，掌教湖南新化，尋陞貴州鎮安縣知縣。陽明《與貴陽書院諸生書》中提及貴陽書院諸生「葉子蒼」秋元賢友（見前考），知葉梧爲貴州宣慰司人，陽明謫龍場驛時相識。此書或以爲作於正德七年，亦非。按葉梧正德五年尚爲貴陽書院諸生，至正德八年方中舉人，其出仕掌教新化縣學至少在正德八年以後。考陽明正德九年正月陞南京鴻臚寺卿（《陽明先生年譜》誤作「四月」），五月至南京，時徐愛除南京兵部郎中亦在南京，《明曰仁先生徐愛》云：「時陽明爲南鴻臚卿，公與黄綰等日夕聚師門，漬礪不懈，同志益親。陞南兵部郎中。丁丑告病歸……」（劉鱗長《浙學宗傳》）錢德洪《陽明先生年譜》：「正德十年，在南京（原作在「京師」誤）。（八月）疏請告。是年祖母岑太夫人年九十有六，先生思乞恩歸一見爲訣，疏凡再上矣，故辭甚懇切。」此即此書所云「區區年來頗多病，方有歸圖」，故可知陽明此書作在正德十年八月前後。次年陽明即陞都察院左僉都御史，巡撫南、贛、汀、漳等處。「鄒監生鄉人」，此鄒監生與葉子蒼爲同鄉，即同爲貴州宣慰司人，故鄒監生熟知葉子蒼之況，書來告之。按陽明《與貴陽書院諸生書》中提及一貴陽書院諸生「鄒近仁秋元賢友」，疑即此「鄒監生」。寧兆興，無考，當亦一陽明在龍場驛所識貴陽書院諸生。

夢遊黄鶴樓奉答鳳山院長

（正德十年，一五一五年）

扁舟隨地成淹泊，夜向磯頭夢黄鶴。黄鶴之樓高入雲，下臨風雨翔寥廓。長江東來開禹鑿，巫峽天邊一絲絡。春陰水闊洞庭野，斜日帆收漢陽閣。參差遥見九疑峰，中有嶭嶪重華宫。蒼梧雲接黄陵雨，千年尚覺精誠通。忽聞孤雁叫湖水，月映鐵笛横天風。丹霞閃映雙玉童，醉擁白髮非仙翁。仙翁呼我金閨彦，爾骨癯然仙已半。胡爲尚局風塵中，不屑刀圭生羽翰？覺來枕簟失煙霞，江上清風人不見。故人仗鉞鎮湖襄，幾歲書來思會面。公餘登眺賦清詞，醉墨頻勞寫湘練。寫情投報媿瓊瑶，皜皜秋陽濯江漢。

詩見《古今圖書集成》第一千一百三十五卷《武昌部·藝文》，《同治江夏縣志》卷十三《文徵》，《黄鵠山志》卷八。按鳳山院長即秦金，字國聲，號鳳山，無錫人。時任都察院右副都御史，巡撫湖廣，故稱「鳳山院長」。《明史》卷一百九十四有傳，《國朝獻徵録》卷四十二有嚴嵩《秦公金神道碑》。陽明與秦金早相識，《王陽明全集》卷二十八有《春郊賦别引》云：「錢君世恩之將歸養也……會於天官郎杭世卿之第，以聚別。明日，再會於地官秦國聲。」又卷二十九有《性天卷詩序》云：「錫之崇安寺，有浮屠淨覺者，扁其居曰『性天』，因地官秦君國聲而請序於予。」二序均作於弘治十二年，可見兩人相知甚早。按《古今圖書集成》與《同治江夏縣志》於陽明此詩之下均又著録李東陽《寄題黃鶴簡秦開府》：

扁舟我憶江頭泊，曾上高樓訪黃鶴。仙蹤恍惚不足論，俯視淵澄仰峰廓。石根磋研若天鑿，棟宇參差連地絡。斷岸秋横赤壁磯，驚流夜濺觀音閣。衡嶽雲開鴻雁峰，洞庭水落魚龍宫。使槎貫舶日來往，其上或與銀漢通。鵠飛已識員方勢，鵬擊似起扶摇風。舊遊仿佛不再到，前日少年今老翁。江東才子中臺彦，萬里乾坤跡應半。碧嵩青岱幾停車，楚水荆山一揮翰。登斯樓也記須成，望美人兮君不見。晝日偏明豸繡衣，炎天不改冰霜面。憑將激濁揚清年，坐使澄江淨如練。歸雲倦鳥亦何心，目送高飛入霄漢。

又著録有秦金《黃鶴樓次李西涯閣老見寄韻》：

黃鶴枕江江岸泊，樓外横空有孤鶴。萬里乾坤一望中，景象蒼茫胸次廓。古洞崄岈猶鬼鑿，朱簾捲映青絲絡。鸚鵡洲寒月滿臺，漢陽樹暝雲連閣。煙嵐紫濕芙蓉峰，蓬萊飛墮神仙宫。翻書無塵白日静，乘槎有路青霄通。神遊八極非汗漫，毛骨爽颯凌天風。瀟湘逶迤悲帝子，樊口幽絶留坡翁。題名總是金閨彦，個中風月平分半。雲鶴誰降絶代詞，龍蛇或去驚人翰。旬宣蹇我來何遲，突兀燕樓駭新見。憂樂常關范老懷，霜鐵寧改趙公面。天開圖畫真奇哉，失却丹青披素練。北望君門思渺然，萬古朝宗此江漢。

據此，可知先是李東陽作詩寄秦金，秦金乃作和詩寄答，同時將詩寄陽明，陽明乃作此詩次韻奉答。李東陽卒於正德十一年七月二十二日，故此三人唱酬當在正德十一年以前。考秦金乃在正德九年十一月任右副都御史巡撫湖廣，《明史》卷一百九十四《秦金傳》：「正德九年，擢右副都御史，巡撫湖廣。」《國榷》卷四十九：「正德九年十一月己巳，山東左布政使秦金爲右副都御史，巡撫湖廣，兼理軍務。」李東陽、秦金、陽明三詩皆作在秋間，則三人唱酬必是在正德十年秋間。陽明詩云「故人仗鉞鎮湖襄，幾歲書來思會面」，「幾歲」爲幾近一歲之意（不是説數歲），由正德九年十一月秦金巡撫湖廣至正德十年秋（九月），正將近一年，秦金乃是將詩附書札寄陽明。又陽明詩云「仙翁呼我金閨彦，爾骨癯然仙已半。胡爲尚局風塵中，不屑刀圭生羽翰？」「金閨彦」即金馬門之彦，當年東方朔、主父偃皆待詔金馬門，東方朔有「避世金馬門」之嘆。江淹《别賦》：「金閨之諸彦，蘭臺之群英。」故金閨彦者，朝隱之士也。時陽明在南都任鴻臚寺卿，久不得志，蹉跎歲月，有歸隱之意，詩隱然吐露其神仙道家歸隱山林導引修行之思想。蓋李東陽、秦金其詩，唱和者甚多，胡鳳丹《黄鵠山志》卷八即又著録唐錦、夏言等人和詩：

題黄鶴樓次李西涯少師韻寄鳳山先生（唐錦）

扁舟鄂渚連宵泊，一尊聊伴樓頭鶴。月光照人如鏡明，水色涵空更澄廓。樓背小亭白石鑿，裂處似有藤蘿絡。欲將勝致付毛生，掌中杯酒且權閣。凌晨歷覽周遭峰，村童野曲鳴商宫。官清萬口詫奇遇，民隱九重偏易通。戰馬千群卧芳草，山川百二皆春風。瀕江小歉亦偶爾，全活正賴青州翁。中臺大夫南國彦，胸中石渠有其半。經綸餘滴灑秋風，流水行雲看染翰。名樓秀句兩争雄，千載題詩今再見。憑欄獨把廟堂憂，舉頭懶識江少面。酒酣携笛傍梅花，吹徹楚雲飛碎練。不須高語驚星辰，聲名久已登霄漢。（按此詩載唐錦《龍江集》卷一）

秦鳳山招飲黄鶴樓次西涯公韻　（夏言）

武昌樓頭畫船泊，城上高樓起黄鶴。銀牓孤懸逼太清，朱甍下瞰臨寥廓。参差石勢傍巖鑿，控帶城闉連井絡。磯下潭深鮫杵鳴，檻前水落漁舠閣。青天飛來鳳凰峰，赤霞掩映仙人宫。煙濤微茫溟海樓，雲氣翕忽蓬萊通。四時簾捲楚天雨，萬里帆開巫峽風。仗鉞欣逢鳳山老，題詩共憶西涯翁。春日登臨盡才彦，授簡揮毫酒行半。自慚銜命事奔走，敢爲升堂掃詞翰。白雲黄鶴向來聞，晴川芳洲今始見。天開壯觀自千古，地擁雄都當一面。已看黎庶步昇平，近喜强兵休訓練。多暇來時又一時，轉見高情屬江漢。

又劉春《東川劉文簡公集》卷二十四有《次韻題黄鶴樓》：

扁舟昔向楚江泊，勝遊未遂登黄鶴。每懷仙跡世人傳，回首江濱渺空廓。誰從絶頂施椎鑿？畫棟雕梁焕聯絡。白雲飄緲宿飛簷，丹霞掩映迷阿閣。争奇獻秀擁層峰，幻出湖南仙子宫。

舳艫上下無停日，吴蜀東西一葦通。長安遥望天之北，南海鵬摶九萬風。萍梗何當今復至，鬖鬖白髮欲成翁。鳳山主人國之彦，歷歘海宇幾相半。策勳草木亦知名，豈但豪吟時染翰。我來爲喜偶登臨，勝槩平生真僅見。詩篇投我欲爲賡，形穢寧容被墻面。續貂漫爾一濡毫，竊媿詞章非素練。獨憐名勝每因人，永矣兹樓重江漢。

陽明與茶陵派詩人之唱酬於此更可見矣。

跋范君山憲副絶筆詩後

（正德十年，一五一五年）

此吾故人范君山絶筆也。君山之殁，予方以謫宦奔走，不及一哭吊。讀其詩，爲之泫然涕下，而「文字謝交遊」之語，猶不能無愧。正德乙亥冬，君猶子侍御以載持以見示，書此以識予感而歸之。

文見《民國汝城縣志》卷三十二《藝文志》，《沅湘耆舊集》卷十一《范僉事淵》。按范君山即范淵，《民國汝城縣志》卷二十四：「范淵，字君山，弘治丙辰進士，歷官刑部郎中。隆冬見枷囚甚苦，疏陳五事，上皆嘉納。正德四年，逆瑾擅權，兩被繫逮，左遷淵爲威州知州。作《民訓》十五條，反覆曉諭，囂風遂息。又以邊民不知學問，弟子員不滿三十，因擇民間子弟七十餘人，聚而教之，作《學訓》十三條，親爲講解，由是人咸知勸。後陞雲南按察司僉事，卒於官。淵爲人光明平易，立朝忠鯁，居官仁恕。著詩若干卷。」徐楨卿《徐禎卿全集》卷二有《送范靜之遷威州五首》，作在正德四年春間，知范淵一字靜之，正德四年春遷爲威州知州。又邊貢《邊華泉集》卷六有《哭同年范副使淵兼悼亡友徐博士禎卿同空同李子作》，中云：「孤魂夜繞青楓闕（徐卒於京），旅殯春移玉壘關（范卒於蜀）。」知范淵卒於正德六年春三月間（徐禎卿卒於三月）。時陽明方由謫龍場驛陞廬陵知縣，入南京任刑部主事，故此跋云「予方以謫官奔走，不及一哭吊」。按陽明於弘治十三年至十七年任刑部主事，范淵同時任刑部郎中，關係當密，故陽明此跋中稱范淵爲「故人」。跋中所言范淵侄范以載，即范輅，《明史》卷一百八十八有傳。按《國朝獻徵録》卷九十有吕柟作《福建左布政使質庵范公輅墓志銘》云：「公諱輅，姓范氏，字以載，别號質庵，初號逮咎子，再號三峰，柳州桂陽縣某里人也……正德辛未進士，筮仕行人……甲戌歲，授南臺理刑。明年，授雲南道監察御史……」正德十年乙亥，范輅以雲南道監察御史來南京，時在春三月，《民國汝城縣志》卷三十二載有何景明《送范以載之南京》：「不見君山面，看君意獨哀。曾陪竹林醉，今識仲容才。駿馬登臺去，蒼生攬轡來。春江暮雲樹，愁望北帆開。」時陽明方任南京鴻臚寺卿，故范輅携范淵《絶筆詩》卷來訪。按《民國汝城縣志》卷三十二載有范淵《絶筆詩》：「五十八年事已休，白雲一笑過滄洲。報君匪懈心何似？涉世無欺行可收。喜有書香傳子姓，誰題文字謝交遊？郴山月落江花冷，還爲瀟湘寄早秋。」（又見《沅湘耆舊集》卷十一）。范淵《絶筆詩》，當時唱和哭悼者甚多，多爲前七子文士，而和詩均不載各人文集中，致後人不知陽明、范淵與前七子之交遊唱酬關係。茲特將《民國汝城縣志》卷三十二所録前七子等人唱和詩著録於下，以便瞭解陽明與范淵、前七子等人之真實關係。

和副使范君山絶筆詩

（邊貢）

采芳南國早應休，魂夢猶尋杜若洲。不見旅旌天外返，空餘詩草世間收。靈均實抱湘流恨，子美虛懷蜀道遊。惆悵桂陽山下塚，斷猿孤鶴領春秋。

和范君山絶筆詩

（李夢陽）

憶在先朝侍聖顔，珮聲齊散紫宸班。傷心畫省分官地，並馬西湖舊看山。絶命祇傳辭爛漫，竄身誰述路間關？江門墓近湘流咽，拱木黄昏烏雀還。

和范君山絶筆詩

（何景明）

老去詩篇興未休，吏情終於問滄洲。寒江夢落煙波斷，南嶽魂來霧嶂收。一别人間真異世，十年天上少同遊。瀟湘水國魚龍冷，誰采蘋花薦晚秋？

和范君山絶筆詩

（湯沐）

不見同年髯范老，清風依舊滿瀧州。横經幾共橋門雨，復命初聯玉陛秋。直道也應師氏黜，高吟何啻杜公愁。祠前柏樹經千尺，遺愛還歸太史收。

和范君山絶筆詩　（秦金）

掀髯一笑此生休，江漢歸魂墮别洲。吾道百年真自惜，故人雙淚向誰收？閑邊風月淋漓翰，醉裏乾坤汗漫遊。欲采蘋花薦芳豆，桂溪南望不勝秋。

半江先生文集叙

（正德十年，一五一五年）

君子之學，淵静而精專，用力於人所不知之地，以求夫自慊，故能篤實輝光，久而益宏，愈挹而愈不可盡。雖漢魏以降，以文辭藝術名家者，雖其用心之公私小大不同，蓋亦未有不由斯道而能蚤有譽於天下也。後世聖學益晦，而文詞之習日盛，然亦卒未有能超漢魏之轍者。其獨才力之有間，要其精專之工，深根固蒂，以求所謂快然自得之妙者，亦有所不逮矣。半江趙先生，蚤以文學顯召當時，自成化以來，士之知工文藝者，即知有先生。其爲詩文宏贍清麗，如長谷之雲，幽溪之瀨，人望之漠然無窮，悠然翫而樂之，而不忍去也。自先生始入仕，即爲刑曹劇司，交四方之賢。然居常從容整暇，其於詩文未或見其有苦心極力之功，遂皆以爲得之天分則爾。先生與家君龍山先生爲同年進士，故守仁辱通家之愛，亦以是爲知先生矣。其後告病歸陽明，先生方董學政，校士於越。邀宿行臺間，得窺其詩稿，皆重復删改，或通篇無遺字。取其傍校士卷繙之，盡卷皆批竄點抹。以爲此偶其所屬意，則亂抽十數卷，無不然。又見一小册，履歷所至，山川風俗,道途之所聞,經史之所疑,無不備録。聞其侍童云:「公暇即拂案展帙,焚香静對,或檢書已夜分,猶整衿默坐,良久始就卧。」然後知先生平日之所養若是其深,雖於政務猥瑣之末,亦皆用心精密若此也。夫然後歎先生之不可盡知,而世之以文詞知先生者,蓋猶未見其杜權也已。先生既没,同邑之士有王氏兄弟者,求先生之遺文於子禧而刻之,先生之壻沈知柔氏與禧以叙請,因與論先生之素,始知先生之全稿既已散失,此所刻者,特禧之所搜輯,而向所謂重復删改與小册子所屬者,悉已無存矣。其平生用心之密,充養之深,雖其子若壻,亦皆未之能盡知也。先生之於斯學,其亦可謂淵静精專,用力於人所不知之地,以求自慊者矣。使先生率是而進,天其假之以年,雖於爲聖賢也何有?然以先生之不可盡知者推之,則又安知其不嘗致力於斯道也?而今不復可知矣。因叙而論之,使後之求先生於是集者得有所考焉。正德乙亥冬至日,餘姚王守仁叙。

文見《半江趙先生文集》卷首。按趙半江即趙寛,字栗夫,號半江,吴江人。《半江趙先生文集》後附有王鏊《半江趙公墓志銘》、聞淵《半江趙公神道碑》、《半江趙公墓表》及蔡潮《半江趙公墓表》,均言及陽明爲趙寛文集作叙事。叙中所述,皆可得而考。叙云「先生與家君龍山先生爲同年進士」，按聞淵《半江趙公墓表》云：「辛丑，會試南宮……置公第一，刻其文以傳。尋登進士第，授刑部主事。」是趙寬爲成化十七年進士，與王華同年，《明清進士録》將趙寬列爲成化十四年進士，乃誤。敘云「守仁辱通家之愛，亦以是爲知先生矣」，乃指弘治中王華、趙寬皆在京師任職，陽明亦侍龍山公於京師，入太學，得與趙寬交游唱酬。《半江趙先生文集》卷十二有《白駒聯句引》云：「白駒聯句者，春坊諭德王君德輝（即王華）餞其友婁君原善（即婁性）於私邸第，席上諸公話别往復之作也。詩凡十七首……婁君以進士歷官兵部郎中，直道自將，勇於有爲，權臣疾之，竟坐落職。久之，公論漸回，遂得冠帶歸田。而德輝，君之同年友，且同甲子，相善也，故有是會。在坐者，春坊中允張天瑞，贊善費之充，翰林編修徐某，檢討毛維之，刑部副郎傅日彰，吏部主事杭世卿，暨德輝之家器、鄉進士守仁也。而予亦以年家之末預焉。詩既成，德輝謂予宜書其簡首，遂述聯詠之由，爲之引。弘治丙辰六月廿日。」弘治九年丙辰陽明年方二十五歲，所謂「鄉進士」，指陽明其時方爲鄉試進士，尚未會試中進士。陽明所作白駒詩已亡佚，然由此敘及此《白駒聯句引》，猶可見陽明早年在京唱酬之況。敘又云「其後告病歸陽明，先生方董學政，校士於越，邀宿行臺間，得窺其詩稿」，按趙寬在弘治十一年來任浙江提學副使，聞淵《半江趙公神道碑》云：「及擢浙江提學副使，敦本實，簡繁蕪，士習爲之丕變……在浙七年……」陽明亦於弘治十五年八月告病歸越，築室陽明洞。提學行臺即在紹興，兩人相居密邇，故趙寬嘗邀其來行臺，兩人多有唱酬。今《半江趙先生文集》猶有《登山遇括蒼李員外載酒同遊因寄伯安秋官》、《再寄伯安》、《和王伯安二首》、《王伯安秋官約稽山登高及期以病不果》、《西江月・稽山望雨有懷王伯安》等詩詞，皆作於弘治十五、六年間，可見關係非同一般。惜陽明其時所作詩皆亡佚，今賴此叙及《半江趙先生文集》，猶可得見當時大概。

楊琠《庭訓録》序

（正德十年，一五一五年）

古人所有教其子者，不外於身心性情之德、人倫日用之常。後世文詞以爲功，機械以爲智，巧利以爲能，浮夸以爲美。父以是爲能訓，子以是爲善承，蓋與古人之教相背而馳矣，亦怪於人心之日壞，而風俗之日媮乎！吾友侍御楊君景瑞，獨能以是訓其子，其亦庶幾乎古人之意矣。爲楊氏之子若孫者，果能沿是而進，勉之不已，雖爲聖賢可也。君之子思元，從予遊，暇中持斯册來視，因爲識數語歸之。

文見《乾隆揭陽縣正續志》卷六。按楊景瑞即楊琠，揭陽人，陳白沙弟子。《明清進士録》：「楊琠，正德三年三甲一百九十九名進士。廣東揭陽人，字景瑞。授御史，師陳獻章，與王守仁友善，講明正學。性方剛，彈劾不避權貴。按南畿，激揚有聲。致仕卒。」楊琠爲正德三年進士，與徐愛爲同年，故其正德九年以御史按南畿來南都，與徐愛、陽明關係尤密，楊琠曾上奏薦陽明爲南京國子祭酒。錢德洪《陽明先生年譜》：「正德十年乙亥……御史楊典薦改祭酒，不報。」此「楊典」當是楊琠之誤。

按《國榷》卷四十九：「正德十年四月乙巳，南京國子祭酒吴一鵬爲南京太常寺卿……庚戌，國子司業魯鐸爲南京國子祭酒。」此當是吴鵬改南京太常寺卿，楊琠遂即上章薦陽明爲南京國子祭酒；而朝廷終乃命魯鐸任南京國子祭酒。可見楊琠薦陽明爲南京國子祭酒在四月，不久楊琠在七、八月便告病致仕歸揭陽，明年即卒。故可確知陽明此序當作在正德十年七月以前。蓋楊琠正德九年按南畿來南都，其子楊思元亦隨父來南都受庭訓，遂有《庭訓録》之記；同時楊思元亦來從陽明問學受教，遂持《庭訓録》來請陽明作序。今《王陽明全集》卷七有《謹齋説》，即爲别楊琠所作：「吾友侍御楊景瑞以『謹』名其齋，其知所以爲學之要矣。景瑞嘗遊白沙陳先生之門，歸而求之，自以爲有見；又二十年而忽若有得，然後知其向之所見猶未也。一旦告病而歸，將從事焉，必底於成而後出。君之篤志若此，其進於道也孰禦乎！君遣其子思元從予學，亦將别予以歸，因論君以名齋之義以告思元，而遂以爲君贈。」卷八又有《書楊思元卷》，即爲别楊思元所作：「楊生思元自廣來學，既而告歸曰：『夫子之教，思元既略聞之。懼不克任，請所以砭其疾者而書諸紳。』予曰：『子强明者也，警敏者也。强明者病於矜高，是故亢而不能下；警敏者病於淺陋，是故浮而不能實。砭子之疾，其謙默乎！謙則虚，虚則無不容，是故受而不溢，德斯聚矣；默則慎，慎則無不密，是故積而愈堅，誠斯立矣。……』」二文皆作在七月别楊琠、楊思元父子時。

自作山水畫并題

（正德十年，一五一五年）

正德丙子夏日，陽明山人畫於金陵之静觀齋。

陽明此《自作山水畫并題》在「二〇一三年春季藝術品拍賣會」（上海嘉泰拍賣有限公司）上出現，並在「雅昌藝術品拍賣網」上公布。水墨紙本，長一百〇七釐米，寬三十五釐米，有「伯安」、「陽明山人」兩方朱印。畫題「畫於金陵之静觀齋」，與其《别諸伯生》所題相同。

答汪進之書

(正德十一年,一五一六年)

仰德滋久,未由奉狀,首春令弟節夫往,又適以事不果,竟爲長者所先拜幣之辱,已極惶悚。長箋開喻,推引過分,鄙劣益有所不敢當也。中間叙述學要,究極末流之弊,可謂明白痛快,無復容贅,執事平日之學從可知矣。未獲面承,受教已博,何幸,何幸!不有洪鐘,豈息瓦缶?發蒙警聵,以倡絶學,使善類得有所附麗,非吾仁峰,孰與任之!珍重,珍重!所需鄙作,深懼無益之談,不足以求正有道。方欲歸圖,異時芒鞋竹杖,直造精廬,冀有以面請,願且徐之,如何?暮夜拾楮未悉,然鄙懷節夫當能道,伏惟照察。陽明生王守仁頓首拜。

書見《汪仁峰先生外集》卷三。汪進之即汪循,字進之,號仁峰,休寧人。《明清進士録》:「汪循,弘治九年三甲二十七名進士。直隸休寧人,字進之。授永嘉知縣,官至順天府通判。正德初,劉瑾擅權,循一月三抗疏,請裁革中官,上内修外攘十策,言甚剴切,爲瑾所忌,罷歸。有《仁峰文集》。」

陽明此書所云「竟爲長者所先拜幣之辱」，乃指汪循先有書來，《汪仁峰先生文集》卷四有《與王鴻臚》，即陽明是書所云「長箋」，云：

某嘗謂士生宋儒之後者，其於天理之微，人倫之懿，事物之著，鬼神之幽，與凡造入德之方，修己治人之術，莫不秩然，各有條理，備在簡策之中，學者一舉目即可見而識之，而無復乎他求。其彝則體段本又在我，而不假於外鑠，苟考其故，而驗之心身之間者，實用其力焉，求至聖賢之域不遠矣。然則濂洛關閩之後，宜乎聖賢之多也，反寥寥乎其少者，何耶？其所謂務記覽，工文辭，以釣聲名，取利禄，沿世習俗，陷溺其心，而不自知以爲非者，不足論矣；其有學冠一時，名擅當世者，了於斯道無聞焉，何哉？迹其故有二焉：談性命者，未免判心迹於兩途，至於僨事，反類乎文人無行；務行檢者，或不考聖賢之極致，及乎任重道遠，不免顛躓，反類乎不學無術。又有踵襲元儒之謬者，乃以訓詁註述爲學，往往類乎借錦鋪張，畫蛇添足，世亦以是多之。至於識者間以先儒知道者議請從祀，廟廷當道直以註述少之，竟寢其議。此亦舉世之通患也。嗚呼！生道學大明之後，而不聞夫道之要，際聖明文明之時，而不蒙至治之澤，某竊有憂之。往者自抱其愚，欲售於時，而無所遇，故奉身求退，誅茅結屋於仁峰之下，養拙而自修焉。又恨僻在萬山，不得知道養德之士，相與訂疑辨難，以裨益其所不能；切磋琢磨，以相援於斯道之域，朝夕憒憒，竊終無所聞，怏怏賫志以没耳。比者族弟尚和歸自南都，備道執事所以教誨之至，獎掖之勤，直以斯道爲必可行，真以聖賢爲必可學，且因以屬意於某。某聾坐山中，已餘十年，歲晚氣衰，幾乎懈矣。忽然得此，辟之深谷之中，一聞跫音，不覺其耳之清、心之懌也，解悟猛省，何可云喻。雖然，稔聞執事之名亦已久矣，但人可知而傳者，文詞之工耳，志節之偉耳，未聞有傳能勇於斯道如此也；能勇於斯道者，未聞道之人固不知而不能傳也。某於是而知執事之能勇於斯道，則知向之所聞所謂文詞者，道之腴；所謂志節者，道之氣，而非彼事乎鍛煉以爲文，出乎憤激以爲節者，所可同日而語也。苟於是而養之充之，以臻其極，則所謂處大事，決大議，任重道遠而能不動聲色，措天下國家於磐石之安者，舉此而措之耳，又何難哉！喜轉移之間，廊廟有人，吾道其不孤，生民其無憂矣。尚和去，敬布區區。養拙之寓名曰「仁峰精舍」，未有記之者，倘以詔尚和者爲我記之，感佩無量矣，不知以爲何如？

陽明是書中所云「所需鄙作」，即指汪循請其作仁峰精舍記。按王瓚《仁峰汪君墓碣銘》云：「正德改元，邊警數急，詔下求言，陳外攘内修十策……權貴人忌之，遂乞養母而歸。」（《汪仁峰先生外集》卷二）是汪循在正德元年乞養歸山，由正德元年下推十年餘，則爲正德十一年。陽明正德十一年猶在南都，至十二年已赴贛。汪循此書云「比者族弟尚和歸自南都」，陽明此書亦云「首春令弟節夫往」，是謂程尚和（字節夫）往返於南都受陽明學，可見陽明其時尚在南都，由此可以確知陽明此書作於正德十一年春三月中。此前陽明與汪循在京都早識，《王陽明全集》卷二十八有《書汪進之卷》，似即正德元年陽明在京送汪循歸養而作。仁峰精舍在休寧三峰之下，汪循子汪戬《仁峰先生行實》：「公既南歸，日以養母爲事，辟兩園於三峰之下，其南園倚山之麓，仁峰精舍在焉……」參見下《又答汪進之書》考。

奉壽西岡羅老先生尊丈

（正德十一年，一五一六年）

早賦歸來意灑然，螺川猶及拜詩篇。高風山斗長千里，道貌冰霜又幾年。曾與眉蘇論世美，真從程洛溯心傳。西岡自並南山壽，姑射無勞更問仙。

陽明山人侍生王守仁頓首稿上，時正德丙子季春望後九日也。

詩真迹今藏浙江博物館，計文淵《王陽明法書集》著録。按西岡在吉安泰和，羅欽順祖居所在，羅欽順父羅用俊因以爲號，故此詩所壽西岡羅老先生即羅欽順父羅用俊。《整庵存稿》卷十四有《先吏部府君（羅用俊）行述》云：「羅氏系出豫章，初祖諱詢……和甫生叔大，號大觀，始徙（泰和）邑南鄉上模里之西岡……家君……庚辰加封通議大夫、南京吏部右侍郎。是冬感寒疾……癸未四月，偶痰氣壅滯，至十九日巳時，竟不起。生正統丁巳四月一日戌時，享年八十有七。……家君諱用俊，字舜臣，别號栗齋，又號西岡退叟。」是羅用俊生於正統二年四月一日，正德十一年正爲其八十大壽。陽明此祝壽詩作於三月二十四日，距羅用俊壽辰無多日，按羅欽順《整庵履歷記》

云:「正德十一年丙子,春三月,解南京工部事。」(《困知記》附録)可見陽明此賀壽詩寫成後,當即由羅欽順帶往西岡賀呈。蓋羅欽順正德十年陞南京吏部右侍郎來留都,陽明亦在正德九年陞南京鴻臚寺卿進留都,兩人多有往來論學,羅欽順《與王陽明書》云「某無似,往在南都,嘗蒙誨益」,即指其時兩人在南都之交往。故陽明是次作祝壽詩,或即出於羅欽順之請。王陽明與羅用俊、羅欽順父子實早已相識,以此詩考之,詩云「螺川猶及拜詩篇」,螺川即螺川驛,在吉安,《陽明先生年譜》云:「嘉靖六年十月,至吉安,大會士友螺川。諸生彭簪、王劍、劉陽、歐陽瑜等偕舊遊三百餘,迎入螺川驛中。」螺川驛乃爲由萍鄉、泰和進廬陵(吉安)之通道,故是次螺川見羅用俊拜詩篇,必是指正德五年三月陽明陞廬陵知縣由貴陽經醴陵、萍鄉至泰和、廬陵時相見拜會。蓋羅欽順亦因奏劉瑾在正德三年罷歸,與陽明同時在正德五年起用復原官,陽明到螺川時,羅欽順尚未赴任(正德六年方赴任,見《整庵履歷記》),故可得見也。羅用俊在弘治十七年即得告還鄉,故詩稱「早賦歸來意灑然」。「高風山斗長千里」,是説陽明在貴陽千里之外猶仰泰山北斗;「道貌冰霜又幾年」,是説自正德五年螺川相見至正德十一年又過數年。魯鐸《魯文恪公集》卷二亦有《壽羅西岡先生分題得鹿皮冠》:「製冠誰道鹿皮迂,遲暮深山稱索居。杖履未嫌遊豕後,功名全付夢蕉餘。麑裘遠俗真同氣,麈尾多情不負渠。玉醴巵中帶清影,驚看華髪黑如初。」此當也是賀羅用俊八十壽辰之作。蓋魯鐸居家泰和東岡,西岡羅氏與東岡魯氏世代關係相好。羅欽順《整庵履歷記》云:「弘治十五年壬戌。春,同考禮部會試。得一卷,三場俱優……主考吳匏庵先生置之首選，及拆卷，乃景陵魯鐸，果丙午舉人也。」可見魯鐸與羅用俊、羅欽順父子十分相知，時方家居東岡，故亦有壽詩也。楊儀《楊氏南宫集》卷三下有《羅用俊神道碑》，述羅用俊生平仕歷甚詳，可參看。

與弟書

（正德十一年，一五一六年）

鄉人來者，每詢守文弟，多言羸弱之甚。近得大人書，亦以爲言，殊切憂念。血氣未定，凡百須加謹慎。弟自聰明特達，諒亦不俟吾言。向日所論工夫，不知弟輩近來意思如何，得無亦少荒落否？大抵人非至聖，其心不能無所係著，不於正，必於邪；不於道德功業，必於聲色貨利。故必須先端所趣向，此吾向時立志之説也。趣向既端，又須日有朋友砥礪切磋，乃能薰陶漸染，以底於成。弟輩本自美質，但恐獨學無友，未免縱情肆志而不自覺。李延平云：「中年無朋友，幾乎放倒了。」延平且然，況後學乎！吾平生氣質極下，幸未至於大壞極敗，自謂得於扶持之力爲多。古人蓬麻之喻，不誣也。凡朋友必須自我求之，自我下之，乃能有益。若悻悻自高自大，勝己必不屑就，而日與汙下同歸矣。此雖子張之賢，而曾子所以有堂堂之歎也。石川叔公，吾宗白眉，雖所論或不能無過，然其志向清脱，正可以矯流俗汙下之弊。今又日夕相與，最可因石川以求直諒多聞之友，相與講習討論，惟日孜孜於此，而不暇及於其他，正所謂置之莊嶽之間，雖求其楚，不可得矣。守儉弟漸好仙學，雖未盡正，然比之聲色貨財之習，相去遠矣。但不宜惑於方術，流入邪徑。果能清心寡欲，其於聖賢之學，猶爲近之。却恐守文弟氣質通敏，未必耐心於此。閒中試可一講，亦可以養生却疾，猶勝病而服藥也。偶便燈下草草，弟輩須體吾言，勿以爲孟浪之談，斯可矣。長兄守仁書致守儉、守文弟，守章亦可讀與知之。

書見吴榮光《辛丑消夏記》卷五、黄本驥《明尺牘墨華》卷一，真迹見《明清書法》（湖南美術出版社）。按書中云「此吾向時立志之説也」，指其《示弟立志説》（《王陽明全集》卷七），作於正德十年。時陽明在南都任鴻臚寺卿。文中稱「予弟守文來學，告之以立志」，知守文曾於正德九年秋來南都受學，即此書中所云「向日所論工夫，不知弟輩近來意思如何」。蓋守文在正德十年夏離南都歸越，見《王陽明全集》卷二十《守文弟歸省携其手歌以别之》。而陽明在南都至正德十一年九月陞都察院左僉都御史，巡撫南、贛、汀、漳等處，十月亦歸省返越。此書以不言及巡撫南、贛、汀、漳及平漳寇等事，則當作在正德十一年九月以前，仍在南都時也。書中所云「石川叔公」，即陽明族叔祖王克彰，號石川。《王陽明全集》卷二十六《與克彰太叔》下錢德洪注云：「克彰號石川，師之族叔祖也。聽講就弟子列，退坐私室，行家人禮。」其亦在正德九年來南都，聽講就弟子列，而於正德九年歲末歸越，《王陽明全集》卷二十有《别族太叔克彰》，即作在正德九年歲末。其歸越家居，故此書云「今又日夕相與，最可因石川以求直諒多聞之友，相與講習討論」。

與弟伯顯札一

（正德十一年，一五一六年）

比聞吾弟身體極羸弱，不勝憂念。此非獨大人日夜所彷徨，雖親朋故舊，亦莫不以是爲慮也。弟既有志聖賢之學，懲忿窒欲，是工夫最緊要處。若世俗一種縱欲忘生之事，已應弟所決不爲矣，何迺亦至於此？念汝未婚之前，亦自多病，此殆未必盡如時俗所疑，疾病之來，雖聖賢亦有所不免，豈可以此專咎吾弟。然在今日，却須加倍將養，日充日茂，庶見學問之力果與尋常不同。吾固自知吾弟之心，弟亦當體吾意，毋爲俗輩所指議，乃於吾道有光也。不久吾亦且歸陽明，當携弟輩入山讀書，講學旬日，始一歸省，因得完養精神，薰陶德性，縱有沉疴，亦當不藥自愈。顧今未能一日而遂言之，徒有惘然，未知吾弟兄終能有此福分否也？來成去，草草，念之！長兄陽明居士書，致伯顯賢弟收看。

與弟伯顯札二

（正德十一年，一五一六年）

此間事汝九兄能道，不欲瑣瑣。所深念者，爲汝資質雖美，而習氣未消除；趣向雖端，而德性未堅定。故每得汝書，即爲之喜，而復爲之憂。蓋喜其識見之明敏，真若珠之走盤；而憂其舊染之習熟，或如水之赴壑也。汝念及此，自當日嚴日畏，決不能負師友屬望之厚矣。此間新添三四友，皆質性不凡，每見尚謙談汝，輒嘖嘖稱歎，汝將何以副之乎？勉之，勉之！聞汝身甚羸弱，養德養身上只是一事，但能清心寡欲，則心氣自當和平，精神自當完固矣。餘非筆所能悉。陽明山人書寄十弟伯顯收看。印弟與正憲讀書，早晚須加誘掖奬勸，庶有所興起耳。

二札見卞永譽《式古堂書畫彙考》卷二十五。此二札所言，與前《與弟書》全同，當作在同時。伯顯即王守文。札一云「不久吾亦且歸陽明，當携弟輩入山讀書，講學旬日，始一歸省，因得完養精神」，按錢德洪《陽明先生年譜》：「正德十有一年丙子，九月，陞都察院左僉都御史，巡撫南、贛、汀、漳等處。十月，歸省至越。」陽明除都察院左僉都御史在八月戊辰(《國榷》)，此二札約作在八九月中。札二所云「九兄」，爲王守儉。「印弟」爲王守章，陽明文中多提及之，如《王陽明全集》卷二十六《又與克彰太叔》：「印弟凡劣。」卷二十《守文弟歸省携其手歌以别之》：「九兄及印弟。」疑王守章字伯印，或爲避朱元璋諱而稱「印」，一如正聰爲避朱厚熜諱而改名「正億」。正憲爲陽明義子，時年九歲，《陽明先生年譜》：「正德十年，立再從子正憲爲後。正憲字仲肅，季直先生兖之孫，西林守信之第五子也。先生年四十四，與諸弟守儉、守文、守章俱未舉子，故龍山公爲先生擇守信子正憲立之，時年八齡。」尚謙爲薛侃，時亦在南都受學，《陽明先生年譜》：「正德九年五月，至南京，自徐愛來南都，同志日親，黄宗明、薛侃……同聚師門，日夕漬礪不懈。」至陽明於正德十二年正月赴贛，薛侃也同時登第離去。

跋楓山四友亭記

（正德十一年，一五一六年）

四友之義，楓山之記盡矣，雖有作者，寧能有加乎？補之迺復蘄予言，予方有詩文戒，又適南行。異時泊舟鐵甕，拜四君子於亭下，尚能爲補之補之。

陽明居士王守仁識。

文見《中國古代書畫圖目》（十五）。此跋陽明真迹今藏瀋陽故宮博物院。按「楓山」即章懋，字德懋，號楓山，蘭溪人。查今《楓山集》無此《四友亭記》文，當為亡佚之篇。「補之」無考，按陽明跋文中所云「鐵甕」，乃指鎮江；所謂「又適南行」，指陽明在南都任職，將南下歸越，途中必經鎮江，得拜四君子亭，便可爲補之補寫四友之義。故此「南行」當指陽明正德十一年十月自南都歸越之行，錢德洪《陽明先生年譜》：「正德十一年，在南京。九月，陞都察院左僉都禦史，巡撫南、贛、汀、漳等處……十月歸省至越。」陽明南行途經鎮江、常州、蘇州，所見之「補之」其人，當爲許完。按許完字補之，鎮江丹徒人。《光緒丹徒縣志》卷二十三：「許完，字補之，直隸丹徒縣人。弘治乙丑進士，授蘭溪知縣。擢禦史，按河南，重建蘇門嘯臺，慶陽李夢陽爲之記。夢陽撰《察院題名碑》，稱完清河南軍三年，數上封事，所規畫率軍便。吴郡徐禎卿亦有贈詩。」《蘭臺法鑒録》卷十三：「許完……由蘭溪知縣，選江西道禦史，清軍河南，劾中貴錢寧，下獄。降定州通判，復起原職，陞浙江副使卒。」鎮江有四友亭，即許完所構。《空同集》卷三有《四友亭賦》云：「緊許氏之爲亭也，左崇嶺，右大江……屹鐵城之東圻，割戈吴之西封，圍之以金焦之秀，標之以芝山之峰……兹四物者，非天下之至靈歟？而奚萃吾亭也！廼有蘭昆玉季，雁行雙雙，攀勁拊脩，振英掇穠，人取其一，稱爲『四友』。」《華泉集》卷二有《四友亭》（有序）云：「鎮江之墟有亭峙焉，左松右竹，前梅後柏，許氏四兄弟之所居而友之者也。松友伯焉，竹友仲焉，梅友叔焉，伯友季焉……」《何燕泉集》卷一亦有《題御史完四友亭卷》。許完弘治十八年舉進士，或即在其時與陽明在京相識。按章懋《日記》云：「先生掌太學，完爲國子生。令蘭溪時，凡有難行之事，必稟正焉。」許完實爲章懋門人。據章懋《蘭溪縣志序》，許完正德三年至六年任蘭溪縣令，嘗將章懋、鄭錡《蘭溪縣志》重訂付梓，章懋爲作《四友亭記》即在此時。正德六年春以後許完歸居丹徒，陽明亦在九年來南京任職，兩人當多有交往，故至十一年許完來請陽明爲作四友亭記也。

寄雲卿

（正德十一年，一五一六年）

尊翁厭世，久失吊慰。雲卿不理於讒口，乃得歸，書送終之禮，此天意也；哀疚寂寥，益足以爲反身修德之助，此天意也，亦何恨，亦何恨！君子之學，唯求自得，不以毀譽爲欣戚，不爲世俗較是非，不以榮辱亂所守，不以死生二其心。故夫一凡人譽之而遽以爲喜，一凡人毀之而遽以爲戚者，凡民也。然而君子之自責則又未嘗不過於嚴也，自修則又未嘗不過於力也，夫然後可以遺榮辱，一死生。學絶世衰，善儔日寡，卓然雲卿，自愛自愛！雨風半日之程，無緣聚首，細扣新得，動心忍性，自當一日千里。嘗謂友朋言：道者在默識，德者在默成，顔子以能問於不能，有若無，實若虛，犯而不較，此最吾儕準的。雲卿進修之功，想亦正如此矣。秋半乘考滿，且反棹稽山，京口信宿其期也。不盡不盡。

書見《新刊陽明先生文録續編》卷一《書類》，永富青地《上海圖書館藏〈新刊陽明先生文録續編〉について》著録。此書有人據其中云「秋半乘考滿」定爲正德七年作，亦非。按此書云「京口信宿其期」，蓋是雲卿爲京口人，其歸京口送終，南京至京口爲半日之程，兩人相隔不得見，故此書云「雨風半日之程，無緣聚首，細扣新得」。可見陽明寫此書時乃在南京任職，擬至秋半考滿歸省稽山，順道經京口與雲卿一見。考陽明生平在南京任職而至三年考滿者，唯有正德九年至十一年在南京任鴻臚寺卿時，可見陽明此書當作在正德十一年夏中。秋半以後，陽明在九月陞都察院左僉都御史、巡撫南贛汀漳等處，十月歸越，當會踐約經京口與雲卿一見。雲卿，無考，據此書，其爲京口人，亦陽明弟子。徐愛《橫山集》卷上有《別唐雲卿》詩，并與《鎮江夜渡》詩排在一起，可見此唐雲卿即此書所云「雲卿」。《別唐雲卿》云：「麒麟出郊藪，物異人莫認。絶學世鮮倫，難明亦難信。子獨言下承，髖髀迎利刃。秋月無隱光，春雷有餘震。氣鋭折或摧，質堅磨不磷。請勵剛健德，毋爲俗所狥。□室諒不遐，明心在精進。」所謂「□室諒不遐」，即指雲卿京口家室距南京不遠，可見此詩應即是次徐愛送雲卿歸京口所作。按顧璘《息園存稿詩》卷八有《贈唐員外雲卿二首》：「京口通鄉井，台南接宦遊……」又毛伯温《東堂集》卷七有《費亨甫唐雲卿同遊焦山》云：「昔年畫鷁遇京口，遥望金焦思一登……」是唐雲卿確爲京口人，必爲此書所云「雲卿」矣。

寄滁陽諸生（二首）（正德十一年，一五一六年）

其一

一別滁山便兩年，夢魂常是到山前。依稀山路還如舊，只奈迷茫草樹煙。

其二

歸去滁山好寄聲，滁山與我最多情。而今山下諸溪水，還有當時幾派清。

考證見下《憶滁陽諸生》考辨文字。

憶滁陽諸生

（正德十一年，一五一六年）

滁陽姚老將，有古孝廉風。流俗無知者，藏身隱市中。

三詩見孟津編《良知同然録》上册。永富青地《關於王守仁〈良知同然録〉的初步研究》著録陽明此三首佚詩。《良知同然録》今藏臺北圖書館，該書由孟津所編，書前有孟津序云：

吾懼乎學之日遠於良知也，乃爲緝《同然録》，以授吾兩庠之來學，使翕然興起之餘，得斯録而各知求諸其心焉。以此而成身，以此而淑人，以此而施諸國家天下，庶幾乎一體同然之意，而聖學之要因是以復明。否則將吾亦不免焉，以身謗師門也，何以録爲？遂梓之以告夫四方同志。歲在嘉靖丁巳夏五月端陽日，門人南滁孟津書於赤壁之舟中。

按陽明《書魏師孟卷》云：「心之良知是謂聖。聖人之學，惟是致此良知而已。自然而致之者，聖人也；勉然而致之者，賢人也；自蔽自昧而不肯致之者，愚不肖者也。愚不肖者，雖其蔽昧之極，良知又未嘗不存也，即與聖人無異矣。此良知所以爲聖愚之同具，而人皆可以爲堯舜者……每以啟夫同志，無不躍然以喜者，此亦可以驗夫良知之同然矣。」（《王陽明全集》卷八）孟津編陽明集而取名「良知同然録」者，即本此也。孟津爲滁州人，陽明弟子，《光緒滁州志》卷七之三：「孟津，字伯通，號兩峰，敦尚氣節。癸卯舉於鄉，授知温縣，尋調黄岡，并有聲。陞寶慶府同知，歸，以冲澹自處。聞陽明先生良知之學，一時學者多矜式焉。」正德八年十月陽明來滁州督馬政，孟津與其兄孟源（伯生）來受學，《南滁會景編》卷六有孟津詩云：「萬曆癸酉改元夏五月，新建伯王龍陽正意奉命南來，經滁謁尊翁祠，太僕卿李漸庵、陸五臺與津咸在，距嘉靖癸亥龍陽過滁謁祠又十年矣。」并有《同王龍溪兄丈謁祠》云：「共學師門别有年，衰齡何幸遠拔轅。」又卷十二有盛汝謙詩云：「是日陽明先生公子經滁謁祠，余與劉虹江、胡劍西、孟兩峰俱挈酌先後繼至，侍論前堂。而兩峰則及門士，能傳其豐神宗旨，并同游薛中離、王心齋、歐南野……」并有孟津次韻詩云：「髫年曾此侍吾師，忽與仙郎共謁祠。」是孟津正德八年來受學陽明時方在髫齡，應爲陽明《瑯琊題名》所云「門人二十有八人」之一。陽明此二詩「寄滁陽諸生」，必包括孟津在内，故此二詩爲孟津所得，後遂編入《良知同然録》中。陽明詩稱「一别滁山便兩年」，則當作在正德十一年。蓋陽明正德九年四月陞南京鴻臚寺卿由滁回南京，而南京與滁州僅一江之隔，故滁州門人常來南京問學，陽明亦多有詩寄滁州諸生也。《憶滁陽諸生》不知與誰，按詩云「滁陽姚老將」，當是指滁陽姚瑛，《光緒滁州志》卷七之二有云：

姚成，唐姚鳳裔。洪武初，扈駕渡江。後討川廣凱捷，上授滁州衛指揮使。卒謚「忠懿」，傳世職。萬曆間（按：當作正德間），瑛襲爵居家，以孝友著。涖官多政績，漕撫都御史蔡公上其事，欲大用之。詔至，瑛以母老致仕，闔門不出，日與其弟稱觴母前。時太僕寺卿王陽明先生與瑛交最善，贈以詩云：「滁陽姚老將，有古孝廉風。流俗無知者，藏身隱市中。」

可見姚瑛亦爲陽明弟子，《瑯琊題名》所云「門人二十有八人」之一。正德八年其爲「諸生」居家來學，或年齡亦與孟津相仿耶？蓋姚成以武功著，姚瑛世襲指揮使職，故陽明戲稱其爲「姚老將」也。

姚瑛贊

（正德十一年，一五一六年）

世胄之家，鮮克有禮。後之人有聞之名而興起者乎！

贊見《光緒滁州志》卷七之二。前考姚瑛爲陽明在滁弟子，《光緒滁州志》云：

姚成，唐姚鳳裔。洪武初，扈駕渡江。後討川廣凱捷，上授滁州衛指揮使，卒謚「忠懿」，傳世職。萬曆間（按：當作正德間）襲爵居家，以孝友著。蒞官多政績，漕撫都御史蔡公上其事，欲大用之。詔至，瑛以母老致仕，闔門不出，日與弟稱觴母前。時太僕寺卿王陽明先生與瑛交最善，贈以詩云：「滁陽姚老將，有古孝廉風。流俗無知者，藏身隱市中。」復贊云……

觀此，陽明贈詩與作贊約在同時。參見前《憶滁陽諸生》考。

書四箴贈別白貞夫

（正德十一年，一五一六年）

白生説貞夫，嘗從予學。予奉命將南，生與其弟追送於江滸，留信宿不能別，求所以誨勵之説。予嘗作《四箴》以自警，因爲生書之：

嗚呼小子，曾不知警！堯詎未聖，猶日兢兢。既墜於淵，猶恬履薄；既折爾股，猶邁奔蹶。人之冥頑，則疇與汝。不見腫蹇，砭乃斯愈？不見痿痺，劑乃斯起？人之毁訴，皆汝砭劑。汝曾不知，反以爲怒。匪怒伊色，亦反其語。汝之冥頑，則疇之比。

嗚呼小子，告爾不一，既四十有五，而曾是不憶。頑……（下有缺）

嗚呼小子，慎爾出話。懆言維多，吉言維寡。多言何益，徒以取禍。德默而成，仁者言訒。孰默而譏？孰訒而病？譽人之善，過情猶耻；言人之非，罪曷有已？嗚呼多言，亦惟汝心；汝心而存，將日欽欽。豈遑多言，上帝汝臨。

嗚呼小子，辭章之習，爾工何爲？不以釣譽，不以蠱愚。佻彼優伶，爾視孔醜；覆蹈其術，爾顔不厚？日月踰邁，爾胡不恤？棄爾天命，昵爾讎賊，昔皇多士，亦胥茲溺。爾猶不鑒，自抵伊亟！

正德丙子九月廿六日，陽明山人王守仁書於龍江舟中。

生又問：「聖賢之學，所以成身；科舉之業，將以悦親。二者或不能並進，奈何？」予曰：「成身悦親，道一而已。不能成身，不可以悦親；不能悦親，不可以成身。子但篤志聖賢之學，其緒餘出之科舉而有餘矣。」曰：「用功何如？」曰：「先定志向，立工程次第，堅持無失。循序漸進，自當有至。若易志改業，朝東暮西，雖終身勤苦，將亦無成矣，生勉之！」陽明山人書。

文真迹今藏上海博物館，計文淵《王陽明法書集》著録，題作「四箴卷」，未當。按《王陽明全集》卷二十五有《三箴》一文，同此四箴而缺一箴；而此四箴之第二箴「頑」以下亦有闕文。《三箴》云「既四十有五」，此文云「予嘗作《四箴》以自警」，可見此《四箴》原作在正德十一年上半年，至九月離南都歸越時，乃在舟中抄此《四箴》贈别白悦。白悦字貞夫，武進人，敬齋白圻之子。《國朝獻徵録》卷七十七有王維禎《尚寶司司丞洛原白公悦墓碑銘》，白悦《白洛原遺稿》前亦有《洛原白公墓碑》，稱「白公生弘治戊午十二月二十五日，卒嘉靖辛亥四月二十日，年五十四」。按《王陽明全集》卷二十四有《白説字貞夫説》，作在正德十年，乃在白悦十八歲時陽明爲之取字貞夫。其始來從學陽明，據《陽明先生年譜》：「正德九年五月，至南京。自徐愛來南都，同志日親，黄宗明、薛侃……白説、彭一之、朱篪輩，同衆師門，日夕漬礪不懈。」是白悦在正德九年從學陽明。蓋白悦父白圻於正德八年冬遷應天府尹來南都，陽明於正德九年陞南京鴻臚寺卿亦來南都，兩人相居密邇，關係至密，遂遣其子白悦兄弟來學。陽明《敬齋白公墓志銘》云：「昔公先公康敏君（白昂），京師與家君爲比鄰，及余官留都，又與公居密邇，説、誼皆嘗及門，通家之好三世矣……癸酉冬遷應天府尹……乙亥擢右副都御史，總督南京糧儲……自是輿論益歸。」（見下）陽明此文所云「生與其弟」，即白悦弟白誼，亦陽明弟子，後來白圻卒，兩人皆以父事陽明，白悦《復陽明中丞》云：「白公雖亡，王中丞弔之葬之，説之銘之，遺其二孤而又子之，白公其幸哉！宗黨之欲加侮於孤者，則又曰：『二孤昔師於王中丞，今中丞且子之矣。』莫不退讓一步……」（《白洛原遺稿》卷八）

和大司馬白巖喬公諸人送別（五首）

（正德十一年，一五一六年）

正德丙子九月，守仁領南、贛之命，大司馬白巖喬公、太常白樓吴公、大司成蓮北魯公、少司成雙溪汪公，相與集餞於清凉山，又餞於借山亭，又再餞於大司馬第，又出餞於龍江，諸公皆聯句爲贈，即席次韻奉酬，聊見留别之意。

未去先愁别後思，百年何地更深知？今宵燈火三人爾，他日緘書一問之。漫有煙霞刊肺腑，不堪霜雪妒鬚眉。莫將分手看容易，知是重逢定幾時？

謫鄉還日是多餘，長擬雲山信所如。豈謂尚懸蒼水佩，無端又領紫泥書。豺狼遠道休爲梗，鷗鷺初盟已漸虚。他日姑蘇歸舊隱，總拈書籍便移居。

寒事俄驚蟋蟀先，同遊剛是早春天。故人愈覺晨星少，别話聊憑杯酒延。戎馬驅馳非舊日，筆牀相對又何年？不因遠地疎踪迹，惠我時裁金玉篇。

無補涓埃媿聖朝，漫將投筆擬班超。論交義重能相負？惜别情多屢見招。地入風塵兵甲滿，雲深湖海夢魂遥。廟堂長策諸公在，銅柱何年折舊標？

孤航眇眇去鍾山，雙闕回看杳靄間。吴苑夕陽臨水别，江天風雨共秋還。離恨遠地書頻寄，後會何時鬢漸斑。今夜夢魂汀渚隔，惟餘粱月照容顔。

陽明山人王守仁拜手書於龍江舟中。餘數詩稿亡，不及録，容後便覓得補呈也。守仁頓首，白樓先生執事。

詩見《三希堂法帖》，端方《壬寅消夏録・王陽明詩真迹卷》。蓬累軒編《姚江雜纂》亦録是詩，但不全。該詩卷真迹後有朱彝尊跋云：「陽明子功烈氣節文章，皆居第一，特多講學一事，爲衆口所訾。善夫西陂先生之言也，曰：『陽明以講學故，毁譽迭見於當時，是非幾混於後世，至謂其得寧邸金，初通宸濠，策其不勝而背之，此謗毁之餘唾，不足拾取。』斯持平之論乎！龍江留别詩卷，乃將至官南、贛而作。是時宸濠反狀未露，而公已滋殷憂，故詩中即有『戎馬驅馳』、『風塵兵甲』等語，而又云『廟堂長策諸公在』，其後卒與喬莊簡犄角成功，蓋公審之於樽俎間久矣。詩律清婉，書亦通神，宜爲西陂先生所愛玩。歲在癸未二月戊寅朏，秀水朱彝尊年七十五書。」龍江即龍江關，在南京西北。按《陽明先生年譜》，陽明正德十一年九月十四日陞都察院左僉都御史，巡撫南、贛、汀、漳等處，十月歸省至越。故此詩乃是陽明乘龍江舟離南都歸越時所作。蓋是次陽明離南都赴贛，與同僚唱酬相别詩甚多，皆佚。鄧庠《東溪别稿》中有《送王都憲伯安巡撫南贛郴桂等處和喬司馬希大吴太常南夫魯祭酒振之汪司業器之聯句韻》（十三首）、《過清涼山送王都憲伯安和喬司馬希大吴太常南夫魯祭酒振之汪司業器之聯句韻》、《喬司馬希大吴太常南夫汪司業器之聯句懷王鴻臚伯安因和其韻》（三首）等。錢謙益《列朝詩集》丙集卷五録有魯鐸《留别喬白巖王陽明次白樓韻》：「十年聚少别常多，緑鬢重看總向皤。勝地有招還遠赴，高軒無事亦頻過。離觴又對鍾山月，驛棹遥生漢水波。詩社儘收佳句在，相思隨處一長歌。」可見是次離别，在清涼山、借山亭、大司馬第、龍江皆有唱酬别詩，故是卷後云「餘數詩稿亡，不及録，容後便覓得補呈也」。「大司馬白巖喬公」爲喬宇，字希大，號白巖。「太常白樓吴公」爲吴一鵬，字南夫，號白樓。「大司成蓮北魯公」爲魯鐸，字振之，號蓮北。「少司成雙溪汪公」爲汪偉，字器之，號雙溪。參見下諸詩文考。

小園睡起次韻寄鄉友

（正德十一年，一五一六年）

林間盡日掃花眠，獨有官閑愧俸錢。門徑不妨春草合，齋居長對晚山妍。每疑方朔非真隱，始信揚雄誤太玄。混世亦能隨地得，野情終是愛丘園。

奉命將赴南贛，白樓先生出餞江滸，示此卷，須舊作爲别，即席承命。時正德丙子九月廿五日，陽明山人王守仁書於龍江舟中。雨暗舟發，匆匆極潦草。伯安。

詩見端方《壬寅消夏録·王陽明詩真迹卷》。白樓先生即吴一鵬，陽明是詩下有王芑孫跋云：「白樓先生者，明太子少保、南京吏部尚書、贈太子太保吴文端公也。公名一鵬，字南夫，别自號白樓，長洲縣之虎丘鄉人。弘治癸丑進士，以翰林侍講忤劉瑾，改官曹郎。瑾誅，復起爲南祭酒，補刊監本經史。嘉靖中，入爲禮部侍郎。詔偕中官赴湖南，改題獻王神主。疏言一路災傷，請敕下中官禁約傔從，以甦民困。素與同邑陸冢宰不相聞問，及陸戍閩海，迺通書幣，陸愧且嘆曰：『吾爲吴公所容久矣。』亦累典鄉、會試，夏少保言，即其所得士也。晚而致仕，年逾八十以卒……陽明先生軒軒在天地間，而白樓遺事世或不盡知之，故又詳考而附書之。」《國朝獻徵録》卷二十七有方鵬作《南京吏部尚書白樓吴公一鵬傳》。按陽明此詩與前《和大司馬白巖喬公諸人送别》作在同時，後者衹云「正德丙子九月」，此詩則得其確切月日，蓋此詩所云「白樓先生出餞江滸」，即《和大司馬白巖喬公詩送别》所云「又出餞於龍江」也。所謂「須舊作爲别」，此詩乃是舊作，以其中云「獨有官閑愧俸錢」，「門徑不妨春草合」，似原作在正德十一年春間。

龍江舟次與某人書

（正德十一年，一五一六年）

立誠之説，昔已反覆，今不復贅。别後，諸君欲五日一會，尋麗澤之益，此意甚好，此便是不忘鄙人之盛心。但會時亦須略定規程，論辯疑難之外，不得輒説閑話，評論他人長短得失，兼及諸無益事。只收心静坐，閑邪存誠，此是端本澄源，爲學第一義。若持循涵養得熟，各隨分，自當有進矣。會時但粗飯菜羹，不得盛具肴品爲酒食之費。此亦累心損志之一端，不可以爲瑣屑而忽之也。舟發匆匆，不盡不盡。

正德丙子九月廿九日，陽明山人守仁書於龍江舟次。

書見《湖海閣藏帖》、蓬累軒編《姚江雜纂》，錢明《王陽明全集未刊散佚詩文彙編及考釋》著録。原題作《龍江舟次書》，未當。前考陽明正德十一年九月在龍江關乘舟離南都歸越，其在龍江舟次多作有别詩與書札，此書即其一也。此書向不知予何人，今據該書云「立誠之説，昔已反覆，今不復贅」，按《王陽明全集》卷七有《贈林典卿歸省序》，即專論立誠以贈别林典卿兄弟，序云：「林典卿與其弟遊於大學，且歸，辭於陽明曰：『元叙嘗聞立誠於夫子矣。今茲歸，敢請益。』陽明子曰：『立誠。』典卿曰：『學固此乎？……立誠盡之矣乎？』陽明子曰：『立誠盡之矣。夫誠，實理也。其在天地，則其麗焉者，則其明焉者，則其行焉者，則其引類而言之不可窮焉者，皆誠也。是故殫智慮，弊精力，而莫究其緒也；靡晝夜，極年歲，而莫究其説也；析蠶絲，擢牛尾，而莫既其奥也。夫誠，一而已矣，故不可復有所益。益之，是爲二也；二則僞，故誠不可益。不可益，故至誠無息。』典卿起拜曰：『吾今乃知夫子之教若是其要也。請終身事之，不敢復有所疑。』陽明子曰：『子歸，有黄宗賢氏者、應元忠氏者，方與講學於天台、雁蕩之間，倘遇焉，其遂以吾言諗之。』」是序作於正德十年，相別在去年，故此書云「昔已反覆」。所謂「别後」，即指正德十年之别，而所謂「諸君」，則指林典卿兄弟及黄宗賢、應元忠諸人。蓋林典卿爲臨海人，故歸與黄宗賢、應元忠諸人講會論學於天台雁蕩之間。可見此書乃與林典卿兄弟。《民國重修臨海縣志》卷二十有林典卿兄弟傳：「林元叙，字典卿，號益庵。與弟元倫同薦正德庚午鄉試。元叙師事王守仁，得求仁之旨。吏部喬宇耳其名，嘉靖初薦知解州。州政頹弛，殫心振刷，集耆老問民間疾苦。藩邸草場軍殺人，匿其屍，以計獲之，卒置於法。廣慈寺僧殺人於井，發伏正其辜，改寺爲解梁書院，以其餘地立社學，集諸生與之講明理道，解人翕然奮興。諸所規爲類如此。年四十九，卒於官。時太史吕柟謫倅於解，爲治其喪，檢笥中衣帶故書外，僅俸金四十兩而已。白於上司，俾治屬賻贈，以助歸櫬。」「元倫，字彝卿，號頤庵。乙丑下第東歸，同舟王宗元染疫亟，衆咸引去，元倫獨留調護之。王至武林卒，元倫治其後事，人以是厚之。七上春宫不第，謁選授延平倅。故事，郡自長僚而下，凡供需皆取自庫役，元倫概却焉。當道會委監水口鹺稅，有轉運使爲巨商所餌，因縱爲奸，公密語監司，竟釐其弊，鹺政爲之一清。初，尤溪三房有田氏地險族蕃，嘯聚爲盜，久益張，莫能治。公畫計擒其巨魁，餘黨祛獲略盡，仍以其地遠，威令難及，監司就元倫議，遂草疏爲請於朝，創建縣治，名曰大田，人立生祠祀焉。時元輔徐階以翰林出司郡理，相與講學，著有《學則》、《養蒙説》、《新泉問辨録》諸書。元倫廉平純良，不自治飭，而急與禮讓，明理學。嘗釐正鄉飲酒禮，巡察至下其檄，爲諸郡式。欲抗疏以延平、豫章二先生祀廟學，會遷不果。未幾，擢守滁州。滁本孔道往過來續，民病匃給，乃痛爲裁省，寧忤權貴勿恤。昭聖皇后梓宫舟行返葬承天，朝廷有議從陸者，元倫曰：『江北道險隘，非夷民居城堞，不可費勞萬狀，不獨滁人爲病。』厲聲争之，議竟寢。……元倫素遊陽明、甘泉二先生之門，所得最深。入滁，建陽明書院。政餘日，與滁士發明之，民俗丕變。部使者交章論薦，無異詞。迫以述職行，童叟攀留不忍捨。尋擢承天貳守，道泗州，適新巡察甫至，以不過參謁論罷。歸日，以敘《易》自課，年七十一卒。所著有《閩遊》、《守滁》、《湖湘》、《歸田》諸録，《虚受》、《觀頤》、《應酬》諸稿。」可見林元敘兄弟皆在嘉靖以後方出仕，此前，林元敘在正德五年中鄉試，必是在次年春會試時得識王陽明（時王陽明任會試同考試官），遂從陽明學。至正德十年別陽明歸臨海，與黄宗賢（綰）、應元忠（良）講學於天台、雁蕩之間，而與陽明多有書信問學往來。

參政拙庵公像贊

（正德十一年，一五一六年）

陽明山人

瞻望豐山，惟鄰是卜。緬想桐江，有書可讀。克嗣父風，更詒孫穀。昭質無虧，遺像甚肅。

贊見《餘姚豐山毛氏族譜》卷首，王孫榮《王陽明散佚詩文九種考釋》著録。按「拙庵公」即毛科，字應魁，號拙庵，餘姚人，毛吉長子，成化十四年進士。正德三年官貴州提學副使，四年陞貴州按察副使。陽明與毛科爲同鄉，卜鄰而居（「惟鄰是卜」），故兩人當早識。正德三年陽明謫貴州龍場驛，時毛科任貴州提學副使，嘗聘陽明主講貴州書院，錢德洪《陽明先生年譜》：「正德四年，提學副使席書聘主貴陽書院……始席元山書提督學政……遂與毛憲副修葺書院，身率貴陽諸生，以所事師禮事之。」《王陽明全集》卷十九有《答毛拙庵見招書院》，卷二十一有《答毛憲副》，均作在其時（陽明集中定爲「戊辰」乃誤）。正德四年四月毛科致仕歸桐江書院，陽明嘗作序送之，《王陽明全集》卷二十二有《送毛憲副致仕歸桐江書院序》云：「正德己巳夏四月，貴州按察司副使毛公承上之命，得致仕而歸。先是，公嘗卜桐江書院於子陵釣臺之側者幾年矣，至是將歸老焉，謂其志之始獲遂也，甚喜。而同僚之良惜公之去，乃相與咨嗟不忍，集而餞之南門外……」(此文陽明集中定爲「戊辰」亦誤)。毛科乃是以老致仕，故其歸後不久即卒。此像贊稱「遺像」，當作在毛科卒後。贊云「瞻望豐山」，「遺像甚肅」，顯是陽明在餘姚覩毛科遺像而作是贊，按正德四年陽明與毛科别後，至正德十一年方一歸越，錢德洪《陽明先生年譜》：「正德十一年十月，歸省至越。」故可知當是陽明在正德十一年十月歸越，至餘姚見祖母岑太夫人，瞻望豐山，緬懷毛科，覩其遺像而作此贊。唯毛科官終貴州按察司副使，無有任參政之事，故此題「參政拙庵公」乃非，姑記疑於此。參見下《鐵松公詩贊》考。

（正德十一年，一五一六年）

鐵松公詩贊

平生心迹兩相奇，誰信雲臺重釣絲。性僻每窮詩景遠，身閑贏得鬢霜遲。

王守仁拜題

詩見《餘姚蔣氏宗譜》卷一，王孫榮《王陽明散佚詩文九種考釋》著録。據譜，「鐵松公」即蔣澤，字民望，號鐵松。生於正統四年正月十五日，卒於嘉靖五年八月二十八日。有《鐵松集》、《治世吟》、《中城詩集》、《痴翁晚稿》等。詩謂陽明爲祝蔣澤八十壽而作，蔣澤八十壽辰在正德十二年正月十五日，則此詩贊當是陽明正德十一年十月歸省至越，在餘姚所作，蓋與前《參政拙庵公像贊》作在同時。

簡卿公像贊

（正德十一年，一五一六年）

君敬稱字，謹飭謙和。克家有子，孫掇巍科。富而且貴，塵寰幾何。覲容景仰，泰山嵬峨。

姻晚生王守仁拜題

贊見《餘姚岑氏章慶堂宗譜》（光緒三十四年章慶堂活字本）卷首，王孫榮《王陽明散佚詩文九種考釋》著録。據譜，「簡卿公」即岑君敬，生於元大德十年六月八日，卒於至正七年二月廿九日。陽明祖母岑夫人即岑君敬長兄岑俊卿四世女孫，故署曰「姻晚生」。此像贊稱「覲容景仰」，當亦爲陽明正德十一年十月歸越，至餘姚見祖母岑夫人時作，參見前《參政拙庵公像贊》考。

公贊公像贊（疑正德十一年，一五一六年）

立身惟勤，持家惟儉。叔季同居，内外無間。輕重自均，長幼自辨。爲當世宗，爲後人勉。

王守仁題

贊見《餘姚蘭風胡氏宗譜》卷首，王孫榮《王陽明散佚詩文九種考釋》著録。據譜，「公贊公」即胡廷輔，字公贊。此贊作年莫考，姑亦繫於正德十一年之下。

游南岡寺（正德十二年，一五一七年）

古寺迴雲麓，光含遠近山。苔痕侵履濕，花影照衣斑。宦況隨天遠，歸思對石頑。一身惕夙夜，不比老僧閑。

詩見《光緒吉安府志》卷九、《光緒江西通志》卷一百二十三、《光緒吉水縣志》卷十四。按南岡寺在吉水縣，《光緒江西通志》卷一百二十三：「南岡寺，在吉水縣東山，即古孝義寺。唐寶曆三年，僧性空來自丹霞，結茅於此。太和中，遂成叢席。宋紹聖中，黄庭堅延青原僧惟信住持。政和間，張商英言朝，敕賜爲崇義禪寺。南宋後，僧師能易寺曰『南岡』，以崇義名山。」該詩云「宦況隨天遠，歸思對石頑」，是説自己受命赴任，宦途奔走，離故里越去越遠，按正德十二年陽明陞都察院左僉都御史、巡撫南、贛、汀、漳，由越赴贛，經過吉水，錢德洪《陽明先生年譜》：「正德十一年十月，歸省至越。十二年正月，至贛……先生過萬安……以是年正月十六日開府。」陽明實以正德十一年十二月初三啟程，經玉山、撫州、吉水、吉安、萬安，至正德十二年正月十六日抵贛開府，陽明過吉水約在正月十二日左右，此詩即作在其時。「一身惕夙夜」，是自謂赴贛重任在身，夙夜警惕也。

答徐子積

（正德十二年，一五一七年）

承示送別諸叙，雖皆出於一時酬應，中間往往自多新得，足驗學力之進。《性論》一篇，尤見潛心之學，近來學者所未能道。詳味語意，大略致論於理氣之間，以求合於夫子「相近」之説，甚盛心也。其間鄙意所未能信者，辭多不能具，輒以别幅寫呈，略下注脚求正，幸不吝往復，遂以蹇劣見棄也。夫析理愈精，則爲言愈難；立論愈多，則爲繆愈甚。孔子性善相近之説，自是相爲發明，程朱之論詳矣。學者要在自得，自然循理盡性；有不容已，毫分縷析，此最窮理之事。言之未瑩，未免支離，支離判於道矣。是以有苦心極力之狀，而無寬裕温厚之氣，意屢偏而言之窒，雖横渠有所不免。故僕亦願吾兄之完養思慮，涵泳養理，久之自當條暢也。兄所言諸友，求清與僕同舉於鄉，子才嘗觀政武選，時僕以病罕交接，未及與語。葉君雖未相識，如兄言，要皆難得者也。微服中不答書，爲致意。學術不明，人心陷溺之餘，善類日寡，諸君幸勉力自愛，以圖有成也。嘗有論性書，録去一目。

書見《新刊陽明先生文録續編》卷二《書類》，永富青地《上海圖書館藏〈新刊陽明先生文録續編〉について》著録。「徐子積」向不知爲何人，今按：徐子積實爲余子積之誤。余子積名祐，號訒齋（認齋），鄱陽人，弘治十二年進士。《明清進士録》：「余祐，弘治十二年二甲九十四名進士。鄱陽人，字子積，號訒齋。官刑部員外郎，以事忤劉瑾，落職。再起，歷福州守、徐州兵備副使，先後爲中官所扼，逮獄謫官，在獄中撰《性書》三卷。嘉靖初，官終雲南布政使。有《文公先生經世大訓》。」是余祐與陽明爲同年，兩人當早識。黄虞稷《千頃堂書目》著録余祐《性論》三卷、《文公經世大訓》十六卷、《游藝至論》一卷、《地理問辨》一卷、《訥齋集》及續集（按：訥齋似當作訒齋），其中《性論》即陽明此書中所云「《性論》一篇」，陽明爲之作注脚批語，惜已不存。余祐在獄中作《性論》，其被逮下錦衣獄時間，張岳《訒齋余公祐神道碑》云：

瑾誅，大臣以廉正執法薦，起家知福州府……會遷山東按察司副使，始解，丁父憂，未上。服除，補山東整飭徐州兵備……誣逮錦衣獄。謫廣西南寧府同知，稍遷韶州知府，投劾去。今上登極，詔復副使……（《小山類稿》卷十六）

可見余祐正德五年除知福州，八年丁父憂，十年補山東整飭徐州兵備，是年被逮錦衣獄並作《性論》，十一年棄韶州知府歸鄱陽。陽明此書中所云「承示送別諸叙」，當是指余祐歸鄱陽時，諸友所作送別詩。陽明此書中云「微服中不答書」，有以爲此「微服」指陽明丁父憂，乃誤。古向無稱丁憂守喪爲「微服」者，且丁憂中亦無不作書札之理。按古代將帥征戰，軍服在外，不露行踪軍機，是可謂「微服」；征戰中不作書，亦在防自露行踪軍機，故陽明稱「微服中不答書」。由此可知陽明此書當作在正德十二年以都察院左僉都御史巡撫南、贛、汀、漳時。蓋余祐其時歸居鄱陽，聞陽明來江西，故順道來見也。頗疑余祐乃在陽明正月來贛途經饒州時來見，呈上《性論》及送别詩叙等文，所謂「承示」，乃指當面呈示；所謂「兄所言」、「如兄言」，乃指兩人相見面論也。按余祐爲敬齋胡居仁弟子，胡居仁以女妻之，故余祐信奉朱學，與陽明不合。陽明此書中稱余祐論性是「致論於理氣之間」，《明儒學案》卷三《侍郎余訒齋先生祐》分析云：「其《性書》之作，兼理氣論性，深闢性即理也之言，蓋分理是理，氣是氣，截然爲二，并朱子之意而失之。有云：『氣嘗能輔理之美矣，理豈不救氣之衰乎？』整庵非之曰：『不謂理氣交相爲賜如此。』」《明儒學案》卷三《恭簡魏莊渠先生校》著録魏校《復余子積論性書》云：

> 竊觀尊兄前後論性，不啻數十萬言，然其大意，不過謂性合理與氣而成，固不可指氣爲性，亦不可專指理爲性。氣雖分散萬殊，理常渾全，同是一個。人物之性不同，正由理氣合和爲一，做成許多般來。在人在物，固有偏全，而人性亦自有善有惡。若理，則在物亦本無偏，在人又豈有惡邪？中間出入古今，離合經傳，自成一家，以補先儒之所未備，足以見尊兄之苦心矣……嘗記曩在南都，交遊中二三同志，咸樂聞尊兄之風而嚮往焉。至出《性書》觀之，便掩卷太息，反度尊兄自主張太過，必不肯回。純甫面會尊兄，情不容已，故復其書論辨……因記昔年張秀卿曾有書辨尊兄，其言失之儱侗，而尊兄來書極書攻詆，如與人厮駡一般……

余祐《性書》有數十萬言，無怪陽明此書云「辭多不能具，輒以別幅寫呈，略下注脚求正」。今余祐《性書》已佚，然猶可從魏校《復余子積論性書》中觀其大概，而陽明之批判余祐《性書》之説也由此書可仿佛一二。蓋余祐與陽明兩人最終説不能合，《明史》卷二百八十二《余祐傳》云：

> 祐之學，墨守師説，在獄中作《性書》三卷。其言程、朱教人，專以誠敬人。學者誠能去其不誠不敬者，不患不至古人。時王守仁作《朱子晚年定論》，謂其學終歸於存養。祐謂：「朱子論心學凡三變，存齋記所言，乃少時所見；及見延平，而悟其失；後聞五峰之學於南軒，而其言又一變；最後改定已發未發之論，然後體用不偏，動静交致其力，此其終身定見也。安得執少年未定之見，而反謂之晚年哉？」其辨出，守仁之徒不能難也。

按陽明《朱子晚年定論序》署「正德乙亥冬十一月朔」，或即是余祐見陽明《朱子晚年定論》，遂將其《性書》來呈陽明，而《明史》所引余祐語，或即出於其《性書》耶？陽明此書所言「子才」即魏校，字子才，號莊渠，昆山人，弘治十八年進士。《明清進士録》：「魏校，弘治十八年二甲九名進士。江蘇昆山人，字子才。其先本姓李，居蘇州葑門之莊渠，因自號莊渠。授南京刑部主事，歷遷郎中。不爲太監劉瑯所屈，詔爲兵部郎，以疾歸。嘉靖初，起爲廣東提學副使。官至太常寺卿，掌祭酒事。致仕卒，謚『恭簡』。有《周禮延革傳》、《大學指歸》、《六書精藴》、《春秋經世》、《經世策》、《官職會通》、《莊渠遺書》等。」魏校弘治十八年中進士，即觀政兵部武選，時陽明在京師亦任兵部武選清吏司主事，因病未與魏校相交，故此書云「時僕以病罕交接，未及與語」。按魏校私淑胡居仁，故與胡居仁弟子余祐關係至密,而與陽明鮮有往來。張岳《余祐神道碑》云:「所交皆賢士大夫,而於莊渠魏公子才尤善。」又《國朝獻徵録》卷七十《太常寺卿魏公校傳》云:「暇則與余公子積、夏公敦夫、王公純甫講明聖賢之學。」《明清進士録》:「胡世寧,仁和人,字永清,號静庵……歷南京刑部主事,上書極言時政闕失,與李承勳、魏校、余祐并稱『南都四君子』。」陽明此書所言「求清」,當是永清之誤,永清即胡世寧,《國朝獻徵録》卷三十九有趙時春《兵部尚書胡端敏公世寧傳》。胡世寧與陽明同舉於鄉,錢德洪《陽明先生年譜》:「弘治五年,舉浙江鄉試……先生與孫忠烈燧、胡尚書世寧同舉。」

致秦國聲札

（正德十二年，一五一七年）

昨者，貴省士兵以郴、桂不靖之故，千里遠涉。生與有地方之責，而不獲少致慰勞之意，缺然若有歉焉。故薄具牛酒之犒，聊以輸此心焉爾。乃蒙厚賜遠頒，并及從征官屬，登拜之餘，感媿何已！喜聞大兵之出，所向克捷，渠魁授首，黨類無遺。茲實地方之慶，生亦自此得免於覆餗之戮矣。欣幸，欣幸！旬日後，敬當專人往謝，并申賀私。使還，冗中草草，先布下悃，伏惟尊照。不具。

札見秦金《安楚録》卷九。陽明此札所言，乃指正德十二年春平漳寇事，錢德洪《陽明先生年譜》：「正德十二年二月，平漳寇。初，先生道聞漳寇方熾，兼程至贛，即移文三省兵備，剋期起兵。自正月十六日蒞任，纔旬日，即議進兵……」陽明約會江西、湖廣、廣東三省舉兵夾攻，時秦金任湖廣巡撫右副都御使，遣湖廣士兵來戰，毛奇齡《明新建伯王文成公傳本》詳叙云：「湖撫秦金於十二年春發郴、桂逋賊據名城殺官吏事，已敕令與贛撫王守仁、廣撫陳金並剿之。時守仁方至贛，未行也。

既而檄以期，守仁祇率贛兵往，而金仍用土官彭世騏佐之。守仁不能却，乃先以贛兵，而湖兵與廣兵相續，由桂陽魚黄、熟水、郴州紫溪、臨武笆籬堡争險而入……」參見陽明《刻期會剿咨》(《王陽明全集》卷三十)、《横水桶岡捷音疏》(《王陽明全集》卷十)等。是次合戰，湖廣土兵奮勇立功居多，故陽明特致犒勞。

示諭城中文

（正德十二年，一五一七年）

督撫軍門示：向來賊寇搶攘，時出寇掠，官府興兵轉餉，騷擾地方，民不聊生。今南安賊巢盡皆掃蕩，而浰頭新民又皆誠心歸化，地方自此可以無虞。民久勞苦，亦宜暫休息爲樂，乘此時年豐，聽民間張燈鼓樂，以彰一時太平之盛。樂户多住龜角尾，恐有盜賊藏匿，仰悉遷入城中，以清奸藪。

文見《皇明大儒王陽明出身靖亂録》，云：「（正德十二年）十二月二十日，先生大軍已還南贛，各路軍馬俱已散遣，回歸本處。先生乃張樂設飲，大享將士，示諭城中云：……於是街巷俱燃燈鳴鼓，倡優雜沓，游戲爲樂。……時乃閏十二月二十三日也。參隨等日導衆賊遊行街市，見各營官軍果然散歸，街市上張燈設戲，宴飲嬉遊，信以爲督府不復用兵矣……」此蓋陽明設計襲平浰頭，發布假諭，錢德洪《陽明先生年譜》有同樣更具體叙述云：「先生先期召巡捕官，佯曰：『樂户多住龜角尾，恐招盜，曷遷入城來。』於是街巷俱然燈鳴鼓。已旬餘，又遣指揮余恩及黄表頒曆三浰，推心招徠之。時仲容等疑先生圖己，既得曆，稍安。黄表輩從容曰：『若輩新民，禮節生疏，我來頒曆，若可高坐乎？』於是仲容率其黨九十三人，皆悍酋，來營教場，而自以數人入見，先生呵曰：『若皆吾新民，不入見而營教場，疑我乎？』仲容惶恐曰：『聽命耳。』即遣人引至祥符宫，見物宇整潔，喜出望外。是時十二月二十三也（按：當作閏十二月二十三）……」陽明在《浰頭捷音疏》中亦詳記其事曰：「二十日，臣兵已還贛，乃張樂大享將士。下令城中，今南安賊巢皆已掃蕩，而浰頭新民又皆誠心歸化，地方自此可以無虞。民久勞苦，亦宜暫休爲樂。遂散兵，使各歸農，示不復用……臣又使指揮余恩賫曆往賜仲容等……黄表、雷濟因復説仲容：『今官府所以安輯勞來爾等甚厚，何不往一謝！……』所購親信者復從中力贊，仲容然之……閏十二月二十三日，仲容等至贛，見各營官兵皆已散歸，而街市多張燈設戲爲樂，信以爲不復用兵……正月三日……臣乃設犒於庭，先伏甲士，引仲容入，并其黨，悉擒之。」（《王陽明全集》卷十一）此所謂「下令城中」，顯即指發布此《示諭城中文》。可見陽明確嘗發布此示諭城中文，意在迷惑敵衆，乘機襲破三浰也。按：寧都知縣王天與隨陽明征剿横水、桶岡、三浰，屢立大功，事後以親身所經歷寫成《平寇録》三卷，詳記是次征剿平寇全過程，蓋實録也，在當時廣爲流行，《皇明大儒王陽明出身靖亂録》及錢德洪《陽明先生年譜》對此叙事所以如此詳明，概取自於王天與之《平寇録》也，所引此《示諭城中文》必出於《平寇録》，而非《靖亂録》作者向壁虚造。參見下《祭寧都知縣王天與文》考。

陽明先生與晉溪書（十五首）

（正德十二年，一五一七年）

（一）

侍生王守仁頓首再拜啟上太保、大司馬晉溪老先生大人尊丈執事：明公德學政事高一世，守仁晚進，雖未獲親炙，而私淑之心已非一日。乃者承乏鴻臚，自以迂腐多疾，無復可用於世，思得退歸田野，苟存餘息。乃蒙大賢君子不遺葑菲，拔置重地，適承前官謝病之後，地方亦復多事，遂不敢固以疾辭。已於正月十六日抵贛，扶疾蒞任。雖感恩圖報之心無不欲盡，而精力智慮有所不及，恐不免終爲薦舉之累耳。伏惟仁人君子器使曲成，責人以其所可勉，而不强人以其所不能，則守仁羈鳥故林之想，必將有日可遂矣。因遣官詣闕陳謝，敬附申謝私於門下，伏冀尊照。不備。

（二）

（正德十二年，一五一七年）

守仁近因峯賊大修戰具，遠近勾結，將遂乘虚而入，乃先其未發，分兵掩撲。雖斬獲未盡，然克全師而歸，賊巢積聚亦爲一空。此皆老先生申明律例，將士稍知用命，以克有此。不然，以南贛素無紀律之兵，見賊不奔，亦已難矣；况敢暮夜撲剿，奮呼追擊，功雖不多，其在南贛，則實創見之事矣。伏望老先生特加勸賞，使自此益加激勵，幸甚！今各巢奔潰之賊，皆聚横水、桶岡之間，與郴、桂諸賊接境，生恐其勢窮，或并力復出；且天氣炎毒，兵難深入遠攻，乃分留重卒於金坑營前，扼其要害，示以必攻之勢，使之日夕防守，不遑他圖。又潛遣人於已破各巢山谷間，多張疑兵，使既潰之賊不敢復還舊巢，聊且與之牽持。候秋氣漸凉，各處調兵稍集，更圖後舉。惟望老先生授之以成妙之算，假之以專一之權，明之以賞罰之典。生雖庸劣，無能爲役，敢不鞭策駑鈍，以期無負推舉之盛心。秋冬之間，地方苟幸無事，得以歸全病喘於林下，老先生肉骨生死之恩，生當何如爲報耶！正暑，伏惟爲國爲道自重。不宣。

（三）

前月奏捷人去，曾瀆短啟，計已達門下。守仁才劣任重，大懼覆餗，爲薦揚之累。近者南贛盜賊雖外若稍定，其實譬之疽癰，但未潰决；至其惡毒，則固日深月積，將漸不可瘳治。生等固庸醫，又無藥石之備，不過從旁撫摩調護，以紓目前。自非老先生發鍼下砭，指示方藥，安敢輕措其手，冀百一之成？前者申明賞罰之請，固來求鍼砭於門下，不知老先生肯賜俯從，卒授起死回生之方否也？近得輋中消息，云將大舉，乘虚入廣。蓋兩廣之兵近日皆聚府江，生等恐其聲東擊西，亦已密切布置，將爲先事之圖。但其事隱而未露，未敢顯言於朝。然又不敢不以聞於門下。且聞府江不久班師，則其謀亦將自阻。大抵南、贛兵力極爲空疏，近日稍加募選訓練，始得三千之數。然而糧賞之資，則又百未有措，若夾攻之舉果行，則其勢尤爲窘迫。欲稱貸於他省，則他省各有軍旅之費；欲加賦於貧民，則貧民又有從盜之虞。惟贛州雖有鹽稅一事，邇來既奉户部明文停止，但官府雖有禁止之名，而奸豪實竊私通之利。又鹽利下通於三府，皆民情所深願，而官府税取其什一，亦商人所悦從。用是輒因官僚之議，仍舊抽放。蓋事機窘迫，勢不得已。

然亦不加賦而財足，不擾民而事辦，比之他圖，固猶計之得者也。今特具以聞奏，伏望老先生曲賜扶持，使兵事得賴此以濟，實亦地方生靈之幸。生等得免於失機誤事之誅，其爲感幸，尤深且大矣。自非老先生體國憂民之至，何敢每事控聒若此？伏冀垂照。不具。

（四）

（正德十二年，一五一七年）

生於前月二十日，地方偶獲微功，已於是月初二日具本聞奏。差人既發，始領部咨，知夾攻已有成命。前者嘗具兩可之奏，不敢專主夾攻者，誠以前此三省嘗爲是舉，乃往復勘議，動經歲月，形跡顯暴，事未及舉，而賊已奔竄大半。今老先生略去繁文之擾，行以實心，斷以大義，一決而定，機速事果，則夾攻之舉固亦未嘗不善也。凡敗軍僨事，皆緣政出多門，每行一事，既禀巡撫，復禀鎮守，復禀巡按，往返需遲之間，謀慮既泄，事機已去。昨睹老先生所議，謂閫外兵權，貴在專委，征伐事宜，切忌遥制；且復除去總制之名，使各省事有專責，不令掣肘，致相推託。真可謂一洗近年瑣屑牽擾之弊，非有大公無我之心發强剛毅者，孰能與於斯矣？廟堂之上，得如老先生者爲之張主，人亦孰不樂爲之用乎？幸甚，幸甚！今各賊巢穴之近江西者，蓋已焚毁大半，但擒斬不多，徒黨尚盛，其在廣東、湖廣者，猶有三分之一。若平日相機掩撲，則賊勢分，而兵力可省。今欲大舉，賊且并力合勢，非有一倍之衆，未可輕議攻圍。况南、贛之兵，素稱疲弱，見賊而奔，乃其長技。廣、湖所用，皆土官狼兵，賊所素畏，夾攻之日，勢必偏潰江西。今欲請調狼兵以當其鋒，非惟慮其所過殘掠，兼恐緩不及事。生近以漳南之役，親見上杭、程鄉兩處機快，頗亦可用，且在撫屬之内。故今特調二縣各一千名，并湊南、贛新集起倩，共爲一萬二千之數。若以軍法五攻之例，必須三省合兵十萬而後可。但南、贛糧餉無措，不得已而從減省若此，伏望老先生特賜允可。若更少損其數，斷然力不足以支寇矣。腐儒小生，素不習兵，勉强當事，惟恐覆公之餗。伏惟老先生憫其不逮，教以方略，使得有所持循，幸甚，幸甚！

（五）

（正德十二年，一五一七年）

守仁始至贛，即因閩寇猖獗，遂往督兵。故前者瀆奉謝啟，極爲草略，迄今以爲罪。閩寇之始，亦不甚多，大軍既集，乃連絡四面而起，幾不可支。今者偶獲成功，皆賴廟堂德威成算；不然，且不免於罪累矣，幸甚！守仁腐儒小生，實非可用之才，蓋未承南、贛之乏，已嘗告病求退。後以託疾避難之嫌，遂不敢固請。黽勉至此，實恐得罪於道德，負薦舉之盛心耳。伏惟終賜指教而曲成之，幸甚，幸甚！今閩寇雖平，而南、贛之寇又數倍於閩，且地連四省，事權不一，兼之敕旨又有不與民事之説，故雖虚擁巡撫之名，而其實號令之所及，止於贛州一城，然且尚多牴牾，是亦非皆有司者敢於違抗之罪，事勢使然也。今爲南、贛，止可因仍坐視，稍欲舉動，便有掣肘。守仁竊以南、贛之巡撫可無特設，止存兵備，而統於兩廣之總制，庶幾事體可以歸一。不然，則江西之巡撫，雖三省之務尚有牽礙，而南、贛之事猶可自專，一應軍馬錢糧，皆得通融裁處，而預爲之所，猶勝於今之巡撫無事則開雙眼以坐視，有事則空兩手以待人也。夫弭盜所以安民，而安民者弭盜之本。今責之以弭盜，而使無與於民，猶專以藥石攻病，而不復問其飲食調適之宜，病有日增而已矣。今巡撫之改革，事體關係，或非一人私議之間便可更定，惟有申明賞罰，猶可以稍重任使之權，而因以略舉其職，故今輒有是奏。伏惟特賜採擇施行，則非獨生一人得以稍逭罪戮，地方之困亦可以少蘇矣。非恃道誼深愛，何敢冒瀆乃此？萬冀鑒恕。不宣。

（六）

（正德十二年，一五一七年）

即日，伏惟經綸邦政之暇，台候萬福。守仁學徒慕古，識乏周時，謬膺簡用，懼弗負荷，祇命以來，推尋釀寇之由，率固姑息之弊。所敢陳情，實恃知己。乃蒙天聽，并賜允從，蕃錫寵右，恩與至重。是非執事器使曲成，獎飾接引，何以得此？守仁無似，敢不勉奮庸劣，遵禀成略，冀收微效，以上答聖眷，且報所自乎？兹當發師，匆遽陳謝，伏惟台照。不備。

外具用兵事宜一通，極知狂妄，伏惟曲賜採擇，并垂恕察，幸甚，幸甚！

（七）

（正德十三年，一五一八年）

生惟君子至於天下，非知善言之爲難，而能用善之爲難。舜在深山之中，與木石居，鹿豕遊，其所以異於深山之野人者幾稀，舜亦何異於人哉？至其聞一善言，見一善行，沛然若決江河，莫之能禦，然後見其與世之人相去甚遠耳。今天下知謀才辯之士，其所思慮謀猷，亦無以大相遠者。然多蔽而不知，或雖知而不能用，或雖用而不相決，雷同附和。求其的然真見，其孰爲可行，孰爲不可行，孰爲似迂而實切，孰爲似是而實非，斷然施之於用，如神醫之用藥，寒暑虛實，惟意所投，而莫不有以曲中其機，此非有明睿之資，正大之學，剛直之氣，其孰能與於此？若此者，豈惟後世之所難能，雖古之名世大臣，蓋亦未之多聞也。守仁每誦明公之所論奏，見其洞察之明，剛果之斷，妙應無方之知，燦然剖析之有條，而正大光明之學，凛然理義之莫犯，未嘗不拱手起誦，歆仰歎服。自其識事以來，見世之名公巨卿，負盛望於當代者，其所論列，在尋常亦有可觀；至於當大疑，臨大利害，得喪毀譽眩瞀於前，力不能正，即依違兩可，掩覆文飾，以幸無事。求其卓然之見，浩然之氣，沛然之詞，如名公之片言者，無有矣！在其平時，明公雖已自有以異於人，人固猶若無以大異者，必至於是，而後見其相去之甚遠也。守仁恥爲佞詞以諛人，若明公者，古之所謂社稷大臣，負王佐之才，臨大節而不可奪者，非明公其誰歟？守仁後進迂劣，何幸辱在驅策之末。奉令承教，以效其尺寸，所謂駑駘遇伯樂而獲進於百里，其爲感幸何如哉！邇者龍川之役亦幸了事，窮本推原，厥功所自，已略具於奏末，不敢復縷縷。所恨福薄之人，難與成功，雖仰賴方略，僥倖塞責，而病患日深，已成廢棄。昨日乞休疏入，輒嘗恃愛控其懇切之情，日夜瞻望允報。伏惟明公終始曲成，使得稍慰老父衰病之懷，而百歲祖母亦獲一見爲訣，死生骨肉之恩，生當何如爲報耶！情隘詞迫，乞冀矜亮，死罪，死罪！

（八）

（正德十三年，一五一八年）

近領部咨，見老先生之於守仁，可謂心無不盡，而凡其平日見於論奏之間者，亦已無一言之不酬。雖上公之爵，萬户侯之封，不能加於此矣。自度鄙劣，何以克堪，感激之私，中心藏之，不能以言謝。然守仁之所以隱忍扶疾，身被鋒鏑，出百死一生以赴地方之急者，亦豈苟圖旌賞，希階級之榮而已哉？誠感老先生之知愛，期無負於薦揚之言，不愧稱知己於天下而已矣。今雖不能大建奇偉之績，以仰答知遇，亦幸苟無撓敗戮辱，遺繆舉之羞於門下，則守仁之罪責亦已少塞，而志願亦可以無大憾矣，復何求哉！復何求哉！伏惟老先生愛人以德，器使曲成，不責人以其所不備，不强人以其所不能，則凡才薄福，尪羸疾廢如某者，庶可以遂其骸骨之請矣。乞休疏待報已三月，尚杳未有聞。歸魂飛越，夕不能旦。伏望憫其廹切之情，早賜允可，是所謂生死而肉骨者也，感德當何如耶！

（九）

邇者南、贛盜賊遂獲底定，實皆老先生定議授算，以克有此，生輩不過遵守奉行之而已，何功之有，而敢冒受重賞乎？伏惟老先生槖籥元和，含洪無迹，乃欲歸功於生物，物惟不自知其生之所自焉爾；苟知其生之所自，其敢自以爲功乎？是自絶其生也已。拜命之餘，不勝慚懼，輒具本辭免，非敢苟爲遜避，實其中心有不自安者。陞官則已過甚，又加之廕子，若之何其能當之？「負且乘，致寇至。」生非無貪得之心，切懼寇之將至也。伏惟老先生鑒其不敢自安之誠，特賜允可，使得仍以原職致事而去，是乃所以曲成而保全之也，感刻當何如哉！瀆冒尊威，死罪，死罪！

（正德十三年，一五一八年）

（十）

自去冬畏途多沮，遂不敢數數奉啟，感刻之情，無由一達。繆劣多忤，尚獲曲全，非老先生何以得此？「中心藏之，何日忘之。」誦此而已，何能圖報哉！江西之民困苦已極，

（正德十五年，一五二〇年）

其間情狀，計已傳聞，無俟復喋。今騷求既未有艾，錢糧又不得免，其變可立待。去歲首爲控奏，既未蒙旨，繼爲申請，又不得達，今兹事窮勢極，只得冒罪復請。伏望憫地方之塗炭，爲朝廷深憂遠慮，得與速免，以救燃眉，幸甚，幸甚！生之乞歸省葬，去秋已蒙「賊平來説」之旨，冬底復請，至今未奉允報。生之汲汲爲此，非獨情事苦切，亦欲因此稍避怨嫉。素蒙老先生道誼骨肉之愛，無所不至，於此獨忍不一舉手投足，爲生全之地乎？今地方事殘破憊極，其間宜修舉者百端，去歲嘗繆申一二奏，皆中途被沮而歸。繼是而後，遂以形迹之嫌，不敢復有所建白。兼賤恙日尫瘠，又以父老憂危致疾之故，神志恍恍，終日如在夢寐中。今雖復還省城，不過閉門昏卧，服藥喘息而已。此外人事都不復省，況能爲地方救災拯難，有所裨益於時乎？所以復有蠲租之請者，正如夢中人被錐刺，未能不知疼痛，縱其手足撲療不及，亦復一呻吟耳。老先生幸憐其志，哀其情，速免征科，以解地方之倒懸。一允省葬之乞，使生得歸全首領於牖下，則闔省蒙更生之德，生父子一家，受骨肉之恩，舉含刻於無涯矣。昏憒中控訴無叙，臨啟不勝愴慄。

奏稿二通瀆覽。

（正德十二年，一五一七年）

（十一）

輒有私梗，仰恃知愛，敢以控陳。近日三省用兵之費，廣、湖兩省皆不下十餘萬，生處所乞止於三萬，實皆分毫扣算，不敢稍存贏餘。已蒙老先生洞察其隱，極力扶持，盡賜准允。後户部復見沮抑，以故昨者進步之際，凡百皆臨期那借厝凑，殊爲窘急。賴老先生指授，幸而兩月之内，偶克成功。不然，決知敗事矣。此雖已遂之事，然生必欲一鳴其情者，竊恐因此遂誤他日事耳。又南、贛盜賊巢穴雖幸破蕩，而漏殄殘黨難保必無，兼之地連四省，深山盤谷，逃流之民不時嘯聚，輒採民情，議於横水大寨，請建縣治，爲久安之圖。乘間經營，已略有次第。守仁迂疏病懶，於凡勞役之事，實有不堪。但籌度事勢，有不得不然者，是以不敢以病軀欲歸之故，閉遏其事而不可聞，苟幸目前之塞責而已也。伏惟老先生并賜裁度施行，幸甚！

奏稿一通瀆覽；又一通繫去冬中途被沮者，今仍令原舍賫上。惟老先生面賜尊裁，可進進之，不可進已之。恃深愛，敢瀆冒至此，死罪，死罪！附瀆。

（十二）

（正德十二年，一五一七年）

守仁不肖，過蒙薦獎，終始曲成，言無不行，請無不得，既借以賞罰之權，復委以提督之任，授之方略，指其迷謬，是以南、贛數十年桀驁難攻之賊，兩月之内掃蕩無遺。是豈駑劣若守仁者之所能哉？昔人有言：追獲獸兔，功狗也；發縱指示，功人也。守仁賴明公之發縱指示，不但得免於撓敗之戮，而又且與於追獲獸兔之功，感恩懷德，未知此生何以爲報也！因奏捷人去，先布下悃。俟兵事稍閑，尚當具啟修謝。伏惟爲國爲道自重。不宣。

外奏稿揭帖奉呈。

（十三）

（正德十四年，一五一九年）

畏途多沮，不敢亟上啟。感恩佩德，非言語可盡。所恨羸病日增，近復吐血潮熱，此身恐不能有圖報之地矣。伏望終始曲成，使得苟延餘喘於林下，亦仁人君子不忍一物失所之本心，當不俟其哀號控籲也。情隘勢迫，復爾冒干，伏惟憫恂。不具。

（正德十四年，一五一九年）

（十四）

屢奉啟，皆中途被沮，無由上達。幸其間乃無一私語，可以質諸鬼神。自是遂不敢復具。然此顛頓窘局、苦切屈仰之情，非筆舌可盡者，必蒙憫照，當不俟控籲而悉也。日來嘔血，飲食頓減，潮熱夜作。自計決非久於人世者，望全始終之愛，使得早還故鄉。萬一苟延餘息，生死肉骨之恩，當何如圖報耶！餘情張御史當亦能悉，伏祈垂亮。不備。

（正德十六年，一五二一年）

（十五）

比兵部差官來，賫示批札，開諭勤倦，佐亦隨至，備傳垂念之厚。昔人有云：公之知我，勝於我之自知。若公今日之愛生，實乃勝於生之自愛也，感報當何如哉！明公一生繫宗社安危，持衡甫旬月，略示舉動，已足以大慰天下之望矣。凡百起居，尤望倍常慎密珍攝，非獨守仁之私幸也。佐且復北，當有別啟。差官回，便輒先附謝，伏惟臺鑒。

不具。

歸省疏已蒙曲成，得蚤下一日，舉家之感也。懇切，懇切！

《陽明先生與晉溪書》十五通，今藏上海圖書館。錢明《王陽明散佚詩文續補考》有考。按宋儀望《華陽館文集》卷一有《刻陽明先生與晉溪司馬書序》云：「錦衣戴君伯常雅慕二先生之爲人，乃購於司馬公仲子，得所與書，凡十五篇。亟繕其本，仍以王公在虔題奏諸疏，間爲論説，以究二公之用心，併刻以傳。」可見陽明與晉溪十五札乃得自王瓊仲子，最早由戴伯常刊刻。今陽明與晉溪王瓊書存三種版本：一爲《王陽明全集》卷二十七所收《與王晉溪司馬》（通行本）；二爲嘉靖三十六年談愷序刊《陽明先生全集》卷五增補《類刻陽明先生與晉溪書》，該《陽明先生全集》由日本名古屋大學圖書館收藏，有王宗沐序與吴百朋跋，知此書先由王宗沐從篋中翻檢抄出，寄友人王禎，於嘉靖四十三年刊刻於婺州，後吴百朋以爲婺州刻本不佳，又命贛州太守趙時齊重刻，附於談愷序刊《陽明先生全集》後；三爲上海圖書館藏單行本《陽明先生與晉溪書》，該本初成書於嘉靖四十三年，隆慶六年，王宗沐又命陳文燭重行校訂刊刻（參見永富青地《上海圖書館藏〈陽明先生與晉溪書〉について》）。以上海圖書館藏本與《王陽明全集》中《與王晉溪司馬》相比較，差異甚大，《與王晉溪司馬》多有缺句漏段，排列次序不同，且缺第十三書。故兹將上海圖書館藏《陽明先生與晉溪書》十五通全部輯録，各書所作具體時間考證如下：

書一，書云「已於正月十六日抵贛，扶病莅任」，是陽明一到贛後即作此書報王瓊，作在正德十二年正月。

書二，書云「近因峯賊大修戰具……然克全師而歸」，乃指平漳寇事，班師在四月，此書云「天氣炎毒」、「正暑」，則在正德十二年五月。

書三，書云「前月奏捷人去」，指上《閩廣捷疏》，上在正德十二年五月初八日(《王陽明全集》卷九)，故可知此書作在正德十二年六月。

書四，書云「生於前月二十日，地方偶獲微功，已於是月初二具本聞奏」，仍指平漳寇之功，故下云「生近以漳南之役……」可知此書作於正德十二年七月。

書五，此書請取消南、贛巡撫之設，與《與毛紀信札》全同，《與毛紀信札》作在正德十二年五月(見下《與毛紀信札》考)，此書當亦作在正德十二年五月中。

書六，書云「茲當發師」，乃指出師横水、桶岡諸寇，在正德十二年十月(見錢德洪《陽明先生年譜》)，可知此書作在正德十二年十月中。

書七，書云「邇者龍川之役亦幸了事，……已略具於奏末」，指征三浰事，陽明正德十三年正月征三浰，三月襄平大帽、浰頭諸寇，故此書所云「昨日乞休疏入」，必指正德十三年三月初四疏乞致仕，此書即作在正德十三年三月中。

書八，書云「乞休疏待報已三月」，則作在正德十三年五月。

書九，書云「陞官則已過甚，又加之廕子」，乃指陽明正德十三年六月陞都察院右副都御史，廕子錦衣衛，世襲百户，故此書作在正德十三年六月中。

書十，書云「生之乞歸省葬，去秋已蒙『賊平來説』之旨，冬底復請，至今未奉允報」，按朝廷下「賊平來説」之旨在正德十四年秋八月，見陽明《二乞便道省葬疏》（《王陽明全集》卷十二，疏上在正德十四年八月二十五日）。又此書云「復有蠲租之請」，指正德十五年三月寬租之請，見錢德洪《陽明先生年譜》。按陽明在三月又三疏省葬，可見此書當是隨此省葬疏一同送往京都，即作在正德十五年三月。

書十一，書云「輒採民情，議於横水大寨，請建縣治，已略有次第」，此指襲平横水、桶岡以後於横水奏建崇義縣事，錢德洪《陽明先生年譜》：「正德十二年十月，平横水、桶岡諸寇……閏十二月，奏設崇義縣治……議上，悉從之。」可見此書作於正德十二年閏十二月五日。

書十二，書云「復委以提督之任」，指陽明正德十二年九月改授提督南、贛、汀、漳等處軍務。「兩月之内掃蕩無遺」，指十月平横水、桶岡諸寇。「奏捷人去」，指上《横水桶岡捷音疏》，在閏十二月初二日（《王陽明全集》卷十），可知此書作在正德十二年閏十二月二日。

書十三，書云「羸病日增，近復吐血潮熱，此身恐不能有圖報之地矣」，按陽明因吐血潮熱、羸病日增而疏乞放歸在正德十四年正月，其《乞放歸田里疏》云：「近因驅馳賊壘，瘴毒侵陵，嘔吐潮熱，肌骨羸削……放臣暫歸田里，就醫調治……」（《王陽明全集》卷十一）是疏上在正德十四年正月十四日，可知此書作在正德十四年正月中。

書十四，此書與書十三所云全同，當亦作在正德十四年正月中，似因前書「中途被沮」，故再上書。

書十五，按此書云「歸省已蒙曲成」，當指正德十六年六月疏乞省葬成，錢德洪《陽明先生年譜》：「正德十六年六月，赴内召，尋止之……遂疏乞便道省葬……先生至錢塘，上疏懇乞便道歸省。朝廷准令歸省。……」可知此書作在正德十六年六月中。

告諭部轄庭誓

（正德十二年，一五一七年）

惟茲横水、桶岡並寇，稱竊名號，毒痡三省。惟予守仁，恭承天威，夾攻之命，實責在予，予敢弗虔！惟茲横水、桶岡，實惟羽翼，勢在腹背。先剪横水，乃可即戎。

文見湛若水《泉翁大全集》卷十六《平寇録序》，云：「都憲陽明王公蒞贛，越明年丁丑，命部轄咸造於庭，曰……遂會諸撫、按、備、守，咸謂曰：『然。』……連破旱坑諸巢二十有三，横水、左溪平。」此指正德十二年十月平横水事，蓋陽明反對三省夾攻桶岡，而主張先攻横水、左溪。錢德洪《陽明先生年譜》：「正德十二年十月，平横水、桶岡諸寇……先是湖廣巡撫都御史陳金題請三省夾攻。先生以桶岡、横水、左溪諸賊荼毒三省……以江西言之，則横水、左溪爲之腹心，而桶岡爲之羽翼。今議者不去腹心，而欲與湖廣夾攻桶岡，進兵兩寇之間，腹背受敵，勢必不利……於是決意先攻横水、左溪，分定哨道，指授方略，密以十月己酉進兵……」陽明集部轄於庭，即在告諭先剪横水之作戰兵略，亦與部衆宣誓於庭也。

破桶岡誓衆

（正德十二年，一五一七年）

惟爾多士，爾毋驕。惟兹桶岡天險，蓄積可守，徂兹夾攻，坐困而罷。爾慎之哉！

文見湛若水《泉翁大全集》卷十六《平寇録序》，云：「……横水、左溪平。王公誓於衆，曰……乃諭之降，乘其狐疑，珣、文定、淳、戬兵冒雨登鎖匙龍，賊遁。……珣兵渡水前擊，戬兵衝其右，文定兵自戬右繞出賊旁，諸兵乘之，賊奔十八磊，淳兵迎擊敗之。翌日，諸兵復合擊，大敗之，遂破桶岡、十八磊諸巢十有五……」陽明此文，乃爲破桶岡誓文，作在十一月中。

與徐曰仁書

（正德十二年，一五一七年）

正月三日，自洪都發舟。初十日次廬陵，爲父老留再宿。十三日未，至萬安四十里，遇群盜千餘，截江焚掠，煙焰障天。妻奴皆懼，始有悔來之意。地方吏民及舟中之人，亦皆力阻，謂不可前。鄙意獨以爲我舟驟至，賊人當未能知虛實，若久頓不進，必反爲彼所窺。乃多張疑兵，連舟速進，示以有餘。賊人莫測所爲，竟亦不敢逼，真所謂天幸也。十六日抵贛州，齒痛不能寢食。前官久缺之餘，百冗紛沓，三省軍士屯聚日久，祇得扶病蒇事。連夜調發，即於二十日進兵贛州屬邑。復有流賊千餘突來攻城，勢頗猖獗，亦須調度，汀漳之役遂不能親往。近雖陸續有所斬獲，然未能大捷，屬邑賊尚相持，已遣兵四路分截，數日後或可成擒矣。贛州兵極疲，倉卒召募，未見有精勇如吾邑聞人贊之流者。不知聞人贊之流亦肯來此效用否，閑中試一諷之。得渠肯屈心情願乃可，若不肯隨軍用命，則又不若不來矣。巧婦不能爲無米粥，況使老拙婢乎？過此幸無事，得地方稍定息，決須急求退。曰仁與吾命緣相係，聞此當亦不能恝然，如何而可，如何而可！行時見世瑞，説秋冬之間欲與曰仁乘興來遊。當時聞之，殊不爲意，今却何因，果得如此，亦足以稍慰離索之懷。今見衰疾之人，顛仆道左，雖不相知，亦得引手一扶，况其所親愛乎？北海新居，奴輩能經營否？雖未知何日得脱網羅，然舊林故淵之想，無日不切，亦須曰仁時去指督，庶可日漸就緒。山水中間須着我，風塵堆裏却輸儂，吾兩人者，正未能千百化身耳，如何而可，如何而可！黄輿阿覲近如何？似此世界，真是開眼不得，此老却已省却此一分煩惱矣。世瑞、允輝、商佐、勉之、半珪凡越中諸友，皆不及作書。宗賢、原忠已會面否？階甫田事能協力否？湛元明家人始自贛往留都，又自留都返贛，遣之還不可，今復來入越，須早遣發，庶全交好。雨弟進修近如何？去冬會講之説，甚善。聞人弟已來否？朋友群居，惟彼此謙虚相下，乃爲有益，詩所謂「謙謙恭人，懷德之基」也。趁曰仁在家，二弟正好日夜求益，二弟勉之！有此好資質，當此好地步，乘此好光陰，遇此好師友，若又虚度過日，却是真虚度也，二弟勉之！正憲讀書極拙，今亦不能以此相望，得渠稍知孝弟，不汲汲爲利，僅守門户是矣。章世傑在此，亦平安。日處一室中，他更無可往，頗覺太拘束，得渠性本安静，殊不以此爲悶，甚可愛耳。克彰叔公教守章極得體，想已如飲醇酒，不覺自醉矣。亦不及作書，書至可道意。日中應酬憊甚，燈下草草作此，不能盡，不能盡。守仁書奉曰仁正郎賢弟道契。守儉、守文二弟同此，守章亦可讀書知之。二月十三日書。

書見日本《支那墨迹大成》第十一卷《補遺一》、《中國書法大成》（五）、徐邦達《古書畫過眼要録·元明清書法》。陽明此札作在正德十二年到贛以後不久，錢德洪《陽明先生年譜》：「正德十二年正月，至贛。先生過萬安，遇流賊數百，沿途肆劫，商舟不敢進。先生乃聯商舟，結爲陣勢，揚旗鳴鼓，如趨戰狀。賊乃羅拜於岸，呼曰：『饑荒流民，乞求賑濟！』先生泊岸，令人諭之曰：『至贛後，即差官撫插。各安生理，毋作非爲，自取戮滅。』賊懼散歸。以是年正月十六日開府。」年譜所叙，似即據陽明此札。陽明二月底平漳寇，陽明作此札時，尚未親率諸道鋭卒進屯上杭，故札云「汀漳之役遂不能親往」。錢德洪《陽明先生年譜》：「正德十二年二月平漳寇……於是親率諸道鋭卒進屯上杭……俱於二月十九日乘晦夜銜枚并進，直搗象湖……」是陽明於二月十九日進兵上杭，蓋在作此書以後。書中所云「北海新居，奴輩能經營否？」似指徐愛買田霅上事，《姚江書院志略》卷上《徐曰仁傳》：「甲戌，徐子在南京，王子以升南京鴻臚卿至，與黄宗明等同聚師門，同志日親。丁丑請告，買田霅上，爲諸友久聚計。時王子撫南贛，五月遺二詩以慰。」《王陽明全集》卷二十有《聞曰仁買田霅上携同志待予歸二首》，則此書所云「朋友群居」，似即指買田霅上諸友同居。此書中所及之人，多爲浙中士子、陽明弟子，如「黄與」即王文轅，字司輿，號黄轝子。「半珪」即許璋，字半珪，上虞人。「宗賢」即黄綰，字宗賢，黄巖人。「勉之」即黄省曾，字勉之，吴縣人。「原忠」即應良，字元忠，仙居人。

「聞人弟」即聞人詮，字邦正。「世瑞」即王琥，字世瑞，徐愛《游雪竇因得龍溪諸山記》：「正德癸酉夏，予從陽明北歸，過龍泉，避暑於清風亭。王世瑞、許半珪、蔡希顔、朱守中偕自越來，矢遂厥游。」允輝，即孫允輝，陽明嘗贈其《遊海詩》手稿，亦爲陽明浙中弟子。「章世傑」，與王華相知唱酬者，餘姚人，徐愛《東江吊古記》：「乙亥之秋，九月丁酉，内戚陳丈買舟載酒糈，邀予舅海日翁暨予游上虞之東山。翁因拉所知章世傑、王世瑞、陳子中同游。」「雨弟」即徐天澤，字伯雨，號蕙皋，餘姚人。凡此多爲陽明在南都時來學弟子，正德十一年十二月陽明赴贛時，此班越中弟子多來餞於映江樓，故陽明到贛後在此與徐曰仁書中多間及之。按徐愛旋在五月十七日卒，故王琥與徐愛來贛卒未成行，而此書成爲陽明最後一封致徐愛札矣。

長汀道中□□詩

（正德十二年，一五一七年）

夜宿行臺，用韻於壁，時正德丁丑三月十三日，陽明□□□□□。

將略平生非所長，也提戎馬入汀漳。數峰斜陽旌旗遠，一道春風鼓角揚。暮□□□能出塞，由來充國善平羌。瘡痍滿地曾無補，深愧湖邊舊草堂。

詩見《嘉靖汀州府志》卷十七。按《王陽明全集》卷二十有《丁丑二月征漳寇進兵長汀道中有感》，即此詩，但無前序，詩句有異，題「丁丑二月」亦誤。陽明《書察院行臺壁》云：「正德丁丑三月，奉命征漳寇，駐軍上杭……」（《王陽明全集》卷二十四）是此詩題「丁丑三月十三日」爲確。察院行臺在汀州府城内，此詩應是陽明征漳寇由贛往長汀道中有感而作，至汀州則書於察院行臺壁。《嘉靖汀州府志》作於嘉靖中，其所引陽明詩皆取自汀州實地原題壁書，保存陽明詩原貌，陽明集中詩則經過後來潤色，故有差異。以下諸詩皆同。

（正德十二年，一五一七年）

題察院壁

四月戊午班師上杭道中，都御史王守仁書。

吹角峰頭曉散軍，回空萬馬下氤氲。前旌已帶洗兵雨，飛鳥猶驚卷陣雲。南畝獨忻農事動，東山休作凱歌聞。正思鋒鏑堪揮淚，一戰功成未足云。

詩見《嘉靖汀州府志》卷十七。按《王陽明全集》卷二有《喜雨三首》之三，即此詩，但題目不同，詩句有異，且無前序，致不知此詩所作具體時間。察院在汀州府城内，《嘉靖汀州府志》卷六："「察院，在府城内汀州衛東邊，乃漳都道故基……」王陽明《時雨堂記》云："「正德丁丑，奉命平漳寇，駐軍上杭。旱甚，禱於行臺，雨日夜，民以爲未足。乃四月戊午班師，雨；明日又雨；又明日大雨。」(《王陽明全集》卷二十三)陽明題此詩於壁，爲紀班師。編陽明集者乃將此詩題作「喜雨」，與另二詩合併，遂失本意，不知作時。據陽明此詩序，可知四月戊午班師，陽明在由上杭回汀州道中作此詩，至汀州遂書此詩於察院壁，蓋在四月壬戌也(見下考)。

四月壬戌復過行臺□□□（正德十二年，一五一七年）

見説相期雩上耕，連簑應已出烏程。荒畬初墾功須倍，秋熟雖微税亦輕。雨後湖舠兼學釣，餉餘堤樹合閑行。山人久辦歸農具，猶向千峰夜度兵。

詩見《嘉靖汀州府志》卷十七。按《王陽明全集》卷二十有《聞曰仁買田雩上携同志待予歸二首》，其一即此詩，但題不同，句有異。詩所謂「復過行臺」，乃指陽明征漳寇由贛入閩，三月至汀州察院行臺，有題詩（見前《長汀道中□□詩》考）；是次在四月戊午由上杭班師，路途五日，四月壬戌至汀州，再過察院行臺題此詩。故此詩與《題察院壁》詩作在同時。《王陽明全集》卷二十四《書察院行臺壁》云：「正德丁丑三月，奉命征漳寇，駐軍上杭。旱甚，禱於行臺。雨日夜，民以爲未足。四月戊午，寇平，班師。是日大雨，明日又雨，又明日復雨。登城南之樓以觀農事，遂謁晦翁祠於水南，覽七星之勝概。夕歸，志其事於察院行臺。」據陽明此詩，可知此《書察院行臺壁》亦作在四月壬戌。

夜坐有懷故□□□次韻（正德十二年，一五一七年）

月色虛堂坐夜沉，此時無限故園心。山中茅屋□□□，江上衡扉春水深。百戰自知非舊學，三驅猶愧失前禽。歸期久負黄徐約，獨向幽溪雪後尋。

詩見《嘉靖汀州府志》卷十七。按《王陽明全集》卷二十有《聞曰仁買田霅上携同志待予歸二首》，其二即此詩，但題不同，句有異。此詩云「江上衡扉春水深」，當作在春間，疑在陽明三月駐軍上杭時，與前一首作在四月壬戌非同時。「黄徐」，指黄綰與徐愛，《姚江書院志略》卷上《徐曰仁傳》云：「癸酉五月終，王子在越，與徐子從上虞至四明……自寧波還餘姚，兹遊實注念徐子與黄子綰也。甲戌，徐子在南京，王子以升南鴻臚卿至，與黄宗明等同聚師門，同志日親。丁丑請告，買田霅上，爲諸友久聚計。時王子撫南贛，五月遺二詩以慰。」陽明五月遺二詩（徐愛卒於五月十七日），二詩則非作於五月也。

南泉庵漫書

（正德十二年，一五一七年）

山城經月駐旌戈，亦復幽尋到薜蘿。南國已看回甲馬，東田初喜出農簑。溪雲曉渡千峰雨，江漲春深兩岸波。暮倚七星瞻北極，絶憐蒼翠晚來多。

雨中過南泉庵，書壁。是日，梁郡伯携酒來問，因併呈。時正德丁丑四月五日，陽明山人守仁頓首。

詩見《嘉靖汀州府志》卷十七。按陽明手書此詩手迹（長一百三十一釐米，寬六十五釐米）在二〇〇七秋季拍賣會（北京保利國際拍賣有限公司）上出現，並以「陽明草書七言詩立軸」之名在「書法家王守仁個人網站」上公布，此手書真迹，即陽明寫呈梁郡伯者也。今《王陽明全集》卷二十有《回軍上杭》，即此詩，但題不同，句有異，亦無後題，至不明所作具體時間。南泉庵在上杭，詩云「江漲春深」，則應是四月駐軍上杭時所作，「山城」即指上杭（《福建通志》卷七十七録此詩，即題作「上杭南泉庵」）。詩云「溪雲曉渡千峰雨」，此即陽明《書察院行臺壁》所云「正德丁丑三月，奉命征漳寇，駐軍上杭。旱甚，禱於行臺，雨日夜」，蓋此詩乃陽明在上杭因旱祈禱，一夜大雨，欣喜而作，故題作「回軍上杭」顯誤。錢德洪《陽明先生年譜》云：「正德十二年，時三月不雨。至于四月，先生方駐軍上杭，禱於行臺，得雨。」梁郡伯即梁喬（見前《寄梁郡伯手札》、《又寄梁郡伯手札》考），蓋梁喬爲上杭人，其在正德十年離紹興知府任歸上杭家居侍老母，正德十二年陽明過上杭時，其特來訪也。

題察院時雨堂（正德十二年，一五一七年）

三代王師不啻過，來蘇良足慰童皤。陰霾巖谷雷霆迅，枯槁郊原雨澤多。紆策頓能清海岱，洗兵真見挽天河。時平復有豐年慶，滿聽農歌答凱歌。

詩見《嘉靖汀州府志》卷十七。按《王陽明全集》卷二十三《時雨堂記》云：「正德丁丑，奉命平漳寇，駐軍上杭。旱甚，禱於行臺，雨日夜，民以爲未足。乃四月戊午班師，雨；明日又雨；又明日大雨。乃出田登城南之樓以觀，民大悦。有司請名行臺之堂爲『時雨』，且曰：『民苦於盜久，又重以旱，將謂靡遺。今始去兵革之役，而大雨適降，所謂「王師若時雨」，今皆有焉。請以志其實。』……巡撫都御史王守仁書。是日，參政陳策、僉事至自班師。」陽明此詩與此《時雨堂記》作在同日，即四月壬戌也。

感夢有題

（正德十二年，一五一七年）

夢中身拜五雲□，□□家人婦子懷。犬馬有心知戀主，孤寒無路可爲階。風塵滿眼誰能息？竽瑟三年我自乖。默愧無功成老大，退休爛醉是生涯。

詩見《嘉靖汀州府志》卷十七。此詩當亦作在正德十二年二月入汀州征寇時，「風塵滿眼誰能息」，是指漳寇尚未平（陽明四月戊午班師）。「竽瑟三年」，指其正德九年至十一年在南都碌碌無爲。「夢中身拜五雲□」，似指其夢中見自己出生事，錢德洪《陽明先生年譜》：「成化八年……是爲九月三十日。太夫人鄭娠十四月，祖母岑夢神人衣緋玉，雲中鼓吹，送兒授岑。岑警寤，已聞啼聲。祖竹軒公異之，即以『雲』名。鄉人傳其夢，指所生樓曰『瑞雲樓』。」陽明感夢而作此詩，乃慨自己老大無功，無是神人授子之靈異也。

東山寺謝雨文

（正德十二年，一五一七年）

曰：邇者自閩旋師，道經瑞金，以旱魃之爲災，農不獲種，輒乞靈於大和尚，期以七日内必降大雨，以舒民困。行至雩都，而雨作，計期尚在七日之内，大和尚亦庶幾有靈矣！敢遣瑞金縣署印主簿孫鑑具香燭果餅，代致謝意，惟默垂鑒佑，以陰隲瑞金之民。

文見《嘉靖瑞金縣志》卷七。按東山寺即淨衆寺，在瑞金縣。《嘉靖瑞金縣志》卷八：「淨衆寺，在縣東北二里，又名東山。唐天祐中建。正德丁丑旱，適提督王都御史守仁至，父老以狀聞，即步往禱之，果雨。乃爲文，命有司致祭。」陽明瑞金禱雨在正德十二年四月。先是陽明在上杭禱雨，錢德洪《陽明先生年譜》：「正德十二年四月，班師。時三月不雨。至於四月，先生方駐軍上杭，禱於行臺，得雨，以爲未足。及班師，一雨三日，民大悦。」《王陽明全集》卷二十三有《時雨堂記》云：「正德丁丑，奉命平漳寇，駐軍上杭。旱甚，禱於行臺，雨日夜，民以爲未足。乃四月戊午班師，雨；明日又雨；又明日大雨。乃出田登城南之樓以觀，民大悦。」卷十九有《祈雨辭》，即陽明在上杭祈雨作（文集誤題「正德丙子南贛作」，應是正德丁丑上杭作）。「大和尚」者，指瑞金東山寺所祀之定光佛。陽明班師在四月十三日，行至瑞金約二十日左右，陽明在瑞金東山寺祈禱大和尚雨；行至雩都約二十五日左右，天大雨，陽明乃在雩都作此《東山寺謝雨文》謝之，年譜失載。按《王陽明全集》卷二十有《祈雨二首》云：「見説虔南惟苦雨……我來偏雨一春旱……」此詩云「虔南」，則是指其在瑞金祈雨（上杭在福建汀州）。此詩下又有《還贛》云：「積雨雩都道，山途喜乍晴……」此詩作於雩都，既云「積雨雩都道」，則雩都是大雨矣，與此《東山寺謝雨文》説合。

昭告會昌顯靈賴公辭

（正德十二年，一五一七年）

維正德十二年，歲在丁丑，五月乙亥，越五日己卯，欽差巡撫南、贛、汀、漳等處、都察院左僉都御史王守仁，昭告於會昌縣受封賴公之神：爲會昌民田禾旱枯，禱告神靈，普降時雨。至雩都，果三日之内大雨，賴神可謂靈矣。敬遣會昌縣知縣林信，具香帛牲禮代設謝之誠。神其昭格，永終神惠，以陰騭會昌之民。謹告。

文見《同治會昌縣志》卷二十八《祠廟》。志云：「賴公祠，邑人稱賴公爲福主，祠爲老廟，靈祠翠竹，即湘江八景之一也。在邑西富尾。明成化己卯，知縣梁濬建。正德丁丑，巡撫王守仁班師上杭，道經會昌，適大旱，詣祠祈禱，遂大雨，親爲告文，遣知縣林信代謝。」「舊志載：賴神，楚人。晉時事老子教，隱於荆山。後至祁山，得飛昇變幻之術，遂證元宗道家上神秩，初曰元帥，晉曰嘉應侯，再晉曰四海靈應王。」此昭告賴公辭與前《東山寺謝雨文》作在同時，蓋東山寺之定光佛（大和尚）與賴公祠之賴神皆以靈應聞名，故陽明皆往詣禱雨，至雩都果大雨，陽明乃又作二謝文分遣瑞金、會昌二知縣代謝也。

游羅田巖懷濂溪先生遺詠詩

（正德十二年，一五一七年）

路轉羅田一徑微，吟鞭敲到白雲扉。山花笑午留人醉，野鳥啼春傍客飛。混沌鑿來塵劫老，姓名空在舊游非。洞前唯有元公草，襲我餘香滿袖歸。

詩見《光緒江西通志》卷五十六。按羅田巖在雩都，《光緒江西通志》卷五十六：「羅田巖，在雩都縣南五里，一名善山，兩旁巖岫空洞交通。宋嘉祐間，周子倅虔，游此賦詩，縣令沈希顔因建濂溪閣。明邑人何善更闢觀善巖，王守仁爲之説。巖西有別一洞天，其左曰仕學山房，巖壁有岳飛、文天祥題句。」志於陽明此詩之下又引周敦頤《雩都游羅田巖詩》：「聞有山巖即去尋，亦躋雲外入松陰。雖然未是洞中境，且異人間名利心。」即陽明詩所云「濂溪先生遺詠」。正德十二年四月陽明班師自上杭、瑞金至雩都，路經羅田巖，此詩應即作在其時（參前《東山寺謝雨文》考）。陽明於正德六、七年已識何廷仁、黄弘綱，並爲作觀善巖小序，故陽明是次來遊羅田巖（即觀善巖），必當可見何春、何廷仁諸人，蓋由何春陪遊也。邵啟賢《贛石録》卷二著録陽明在羅田巖所題「濂溪閣」三大字，上書「正德戊寅夏之吉，守仁謹書」，下書「嘉靖壬子仲冬之吉，後學沈謐重修」。按何春於正德十三年在羅田巖建濂溪閣，乃請陽明題「濂溪閣」三字。陽明此詩作在正德十二年，故詩中不言濂溪閣，而悲歎「洞前唯有元公草」，然則何春之於羅田巖遂建濂溪閣（即濂溪祠），蓋亦出於陽明之意矣。參見前《觀善巖小序》考。

祭徐曰仁文

（正德十二年，一五一七年）

維正德十二年七月十五日，寓贛州左僉都御史王守仁，使十弟守文，具清酌之奠，哭告於故工部都水司郎中妹婿徐曰仁之柩曰：嗚呼曰仁！乃忍去吾而死耶？吾又何以舍子而生爲乎！嗚呼曰仁！子則死矣，而使吾妹將何以生乎？使吾父母暮年遭此，何以爲懷乎？又使子之父母暮年遭此，何以爲生乎？此皆人世之至酷極烈所不忍言者，吾尚忍言之乎？嗚呼痛哉！吾復何言，吾復何言！尚饗。

文見《橫山遺集》（錢明編校）附録，注作「王守仁、王守文撰」。按陽明爲徐愛共寫四篇祭文，兩篇收入《王陽明全集》，遺兩篇附《橫山遺集》。徐愛卒於正德十二年五月十七日，陽明在贛，當是一聞噩耗即寫此祭文，遣弟王守文回山陰祭奠。

與黄宗賢書

（正德十二年，一五一七年）

自宗賢歸，日切山中之想。自曰仁卒，無復入世之心。……

書見《洞山黄氏宗譜》卷一載黄綰《家訓》。黄綰《家訓》云：「陽明往年因徐曰仁卒，有書與吾曰：……」按徐曰仁卒於正德十二年五月十七日，陽明寄此書與黄綰已在冬間。黄綰《石龍集》卷十七《寄陽明先生》書三有云：「初春，鄉人歸，辱手札并《祭徐曰仁文》，令人凄然。」此手札即陽明此書。黄綰在正德七年告病歸黄巖，至是已六年，故書云「自宗賢歸，日切山中之想」。

致毛紀信札

（正德十二年，一五一七年）

侍生王守仁頓首再拜啟上大元老毛老先生大人執事：守仁始至贛，即欲一申起居。因閩寇猖獗，蒞事未數日而遂往督征，故前者進本人去，竟不及奉啟，迄今以爲罪。請教之渴，如何可言！守仁迂腐之資，實無可用於時，蓋未承贛州之乏，已嘗告病求退，後以托疾避難之嫌，遂不敢固請。雖勉至此，實恐得罪於公議，爲知己之羞。今遂未知所以稅駕之道，幸卒賜之指教而曲成之。今南贛之事，誠亦有難爲者。蓋閩寇雖平，而南贛之寇又數倍於閩，且地連四省，事權不一，兼之敕旨又有不與民事之説，故雖虛擁巡撫之名，而其實號令所及，止於贛州一城，然且尚多牴牾，是亦非皆有司者敢於違抗之罪，事勢使然也。今爲南贛，止可因仍坐視，稍欲舉動，便有掣肘。守仁竊以爲南、贛之巡撫可無特設，止存兵備，而統於兩廣之總制，庶幾事體可以歸一；不然，則兼於江西之巡撫，雖三省之務尚有牽礙，而南贛之事猶可自專，一應車馬錢糧，皆得通融裁處，而予爲之所，猶勝於今之巡撫，無事則開雙眼以坐視，有事則空手以待人也。夫弭盗所以安民，而安民者弭盜之本。今責之以弭盜，而使無與於民，猶專以藥石攻病，而不復問其飲食調適之宜，病有日增而已矣。今巡撫之改革，事體關係或非一人議，一議之間便可更定，惟有申明賞罰，猶可以稍重任使之權，而因以略舉其職。故今輒有是奏，伏惟特賜採擇施行，則非獨生一人得以少逭罪戮，地方之困亦可以少蘇矣。非恃道誼深愛，何敢冒瀆及此？萬冀鑒恕。不宣。五月二十八日，守仁頓首再拜啟。餘空。

陽明手札真迹在二〇〇八年藏秀雲藝術品收藏專場拍賣會（天津鼎晟拍賣公司）上出現，曹宏志《對話古人王守仁》云：「大約在四五年前，我有幸重金購得王守仁《致毛紀信札》，段寬九十三釐米，高二十七釐米，信札共分四部分，總長度四米有餘。」按毛紀字維之，號礪庵、鰲逸叟，山東掖縣人。《明清進士録》：「毛紀，成化二十年三甲一百三十六名進士。山東掖縣人，字維之，號鰲逸叟。授檢討。正德中，累遷禮部尚書，尋爲大學士，入預機務。有學識，居官廉静簡重。卒謚『文簡』。有《密勿稿》、《歸田雜識》、《辭榮録》、《鰲峰類稿》。」弘治中毛紀與陽明父王華同朝任職，關係甚密，故陽明與毛紀早識。《鰲峰類稿》卷二十一有《送王伯安南還》：「一代騷壇蚤著聲，時人盡識子安名。地臨禹穴遊偏勝，雲近龍樓夢獨清。槐樹百年垂世蔭，桂香二月滿春城。長亭一笑幽懷在，未信乾坤負此身。」所謂「槐樹百年垂世蔭」，指陽明乃出三槐王氏一脉；「桂香二月滿春城」，指陽明是春折桂中進士，故此詩當作在弘治十二年，毛紀作詩親送陽明高中南歸，即所謂「長亭一笑幽懷在」，可見兩人已甚相知。以後兩人多有通信往還，陽明後有《致礪齋書》云：「所以强忍未敢告病之故，前啟已嘗略具。」所謂「前啟」，即指此《致毛紀信札》也（參見下《致礪齋書》考）。是札稱「大元老毛老先生大人」，按《明史·宰輔年表一》：「毛紀，正德十二年五月，禮部尚書兼東閣大學士入。七月，加太子太保兼文淵閣大學士。」《國榷》卷五十：「正德十二年五月丙子（二日），禮部尚書兼翰林學士毛紀兼東閣大學士，直閣。」毛紀以東閣大學士直閣，故陽明稱其爲「大元老」。陽明在正德十二年正月至贛，所謂「因閩寇猖獗，涖事未數日而遂往督征」，指平漳寇，事在二月至三月間。所謂「前者進本人去，竟不及奉啟」，指陽明在五月初八日上《閩廣捷音疏》、《申明賞罰以勵人心疏》（見《王陽明全集》卷九），時陽明尚不知毛紀已以東閣大學士直閣，故未能作致毛紀啟與進疏本人一併送往京師。陽明此札作於五月二十八日，按《王陽明全集》卷九有《攻治盜賊二策疏》、《類奏擒斬功次疏》、《添設清平縣治疏》，均上在五月二十八日，可見陽明此致毛紀札必是由進疏本人一併賫往京師，蓋其時陽明已知毛紀直閣也。陽明致札毛紀之大旨，在請朝廷取消南贛巡撫之設，統於兩廣之總制，或兼於江西之巡撫，按《王陽明全集》卷二十七《與王晉溪司馬》書五亦云：「今閩寇雖平，而南贛之寇又數倍於閩，且地連四省，事權不一，兼之敕旨又有不與民事之説，故雖虛擁巡撫之名，而其實號令之所及止於贛州一城。然且尚多牴牾，是亦非皆有司者敢於違抗之罪，事勢使然也。今爲南、贛，止可因仍坐視，稍欲舉動，便有掣肘。守仁竊以南贛之巡撫可無特設，止存兵備，而統於兩廣之總制，庶幾事體可以歸一；不然，則江西之巡撫，雖三省之務尚有牽礙，而南、贛之事猶可自專，一應軍馬錢糧，皆得通融裁處，而預爲之所，猶勝於今之巡撫，無事則開雙眼以坐視，有事則空兩手以待人也。夫弭盗所以安民，而安民者弭盗之本。今責之以弭盗，而使無與於民，猶專以藥石攻病，而不復問其飲食調適之宜，病有日增而已矣。今巡撫之改革，事體關係或非一人私議之間便可更定，惟有申明賞罰，猶可以稍重任使之權，而因以略舉其職。故今輒有是奏，伏惟特賜採擇施行，則非獨生一人得以稍逭罪戮，地方之困亦可以少蘇矣。非恃道誼深愛，何敢冒瀆及此？萬冀鑒恕。不宣。」此札與致毛紀信札作在同時，内容語句全同，可見當時陽明實上多札致朝廷各位大臣，非獨致毛紀一札也。而朝廷旋在九月改授陽明提督南、贛、汀、漳等處軍務，給旗牌，得便宜行事，顯是陽明上此札所致。錢德洪《陽明先生年譜》：「正德十二年九月，改授提督南、贛、汀、漳等處軍務……南、贛舊止以巡撫蒞之……至是先生疏請……事下兵部尚書王瓊，覆奏以爲宜從所請。於是改巡撫爲提督，得以軍法從事……」可見陽明此致毛紀札乃起了關鍵作用。

書劉生卷

（正德十二年，一五一七年）

仁者以天地萬物爲一體，醫書以手足痿痺爲不仁。大庾劉生慎請爲仁之説。生儒而善醫，吾嘗見其起危疾，療沉疴，皆應手而驗。夫儒也，則知一體之仁矣；醫也，則知痿痺之非仁矣。世之人仁義不行於倫理，而私欲以戕其天性，皆痿痺者也。生惟無以其非仁者而害其仁焉，求仁之功盡此矣，吾何説？生方以貢入京，自此將爲民社之寄。生能以其素所驗於醫者而施於政民，其有瘳乎！

文見《新刊陽明先生文録續編》卷二《跋類》，永富青地《上海圖書館藏〈新刊陽明先生文録續編〉について》著録。此「劉生」不知誰，有以爲即陽明《劉氏三子字説》中之「劉毅齋」，乃非，劉毅齋爲江陰人，非大庾人（見《光緒江陰縣志》卷二十六）。陽明於文中明稱此劉生名爲「劉慎」，其時「方以貢入京，自此將爲民社之寄」，按《民國大庾縣志》卷六「各貢」下列：「正德朝，劉慎，永曾孫，連山知縣。」是劉慎以貢入京在正德中，則必是正德十二年陽明在贛平寇時，劉慎以貢入京北上，途經贛見陽明，以後劉慎再北上入京，陽明作此文送之。

與黄誠甫

（正德十二年，一五一七年）

區區正月十八日始抵贛，即兵事紛紛。二月往征漳寇，四月班師。中間曾無一日之暇，故音問缺然。然雖擾擾中，意念所在，未嘗不在諸友也。養病之舉，恐已暫停，此亦順親之心，未爲不是。不得以此日縈於懷，無益於事，徒使爲善之念不尊。何處非道，何處非學，豈必山林中耶？希顏、尚謙、清伯登第，聞之喜而不寐。近嘗寄書云：「非爲今日諸君喜，爲陽明山中異日得良伴喜也。」吾於誠甫之未歸亦然，珍重，珍重！

六月三日，守仁頓首。

陽明真迹在二〇〇八年春季拍賣會（北京保利國際拍賣有限公司）上出現，并於網上公布，云：「前有王畿《致石山大先生書》，中云：『先師墨迹一册，時出玩。』」按《王陽明全集》卷四有《與黄誠甫》書二，即此書，但缺末段，致不知作此書具體時間。此書云「近嘗寄書」，按《王陽明全集》卷四有《與希顏台仲明德尚謙原静》云：「聞諸友皆登第，喜不自勝。非爲諸友今日喜，爲野夫異日山中得良伴喜也……」陽明即指此書，則并此書皆可知作於正德十二年六月。所謂「聞諸友皆登第」，錢德洪《陽明先生年譜》：「正德十二年四月，班師。五月，立兵符……是月聞蔡宗兗、許相卿、季本、薛侃、陸澄同舉進士，先生曰：『入仕之始，意況未免摇動，如絮在風中，若非粘泥貼網，亦自主張未得。不知諸友却何如？想平時工夫，亦須有得力處耳。』」黄誠甫即黄宗明，字誠甫，號致齋，鄞縣人。其已於正德九年中進士，任南京兵部員外郎，故陽明云「吾於誠甫之未歸亦然」。

平茶寮碑

（正德十二年，一五一七年）

正德丁丑，傜寇大起，江、廣、湖、郴之間騷然，且三四年無矣。於是上命三省會征，乃十月辛亥，予督江西之兵自南康入。甲寅，破横水、左溪諸巢，賊敗奔。庚申，復連戰，賊奔桶岡。十一月癸酉，攻桶岡，大戰西山界。甲戌，又戰，賊大潰。丁亥，與湖兵合於上章，盡殪之。凡破巢大小八十有四，擒斬二千餘，俘三千六百有奇。釋其脅從千有餘衆，歸流亡，使復業。度地居民，鑿山開道，以夷險阻。辛丑，師旋。於乎！兵惟凶器，不得已而後用。刻茶寮之石，非以美成，重舉事也。提督軍務都御史王守仁書。紀功御史屠僑，監軍副使楊璋，參議黄宏，領兵都指揮許清，守備郟文，知府邢珣、伍文定、季斆、唐淳，知縣王天與、張戩，隨征指揮明德、馮翊、馮廷瑞、謝昶、余恩、姚璽，同知朱憲，推官徐文英、危壽，知縣黄文鸑，縣丞舒富，千百户高濬、陳偉、郭璘、林節、孟俊、斯泰、尹麟等，及照磨汪德進，經歷沈珵，典史梁儀、張淳，並聽選等官雷濟、蕭庾、郭詡、饒寶等，共百有餘名。

碑文見邵啟賢《贛石録》卷二，云：「王文成公平寮碑，在崇義縣桶岡峒。」今此石碑猶立在崇義縣思順鄉桐岡村（現齊山村），已有殘缺。《王陽明全集》卷二十五有《平茶寮碑》，但與此石碑原文出入很大，並缺末一大段。陽明平橫水、桶岡亂詳見其《橫水桶岡捷音疏》，其中云：「臣亦躬率帳下屯茶寮，使各營分兵，與湖兵相會，夾剿遁賊……乃留兵二千餘，分屯茶寮、橫水等隘，而以是月初九日回軍近縣……」（《王陽明全集》卷十）可見茶寮乃一關隘，爲陽明屯軍用兵之地，後陽明曾上奏在茶寮隘設三巡檢司。碑中統計「擒斬二千餘，俘三千六百有奇」，陽明集中《平茶寮碑》作「擒斬三千餘，俘三千六百有奇」。按陽明《橫水桶岡捷音疏》云：「通計搗過巢穴八十餘處……從賊首級三千一百六十八名顆……」錢德洪《陽明先生年譜》則云：「從賊首級二千一百六十八，俘獲賊屬二千三百二十四。」似以擒斬三千餘爲是。

過梅嶺

（正德十三年，一五一八年）

處處人緣山上巔，夜深風雨不能前。山林叢鬱休瞻日，雲樹彌漫不見天。猿叫一聲聳耳聽，龍泉三尺在腰懸。此行漫説多辛苦，也得隨時草上眠。

陽明王守仁於龍南

詩見《同治贛州府志》卷五，爲《平寇回駐龍南憩玉石巖雙洞奇絶徘徊不忍去因寓以陽明小洞天之號兼留此作四首》之第三首。按《王陽明全集》卷二十有《回軍龍南小憩玉石巖雙洞絶奇徘徊不忍去因寓以陽明别洞之號兼留此作三首》，正缺此首詩。《同治贛州府志》引《李志》考云：「竇志《縣志》載文成玉石巖詩五章，及檢《陽明集》，知『春山隨處』一章乃《再至陽明别洞和邢太守韵二首》之一，前詩實四章也。」今按：觀詩意，陽明此詩乃是過梅嶺所作詩，非憩玉石巖游陽明别洞詩，志將其誤混入憩玉石巖游陽明别洞詩中。今龍南縣玉石巖摩崖石刻中，即有嘉靖二十七年江西按察使分巡嶺北道副使方任書刻陽明此詩，題作「過梅嶺」，末署「陽明王守仁於龍南」，並有方任作《按龍南次陽明先生韵》：

行行又跻大山巔，候馬難教并向前。風雨半空還拂地，雲霞咫尺更連天。勤身遠近逢雪落，旌節東西看日懸。懷抱樸忠獨未已，浮生意得伴鷗眠。

衡野山人方任頓首次稿

或是陽明此詩後書刻於玉石巖，後人遂誤以爲此詩爲憩玉石巖游陽明别洞之詩。按陽明往征三浰在正德十三年正月，其在正月過梅嶺，抵龍南而作此詩。參見下《回軍龍南小憩玉石巖雙洞絶奇繾綣不能去寓以陽明别洞之名兼留是作》考。

回軍龍南小憩玉石巖雙洞絶奇繾綣不能去寓以陽明別洞之名兼留是作(三首)

(正德十三年,一五一八年)

鐵馬初烏從道回,覽奇還復上崔嵬。寇平漸喜流移復,春晚兼欣農務開。兩竇高明懸日月,九淵深黑秘風雷。投簪欲問支茆地,懷土難追舊釣臺。

洞府人密此窮佳,當年空自費青鞋。麾幢旖旎懸仙仗,臺殿高低樓上階。天巧固應非斧鑿,化工無乃太易排。欲將點瑟携童冠,就攬春雲結小齋。

陽明勝地舊曾居,此地陽明景不如。但在乾坤皆逆旅,曾留往宿即吾廬。行窩既許人傳號,別洞何妨來借書。他日巾車還舊隱,應懷兹土復鄉閭。

二月廿九日,陽明山人書

詩見《中國古代書畫圖目》(八)。陽明此行書詩真迹今藏天津市文化局文物處。《王陽明全集》卷二十有《回軍龍南小憩玉石巖雙洞絶奇徘徊不忍去因寓以陽明別洞之號兼留此作三首》,即此詩,但語句出入很大，且無後題，致不知作此詩具體時間。按此詩乃是陽明征三浰勝後回軍至龍南作，錢德洪《陽明先生年譜》：「正德十三年正月，征三浰。與薛侃書曰：『即日已抵龍南，明日入巢，四路皆如期並進，賊有必破之勢矣……』」陽明征三浰詳可見《浰頭捷音疏》（《王陽明全集》卷十一）。玉石巖在龍南縣東北，《光緒江西通志》卷五十六：「玉石巖，在龍南縣東北五里。巖有三，曰下巖、上巖、新巖。舊有玉蹟寺，以旁有巨人蹟得名。宋太宗賜書百二十卷，依巖建閣藏之。治平間，賜額『普和寺』。今廢。明正德間，虔撫王守仁征浰頭，凱旋憩此，題小篆曰『陽明小洞天』，鐫碑於壁以紀功。巖後一小竇，曰『鞠躬門』，知府邢珣所鑿，列炬入，有石形如狻猊。經一綫天，有龍井，以石投之，作鐘鼓音。由下巖歷上巖，境皆幽冷。新巖在南，洞凡六七，視二巖尤勝。」

平浰記

（正德十三年，一五一八年）

四省之寇，惟浰尤黠，擬官僭號，潛圖孔烝。正德丁丑冬，輋、傜既殄，益機險阱毒，以虞王師。我乃休士，歸農以緩之。戊寅正月癸卯，計擒其魁，遂進兵擊其懈。丁未，破三浰，乘勝追北。大小三十餘戰，滅巢三十有八，俘斬三千餘。三月丁未，回軍。壺漿迎道，耕夫遍野，父老咸懽。農器不陳，於今五年。復我常業，還我室家，伊誰之力？赫赫皇威，匪威曷憑？爰伐山石，用紀厥成。提督軍務都御史王守仁書。時紀功御史屠僑，監軍副使楊璋，領兵守備郟文，知府邢珣、陳祥，推官危壽等，凡二十有二人，列其名於後。

文見邵啟賢《贛石録》卷二，云：「王文成平浰記，在龍南縣玉石巖，凡十五行，行十三字。」《王陽明全集》卷二十五有《平浰頭碑》，即此刻文，但字有異，並缺末一段。且此記乃摩巖刻石（所謂「爰伐山石」），稱「碑」亦不當。陽明平浰頭詳見其《浰頭捷音疏》（《王陽明全集》卷十一）及錢德洪《陽明先生年譜》。是紀文作在正德十三年三月，陽明集《平浰頭碑》下注作「丁丑」（正德十二年），亦誤。

致礪齋書

（正德十三年，一五一八年）

侍生王守仁齋沐頓首再拜啟上大元老礪齋老先生大人執事：守仁淺劣迂疏，幸遇大賢君子委曲裁成，誘掖匡持，無所不至。是以雖其不肖之甚，而猶得以僥倖成功，苟免於覆敗之戮，則守仁之服恩感德於門下，豈徒苟稱知己者而已哉！然而惶惶焉苟冀塞責而急於求去者，非獨將以幸免夫誅戮，實懼大賢君子之厚我以德，而我承之以羞耳。人之才能，豈不自知？仰賴老先生之扶植教引，偶幸集事，既出意望之外矣。偶幸之事，安可屢得？已敗而悔，何所及乎！兼之莅任以來，病患日劇，所以强忍未敢告病之故，前啟已嘗略具。且妻孥終歲瘴疫，家屬死亡，百歲祖母日夜思一見爲訣，老父亦以衰疾屢書促歸。數月以來，恍恍無復人間之念。老先生苟憐其才之不逮，憫其情之不得已，遂使泯然全迹而去，幸存餘息，猶得爲門墻閑散之士，詠歌盛德於林下，則未死之年，未敗之行，皆老先生之賜之、全之矣，感報當何如耶！不然，亦且冒罪徑遁，以此獲譴，猶愈於僨績敗事、卒爲鉗囚，爲知己之玷矣。瀆冒威嚴，死罪，死罪！守仁惶恐激切再拜啟上。外附啟瀆覽。餘素。

書見《明代尺牘》第二册（上海科學技術文獻出版社）。按礪齋即毛紀，字維之，號礪庵、礪齋、鰲逸叟，山東掖縣人，前已有考。《國榷》卷五十：「正德十二年五月丙子，禮部尚書兼翰林學士毛紀兼東閣大學士，直閣。」嚴嵩《毛紀神道碑》：「以學士司誥敕，仍掌府事……於是敕兼東閣大學士，入閣供事，隨加太子太保、文淵閣大學士……」（《國朝獻徵録》卷十五）陽明此書稱「大元老礪齋老先生大人」，即以此也。此書乃陽明正德十三年在江西疏乞致仕所上。書云「百歲祖母日夜思一見爲訣」，陽明祖母岑氏卒在正德十三年十月。書又云「莅任以來，病患日劇，所以强忍未敢告病之故」，則可見陽明乃是第一次疏乞致仕。陽明首上疏乞致仕在正德十三年三月，錢德洪《陽明先生年譜》：「正德十三年三月，疏乞致仕，不允。以病也。」《王陽明全集》卷十一有《乞休致疏》，即第一次乞休疏，上在三月初四，故可知陽明此致毛紀書必亦上在三月初四，蓋此乞休疏與此上輔臣書由同人一併送往京師也。毛紀未有答，直至陽明平宸濠亂，三疏省葬，毛紀方有回札，《鰲峰文集》卷十八《答王陽明書》云：

人來，時辱手書，足慰遠懷。地方大變，旋就底平，可謂一代之殊勳矣。朝廷方將丕視功載，以尋帶礪之盟，聖謨弘遠，天心久定，固有不待言者。執事雅德撝謙，乃置而不居，顧以私爲請，恐非所宜也，亦非天下之所望於執事者也。承諭寬恤民患事宜，執事之苦心蓋在於此，披閲至再，良切恫瘝，所司必有處矣。然亦不獨一方爲然也，奈何！人回，聊此奉復，餘不既。

所謂「地方大變」，指宸濠亂；「寬恤民患事宜」，指陽明正德十五年三月所上《乞寬免稅糧急救民困以弭災變疏》，然則書所謂「顧以私爲請」，必指陽明正德十五年三月三疏省葬，均未蒙毛紀允。其後兩人關係遂疏。

祭徐曰仁文

（正德十三年，一五一八年）

維正德十三年，歲次戊寅，四月己巳朔，越十有七日乙酉，寓贛州王守仁既哭奠於旅次，復寫寄其詞，使弟守儉、守文就故南京工部都水司郎中徐曰仁賢弟之柩而哭告之曰：嗚呼曰仁！子之别我，既兩閱歲兮；子之長逝，忽復逾年兮。嗚呼曰仁！去我安適兮？謂子猶在故鄉，胡久無書札兮？子既死矣，故忽在吾目兮？醒耶夢耶，胡不可即兮？彼狡而殘，則黃馘兮；彼頑之子，則蟄蟄兮；獨賢而哲，乃夭絶兮。悠悠蒼天，我安歸責兮？嗚呼傷哉！人生之痛，乃有此極兮！死而有知，當如我悲兮。我悲孔割，不如無知兮。嗚呼傷哉！死者日以遠兮，生者日以哀。有志靡就兮，有懷靡期。凡今之人兮，孰知我悲？嗚呼傷哉！尚饗。

文見《横山遺集》附録（錢明編校）。《王陽明全集》卷二十五有《祭徐曰仁文》，亦作於正德十三年戊寅。按此祭文云「寓贛州王守仁，既哭奠於旅次，復寫寄其詞，使弟守儉、守文，就故南京工部都水司郎中徐曰仁賢弟之柩而哭告之」，則可知陽明先是在贛作祭文，遥祭徐曰仁，此即《王陽明全集》卷二十五之《祭徐曰仁文》；然後又再寫祭文，遣弟守儉、守文回山陰祭奠，此即《横山遺集》中附録之祭文。蕭鳴鳳《徐愛墓志銘》云：「海日先生卜以戊寅十一月丙辰葬君山陰之迪埠山麓。」或是是年曰仁將窆，故陽明連作二篇祭文祭奠也。

寓贛州上海日翁手札

（正德十三年，一五一八年）

寓贛州男王守仁百拜書上父親大人膝下：久不得信，心切懸懸。間有鄉人至者，略問消息，審知祖母老大人、大人下起居萬福，稍以爲慰。男自正月初四出征浰賊，三月半始得回軍。賴大人蔭庇，盜賊略已底定。雖有殘黨百餘，皆勢窮力屈，投哀告招，今亦姑順其情，撫定安插之矣。所恨兩廣府江諸處苗賊，往年彼處三堂雖屢次征剿，然賊根未動，旋復昌熾。今聞彼又大起，若彼中兵力無以制之，勢必摇動遠近，爲將來之憂。況兼時事日難，隱憂日甚，昨已遣人具本乞休，要在必得乃已。男因賊巢瘴毒，患瘡癘諸疾，今幸稍平，數日後亦將遣人歸問起居。因諸倉官便，燈下先寫此報安。

四月初十日，男守仁百拜書。

手札真迹今藏餘姚市梨洲博物館，計文淵《王陽明法書集》著録。按此札所云「出征浰賊」乃指正德十三年正月征三浰，錢德洪《陽明先生年譜》：「正德十三年正月，征三浰……三月，襲平大帽、湘頭諸寇……四月，班師。」所謂「昨已遣人具本乞休」，指陽明三月疏乞致仕，錢德洪《陽明先生年譜》：「正德十三年三月，疏乞致仕，不允。以病也。」陽明《乞休致疏》上在三月四日（《王陽明全集》卷十一）。參見下《與諸弟書》考。

與諸弟書

（正德十三年，一五一八年）

鄉人自紹興來，每得大人書，知祖母康健，伯叔母在餘姚皆納福，弟輩亦平安，兒曹學業有進，種種皆有可喜。且聞弟輩各添起樓屋，亦已畢工。三弟所搆尤極宏壯，規畫得宜，吾雖未及寓目，大略可想而知。此皆肯搆貽謀，勢所不免，今得蚤辦，便是了却一事，亦有可喜也。吾家祖父以來，世篤友愛，至於我等，雖亦未至若他人之互相嫌隙，然而比之老輩，則友愛之風衰薄已多。就如吾所以待諸弟，即其平日外面大概，亦豈便有彰顯過惡？然而自反其所以推己盡道、至誠惻怛之處，則其可愧可恨，蓋有不可勝言者。究厥所以，皆由平日任性作事，率意行私，自以爲是，而不察其已陷於非；自謂仗義，而不覺其已放於利。但見人不如我，而不自見其不如人者已多；但知人不循理，而不自知其不循理者亦有，所謂責人則明，恕己則昏。日來每念及此，輒自疚心汗背，痛自刻責，以爲必能改此凶性，自此當不復有此等事，不知日後竟如何耳，諸弟勉之！勿謂尒兄已爲不善而鄙我，勿謂尒兄終不能改而棄我。兄及弟矣，式相好矣，無相猶矣，諸弟勉之！

吾自到任以來，東征西討，不能旬日稍暇，雖羈鳥歸林之想，無時不切；然責任在躬，勢難苟免。今賴朝廷威德，祖宗庇蔭，提兵所向，皆幸克捷，山寇峒苗，剿除略盡，差可塞責。求退乞休之疏，去已旬餘，歸與諸弟相樂有日矣。爲我掃松陰之石，開竹下之徑，俟我於舜江之滸，且告絶頂諸老衲，龍泉山主來矣。族中諸叔父及諸弟，不能盡書，皆可一一道此意。四月廿二日，寓贛州長兄守仁書寄三弟、四弟、六弟、八弟收看。外葛布二疋，菓子銀四錢，奉上伯叔母二位老孺人。骨筯四把，弟輩分用。外又鄭二舅書一封，江南諸奶奶書一封，汪克厚一封，聞邦正弟兄書一封，至即皆可分送，勿致遺失，千萬，千萬！又廿一叔書一封，謝老先生處書一封，皆留紹興，倘轉寄到家，亦可即時分送。聞姨丈、汪九老官人及諸親丈，及諸相厚如朱有良先生、朱國材先生輩，相見皆可道不及奉書之意。又一封示諸姪。

書真迹今藏中國歷史博物館，計文淵《王陽明法書集》著録，錢明《王陽明全集未刊散佚詩文彙編及考釋》有考。按此書所云「自到任以來，東征西討……山寇峒苗，剿除略盡」，乃指陽明正德十二年正月入贛以來，平漳寇，平横水、桶岡，征三浰，平大帽、浰頭等役。「求退乞休之疏，去已旬日」，乃指陽明正德十三年三月疏乞致仕，故可確知此書作於正德十三年四月。唯陽明上乞休疏在三月四日，以「旬餘」算，則在三月中旬，與此署「四月廿二日」不合。疑陽明乞休疏寫在三月四日，而派送本人往京都則在四月。蓋其時王華書來告餘姚老家情況，故陽明作此書專致餘姚諸弟，談餘姚老家諸事。「三弟」指陽明叔父王袞長子，「四弟」指陽明伯父王榮次子，「六弟」爲王榮幼子守温，「八弟」爲王袞幼子守恭。「聞邦正兄弟」指聞人詮、聞人誾兄弟（陽明姑表弟），「聞姨丈」指聞人兄弟之姨父。「謝老先生」指謝遷（字于喬，號木齋），「汪克厚」指汪惇（見《世德紀·喪紀》），「鄭二舅」指陽明生母鄭氏之兄，鄭邦瑞之祖父，「廿一叔」指王德聲。他如江南諸奶奶、汪九老官人、朱有良、朱國材等，則皆爲居餘姚之親朋好友、鄉里長輩。

祭俞子有文

(正德十三年,一五一八年)

嗚呼慶也!欲寡其過而未能,蓋駸駸焉有志,而未覩其成也。……

文見《康熙信豐縣志》卷十《俞慶傳》,云:「俞慶,字子有,一字子善。篤志問學,泛觀博取,反而約之身心。踰冠,領正德庚午鄉薦。遊太學,所交盡海内名士。詩文冲淡,自可名家。後從陽明,益有妙悟。尋卒,陽明公哭之曰:……太史舒芬爲之銘曰:『學修夫情,行循夫理。汝殁汝寧,固斯丘之所成。』至今士林忻慕焉。」俞慶正德五年舉鄉試,當是次年正德六年會試不第,乃入太學。陽明正德六年爲會試同考試官,兩人或即是年在京相識。「太史」舒芬,正德十二年舉進士,授翰林院修撰,至正德十四年謫爲福建市舶副提舉。故可知俞慶當卒在正德十三年。是年四方學子紛紛來贛問學,江西學子尤多,錢德洪《陽明先生年譜》:「門人薛侃、歐陽德、梁焯、何廷仁、黄弘綱、薛俊、楊驥、郭治、周仲、周衡、周魁、郭持平、劉道、袁慶麟、王舜鵬、王學益、余光、黄槐密、黄鎣、吴倫、陳稷劉、魯扶黻、吴鶴、薛僑、薛宗鎧、歐陽昱,皆聚講不散。」俞慶即在其時來贛問學,旋卒。

大學古本傍釋原序

（正德十三年，一五一八年）

《大學》之要，誠意而已矣。誠意之功，格物而已矣；誠意之極，止至善而已矣。正心，復其體也；修身，著其用也。以言乎己，謂之明德；以言乎人，謂之親民；以言乎天地之間，則備矣。是故至善也者，心之本體也，動而後有不善。意者，其動也；物者，其事也。格物以誠意，復其不善之動而已矣。不善復而體正，體正而無不善之動矣，是之謂止至善。聖人懼人之求之於外也，而反復其辭。舊本析而聖人之意亡矣，是故不本於誠意，而徒以格物者，謂之支；不事於格物，而徒以誠意者，謂之虛；支與虛，其於至善者也遠矣。合之以敬而益綴，補之以傳而益離。吾懼學之日遠於至善也，去分章而復舊本，傍爲之什，以引其義，庶幾復見聖人之心，而求之者有其要。噫！罪我者，其亦以是矣夫！

正德戊寅七月丙午，餘姚王守仁書。

序見羅欽順《困知記》三續第二十章，云：「庚辰春，王伯安以《大學古本》見惠，其序乃戊寅七月所作。」《王陽明全集》卷三十二《補録》著録此序，云：「《大學古本原序》作於正德十三年。今《陽明全書》所載《大學古本序》係嘉靖二年改作。今據羅欽順《困知記》三續二十章移録。標題係編者所加。」按錢德洪《陽明先生年譜》：「正德十三年七月，刻《古本大學》……至是回軍休士，始得專意於朋友，日與發明《大學》本旨，指示入道之方。先生在龍場時，疑朱子《大學章句》非聖門本旨，手録古本，伏讀精思，始信聖人之學本簡易明白。其書止爲一篇，原無經傳之分。格致本於誠意，原無缺傳可補。以誠意爲主，而爲致知格物之功，故不必增一敬字。以良知指示至善之本體，故不必假於見聞。至是録刻成書，傍爲之釋，而引以叙。」據此，此序之真名應作「大學古本傍釋序」。一般認爲此序在嘉靖二年補改，依據爲《王陽明全集》卷二《寄薛尚謙》云：「致知二字，是千古聖學之祕，向在虔時終日論此，同志中尚多有未徹。今於《古本序》中改數語，頗發此意，然見者往往亦不能察。今寄一紙，幸熟味。」此書作於嘉靖二年，所謂「一紙」，應即新改定之《大學古本序》，即今《王陽明全集》卷七中之《大學古本序》。今按：陽明此書所説「今」乃泛指，並非指嘉靖二年。陽明之改定《大學古本序》實在正德十六年，《王陽明全集》卷二十七《與陸清伯書》云：「《大學古本》一册寄去，時一覽。近因同志之士多於此處不甚理會，故序中特改數語，有得便中寫知之。」此書中有云「季惟乾事善類所共冤，望爲委曲周旋之」，乃指處理冀元亨死後事，可以確知此書作在正德十六年（參見《王陽明全集》卷二十一《與陸清伯》），陽明改定《大學古本序》必是在正德十六年無疑。此《大學序》之

「一改」，遂成爲陽明思想之一大「公案」。蓋陽明此「改」，乃暗中加進「致良知」內容，從而將其提出「致良知」之時間提到正德十三年之前。羅欽順針對正德十三年之《大學古本傍釋序》即發疑道：「王伯安以《大學古本》見惠，其序乃戊寅七月所作……首尾數百言，並無一言及於致知。近見《陽明文録》，有《大學古本序》，始改用致知立說，於格物更不提起。其結語云：『乃若致知，則存乎心悟；致知焉，盡矣。』陽明學術，以良知爲大頭腦，其初序《大學古本》，明斥朱子傳註爲支離，何故却將大頭腦遺下？豈其擬議之未定歟？」（《困知記三續》）羅氏之說甚是，一語中的。實際正德十三年陽明尚未提出致良知思想，正德十六年其改定《大學古本序》，特意新加進如下文句：「止至善之則，致知而已矣。」「動而後有不善，而本體之知，未嘗不知也。」「致其本體之知，而動無不善，然非即其事而格之，則亦無以致其知者。故致知者，誠意之本也；格物者，致知之實也。物格則知致，意誠而有以復其本體。」「乃若致知，則存乎心悟；致知焉，盡矣。」全講「致良知」，蓋是其後來之說。此同錢德洪《陽明先生年譜》所說完全相合，《陽明先生年譜》云：「正德十六年，是年先生始揭致良知之教。……自經宸濠、忠、泰之變，益信良知真足以忘患難，出生死……乃遺書守益曰：『近來信得致良知三字，真聖門正法眼藏。往年尚疑未盡，今自多事以來，只此良知無不具足……』（按：此書今《王陽明全集》不載，見下輯考）『某於此良知之說，從百死千難中得來。』……今經變後，始有良知之說。」宸濠、忠、泰之變在正德十四年，可見陽明在正德十四年後始揭致良知之說，無怪正德十三年之《大學古本傍釋序》不言之及。可以說，陽明正德十六年改定《大學古本序》，乃是陽明始揭「致良知」説之標志，意義莫大焉。羅欽順引此原序未全録，所作月日不明，按今有《大學古本序》手迹刻石存廬山白鹿洞書院（見孫家驊《白鹿洞書院碑刻摩崖選集》、計文淵《王陽明法書集》），此應即陽明《與黄勉之》所云「短序亦嘗三易稿，石刻其最後者」，當刻在正德十六年在江西時。此爲正德十六年改定本，但仍署「正德戊寅七月丙午餘姚王守仁書」，此顯是正德十三年作《大學古本傍釋序》末署如此，至正德十六年改定書寫此序時，仍用舊署不變。兹將此末署句補上，以成完璧。

大學古本傍釋後跋

（正德十三年，一五一八年）

萬象森然時亦冲漠無朕，冲漠無朕即萬象森然。冲漠無朕者，一之父；萬象森然者，精之母。一中有精，精中有一。

正德戊寅秋七月丙午，後學餘姚王守仁書。

文見《陽明先生文録》卷三。該書今藏日本九州大學文學部（岑莊、岑初、徐學校刻），水野實、永富青地嘗輯録此文，錢明《王陽明全集未刊散佚詩文彙編及考釋》著録。按：此文應即陽明正德十三年所作《大學古本傍釋》之後跋，或是因其説老莊道氣太重，後乃去之。（參見前考）

蒙岡書屋銘　爲學益作　（正德十三年，一五一八年）

之子結屋，背山臨潭。山下出泉，易蒙是占。果行育德，聖功基焉。無虧爾簣，毋淆爾源。戰戰兢兢，守兹格言。

銘見《同治安福縣志》卷十八。按學益即王學益，字虞卿，號大廓，安福人，陽明弟子。《同治安福縣志》卷十：「王學益，字虞卿，號大廓，東鄉蒙岡人。嘉靖己丑進士，授都水司主事，改武庫。上疏清京衙及各省軍伍，一湔宿滯。遷職方員外，進郎中。時尚書欲用某爲將官，學益執不可，至掣其筆，竟從之。時議伐安南，寓書毛伯温，以爲東南生靈所繫，乞慎動，以惠交人。歷擢福建按察副使，應天府丞，巡撫貴州兼理軍務。適貴之銅仁與湖之鎮筸諸苗構煽，學益頗得土目，心方感德誓報，會有擠之者，誣以稽怠，遂被逮。湖貴人士相率陳冤，事乃白。起南僉都御史，改北刑部左、右侍郎，陞南工部尚書，以疾乞休。年六十七，卒。」蒙岡爲王學益居住讀書之地，《同治安福縣志》卷二：「鳳山，一名秀峰，又名蒙岡山，在（安福）治東里許。山勢聳拔，巨石巉巖。北臨瀘江，邑泮宫坊向之。

西爲秀峰庵，旁有王學益書屋，王守仁作書屋銘。」按陽明正德十二年巡撫南、贛、汀、漳至贛，安福來虔受學士子最多，有劉陽、劉文敏、劉邦采、劉曉、劉肇袞、劉獨秀、張崧、劉子和、劉賓朝、黄旦、王釗、尹一仁、歐陽瑜等人，而以王學益爲首，形成一安福陽明弟子群體，其後即在蒙岡建惜陰之會，講學論道，與陽明往返討論。《王陽明全集》卷六有《與安福諸同志》：「諸友始爲惜陰之會，當時惟恐只成虚語。邇來乃聞遠近豪傑聞風而至者以百數，此可以見良知之同然……得虞卿（按：即王學益）及諸同志寄來書，所見比舊又加親切，足驗工夫之道，可喜可喜！……在會諸同志，雖未及一一面見，固已神交於千里之外，相見時幸出此共勉之。王子茂寄問數條，亦皆明切……」卷七中有《惜陰説》云：「同志之在安成者，間月爲會五日，謂之『惜陰』，其志篤矣！……知良知之運無一息之或停者，則知惜陰矣；知惜陰者，則知致其良知矣。……」安福惜陰會，王學益亦爲主要成員也。王學益來虔受學陽明在正德十三年，錢德洪《陽明先生年譜》：「正德十三年七月，刻《古本大學》。先生出入賊壘，未暇寧居，門人薛侃、歐陽德、梁焯、何廷仁、黄弘綱、薛俊、楊驥、郭治、周仲、周衝、周魁、郭持平、劉道、袁慶麟、王舜鵬、王學益、余光、黄槐密、黄鎣、吴倫、陳稷劉、魯扶黻、吴鶴、薛僑、薛宗銓、歐陽昱，皆講聚不散，至是回軍休士，始得專意於朋友，日益與發明《大學》本旨，指示入道之方。」陽明爲王學益作此銘，即在其時。銘從「蒙」上發意，《周易·蒙卦》象曰：「山下出泉，蒙；君子以果行育德。」王學益之「蒙岡書屋」，蓋有受學陽明以發蒙之意矣。

跋趙松雪遊天冠山詩卷

（正德十三年，一五一八年）

龍口巖

峭石立四壁，寒泉飛兩龍。人間苦炎熱，仙山已秋風。

仙足巖

窈窕石屋間，中有仙人躅。説與牧羊兒，慎莫傷吾足。

石人峰

巨靈長亘天，何時化爲石？特立千萬年，終古無相識。

雷公巖

雷公起卧龍，爲國作霖雨。飛電掣金蛇，其誰敢余侮？

釣臺

仙者非有求，坐石不垂釣。咄哉羊裘翁，同名不同調。

洗藥池

真人棲隱處，洗藥有清池。金丹在沐浴，玉水自生肥。

煉丹井

丹成神仙去，井洌寒泉食。甘美無比倫，華池咽玉液。

長廊石

修巖如長廊，下有清泉注。山中古仙人，步月自來去。

月巖

月巖如偃月，風泉灑晴雪。仙境在人間，真成兩奇絶。

馨香巖

山險通鳥道，水深有蛟龍。誰言仙樂鳴，高人方耳聾。

風山

山鷄愛毛羽，飲啄琪樹間。照影寒潭静，翔集落花閑。

道人巖

道士本避世，部之無姓字。如何千載後，石室有人至？

長生池

竹實風將至，唐文字字奇。何當拂蘚苔，細讀老君碑。

學堂巖

仙人非癡人,山中猶讀書。歎我廢學久,聞此一長吁。

老人峰

有石象老人,宛然如繪素。稽首禮南極,蒼蒼在煙霧。

三石山

我有泉石癖,甚愛山中居。何當從群公,講學讀吾書。

一綫天

醯雞舞甕中,井蛙居坎里。莫作一綫看,開眼九萬里。

金沙嶺

攀蘿緣石磴,步上金沙嶺。露下色熒熒,月生光炯炯。

仙臺

仙臺高幾許,時時覆雲氣。一去三千年,令人每翹企。

靈湫

靈湫不受污,深淺何足計。小憩松竹鳴,蕭蕭山雨至。

龍潭

神龍或深潛，石洞通水府。勿遣兒曹劇，飛空作雷雨。

風洞

石壁奇崆峒，中有風泠然。安知列御寇，不向此中仙？

逍遥巖

兹巖名逍遥，下可坐百人。豈徒木石居，直與猿鶴鄰。

近遊天冠山，見佳境，偶詠二十四首，書成一卷，奉納左縣兄正。弟孟頫。

趙松雪遊天冠山詩卷，詩法、字法真奇，二絶之妙，出入右軍，兼李北海之秀潤。書家得此，宗學之有傳也。正德十三年四月十六日，王守仁識。

趙孟頫遊天冠山詩卷及陽明跋文真迹，長四百八十五釐米，寬三十五釐米，由該卷收藏者公布於「華夏收藏網」。按天冠山在江西貴溪城南二里，有三峰并峙，故稱三峰山；因山巔方正，兩隅下垂如冕，故又稱天冠山，乃道家勝地。趙孟頫嘗來遊，咏詩二十四首，書丹立碑。此詩碑至陽明時當猶在，正德十二年春陽明赴贛經貴溪，當可見趙孟頫詩碑，其或即在此時得趙孟頫遊天冠山詩卷。錢德洪《陽明先生年譜》：「正德十三年四月，班師，立社學……發南、贛所屬各縣父老弟子，互相戒勉，興立社學，延師教子，歌詩習禮……」四月陽明在贛大興社學，延師教子弟練字歌詩習禮（見《訓蒙大意示教讀劉伯頌等》、《教約》），或亦即在此興學延師之時，有江西學者送來此趙松雪詩卷，而陽明特爲詩卷作跋，蓋亦意在爲社學子弟童生學字習詩之用也。按此趙松雪詩卷陽明跋下，又有崔桐跋云：「正德己卯九月初七日，海門後學崔桐觀。」崔桐字來鳳，號東洲，海門人（一作揚州人），正德十二年進士，與陽明弟子聶豹、季本、陸澄、舒芬、薛侃、蔡宗兖等爲同年，實皆熟識。《明史》卷一百七十九有《崔桐傳》：「崔桐，字來鳳，海門人。鄉試第一，與（舒）芬同進士及第。授編修。既諫南巡，并跪闕下，受杖奪俸。嘉靖中，以侍讀出爲湖廣右參議，累擢國子祭酒，禮部右侍郎。」崔桐諫南巡受杖在正德十四年，《國榷》卷五十一：「正德十四年三月癸丑……時南巡意決，廷臣憂甚……翰林修撰舒芬、編修崔桐……上言……𡍼等六人付鎮撫司掠治，餘罰跪……戊午，杖郎中孫鳳等百有七人於午門，各三十，鳳及陸俸、張衍瑞、姜龍、舒芬謫外……」崔桐當亦是諫南巡受杖謫外來江西，故得見趙孟頫詩卷而題跋，其自稱「後學」，或亦是陽明弟子耶？

示學者

（約正德十三年，一五一八年）

吾始學書，對模古帖，止得字形。後舉筆不輕落紙，凝思靜慮，擬形於心，久之始通其法。既後讀明道先生書曰：「吾作字甚敬，非是要字好，只此是學。」既非要字好，又何學也？乃知古人隨時隨事只在心上學，此心精明，字好亦在其中矣。

文見錢德洪《陽明先生年譜》，云：「弘治元年戊申，先生十七歲。七月親迎夫人諸氏於洪都……官署中蓄紙數篋，先生日取寫書，比歸，數篋皆空，書法大進。先生嘗示學者曰……後與學論格物，多舉此爲證。」是文作年無考。按此文實是示童蒙學書者，《傳習録》中有《訓蒙大意示教讀劉伯頌等》、《教約》，即教童蒙以六藝，習歌詩、習禮、誦書，此學書（寫字）當亦是其中之一，不應無之。此《訓蒙大意示教讀劉伯頌等》、《教約》作在正德十三年，乃爲社學童蒙學者而設，錢德洪《陽明先生年譜》：「正德十三年四月，班師，立社學。先生謂民風不善，由於教未明……即行告諭，發南、贛所屬各縣父老子弟，互相戒勉，興立社學，延師教子，歌詩習禮……按《訓蒙大意示教讀劉伯頌等》……」陽明興社學，教以六藝，射、書皆在教中，而陽明皆以「心」説藝，如《王陽明全集》卷七有《觀德亭記》，正作在正德十三年，亦以「心」説射：「君子之於射也，内志正，外體直……故古者射以觀德，德也者，得之於其心也。君子之學，求以得之於其心，故君子之於射以存其心也……君子之學於射，以存其心也……射也者，射己之鵠也；鵠也者，心也；各射己之心也，各得其心而已。」與此書説全同。意此《訓蒙大意示教讀劉伯頌等》、《教約》、《觀德亭記》與此《示學者》作在同時（童蒙六藝），皆作以示教社學童蒙學者，後南大吉在嘉靖四年續刻《傳習録》，取《訓蒙大意示教讀劉伯頌等》、《教約》入《傳習録》下册，而《示學者》遂佚。參見前《跋趙松雪遊天冠山詩卷》考。